브라보 투 제로

Bravo Two Zero

브라보 투 제로

앤디 맥냅(Andy McNab) 지음 | 이동훈 옮김 | 김창모 감수

전투배낭과 단독군장, M203 유탄발사기 장착 M-16 소총을 든 저자(Robin Mathews)

각 사람이 져야 했던 95kg 무게의 장비들

M203 유탄발사기 장착 M-16 소총을 든 SAS 정찰대원들

치누크 헬리콥터의 비행 준비를 하는 영국 공군 장병들

전방 작전기지의 기상 조건

마치 당구대같이 평평한 이라크 북서부에서 랜드로버를 사용해 작전하는 또 다른 정찰대

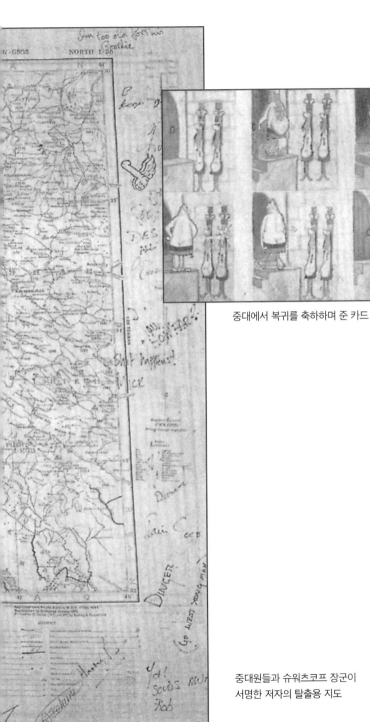

중대에서 복귀를 축하하며 준 카드

중대원들과 슈워츠코프 장군이
서명한 저자의 탈출용 지도

빈스 필립스   보브 콘시글리오   렉스 레인

헤리퍼드의 SAS 묘지

M-203 40mm 유탄발사기를 단 M-16 소총(The Military Picture Library)

미니미 경기관총(The Research House)

M-72 66mm 견착식 대전차 로켓포(The Military Picture Library)

클레이모어 대인지뢰. 위 사진은 격발용 전선과 크래커가 함께 나와 있다. 아래 사진은 열려 있는 모습으로서, 곡선으로 휘어진 모양의 플라스틱 폭약에 볼베어링이 묻혀 있는 구조를 하고 있다.(The Military Picture Library)

엘지 대인 지뢰, 왼쪽은 격발 불가능 상태, 오른쪽은 격발 가능 상태

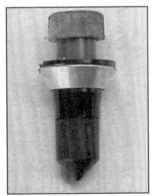

백린 수류탄의 폭발 모습(Today/Rex Features)

정찰용 무전기인 PRC-319 무전기 세트. 암호화된 숏버스트 통신을 발신할 수 있다.(The Military Picture Library)

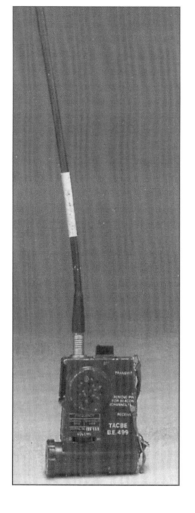

위 왼쪽과 위 사진: 휴대형 마젤란 GPS 항법장
치(The Military Picture Library)

TACBE 비콘/무전기(The Military Picture
Library)

TEL(이동식 직립발사기) 위에 얹힌 스커드 미사일(Crown Copyright(MOD). London/MARS)

발사(The Military Picture Library)

준비(The Military Picture Library)

S-60 57mm 대공포(The Military Picture Library)

이라크 특수부대의 접철식 개머리판이 달린 AK 소총(Jane's Information Group)

추천사

특수부대의 미래 전쟁 모습은 전쟁교훈에서 찾을 수 있다!

제25대 특수전 사령관을 역임한 전인범 육군 중장입니다.

21세기에 들어서 우리는 미래의 전쟁을 대비하고 있습니다. 그렇다면 미래의 전쟁은 과연 어떤 모습과 성격이 될까요?

아마 대다수의 사람들은 무수한 전차와 보병, 전투기, 군함이 땅과 하늘, 바다를 가득 메우며 치열한 싸움을 벌이는 모습을 연상할 것입니다. 이것은 그만큼 참전국이 유무형의 역량을 총동원하며, 대규모 정규군끼리 맞붙는 국가 총력전의 모습에 익숙해 있다는 방증일 것입니다.

그러나 지난 1991년의 걸프 전쟁을 마지막으로 이러한 형태의 전쟁은 점점 드물어지고 있습니다. 반면 미래 학자들은 국지전, 기습전, 제한전, 심리전, 종교전쟁, 민족분쟁, 속도전, 단기전, 사이버전 등 입체적이고 다양한 형태와 성격의 전쟁을 예측하고 있습니다.

다시 말해, 다음 세기의 전쟁의 모습과 성격은 예측하기가 쉽지 않다는 것입니다. 분명한 것은 과거와는 다르고, 또 모두를 놀라게 할 것이라는 점입니다.

이러한 상황에서 우리는 무엇을 준비해야 합니까?

정밀유도 무기, 보이지 않는 전투기, 강력한 전차...

이것만이 답이라면 고민할 필요가 없을 것입니다.

우리에게 진정으로 필요한 것은 융통성입니다. 어떠한 상황이 오더라도 사용 가능한 전문화되고 무장된 엘리트 부대, 즉 특수부대가 필요한 것입니다. 특수부대는 강인한 정신력과 체력, 효율적인 장비를 갖춘 특수한 사람들로 구성되어 있으며, 실전적인 훈련으로 단련되고 탁월한 리더들의 지휘를 통해 어떠한 형태의 위협과 상황에도 운용이 가능한 부대입니다.

우리나라의 경우, 6·25 전쟁 이후 소규모 작전과 단기적인 군사작전만 수행해 왔습니다. 이렇듯 실전 경험이 없는 상황에서 이 책《브라보 투 제로》는 매우 중요한 자료가 아닐 수 없습니다.

제2차 세계대전 초기 유럽에서 홀로 추축국에 맞서 싸우던 영국은, 압도적으로 강하던 적의 허를 찔러 승리하기 위해 코만도, SAS, SBS 등의 걸출한 특수부대들을 속속 창설하였습니다. 이러한 특수부대들은 제2차 세계대전 기간 동안 여러 특수작전들로 추축군을 교란하고, 연합군의 승리에 크게 공헌했습니다. 또한 이러한 특수부대에서 훈련을 받은 다른 연합군 장병들이 이후 자국 특수부대의 기간요원이 되면서, 영국군 특수부대는 전후 서방권 특수부대의 '큰집' 노릇을 하게 되었다고 해도 과언이 아닙니다.

이 책은 그런 영국이 자랑하는 대표적인 특수부대인 SAS의 걸프 전쟁 당시의 작전을 다룬 논픽션입니다.

적의 후방에 공중으로, 바다로, 땅속으로 침투하는 사람들은 평범하지는 않습니다. 그러나 그들도 사람입니다. 그리고 한반도는 세계 최대 규모의 특수부대 밀집지로서, 유사시 이 책에 나온 상황이 얼마든지 재연될 수 있습니다. 그래서 이 책에 나오는 사람들과 묘사된 내용은 결코 우리와 상관없는 '남의 나라' 이야기가 아닙니다.

이 책《브라보 투 제로》에 담겨 있는 특수부대원의 평범한 고민, 장비,

작전 준비, 작전간 마주친 작전 상황과 그에 대한 조치, 적국 영토 한가운데를 자력으로 행군해 탈출한 이야기, 그리고 잔인한 적에게 포로로 잡혀 모든 특수부대원들이 가장 두려워하는 상황에 놓여서도 기밀을 누설하지 않고 극복해 낸 과정에 대한 이야기는 쉽게 접하기 어려운 것들입니다.

특전사, 해군 특수전단, 특공부대, 수색부대 등 모든 특수부대원은 이 책을 숙독할 필요가 있습니다. 자세히 읽을 필요가 있습니다. 임무분석, 장비 준비, 탄약의 양, 물과 식량, 사격과 기동, 헬기 조종사와의 관계, 예행연습, 유언 작성, 응급처치 방법 등 어느 것 하나 놓칠 수 없는 것들입니다. 혹자들은 이 책을 모험 소설로 생각할지도 모릅니다. 그러나 군인들에게는 많은 비밀이 숨어 있는 귀중한 교훈집이라고 확신하며 군인의 한 사람으로서 추천하는 바입니다.

전쟁의 양상이 제4세대 전쟁으로 진화하는 오늘날, 특수부대의 입지와 파괴력은 갈수록 커지고 있습니다. 이러한 현실에 조금이라도 경각심을 가지고 있는 모든 이들에게 이 책을 자신 있게 권합니다.

마지막으로 지금 이 순간에도 각자의 자리에서 주어진 임무를 충실히 수행하고 있는 우리나라의 특수부대, 특전사 검은 베레 용사들에게 감사와 격려를 보냅니다.

2015년 12월
제25대 특수전 사령관
중장 전 인 범

"안 되면 되게 하라. 검은 베레 영원하라."

Bravo Two Zero

차례

1개 군을 상대로 맞서 싸운 여덟 영웅들

앤디(Andy): 남부 런던 출신의 거친 고아. 16세에 군에 입대했고 30대에 특
　　　　　수부대 지휘관이 되었음. 걸프 전쟁은 그의 전쟁임.

딩거(Dinger): 포클랜드 전쟁 참전 용사. 축구 훌리건 같은 외모 속에 명석
　　　　　　한 두뇌를 소유. 대리석처럼 강인한 신체의 소유자.

보브(Bob): 스위스와 이탈리아인의 혼혈. 키가 157cm라 별명이 웅웅대는
　　　　　꼬맹이. 그러나 신체와 정신 모두가 강인함.

크리스(Chris): 말씨가 온화하며 보디빌딩, 사이클링, 스키광임. SAS에서 가
　　　　　　장 의지가 강하고 쓸모 있으며 위험한 사나이.

빈스(Vince): 37세이며, 강한 신체를 소유한 등반, 다이빙, 스키 전문가. 팀
　　　　　　에서 제일 연장자이며 전역까지 2년 남았음.

렉스(Legs): SAS 신참. 조용하고 자신만만하며 가정적임. 뛰어난 통신병이며 모터사이클 전문가, 또한 빠른 도보 속도를 자랑.

마크 더 키위(Mark the Kiwi): 오스트레일리아 출신이며 럭비 선수, 다리가 매우 튼튼하고 굵으며 쓸 수 있는 형용사는 오직 욕으로 시작하는 말뿐임.

스탠(Stan): 남아프리카공화국 출신이며 로디지아에서 테러 전쟁을 본 후 의대를 다니다가 중퇴하고 특수부대원이 되었음.

돌아오지 않은 세 사람에게 바칩니다.

제1장

이라크 병사들과 기갑부대가 현지 시각으로 1990년 8월 2일 오전 2시에 쿠웨이트 국경을 넘어 쳐들어간 후 몇 시간이 안 되어 SAS(영국 공수특전단) 연대는 사막 작전 준비를 갖추고 있었다.

헤리퍼드(Hereford)에 주둔한 대테러부대원들인 나와 전우들은 불행히도 갈 수 없었다. 우리는 사막용 장비를 갖추고 먼저 간 친구들이 부러웠다. 우리에게 할당된 9개월의 작전 기간이 거의 끝나가고 있었고, 따라서 사막 작전을 인계받기를 기다리고 있었다. 그러나 몇 주 사이에 모든 사막 작전이 연기되거나 취소될 것이라는 소문이 떠돌았다. 우울한 분위기 속에서 나는 크리스마스 칠면조를 먹었다. 나는 이 기회를 놓치고 싶지 않았다.

1991년 1월 10일 중대원의 반이 3일 내에 사우디아라비아로 가게 될 것이 확정되었다. 파견이 확정된 내 친구들 대부분은 안도의 한숨을 내쉬었다. 우리는 무기를 시험사격하고 장비를 구하느라 마을을 휘저으며 바쁘게 돌아다녔다.

우리는 일요일 아침 일찍 출발했다. 나는 마을에서 애인 질리(Jilly)와 함께 하룻밤을 보냈으나 그녀는 무척 화가 난 상태여서 제대로 즐길 수 없었다. 그날 저녁에는 우리 둘 다 서로에게 가식적인 친절을 보였다. 나는 우리가 집에 도착하자마자 목소리를 높여 이야기했다.

"산책하러 갈까?"

우리는 테이블 근처에 앉아 있었고 나는 등을 돌려 텔레비전을 봤다. 프로그램은 〈지옥의 묵시록〉이었다. 함께 앉아 텔레비전을 보고 있었지만 서로 이야기 할 분위기는 아니었다. 질리와 함께 2시간 동안 죽은 사람과 불구자들을 보는 것은 적절한 판단이 아니었다. 그녀는 울기 시작했다. 안 좋은 일에 신경 쓰는 것 빼고는 그녀는 항상 옳았다. 그녀는 나의 일에 대해 거의 아는 것이 없었고 질문한 적도 없었다. 그녀가 답을 듣고 싶지 않다고 나에게 말했기 때문이다.

"아, 당신 가는 거야? 언제 돌아올 거야?"

그녀는 이렇게 내게 자주 질문했다. 그러나 이번만큼은 이야기가 달랐다. 처음으로 그녀는 내가 어디로 가는지 알고 있었다.

그녀는 나를 차에 태워 어둠을 뚫고 부대로 달렸다. 나는 그녀에게 이렇게 말했다.

"개를 사서 키워 보지 않을래? 언제나 당신과 함께 있어 줄 거야."

이번에는 내 이야기가 적절했지만 그녀는 다시 눈물을 흘리고 말았다. 나는 부대 정문 앞 작은 길에서 나를 내려 달라고 했다. 나는 긴장된 미소를 지으며 말했다.

"여기서부터 걸어갈게. 난 훈련을 받아야 해."

"꼭 다시 만나자."

그녀가 말하며 나의 볼에 키스했다.

우리 중 아무도 이별의 순간을 길게 하고 싶지 않았다.

우리 중대 거주 구역에 오는 사람을 가장 먼저 환영하는 것은 엄청난 소음이다. 차량들이 윙윙거리고 병사들은 무사 귀환을 위해 큰 소리로 구령을 붙여 가며 장비 점검을 하고, 모든 독신 장병 막사에서 여러 가지 음악이 최고 음량으로 뿜어져 나올 테니 말이다. 지금은 우리 중대 대부분이 어디론가 파견되는 순간이었으므로 특별히 더 시끄러웠다.

나는 딩거, 마크 더 키위, 스탠, 그리고 그 외의 전우 3명을 만났다. 걸프 전쟁에 가지 못하게 된 소수의 불행한 사람들도 어떻게든 찾아와서 시끌벅적거렸다.

우리는 장비를 차에 싣고 브라이즈 노튼(Brize Norton) 행 수송기가 기다리고 있는 기지 맨 꼭대기로 올라갔다. 대개 나는 비행기를 탈 때 침낭, 워크맨, 세면도구, 차 끓이는 도구 등을 실었다. 딩거는 벤슨 앤드 헤지스(Benson & Hedges) 담배 200갑을 실었다. 우리가 황무지에 떨어지거나 버려진 비행장에 착륙할 경우 별로 쓸모없는 물건들이기는 했다.

우리는 영국 공군의 VC-10기를 탔다. 나는 20개비가 넘는 담배를 간접 흡연했는데, 7시간 동안의 비행에서 딩거가 연신 담배를 피워 대는 바람에 계속 투덜거렸다. 대개의 경우 내가 뭐라고 하건 그에게는 씨도 먹히지 않았다. 이런 지저분한 습관에도 불구하고 그는 멋진 친구였다. 공수연대 출신인 딩거는 포클랜드전 참전 용사였다. 그는 거칠고 강인한 외모에 목소리는 째졌고 눈에는 흉터가 있었지만, 그런 축구 열성팬 같은 외모 속에 날카롭고 분석적인 두뇌를 숨기고 있었다. 딩거는 극히 짧은 시간 내에도 〈데일리 텔레그래프(Daily Telegraph)〉지의 십자말풀이를 맞추어 나를 놀라게 했다. 자유 시간에는 그는 뛰어난 크리켓, 럭비 선수였으며 형편없는 춤꾼이기도 했다. 딩거는 버질 트레이시(Virgil Tracy: 영국 TV시리즈 〈선더버즈〉의 주인공)처럼 춤을 추었다. 위기에 처해서도 그는 항상 냉정하고 고집이

셨다.

우리는 리야드(Riyadh)에 착륙하여 중동에서 제일 쾌적한 기후를 맛보려 했다. 그러나 가오리 낚시를 즐길 시간은 없었다. 타르머캐덤 포장 활주로에는 위장된 수송기들이 대기하고 있었고 우리는 다른 다국적군 병력과는 격리된 기지로 갔다.

선발 부대는 누구나 새로운 환경에 접하면 당하는 3가지 문제, 즉 자는 곳, 먹는 곳, 놀 곳은 어디 있는가? 하는 문제를 해결하러 나아간다.

우리 중대 숙소로 배정된 것은 90m 길이에 45m 너비의 격납고였다. 그 속에 40명의 장병과 모든 보급품, 장비, 차량, 병기, 탄약을 욱여넣어야 했다. 어디를 가도 장비가 산처럼 쌓여 있었다. 전투식량, 레이저 조준기, 폭약상자에 이르는 모든 것에 방충 처리가 되어 있었다. 우리가 머무는 곳을 최고의 상태로 하기 위해서였다. 보트의 선외엔진을 담는 상자 바깥에서는 지뢰를 조립 중이었고 머리 위의 강력한 아크 라이트를 가리기 위해 위장포를 뒤집어씌워야만 했다.

이런 벌집 쑤셔 놓은 것 같은 조건하에서도 사람들은 제각각 소음을 내기 시작했다. 라디오는 BBC 월드뉴스를 방송하고 스피커가 달린 워크맨에서는 포크뮤직, 랩, 헤비메탈을 쩌렁쩌렁 울려 댔다. 디젤, 가솔린 등의 역겨운 기름 냄새가 심하게 났다. 동료들이 다른 캠프를 정찰하고 뭐 훔쳐갈 게 없나 갔다 올 때마다 막사 내로 차량이 들락날락했다. 또한 나간 친구들의 배낭도 남아 있는 친구들이 '정찰'했다. "졸지 마, 뺏긴다."라는 한마디로 집약되었다. 소지품은 10개 텐트에 나뉘어 있었는데 만약 누군가가 물건 지켜 주는 사람 없이 너무 오래 자리를 비웠다 돌아오면 틀림없이 의자, 혹은 침대마저도 사라져 버리게 될 터였다.

격납고 내 모든 사람들이 차를 마셨다. 스탠은 오렌지 차를 가져왔고 딩거와 나는 빈 컵을 들고 그의 침대에 앉아 차를 구걸했다. 딩거가 말했다.

"차 좀 줘."

"알았어, 브와너(bwana: 동아프리카에서 윗사람을 부르는 호칭)."

스웨덴 인 어머니와 스코틀랜드 인 아버지 사이에서 남아프리카에서 태어난 스탠은 로디지아의 일방적 독립선언 직전에 로디지아로 이주했다. 그는 그 후 벌어진 테러 전쟁에 첫 번째로 참전했으며, 그의 가족들이 오스트레일리아로 이주하자 그곳의 지방군에 입대했다. 그는 의과대학 시험에 합격했으나 활동적인 야외생활을 동경한 나머지 1학년 때 자퇴했다. 그는 영국에 와서 SAS에 입대하고 싶어 했고 웨일스에서 1년 동안 고된 선발 훈련을 받았다. 그는 모든 과정을 다 통과했다.

여자와 섹스하는 것을 포함해 그 어떤 육체노동도 스탠에게는 누워서 떡 먹기였다. 190cm의 신장에 강골이고 잘 생긴 그는 여자들의 진을 쏙 빼 놓았다. 질리(Jilly)는 헤리퍼드 기지 주변에서 통하는 스탠의 별명이 '섹스박사'이고 그의 이름이 그 지방 여자 화장실 벽마다 모두 적혀 있다고 말해 주었다. 스탠에게 제일 이상적인 여인은 음식을 많이 먹지 않아 데리고 노는 데 돈이 많이 들지 않으며, 자신의 집과 차가 있어 다른 사람에게 의지할 필요가 없는 여자였다. 스탠이 가는 곳 어디든지 여자들은 스탠을 보고 군침을 흘렸다. 여군 중대에서 그는 제임스 본드로 분장한 로저 무어만큼이나 매력적이고 예의 바른 남자였다.

그의 여성편력과는 별개의 문제이지만 스탠의 형편없는 패션 감각은 매우 놀랍고 눈에 띄는 것이었다. 우리 중대에 편입할 때까지 그는 크림플린 사파리 재킷과 발목까지 오는 바지 차림으로 어디든 갔다. 그는 정중한 파티 자리에 잘 어울리지도 않는 체크무늬 양복과 줄무늬 바지를 입고 간

적도 있다. 그는 자주 여행을 다녔고 무수히 많은 여자친구를 사귀었다. 전 세계에서 스탠과 결혼하자는 편지가 날아들었으나 그는 답장을 써 주지 않았다. 그는 자신의 편지함을 열어 보지도 않았다. 스탠은 30대가 된 후에도 계속 친근한 이미지를 보여 주었고 그를 감히 막을 자는 없었다. 그가 SAS에 오지 않았다면 크림플린을 입고 다니는 여피족이나 스파이가 되었을 것이다.

대부분의 병사들은 전투식량에 겨자나 카레 소스를 넣어 비벼 먹었고, 병사들이 부식을 볶는 곳에서 고추 냄새가 풍겨 나왔다. 나는 주위를 돌아다니며 몇 가지를 시식해 보았다. 모든 장병들은 언제나 '경주용 숟가락'이라는 것을 갖고 다녔다. 누군가가 제일 먼저 캔 뚜껑을 열거나 요리를 하면 나머지 사람들과 함께 나누어 먹어야 한다는 불문율이 있었다. 경주용 숟가락을 음식 속에 넣고 한 번씩 떠먹는 것이다. 숟가락이 클수록 더 많이 먹을 수 있었다. 그러나 손잡이 부러진 목제 숟가락처럼 너무 큰 것이라면 아예 아무것도 못 먹게 한다. 따라서 제일 적합한 크기의 경주용 숟가락을 찾아야만 했다.

온갖 종류의 절도 행위가 벌어지고 있었다. 만약 누군가가 듣고 있는 음악이 마음에 들지 않는다면 그 사람이 없을 때 그 사람의 자리에 가서 라디오의 배터리를 빼 오면 된다. 마크는 내 배낭에서 치약과 우비스타트(Uvistat) 선크림을 훔쳐 낸 후 그 물건들이 아직도 있는 것같이 보이기 위해 헤리퍼드에서 가져온 10kg짜리 돌을 집어넣었다. 그 물건들을 찾았을 때 나는 열 받아 죽는 줄 알았다.

나는 우리 중 몇 명이 오스트레일리아 SAS에 파견 나갔던 1989년에 마크를 처음 만났다. 그는 럭비 경기에서 우리에 맞서 싸웠고 순간순간을 극히 잘 활용하는 사람이었다. 그의 통나무 같은 다리로 인해 그의 팀은 공을 잡는 족족 점수를 땄다. 이로 인해 우리 팀은 처음으로 지고 말았고 나는 그 168cm짜리 후레자식을 무지 원망했다. 우리는 이듬해 다시 만났고 그는 영국 SAS 선발시험 중이었다. 그는 13km 완전군장 전투구보를 마치고 기지로 막 돌아오는 참이었다.

그는 나를 알아보고 웃었다.

"한마디 하자면요, 당신은 럭비 경기 때 더 잘 할 수 있었어요."

마크는 합격한 후 걸프전 파견 직전 우리 중대에 배속되었다.

"여기 와서 미치도록 좋습니다."

우리 격납고의 분위기는 유쾌했으며 생동감이 넘쳤다. SAS는 제2차 세계대전 이후로 이렇게 많은 인원을 실전에 보낸 적이 없었다. 이렇게 많은 대원들이 함께 싸울 수 있다는 것은 멋진 일이었다. 소규모로 야외에서 은밀작전을 벌인 적은 자주 있었으나 이제 대규모로 나가 싸울 기회가 온 것이었다. 우리는 아직 우리 임무에 대해 알지는 못했으나, 이 전쟁에서 이른바 '녹색 임무(green work)'라는 고전적인 SAS의 적 후방 교란 임무를 하리라 확실히 느끼고 있었다. 이것은 SAS의 창시자 데이비드 스털링(David Stirling)이 첫 번째로 SAS에 부여했던 임무이며 그 후로 근 50년이 지난 현재 우리가 시작하려고 하는 임무이다. 내가 보기에는 이라크 영내에서의 작전에는 적들과 식수, 탄약 부족 문제가 있을 것 같았다. 나는 평생 동안 오두막만 짓다가 갑자기 고층 빌딩을 짓게 된 벽돌공 같은 심정이었다. 나는 첫 벽돌을 쌓기도 전에 이 전쟁이 끝나지 않기를 간절히 바랐다.

우리는 무엇을 해야 할지 전혀 알지 못한 채로 며칠 간 목표 공격에서 관측소 설치까지 무엇이건 훈련하며 지냈다. 현수 하강(이중자일로 정지하며 내려오기), 로프 신속 강하, 건물 사이로 점프하기 등등 모두 흥미로운 것이었으나, 또한 특수부대는 무엇을 하건 간에 철저함과 정밀함을 요구한다. SAS의 진짜 구호는 "용감한 자가 이긴다."가 아니고, "끊임없이 점검하고 확인하라."였다.

우리 중 일부는 폭파 훈련, 차량 기동, 사막 독도법 등의 기술을 다시 훈련받아야 했다. 우리는 또한 50구경 중기관총 같은 중화기도 사격할 수 있어야 하는데, 나는 근 2년간 그 총을 쏴 보지 않았다. 우리는 점검 기간을 가지며 누가 특정 분야의 전문가인지를 측정했다. 그 사람은 주임상사가 될 수도 있지만 신참 분대원이 될 수도 있다. 스커드 미사일 공격에 대비해서 SAS에 온 이후로 화생방 훈련을 받지 않은 사람들을 포함한 모든 사람들에게 화생방 훈련을 실시할 필요가 있었다. 한 가지 골칫덩이가 있다면 SAS 산악부대 출신의 교관 피트(Pete)로서 그는 타인(Tyne) 지방의 안개처럼 굵은 악센트로 기관총처럼 따다다 말을 내뱉는 사람이었다. 그의 목소리는 달리는 모터사이클 소리 같았다.

우리는 그가 말하고 나서 한 15분 후에야 그 내용을 알아듣곤 했다. 누군가가 왜 그렇게 말하느냐고 진지하게 묻자 그는 부상 때문이라고 말했다. 더 많은 질문들이 오갔고 음모가 시작되었다. 막판에는 그가 장비를 가져가라고 하면 그냥 버리고 가기도 했다. 우리는 피트가 야전 식사법을 시범 보이는 것까지 방해할 생각은 없었다. 우리는 똥오줌 누는 법까지 훈련할 필요가 없었다. 생활이 너무 복잡해지기 때문이다. 결국 피트는 훈련이 엉망진창이 되었다고 불평했다. 그날은 그에게 좋은 날은 아니었겠지만 그의 말이 잘 들린 날이기는 했다.

우리는 비행사용 선글라스를 갖고 있었으며 텔레비전 광고의 포스터 그랜트(Foster Grant: 미국제 선글라스 상표명) 선글라스처럼 머리에 비껴쓰고 다니기도 했다.

우리는 공포 억제제도 먹어야 했으나 그 약이 발기부전을 초래한다는 소문이 퍼지자 복용을 거부했다.

주임상사는 이틀 후에 이렇게 말하며 우리를 안심시켰다.

"그건 사실이 아냐. 난 그 약을 먹고 난 후에도 자위를 했단 말야."

우리는 CNN 뉴스를 보며 여러 가지 작전을 논의했다.

우리는 여태껏 경험한 전력선 폭파 작전보다는 작전의 난이도가 낮아질 것으로 추측했다. 우리는 전략 부대이므로 우리가 적진 후방에서 벌이는 행동은 무엇이건 심각한 결과를 초래할 수 있는 것들이었다. 한 예로 우리가 송유관을 발견해 폭파한다면 요르단이 이 전쟁에 참전할 수도 있었다. 바그다드에서 요르단으로 이어지는 송유관은 요르단의 석유 공급을 위해 공격하지 않기로 다국적군이 합의한 까닭이다. 따라서 좋은 목표물을 발견했다고 쳐도 그것을 파괴하는 데는 허가가 필요했다. 우리는 이라크군에 엄청난 피해를 입힐 수도 있지만, 우리의 정책과 전략에 해를 끼치는 일 또한 해서는 안 되었던 것이다.

우리가 이라크군에 포로가 될 경우 그들이 우리를 죽일 것인가? 그렇다면 너무 끔찍한 일이었다. 만약 그렇다면 우리는 더욱 힘을 내어 빠져 나와야 한다.

그들이 우리에게 가혹행위를 할 것인가? 아랍인은 상대방에 대해 매우 우호적이며 악수도 한다. 그들은 문명인이며 절대 등 뒤에서 찌르는 자들이 아니다. 그러나 이 의문은 해소되어야 했다. 적에게 체포되어도 나는 불지 않을 것이기 때문에 나는 미래에 대해서는 걱정하지 않았다. 그들이 나를 불게 하려면 내 불알을 잘라내야 할 것이다. 그렇게 되면 별로 좋지는 않을 것이다. 만약 적의 고문관이 나를 거꾸로 매달아 놓고 칼을 간다면 나는 그들을 화나게 하여 그들이 날 칼로 찌르게 할 것이다.

나는 죽는 것이 두렵지는 않았다. 내가 SAS에서 월급을 받는 이유는 내가 도구에 불과하기 때문이라는 것이 작전에 임하는 나의 태도였다. SAS에서 인명 손실이 나면 당사자는 보험금을 지급받았다. 보험에 가입하면 법에 따라 SAS는 상여금을 제외한 월 급여를 보험금으로 지급하게 되어 있었다. 사망할 경우를 대비하여 친족에게 편지를 쓰게 되어 있었다. 나는 4통을 써서 에노(Eno)라는 친구에게 맡겨 두었다. 첫 번째 것은 부모님에게 보내는 것이었다.

"저를 돌보아 주셔서 감사합니다. 그간 많이 힘드셨을 겁니다. 그러나 부모님 덕택에 저의 어린 시절은 매우 행복했습니다. 제가 죽었다고 걱정은 마세요. 그저 스쳐 가는 일일 뿐이랍니다."

다른 한 통은 애인 질리에게 보내는 것이었다.

"우울해 하지 마. 이 돈을 받고 즐거운 시간을 보냈으면 좋겠어.

추신: 다음 중대가 깽판 치고 있는 술집으로 500파운드가 갈 거야.

또 추신: 사랑해."

그리고 다음 한 장은 나의 어린 딸 케이트(Kate)가 성장한 후 에노가 케이트에게 전해줄 것이었다.

"나는 언제나 널 사랑했단다. 그리고 영원히 널 사랑할 것이란다."

나머지 한 장은 내 유언을 집행할 에노에게 주는 것이었다.

"엿 먹어라 씹새야. 난 유령이 되어 다시 돌아올 거다."

19:00시. 나와 다른 팀의 지휘관인 빈스는 중대장실로 호출을 받았다. 중대장은 중대 주임상사와 함께 차를 마시던 중이었다.

그는 우리에게도 차를 권하며 말했다.

"자네들에게 임무를 부여하겠네. 자네들은 함께 일하게 될 거야. 앤디가 지휘관이 되고 빈스가 부지휘관이 된다. 작전 브리핑은 내일 아침 08:00시에 여기서 할 것이다. 부하들에게 2일간 일체 병력 이동은 없다고 확실히 주의시켜라."

나는 이 이야기를 듣고 무척 기뻤다. 각설하자면 이것은 이틀간 장발로 진흙탕 속에서 허우적거려도 된다는 뜻이었다. 야전에서 깨끗한 옷과 몸의 냄새는 작전 수행을 방해하고 적에게 자신의 위치를 노출시킨다. 따라서 작전을 나가기 며칠 전부터는 옷도 갈아입지 말고 세면, 목욕도 하지 말아야 한다.

대원들은 흩어지고 나는 CNN의 최신 뉴스를 보러 갔다. 텔아비브에 스커드 미사일이 명중했단다. 최소한 24명의 민간인이 부상했다고 했다. 주택가에 미사일이 명중한 것이었다. 나는 무너진 탑의 잔해에서 몇 미터 떨어진 곳에 잠옷 차림으로 뛰어나온 어린애들을 보았다. 나는 갑자기 페캄(Peckham)에서의 어린 시절을 떠올렸다. 그날 밤 나는 지나온 길을 돌이켜보게 되었다. 과거의 것들을 추억하고 부모님에 대해 생각하며 그 외에 오랫동안 생각하지 않던 것들에 대해 생각했다.

제2장

   나는 내 생모가 누구인지 모른다. 나는 생모가 누구이건 간에 내게 가장 좋은 방법을 찾아 주었어야 했다고 언제나 생각했다. 나의 생모는 해러즈(Harrods) 근교의 가이 병원 입구 계단에 내가 든 가방을 버리고 갔다.

   나는 남부 런던에 사는 부부가 내 양부모가 되는 2세 때까지 그 병원에서 양육되었다. 친부모님도 내가 성장하는 것을 보면서도 방해하고 싶지 않았을 것이다. 나는 15세 때 학교를 자퇴하고 브릭스턴(Brixton)의 운수회사에서 일했다. 이미 그 전해부터 나는 한 주에 2~3일은 학교에 나가지 않았다. 나는 CSE(중등교육 이수 증명자격시험)를 공부하는 대신 겨울에는 석탄을 나르고 여름에는 무허가로 칵테일을 제조했다. 풀타임을 근무하면 하루에 8파운드씩 주는데, 이것은 1975년 당시로서는 큰 돈이었다. 뒷주머니에 40퀴드(quid)를 끼우고 매주 금요일 저녁마다 나는 신나게 놀았다.

   내 양아버지는 조달청에서 공직생활을 한 후 당시에는 택시 운전사로 일하고 있었다. 우리 형은 내가 아장아장 걸어다닐 때 로열 퓨절리어(Royal Fusiliers) 연대에 입대하여 결혼할 때까지 5년간 복무했다. 형이 먼 곳에서 집으로 선물 꾸러미를 안고 왔던 것은 내게 멋진 기억이었다. 그러나 내 어린 시절에는 별로 대단한 일은 없었다. 내가 특별히 잘 하는 일도 없었고 육군에 입대하는 것 역시 관심이 없었다. 내 제일 큰 소원은 친구와 함께 아파트를 장만하고 원하는 일은 뭐든 할 수 있게 되는 것이었다.

10대 초반 나는 주로 집을 떠나서 생활했다. 가끔씩 나는 친구 이모에게서 휘발유를 얻어 친구와 함께 프랑스 여행을 떠나기도 했다. 나는 곧 사고를 쳐 경찰서에 들어가게 되었다. 주된 혐의는 객차와 차표 판매기 손괴죄였다. 불쌍한 우리 양부모님은 소년법원 판결로 인해 크게 슬퍼하셨다.

16세가 되자 나는 맥도날드 캣포드(Catford) 지점 종업원으로 직업을 바꾸었다. 크리스마스 시즌까지는 별 문제가 없었으나 그 후 나는 다른 두 친구와 함께 덜위치(Dulwich) 마을의 한 아파트에서 무단 주택 침입죄로 체포되었다. 치안판사를 만날 때까지 나는 3일간 구류되었다. 나는 감옥행이나 다시는 죄를 짓지 않겠다는 식의 맹세가 다 싫었다. 그러나 뭔가 결단을 내리지 않으면 페캄에서의 내 생활은 완전히 끝날 것이라는 것도 알고 있었다. 육군은 좋은 탈출구같이 보였다. 우리 형도 다녀왔는데 나라고 못할 텐가?

다른 둘을 보스탈(Borstal) 교도소로 보내라는 판결이 내려졌을 때 나는 그 다음 날 자진해서 육군 모병소에 갔다. 거기에서는 간단한 학력 테스트를 실시했는데 나는 불합격했다. 모병소에서는 1개월 후에 재도전할 것을 권했고 다행히도 문제가 전과 똑같았던 덕에 나는 커트라인에서 2점 차이로 간신히 합격했다.

나는 어떤 증명서나 근거도 없이 무작정 헬리콥터 조종사가 되고 싶다고 말했지만, 그럴 경우 어떻게 되는지는 여러분들이 더 잘 아실 것이다.

내 말을 들은 모병 하사관은 이렇게 말했다.

"네가 헬리콥터 조종사가 될 길은 없어. 그러나 그래도 원할 경우 육군 항공대에 입대할 수는 있지. 너는 거기에서 헬리콥터 연료 보급병 훈련을 받게 될 거야."

나는 이렇게 대답했다.

"좋아요. 하겠어요."

여기서 합격하면 모병센터로 가서 3일 동안 더 많은 테스트를 받게 된다. 구보도 하고 신체검사도 받는다. 거기서 합격하면 잠시간의 휴가가 주어지고 그 후 연대로 배속되거나 자신이 선택한 부대로 가게 된다.

나는 최종 면접을 보러 갔고 거기서 모병장교가 이렇게 말했다.

"맥냅(McNab), 자네에게는 육군 항공대의 병사보다는 더 알맞은 자리가 있다고 보네. 나는 자네가 보병병과에 더 적합하다고 생각해. 로열 그린 재킷(Royal Green Jackets) 연대에 가는 게 어떻겠나? 나도 그 부대 출신인데 말이야."

나는 로열 그린 재킷 연대에 대해 아는 것이라곤 하나도 없었고 그 부대에 아는 사람도 없었다.

만 17세가 될 때까지 3개월만 기다리면 나는 로열 그린 재킷 연대에 성인 병사로 입대할 수가 있었다. 그러나 나는 바보처럼 기다리지 않고 그냥 입대했다. 1976년 9월 나는 켄트(Kent) 주의 숀클리프(Shorncliffe)에 있는 보병 초급 지휘관 교육대대에 입교했고 그곳을 싫어하게 되었다. 그곳은 근위병(Guardsmen)이 운영하고 있었고 연대원이 되기 위한 훈련 과정은 한마디로 개 같았다. 청바지도 입을 수 없고 머리도 박박 깎아야 했다. 주말에 온전히 푹 쉴 수도 없어서 페캄에서 친구들이 면회를 와야 했다. 훈련 기간 중 외출 때 포크스톤(Folkestone)에서 버스를 놓쳐서 복귀 시간에 10분 지각한 적도 있었다. 숀클리프는 한마디로 악몽이었지만 군대에서 처신하는 방법을 배웠다. 나 이외에는 의지할 사람은 없었다. 훈련소 졸업 기념

퍼레이드는 다음 해 5월이었다. 나는 매 시간을 쪼개 가며 군대 조직과 초급 하사관으로 진급하는 법, 신망 받는 병사임을 의미하는 검을 수여받는 법을 배웠다.

훈련 마지막 6주간 나는 윈체스터(Winchester)의 소총학교에 입교하여 경보병 소대 훈련을 받았다. 이곳은 숀클리프에 비하면 훨씬 성숙하고 자유로운 분위기였다.

1977년 7월 나는 지브롤터 주둔 로열 그린 재킷 연대 제2대대에 배속되었다. 거기에는 육군이 원하는 건 뭐든 다 있었다. 따스한 기후, 멋진 전우들, 끝내 주는 여자, 더욱더 끝내 주는 성병……. 유감스럽게도 4개월 후 우리 대대는 영국 본토로 귀환하고 말았다.

1977년 12월 나는 첫 번째 북아일랜드 작전을 나갔다. 얼스터(Ulster) 사태 초기에 어린 병사들이 너무 많이 죽었기 때문에 만 18세 이하의 병사들은 거기서 근무할 수 없게 되었다. 대대는 12월 6일에 출발했는데 내 생일은 12월 31일이었으므로 그들과 함께 갈 수는 없었다.

IRA(Ireland Republican Army: 아일랜드 공화군 - 영국으로부터 북아일랜드 독립을 요구하는 테러 단체)와 우리 젊은 중대원들 간에 뭔가 사태가 터지면서 나는 첫 번째 전투를 겪었다. 사라센 장갑차 1대가 크로스마글렌(Crossmaglen) 근교 마을의 진흙탕에 빠져 기동불능 상태가 되었고 내 동료와 나는 그들을 호위하라는 명령을 받았다. 나는 이른 아침에 소총에 장착된 야간투시경으로 주위를 감시하고 있었는데 그때 나무 울타리를 넘어 우리에게 접근하는 두 사람을 발견했다. 그들은 점점 가까이 왔고 그들 중 1명이 소총을 가진 것이 똑똑히 보였다. 우리에게는 통신기가 없어서 지원 요청을 할 수 없었다. 그들이 장갑차로 달려갔기 때문에 우리가 먼저 사격을 해야 했다. 우리는 그들에게 6발을 사격했다. 불운하게도 그 시각에는 태양광선 때문에 야간투시경의 탐지거리가 짧았다. 각 호위팀에는 똑같은 장비가 배치되어 있었기 때문에 나는 야간투시경의 영점도 누가 보건 상관없게 맞춰 놓았다. 단 1발의 탄만이 적에게 명중했다. 군견을 동원해 도망치는 적들을 추적했으나 그들은 발견되지 않았다. 그러나 2일 후에 국경 바로 너머의 병원에 IRA의 유명한 지도자 1명이 다리에 7.62밀리미터 탄이 박힌 채로 입원했다. 이것이 우리 중대 최초의 전투였고 모두가 이 사실에 놀랐다. 내 동료와 나는 금세 영웅이 되었고 서로가 자신이 적을 명중시켰다고 주장했다.

그 후의 아일랜드 시절은 그 전보다는 덜 분주했으나 더 슬펐다. 우리 대대는 포크힐(Forkhill)에 대한 박격포 공격 도중 부상자 몇 명을 냈으며 우리 소대원 1명은 크로스마글렌에서 부비트랩에 당해 전사했다. 그 후 우리 연대장도 가젤 헬리콥터를 타고 가던 도중 격추당해 전사했다. 대대가 티드워스(Tidworth)에 복귀했을 때 아일랜드에서의 일을 입에 담는 것은 최악의 금기 사항이 되었다. 나는 18세 때 결혼했다.

그 다음 해에 우리는 남부 아마(Armagh)에 주둔했고 나는 하사로 진급하여 4인조 정찰팀을 이끌고 있었다. 7월의 어느 토요일 밤 우리 중대는 키디(Keady) 국경 근처 마을을 정찰하고 있었다. 흔히 토요일 밤이면 거리는 사람들로 붐비기 마련이다. 그들은 국경을 넘어 캐슬블래니(Castleblaney)로 버스를 타고 가서 카바레에 가서 카드놀이를 즐기고 재즈 음악을 들으며 밤을 새웠다. 우리 부대는 마을 남단의 주택가에서 작전했다. 우리는 여러 군데의 황무지를 건너 어느 공터로 들어가 은신했다. 우리가 벼랑 꼭대기에 가자 길 한가운데 서 있는 가축 운반 트럭을 둘러싸고 두들기고 있는 20명의 사람들이 보였다. 우리가 그들 바로 위까지 갈 때까지도 그들은 우리의 존재를 모르고 있었다. 우리를 본 사람들은 원숭이처

럼 소리를 지르며 아이들을 데리고 사방팔방으로 달아났으나 차에는
M-16 소총으로 무장한 6명의 괴한이 있었다. 우리는 그들을 체포하려고
했다. 그들은 복면과 장갑을 착용하고 소총을 들고 있었다. 나중에야 이것
은 그들이 남쪽에서 차를 몰고 와서 정찰대를 유인해 쏘고 도망치려는 수
작임을 알았다.

내가 그들에게 경고를 보내는 순간 2명이 차 후미에 올라타고 있었고 나
머지 4명은 아직 길 위에 있었다. 트럭 후미에 탄 놈이 소총을 조준했지만
나는 초탄에 그를 쓰러뜨렸다. 다른 적들도 사격을 개시했으나 그중 1명은
7발의 총탄을 맞고 휠체어에서 생을 마감했다. 그의 이름은 데지 오헤어
(Dessie O'Hare)였다.

나는 다시 한 번 이 달의 영웅이 되었다. 한 상인은 총격전 중에 그의 집
유리를 뚫고 날아온 탄 2발을 맞았고 그의 차 앞 유리도 총에 맞아 부서
졌는데도, 1개월 후에 내가 그 사람 가게에 정찰하러 가 보니 가게는 현금
등록기까지 완전히 새로 꾸며져 있었고 집 밖에는 눈부신 새 차가 주차되
어 있었으며 상인은 얼굴 가득 미소를 머금고 있었다.

우리가 1979년 여름 티드워스에 복귀했을 무렵 나는 완전히 군대 체질
이 되어 있었다. 나는 곡괭이와 삽을 들고 작업에 임했고 9월에 나는 내근
기간 하사관이 되었다. 동시에 1계급을 진급해 중사가 되었다. 나는 19세
의 육군 최연소 보병 중사가 된 것이었다. 1980년의 분대장 전투 훈련 과정
에서 나는 높은 성적으로 합격한 후 티드워스에 복귀할 수 있었다.

지금도 그렇지만 티드워스의 윌트셔(Wiltshire) 기지촌은 살 만한 곳이
못 된다. 거기에는 8개 보병 대대, 1개 기갑 연대, 1개 정찰 연대, 술집 3개,
구멍가게 1개, 세탁소가 있었고 내 젊은 아내를 자극할 만한 것은 하나도
없었다. 병사들에게도 정말 고역이었다. 우리는 단순히 조국의 방패라고 칭

찬받는 이상의 대접을 받지 못했다. 어느 일요일 나는 병사들로 이루어진 뇌조 몰이꾼들을 통솔했다. 여단장의 뇌조 사냥을 위해서였다. 일요일 하루동안 일한 댓가는 고작 맥주 2캔이었다. 이렇게 사람을 부려먹고도 젊은 병사들의 제대율이 높은 것을 이해하기 힘들어했다. 9월에 내 아내는 참을 만큼 참은 끝에 최후통첩을 했다. 런던으로 돌아가지 않으면 이혼해 버리 겠다는 것이었다. 결국 나는 남았고 그녀는 떠나갔다.

1980년 말 나는 소총학교 교관으로 배속받아 2년간 근무했다. 그때는 정말 멋진 시절이었다. 나는 신병들에게 기본적인 위생법과 칫솔질 등 그야말로 기초부터 다시 가르쳐야 했지만, 그들을 가르치는 것은 정말 즐거 웠다. 그즈음 나는 SAS에 대해 전해 듣기 시작했다.

나는 전직 영국 공군 여군이었던 데비(Debby)를 만났고 우리는 1982년 8월에 결혼했다. 나는 독일의 파더보른(Paderborn)으로 옮긴 우리 대대에 복귀하고 싶었고 또 아내와 헤어지고 싶지도 않았다. 그러나 독일에서 나의 악몽은 현실로 다가왔다. 그곳은 구멍가게조차 없는 티드워스였던 것이다. 차를 몰고 다니는 데보다 차를 고치는 데 시간이 더 많이 들어갔고, 수리공들은 차를 맡겨도 손가락 하나 까닥하지 않았다. 우리는 아무도 봐주는 사람 없이 뭘 해야 되는지도 모르는 채 대규모 기동 훈련에 참가해야 했다.

포클랜드 전쟁에 그린 재킷 연대가 가지 못하자 나는 낙담했다. 그러나 반면 SAS는 언제 어디서나 실전을 벌이는 중인 것 같았고 그들은 포클랜 드에도 갔다. 나는 보병부대에 잔류할 경우와 그렇지 않을 경우 사이의 손 익을 따지기 시작했다. SAS 주둔지인 헤리퍼드는 단순한 기지촌이 아니라 살기 좋은 동네같이 보였다. 만약 올더숏(Aldershot)이나 캐터릭(Catterick)에 거주하는, 장교의 허가 없이는 텔레비전도 마음대로 사거나 빌릴 수 없는 평범한 일반 병사가 SAS 이야기를 듣는다면 자신을 2등 인간으로 생각할 것이다.

1983년 여름, 그린 재킷 연대에서는 나를 포함한 4명이 SAS 하기 대원 선발에 지원했는데, 우리 모두 연대를 탈출하고자 지원했다. 그 이전 2년간 우리 연대에서는 2명이 SAS에 합격했다. 그중 한 명은 대위로서 우리가 웨일스에서 전투하고 있던 중 술수를 써서 우리가 영국 본토로 복귀해 훈련할 수 있도록 한 사람이었다. 그는 직접 우리를 브레콘 비콘스(Brecon Beacons) 국립공원에 데려가 산악 훈련을 시켰다. 또한 그는 우리에게 충고와 격려도 아끼지 않았다. 나는 그에게 큰 빚을 졌다. 그를 안 것이 우리에게는 행운이었다. 일부 연대나 군단에서는 대체하기 힘든 특수 기술을 갖고 있는 대원을 SAS에 보내기 싫어한다. 그래서 그들은 아예 지원할 시간을 주지 않거나 지원서를 쓰레기통에 처박기도 한다. 혹은 지원을 허가해 주기는 하지만 그가 선발시험을 보러 출발하기 전의 금요일까지 모든 훈련과 과업을 예외 없이 받도록 하기도 한다.

그러나 우리 중 단 한 사람도 합격하지 못했다. 나는 인내력 측정시험 직전의 29km 독도법 행군에서 탈락하고 말았다. 나는 크게 실망했으나 결국 재도전하기로 마음먹었다.

나는 독일로 돌아가서 실패를 반복하지 않도록 노력했다. 도전을 두려워하는 자들에게는 언제나 그 나물에 그 밥인 시시껄렁한 인생이 기다리고 있지만 나는 그렇지 않았다. 나는 젊었고 이 대대에 내가 있는 것은 큰 고기가 작은 연못에 있는 격이었으므로 나는 대대에 대한 열정을 버렸다. 나는 1984년도 겨울 선발에 지원했고 크리스마스 시즌 내내 웨일스에서 훈련했다. 데비는 크게 신경 쓰지 않았다.

겨울 선발은 무섭다. 대부분의 사람들이 4주간의 인내력 측정 과정의 1

주차에서 탈락해 버리고 만다. 그들은 이른바 월터 미티(Walter Mitty: 터무니없는 공상가) 스타일이거나 충분히 훈련되지 않았거나 부상으로 도태된 자들이었다. 탈락된 사람들 중에는 한마디로 고깃덩어리 같은 자들도 있었다. 그들은 SAS를 제임스 본드나 난폭한 외교관 정도로 여기고 있었던 것이다. 그들은 SAS도 군인이라는 사실을 잊고 있었고 혹독한 선발 과정을 통해 그 사실을 뼈저리게 깨우치게 된다.

겨울 선발 과정의 좋은 점은 날씨다. 여름에는 뱀같이 빨리 달리던 사람도 겨울에는 눈과 안개 등의 장애물로 속도가 늦어지고, 그것은 무척이나 평등한 조건이었다.

결국 나는 합격했다.

이 첫 번째 관문을 통과하면 아시아 정글 속에서의 힘든 훈련을 포함한 4개월간의 기초 훈련이 기다린다. 최종 주요 시험은 전투 생존 코스이다. 우선 2주간 생존 기술을 배우게 되고 그 후 의사가 건강 상태를 측정한다. 그러고 나면 2차 세계대전 때 사용하던 전투복과 버튼 없는 코트, 끈 없는 전투화를 신고서 시커먼 산 속으로 들어가게 된다. 우리 뒤를 쫓아오는 것은 헬리콥터에 탑승한 근위병 1개 중대로서 우리를 포로로 잡는 사람에게는 2주일의 휴가가 주어졌다.

나는 3명의 동료들을 데리고 2일간 도망 다녔다. 그들 중 2명은 해군 조종사 출신이었고 1명은 공군 화물적재사였다. 우리는 항상 집단으로 다녀야 했고 나는 이런 기념비적인 최악의 팀에 속한 것을 불평할 겨를조차 없었다. 하지만 내 동료들에게 그런 건 아무 문제 없었다. 그들에게 전투 생존 코스는 3주간의 지겨운 일일 뿐으로, 이게 끝나면 기념 메달을 받아 집에 가서 차나 마시면 그 뿐이었다. 그러나 이 과정을 수료 못하는 자는 결코 SAS 대원이 될 수 없었다.

우리는 어느 집결지에서 대기했고 두 친구는 잠에 빠져 있었다. 그때 근위병들을 가득 태운 헬기가 출현했고 우리는 도망쳤다. 추적 끝에 우리는 체포되어 포로수용소로 끌려갔다.

몇 시간 후 나는 무릎을 꿇고 앉아 있었다. 눈가리개가 벗겨지자 훈련하사관이 보였다.

나는 처량하게 물었다.

"이제 탈락당한 겁니까?"

"아니, 헬기로 돌아가고, 다시는 붙잡히지 말게."

그가 기분이 좋은 상태임이 느껴졌다. 이전에 하우스홀드 사단에 있던 그는 단지 자신의 일을 제대로 해낸 것만으로도 기뻐하고 있었다.

다음 단계에서 나는 보다 내게 유리한 조건하에서 집결지점 사이를 움직일 수 있었다. 하지만 결국 도피 및 탈출 훈련 막바지에는 우리 모두 체포되게끔 각본이 짜여 있었고 그 후 신문을 받게 되었다. 우리는 모두 중립적으로 행동하라고 배웠다. 마지막으로는 혼자가 되어 더 심도 높은 신문을 받았다. 나는 이 과정이 특별히 힘들어 보이지는 않았다. 신문관들의 협박은 말일 뿐 아무도 실질적인 위해를 가하지는 않았다. 우리는 춥고 배고프고 흠뻑 젖어 있어 마치 지옥에 온 것 같은 느낌이었지만, 육체적인 것보다는 정신적인 것이 훨씬 중요했다. 나는 마지막 순간에 일부 사람들이 포기해 버린 것을 이해할 수 없다.

다 끝나면 신문하던 놈이 수프 한 잔을 가져오면서 모든 훈련 과정이 다 끝났다고 말한다. 신문관들과 우리는 서로에게서 배우는 효과가 있다. 나는 내가 예상과는 달리 6시간이나 버틴 것을 알고 놀랐다.

그 후에는 헤리퍼드에서 2주간 병기조작훈련이 있었다. 교관들은 교육생들의 수준에 맞게끔 교육했다. 만약 내가 신병이라면 그들은 끈기를 가지고 처음부터 다시 교육시켰을 것이다. 그러나 내가 충분한 경력이 있는 보병 상사라면 그들은 내게 그에 맞는 실력을 보여 달라고 요구했을 것이다. 그 후에는 브라이즈 노튼에서 공수훈련이 있었다. 또한 그 후에 교육생 중에서 낙하산 정비사들이 선발되어 버틀린스(Butlins)에서 1개월간을 더 훈련받았다.

6개월간의 길고 혹독한 훈련이 끝나고 우리는 중대장실로 한 사람씩 호출되었다. 내가 그 유명한 대검 마크가 달린 모래색 베레모를 수여받을 때 중대장은 이렇게 말했다.

"이 모자는 받는 것보다 계속 갖고 있는 것이 더 어렵다는 것을 명심하게."

나는 그 말을 잘 새겨듣지 않았다. 나는 지그(jig) 춤을 배우느라 정신이 없었다.

SAS 신병들은 대개 보병 출신이고 공병이나 통신병 등 기타 병과는 매 기수마다 두어 명 정도밖에는 없다. 함께 시작했던 동기생 중 160명이 탈락되고 오직 장교 1명, 사병 7명, 합 8명만이 최종 합격되었다.

장교들은 SAS에 3년밖에 근무 못하지만, 그 후에도 다른 곳에 근무하다 다시 SAS에 올 수는 있다. 사병들은 원하는 만큼 있을 수 있는데, 나 같은 경우에는 이론상으로는 22년간의 복무 기간 중 남은 기간 15년을 SAS에서 모두 보낼 수 있었다.

우리는 실무 중대로 배속되었다. 산악, 기동, 보트, 공수 등 4개 병과 가운데 하나를 고를 수 있고, 가급적 본인의 희망에 맞게 배속시켜 주지만 인력 문제나 본인이 소지한 특수 기술도 배속에 고려된다. 나는 공수중대로 갔다.

4개 중대의 성격은 아주 다르다. 나이트클럽에 가 보면 A중대원들은 벽에 등을 붙이고 앉아 자기들끼리도 아무 말 없이 모든 사람들을 째려보기만 한다. G중대원들은 자기들끼리만 이야기한다. D중대원들은 댄스장 언저리에서 여자들을 훔쳐본다. 그리고 우리 B중대원들은 한 명이 바닥에 넘어지면 모두 일어나서 깽판을 쳐 버린다.

데비는 나와 함께 헤리퍼드에서 지내려고 독일에서 돌아왔다. 그녀는 선발 훈련이 시작된 1월 이후 오랫동안 나를 보지 못했고 그녀가 돌아온 후에도 내가 2개월간 정글에서 후속 훈련을 받는 바람에 크게 실망했다. 내가 집에 왔을 때 집은 텅 비어 있었다. 그녀는 짐을 꾸려 리버풀(Liverpool)의 친정으로 떠나 버렸다.

이듬해 12월 나는 내 이웃사촌인 피오나(Fiona)와 결혼했다. 1987년에 딸 케이트가 태어났고 그 해 10월에야 식을 올렸다. SAS에서는 내게 결혼선물로 2년간의 해외 파견근무를 주었다. 나는 1990년에 귀국했으나 그로부터 2개월 후인 8월에 우리는 이혼하고 말았다.

1990년 10월에 나는 질리를 만났다. 그녀는 내가 그녀의 첫사랑이라고 말했다.

제3장

우리는 07:50시에 지휘관 회의실에 집합하여 브리핑 구역에 머리를 맞대고 있었다. 모두가 즐거운 분위기였다. 우리는 스테인리스 수통에 코코아를 넣어 놓고 있었다. 긴 하루가 될 것이고 휴식, 재충전 시간을 갖는 것은 무엇보다도 중요하였다.

나는 정찰대장이 되어 빈스와 함께 일하게 되어서 기뻤고 힘이 났다. 빈스는 SAS에서 복무하는 37세의 덩치 크고 힘센 사람이었다. 그는 등산, 다이빙, 스키 등의 전문가였으며 양팔에 맥주통을 하나씩 끼우고 산이라도 걸어 올라갈 수 있었다. 빈스에게 만사는 '빌어먹을 똥덩어리'였다. 그는 강한 스윈던(Swindon) 사투리로 그렇게 내뱉곤 했다. 그러나 그는 SAS를 사랑했으며 동료 중대원들보다도 SAS 자체를 더욱 의지했다. 그의 인생에서 유일한 오점이라면 곧 22년간의 복무기간이 다 끝난다는 것이었다. 그는 일반 육군 부대 출신이었으며 육군의 누가 봐도 한 눈에 SAS 소속이라는 것을 알아챌 만큼 거칠게 생겼다. 그의 머리카락은 구불구불하고 콧수염도 길었다. 그는 나보다 SAS 복무기간이 좀 더 길었고 그래서 작전을 짤 때 아주 유용한 사람이었다.

우리는 브리핑 구역이 다른 격납고에 있다는 것을 알았다. 우리는 "허가 없이 출입을 금함"이라고 쓰인 문으로 안내되었다. SAS 막사 자체가 이미 격리 구역이었으나 브리핑 구역은 가히 격리 구역 중의 격리 구역이라 할 만했다. 작전 보안은 엄격하다 못해 가혹한 수준이었다. SAS 내의 누구도 다른 대원이 현재 어떤 임무를 수행하고 있는지 알려고 할 수 없다. 그것은 일종의 불문율이었지만 우리 마음속에 큰 글씨로 빨갛게 쓰여 있고 밑줄까지 친 것이었다. 다른 문에는 "D중대 공수작전 정보부대 지도보관소"라고 쓰여 있었다. 그러나 그것은 그저 A4용지에 적혀 문 위에 핀으로 붙인 것이었다.

이 건물의 분위기는 다른 곳과는 매우 달랐다. 마치 병원같이 효율적이었다. 또한 통신기의 웅웅대는 소리가 가득했다. 우리가 흔히 '스파이'나 '녹색 진흙'이라고 부르는 정보부대원은 지도를 양팔에 한 뭉치씩 끼고 방에서 방으로 건너 다녔으며 문을 통과할 때마다 좀스럽게도 문을 항상 꼭 닫아 놓았다. 모두가 낮은 목소리로 이야기했다. 이곳은 전문적인 활동이 이루어지는 인상적인 곳이었다.

우리는 많은 스파이들의 이름을 알고 있었으며 영국 본토에서부터 그들과 함께 일했다.

나는 만면에 친근감을 표시하며 그들을 불렀다.

"안녕히 주무셨습니까? 진흙덩어리 여러분, 오늘은 무슨 일이 있나요?"

이곳은 창문이 없었으며 아주 오랫동안 버려진 듯한 느낌을 주었다. 낡은 곰팡내가 났다. 물론 방 위쪽에서는 종이, 커피, 담배 냄새 등 일반적인 사무실의 냄새가 났다. 그러나 아침 일찍 여기서 강하게 나는 비누, 면도거품, 애프터 셰이브 로션 냄새 때문에 우리는 이들을 렘프(REMF: Rear Echelon Mother Fucker-후방 주둔 니미 씨발놈)라고 불렀다.

"잘 잤어요? 렘프 여러분!"

빈스가 크게 웃으며 특유의 스윈던 말씨로 인사했다.

"모두 엿이나 쳐드십시오!"

한 스파이가 대답했다.

"너나 엿 먹어라 이놈아. 넌 우리가 하는 거 할 수 있어?"

빈스가 말했다.

"전혀 못 합니다. 그러나 당신들은 렘프예요."

B중대실은 15m^2 넓이로서 벽이 매우 높았고 맨 위에는 환기용 창이 있었다. 중앙에는 테이블 4개가 있었고, 비단으로 된 탈출용 지도와 나침반이 그 위에 놓여 있었다.

딩거가 말했다.

"잡것들아, 어서 와라."

빈스의 친구인 보브가 대답했다.

"질보단 양이죠."

157cm 키의 보브는 스위스 인과 이탈리아 인의 혼혈아였고 '웅웅대는 꼬맹이'로 잘 알려져 있었다. 그는 영국 해병대 출신이었으나 더 나은 곳을 찾아 전역 후 SAS에 지원하는 도박을 감행했다. 덩치는 작아도 정신력과 체력은 아주 강했다. 그는 언제나 다른 사람들과 똑같은 무게의 군장을 짊어지려고 했으며 그러고 나면 상당히 웃겼다. 그가 대형 배낭을 진 모습을 뒤에서 보면 그의 짧은 다리는 배낭 밑에 달린 피스톤 같았다. 집에서는 그는 오래된 흑백 코미디를 좋아했으며 많은 테이프도 수집해 놓았다. 마을에서 그는 자기보다 30cm 정도 더 키 큰 여자와 이야기하고 춤추는 것을 좋아했다. 우리가 걸프로 떠나던 날 밤에도 그는 아침 일찍 부대 근처의 클럽에서 나왔다.

우리는 1950년대에 제작된 지도를 보았다. 한 면은 바그다드와 그 주변 지역, 다른 한 면은 바스라 지역이 나와 있었다.

빈스 팀의 일원인 크리스가 타인사이드 사투리로 말했다.

"어디로 가면 좋을까요, 여러분? 바그다드? 아님 바스라?"

한 스파이가 들어왔다. 그의 이름은 '버트(Bert)'로서 헤리퍼드에서부터 우리와 함께 일했다.

마크가 질문했다.

"이 둘 중 어디로 갈 것입니까? 둘 다 우라지게 좋은 곳이군요."

원래 SAS에서는 좋아 보이는 물건은 다 갖고 싶어 한다. 작전에 나가서 어떤 장비가 언제 필요해질지 모르기 때문에 좋은 물건이면 일단 챙겨 놓고 본다.

방에는 의자가 없었기 때문에 우리는 벽에 등을 대고 쪼그려 앉았다. 크리스는 자신의 수통을 꺼내서 여러 대원들에게 나누어 주었다. 크리스는 원래 SAS에서 근무하던 민간인이었으나 SAS에 입대하고 싶어 했다. 크리스가 할 만한 일은 멋진 일이었으며 충분한 보병 경력을 쌓으려고 우선 공수연대에 지원 입대했다. 그는 공수연대가 주둔한 올더숏에서 하사로 진급하고 선발시험에 합격하는 대로 헤리퍼드로 옮겨 왔다.

크리스에게 계획서를 주면 항상 정독했다. 그는 내가 만난 사람 중에서 제일 열정적이고도 효율적으로 일했다. 또한 육체적으로도 강한 사람으로서 열성적인 보디빌더, 사이클 선수, 스키 선수였다. 전쟁터에서도 그는 나치 독일군의 아프리카 군단용 정모를 쓰기 좋아했다. 임무가 없으면 그는 사이클과 스키의 최신 기술을 연마했으며 언제나 '구치(Gucci)' 의상을 입었다. 그는 SAS에 처음 왔을 때는 조용했으나 3개월 후에는 어디로 튈지 모르게 되었다. 그는 언제나 싸움에 끼어들었고 욕을 할 때도 멋있게 보였다.

지휘관이 말했다.

"모두 앉게. 버트가 상황을 설명해 줄 것이다."

버트는 테이블 가장자리에 앉아 있었다. 그는 누구보다도 더 이해하기 쉽고 기억하기 쉽게 브리핑을 해 주는 좋은 스파이였다.

"여러분 모두 아시다시피 사담 후세인(Saddam Hussein)은 결국 이스라엘의 텔 아비브(Tel Aviv)와 하이파(Haifa)에 개량형 스커드 미사일을 발사하고야 말았습니다. 실질적인 피해는 없다시피 했지만 수천 명의 주민들이 도시를 떠나 안전한 곳으로 피난길에 올랐습니다. 이스라엘은 아직 건재하며 이스라엘 수상도 이 사실에 대해 크게 걱정하고 있지는 않습니다.

그러나 악당 두목 사담 후세인은 크게 기뻐하고 있습니다. 사담은 이스라엘의 실질적인 수도 텔 아비브에 스커드 미사일을 명중시킴으로써 유대인 나라가 더 이상 안전하지 못하다는 것을 증명했습니다.

분명히 사담은 어떠한 대가를 치르고라도 이스라엘을 이 전쟁에 개입시키려고 하고 있습니다. 그것은 반이라크 진영을 와해시키는 짓이며 심지어는 이란도 이라크 편에 서서 이스라엘에 맞서 싸울 것입니다.

이것은 우리에게 위험한 현상이며, 따라서 스커드 미사일을 찾아내어 격파해야 할 필요성이 생겼습니다. 스텔스 폭격기들이 바그다드를 가로지르는 티그리스 강의 6개의 다리를 폭파했습니다. 도시의 양단을 연결하는 이 다리에는 바그다드 이외 지역, 쿠웨이트 주둔 이라크군, 이스라엘로 발사되는 스커드 미사일 부대들을 연결해 주는 통신선이 장착되어 있었습니다. 이라크의 극초단파 통신기들도 폭격으로 격파당했으며, 그들의 무선 통신은 연합군 정보기관에 도청당하고 있으므로 이 통신선만이 사담 후세인의 최후 통신수단입니다. 공군의 전략가들에게 이것이야말로 가장 먼저 제압해야 할 표적이 되었습니다.

그러나 불행히도 런던과 워싱턴에서는 전쟁을 끝내고 싶어 합니다. 그들은 폭격당한 다리 근처에서 노는 아이들을 일종의 역선전(bad PR)으로 간주합니다. 그러나 점잖은 체하는 사담은 통신선이 파괴된 척하고 있으며, 이스라엘과 이란을 이 전쟁에 개입하지 못하게 하려면 스커드 미사일을 무력화해야 합니다."

버트는 테이블에서 일어나서 이라크, 이란, 사우디, 터키, 시리아, 요르단, 쿠웨이트가 그려진 큰 벽걸이 지도로 다가갔다. 그는 손가락으로 이라크 북서부를 가리켰다.

"이곳에 스커드 미사일이 있습니다."

우리는 다음에 어떤 말이 나올지 다 알고 있었다.

"바그다드에서 서쪽으로 3줄기의 주보급로가 요르단까지 이어져 있습니다. 이 주보급로들은 연료와 기타 보급품, 심지어는 스커드 미사일을 나르는 데도 쓰입니다. 이라크 군은 2가지 방법으로 스커드 미사일을 발사할 수 있는데, 우선 고정식 발사기를 사용하는 방법이 있으나 이것들은 이미 발견되어 버렸습니다. 하지만 이동식 발사기는 미사일 발사 직전에만 정지하기 때문에 그때 가서야 발견이 가능하므로 더욱 실전적입니다. 우리는 드러난 발사기들을 대부분 찾아 폭파시켰으나, 이동식 발사기들은 아직 폭파하지 못했습니다……."

우리는 여기서 벌써 뭔가 알아채고 있었다.

"다른 모든 통신수단이 못쓰게 되었으므로 오직 통신선만이 이동식 스커드 미사일에 정보를 제공하고 있습니다. 그리고 저는 이라크에 이런 시설을 고칠 수 있는 사람이 얼마나 있을지 의심스러우며 실제로 그런 능력을 가진 사람은 별로 없습니다."

지휘관이 말을 이었다.

"귀관들의 임무는 두 가지다. 우선 북부 주보급로 주위의 통신선을 발견하여 파괴하고 또한 스커드 미사일도 찾아내어 파괴하라."

그는 영국군 예규에 의거하여 이 말을 두 차례 반복했고, 이것은 정식으로 우리의 임무가 되었다.

"우리는 귀관들이 어떻게 일을 수행하건 목적만 이루어진다면 개의치 않을 것이다. 귀관들의 작전 구역은 이 주보급로 240km 거리이다. 작전 기간은 재보급이 없다면 14일간이다. 질문 있나?"

아무도 질문하지 않았다.

"좋아, 버트는 여기서 귀관들에게 필요한 일체의 것을 챙겨 줄 것이다. 나는 뭔가 문제가 생기면 바로 오겠다. 앤디는 작전을 수립한 후 구두와 서면으로 보고해 주게."

우리는 곧장 한숨 놓고 차를 마셨다. 만약 차 대신 술을 마시고 싶다면 가까운 마크의 술병에서 마시면 되었다. 우리는 마크의 술병을 비우며 지도를 들여다보았다.

나는 버트에게 말했다.

"우리는 당신만큼 지도를 많이 봐야 할 것 같소. 모든 지리 자료와 위성 사진을 포함해 어떤 사진이라도 보여 주시오."

"50만분의 1 축척의 항공지도를 구해다 드리겠습니다. 물론 최신판으로요."

크리스도 물었다.

"기상 상황이 어떻게 될지 말씀해 주실 수는 없습니까?"

"현재 자료를 구하고 있는 중입니다. 자료가 더 구해지면 말씀드리죠."

렉스가 말했다.

"우리는 눈에 보이는 것 이상의 것도 필요합니다. 그들의 작전 방식 및 스커드 미사일 발사 방식 말입니다."

나는 렉스를 좋아했다. 그는 아직 신참으로서 공수연대에서 옮겨 온 지 6개월밖에는 되지 않았다. 신병들이 흔히 그렇듯 그도 조용한 축에 속했으나 딩거와는 절친한 사이였다. 그는 자신의 통신병으로서의 능력에 자신감이 있었으며, 공병대에서 군대 생활을 시작했다. 그는 자동차 정비에도 일가견이 있었으며 자동차 경주 선수로 명성을 날렸다.

버트가 방을 나간 후 우리는 토론을 시작했다. 분위기는 편안했다. SAS 작전치고는 보기 드물게 많은 시간이 있었다. 환경 조건도 건조해서 아주 좋았는데, 우리는 비가 올 때는 전술 계획을 짜지 않았다. 보병에게 아주 중요한 '7개의 P'라는 규칙이 있었는데, 그것은 "적합한(Proper) 계획 (Planning)과 준비(Preparation)는 우라질 나쁜 작전 수행을 방지한다(Prevents Piss Poor Performance)."이다. 우리는 작전 여건은 완벽했으므로 우라질 나쁜 작전 수행을 변명해서는 안 되었다.

버트가 돌아오기를 기다리는 동안 전우들은 술병을 채우거나 램프들의 식수를 찾아다녔다.

버트는 15분 후에 돌아왔다.

"지도 가져왔습니다. 그리고 저는 이곳에 대해 정보를 드리겠지만, 그리 많은 양이 아닌지라 더 많은 정보를 모아오려고 합니다. 더 좋은 탈출용 지도를 구하는 중입니다. 모임이 끝나기 전까지 갖다 놓겠습니다."

우리는 이미 다른 작전에서도 탈출용 지도를 기념품으로 챙겨 놓고 있었다. 우리는 뭔가 더 생각해 볼 시간을 벌었으며 버트는 적의 위치, 그 지역의 인구, 시리아 국경 부근의 자연 환경 등에 대해 질문 공세를 받았다.

우리는 이미 탈출 및 철수 계획을 구상하기 시작했는데, 전선은 무척이나 가까웠기 때문이다. 또한 우리의 작전 구역 근처에 적이 있다면 그들이 몰려와 우리 작전을 어렵게 할 수도 있다. 주보급로를 통행하는 주요 교통수단은 무엇이며 어떤 소리를 내는가? 또 통신선은 어떻게 찾아낼 수 있으며 어떻게 생겼는가? 찾아내기는 쉬운가 어려운가? 만약 찾아냈다면 파괴하는 데 플라스틱 폭탄 5kg이 필요한가, 아니면 망치질 한 번만으로도 충분한가? 이 모든 것을 다 알아야 한다.

버트는 우리의 새로운 쇼핑 리스트를 들고 떠났다. 벽에 걸린 지도를 보며 나는 특히 버려진 지하 송유관에 주목했다.

"이 송유관이 주보급로를 따라 있다면 이 속으로 통신선이 지나다닐 수도 있지 않을까?"

스탠이 말했다.

"중대원 중에 통신선을 찾으러 간 사람이 벌써 있어. 그가 뭔가 알아냈으면 좋겠군."

버트는 지도 묶음을 들고 돌아왔다. 우리 중 몇 명이 여러 지도들을 짜맞추어 테이프로 붙여 큰 지도를 만드는 동안 두 친구는 의자를 슬쩍하러 나갔다.

이제 분위기는 훨씬 심각해졌다. 우리는 계획을 세우기 한 30분 전까지 방을 엉망으로 어질러 놓았다. 크리스는 지도를 꼼꼼히 살펴보고 적절한 이야기들을 했다. 렉스는 무선 장비에 자기만 알아볼 수 있는 낙서를 하고 있었다. 딩거는 벤슨 앤드 헤지스 담배의 새 갑을 열었다.

우리가 먼저 생각해 볼 문제는 우리가 갈 곳이 어딘가였다. 우리는 그 지역과 그곳에 사는 민간인과 군인에 대해 알고 싶어 했다. 그러나 정보가 너무 개략적이었다.

버트가 설명했다.

"주보급로는 자갈길은 아니며 그 옆에 기찻길이 다니고 있습니다. 주보급로에서 제일 넓은 구간은 노폭이 2.4km이고 제일 좁은 구간은 노폭이 600m입니다. 주보급로의 다른 구간 약 16km는 지면에서 45m 깊이이며 매우 평탄하고 커브가 많으며 바위도 많고 모래는 없습니다. 만약 유프라테스 강을 향해 북진한다면 해발고도는 계속 낮아질 것입니다. 남쪽으로 간다면 평지로 나가 사우디로 가는 길로 이어질 것입니다. 만약 와디(wadi: 사막의 마른 강) 지대에서 출발한다면 위치를 알기 쉽고 위장이 용이하며 흔적도 곧 없어질 것입니다."

전술 항공 지도는 등고선은 없었지만 학교용 지도처럼 색상을 통해 고도를 표시하고 있었다. 불길하게도 주보급로는 오직 한 가지 색으로만 나타나 있었다. 빈스가 말했다.

"이런 빌어먹을 나라 같으니라고."

우리는 웃었지만 마음 한구석이 걸렸다. 이런 곳은 숨기 좋은 지형이 아니었기 때문이었다.

오지에서는 누구나 길 또는 강을 찾아가기 마련이다. 주보급로는 인구가 많은 도시, 공항 3~4개, 지하수 펌프장 몇 개를 통과하고 있었으며 그런 시설들은 하나같이 적 병력이 지키고 있을 것이었다. 또한 주보급로 전체를 걸쳐 유랑민이건 정착민이건 주민들이 있을 것이고 교통 편의시설, 식수 보급시설도 그 지역 전체에 걸쳐 퍼져 있을 것이었다.

주보급로는 '바니다히르(Banidahir)'라는 큰 마을의 북서부에서 유프라테스 강과 만난다. 거기서 주보급로는 남서부로 나아가 요르단으로 통한다. 거기에서는 요르단으로 가는 사람, 공항으로 가는 군인, 지방 군벌 등이 통행한다. 그들은 현재 비상상태는 아닌 것 같았다. 이렇게 멀리 떨어진 곳까지 다국적군이 올 것이라고는 생각지 않기 때문이었다. 그러나 그들의 예상과는 달리 거기에서 아주 중요한 전략적 사건이 벌어질 것이었다.

그러나 우리는 주보급로의 어디에서 작전할 것인가? 주보급로의 제일 넓은 구간은 안 된다. 우리가 항공 공격을 요청한다면 적이 도망칠 수 없는 좁은 길을 표적으로 삼아야 하기 때문이다. 우리가 원하는 지점은 주보급로의 노폭이 좁고 급하게 꺾어지는 지점이었다. 세계 어디서건 운전사들은 회전을 할 때 속도를 늦춘다. 우리는 가급적 군인과 민간인이 있는 곳에서 멀리 떨어진 곳에 매복할 것이었다. 항공지도에서는 오직 마을과 큰 군사시설만 나와 있었다. 따라서 이런 곳을 고르는 것은 어려운 작업이었다. 그러나 렉스가 공항과 바니다히르 마을 사이의 한 곳을 지적했다. 그곳은 공항과 마을에서 각기 29km씩 떨어져 있었다. 또한 보너스로 그곳 지하에는 파이프라인이 가로지르고 있어 쓸모 있는 항로 표지기로 써먹을 수 있었다.

버트가 우리에게 알려 준 현장의 날씨는 좀 춥기는 했지만 심하지는 않다고 했다. 영국의 봄 날씨처럼 밤과 이른 아침에는 매우 춥지만 오후가 되면 따뜻해 질 것이라고 예상했다. 비는 거의 오지 않는다고 했다. 젖고 춥고 배고픈 것만큼 나쁜 상황은 없기 때문에 그건 좋은 뉴스였다. 위의 3가지에 주의하지 않으면 목숨이 위태로워질 수도 있었다.

우리는 이제 우리가 갈 곳이 어떤 곳인지 알았다. 그 다음에는 어떻게 가야 할 지 결정해야 했다. 빈스는 이렇게 말했다.

"걸어가든가, 차를 타고 가든가, 헬리콥터로 강하하는 3가지 방법이 있어."

크리스도 거들었다.

"걸어가는 건 말도 안 됩니다. 그 정도 거리를 가는 데 필요한 보급품을 들고 다닐 수도 없고, 또 우리는 일정 기간이 지난 후에 헬리콥터로 보급을 쉽게 받을 수 있어야 합니다."

차량을 이용하면 빠르게 문제없이 갈 수 있었고, 주보급로나 다른 곳으로 전개해 임무를 수행할 수 있다는 데는 모두가 동의했다. '핑키(Pinky)', 혹은 그냥 '110'이라고 불리는 초장축 랜드로버는 차량에 장치된 다용도 기관총이나 M-19 유탄 발사기로 막강한 화력을 제공한다. 또한 차량을 쓰면 더 많은 탄약과 장비를 가져갈 수 있고 뭔가 더 만족감도 생긴다. 그러나 차량에는 2가지 큰 단점이 있었다. 딩거가 담배를 피우며 그 단점을 이야기했다.

"차량에 탑재된 연료만큼만 움직일 수 있어. 그리고 주보급로 주위에는 이놈들을 숨길 수 있는 공간이 없어."

작전상 우리는 한 곳에 오랫동안 매복해 있어야 하기 때문에 잘 숨는 것이 최선의 방어였고 차량은 그런 상황에서 전혀 도움이 되지 못했다. 이런 지형에서 차량은 틀림없이 적들을 끌어모을 것이었다. 게다가 정찰을 나갈 때 차량을 지키는 인원을 남겨 둬야 한다. 부비트랩에 걸릴지도 모르고 매복에 걸릴지도 모르며 스쳐 지나가는 그 지방 민간인들에게 발각당할지도 모른다. 그리고 우리 8명을 위해서는 차 2대가 필요한데 2대의 차란 곧 발각당할 확률이 2배로 늘어난다는 뜻이었다. 도보로 정찰하는 경우 대개 적에게 발견당할 기회는 한 번뿐이다. 2주일분의 보급물자와 장비는 너무 무거워 인력으로 운반하기 힘들기는 하지만, 결국 우리는 차량을 가져가지 않기로 결정했다. 우리는 우선 장비를 구한 후 그것을 가져가는 문제 또한 해결해야 했던 것이다.

우리는 폭발물과 탄약, 2주분의 식량과 물, 화생방 방호장비 등의 개인장비를 챙겼다. 빈스가 우리가 나를 수 있는 짐의 양을 계산하고 있었다. 그는 이렇게 말했다.

"우리는 도보로 정찰해야 하겠지만 거기까지 가려면 차나 헬리콥터로 가는 게 좋을 거야."

마크가 대답했다.

"차량을 타고 움직이면 작전 실패의 확률이 늘어나요. 그리고 가는 중간에 연료 재보급도 받아야 해요."

렉스도 끼어들었다.

"우리가 헬리콥터로 재보급을 받는다면 아예 그걸 타고 가는 게 어떨까요?"

결국 헬리콥터를 타고 가기로 의견을 모았다. 나는 버트에게 질문했다.

"비행기를 타고 갈 수 있을까?"

그는 작전실로 헬리콥터를 알아보러 갔다.

나는 지도를 보았다. 지도는 우리가 작전을 수행할 곳이 얼마나 고립되어 있는지를 잘 보여 주고 있었다. 만약 우리에게 문제가 터져도 아무도 우리를 구출해 줄 수 없다.

보브가 말했다.

"그러니까 우리에게 뭔가 터지면 그야말로 첩첩산중이다, 이거군."

딩거가 구시렁댔다.

"음……. 좋은 현상이야."

버트가 다시 나타났다.

"비행기를 사용할 수 있습니다. 문제없어요."

나는 다음 토론을 시작했다.

"그들은 우리를 어디다 내려 줄 거래요?"

헬리콥터의 장점은 누구나 신속히 원하는 곳에 갈 수 있다는 것이다. 그러나 단점은 너무 시끄러워서 대공화기 사격을 유도한다는 것이다. 따라서 헬리콥터 착륙은 전혀 안전하지 않다. 우리는 헬기를 이용하려면 주보급로에서 적어도 20km 떨어진 곳에 강하해야 한다고 결론지었다. 우리는 또 주보급로의 커브길의 동쪽이나 서쪽에 강하하는 것도 싫었다. 위치를 알기 힘들기 때문이다. 위치 측정은 과학이 아닌 기술이다. 문제 상황에 처하면 자신의 위치를 알기 힘들다. 위치를 찾기 좋은 지점에 가기 힘들기 때문이다. 나는 이렇게 말했다.

"주보급로 북쪽에 강하해서 남쪽으로 가느니 그냥 처음부터 남쪽에 강하하는 게 낫겠지."

주보급로를 항공기로 횡단하는 것이 좋다고 말할 사람은 없었다. 우리는 주보급로 남쪽에 강하하는 안을 선택했다. 그럴 경우 주보급로만 보면 북쪽이 어딘지 알 수 있기 때문이다.

우리는 엄청난 거리를 참고 견디며 행군해야 할 것이다. 모두가 자신의 걸음 길이를 알고 있었다. 주머니 속에 구슬을 끼운 낙하산 끈을 갖고 다니는 것이 관례화되었다. 한 예로 나의 112걸음은 99m였다. 나는 10개의 구슬이 달린 낙하산 끈을 만들어 주머니 속에 넣어 두었다. 112걸음을 걸을 때마다 구슬을 하나씩 꺼낸다. 10개의 구슬을 다 꺼내면 이 보폭 측정기(Pace Counter)로 내가 9,900m를 전진한 것을 알 수 있다. 만약 다른 사람이 측정한 것이 내 것과 다르다면 평균을 낸다. 이 방법을 마젤란 위성항법장치와 연계해서 사용한다. 위성항법장치는 좋은 장비이지만 언제나 믿을 수 있는 것은 아니었다. 고장 날 수도 있고, 배터리가 소진되면 사용할 수 없다.

우리는 여태까지 정확히 원하는 곳에 강하해 본 적이 없었다. 우리는 항상 조종사들이 말하는 시각과 거리에 기초하여 우리의 위치를 측정했다. 그들은 대공화기나 적병이 많이 있는 곳을 회피하고 우리 때문에 출격 스케줄에 말썽이 생기는 것을 싫어했다.

문을 두드리는 소리가 났다. 한 스파이가 말했다.

"조종사를 데려왔습니다. 이야기해 보시지요."

편대장은 마이크보다도 키가 작았으며 짙은 갈색 머리에 주근깨가 나 있었다.

나는 그에게 지도를 보여 주며 말했다.

"우리를 여기 데려다 주실 수 있습니까?"

그는 미들랜드(Midland) 지방의 억양 없는 목소리로 말했다.

"언제요?"

"그건 아직 모르겠습니다. 최소한 2일 후가 될 겁니다."

"음, 저는 아무 문제없도록 계획을 세워야 합니다. 당신 부대원 수는 모두 몇 명입니까?"

"8명입니다."

"차량도 가져갑니까?"

"아뇨, 장비만 가져갑니다."

"문제없습니다."

나는 그가 이미 필요한 연료량을 계산하고 지형 상황을 판단하여 적 대공화기의 위협을 계산하고 있다고 눈치 챘다.

"목표지에 대한 다른 정보를 가지고 계십니까? 지도 같은……."

내가 대답했다.

"제 말이 그 말입니다."

"오, 만약 제가 당신들을 거기 못 데려다 준다면 어쩔 겁니까?"

"당신들이 갈 수 있는 곳에 맞춰야겠죠."

이 조종사가 우리를 비행기에 태워 강하 지점까지 데려다줄 것이므로 설령 그가 우리 임무에 대해 전혀 모르더라도 우리는 그의 판단을 완전히 신뢰해야 한다. 우리는 단지 승객에 불과했다.

그는 떠났고 우리는 통신선과 스커드 미사일 공격 계획을 짜기 전에 잠시 차 마시는 시간을 가졌다.

우리는 적에게 최소한의 노력으로 최대한의 피해를 입히기를 원했다. 재수도 있어야 하겠지만 주보급로를 따라 통신선이 달리고 있고 매 8km, 혹은 임의의 지점에 점검용 맨홀이 파져 있다. 맨홀 속에 통신 장비가 있는지는 알 수 없었다. 그러나 스탠의 주장에 의하면 통신선의 효율적인 운영을 위해 반드시 안에 지상으로 통하는 통신선이 들어 있다고 했다.

버트에게 더 많은 질문이 쏟아졌다. 맨홀 커버에 자물쇠가 채워져 있을까? 그들이 맨홀 속에 침입자를 격퇴하는 장비를 설치했다면 그것을 돌파할 수 있을까? 그렇지 않다면 스스로 굴을 파서 통신선에 도착하는 수밖에는 없는 것일까? 통신선은 콘크리트, 철, 기타 보호 장비로 포장되어 있는가? 그렇다면 우리는 철을 부술 수 있는 장비를 가져가야 할 것이다. 만약 맨홀이 적의 공격을 방지하기 위해 물로 채워져 있다면 어떡할까? 이상하게 들리지만, 오히려 물이 가득 채워져 있을 경우 폭탄 폭발력은 증대된다.

우리는 지상에서 통신선을 4~6토막으로 절단 낼 것이며 폭탄은 만 하루 동안 여러 차례에 걸쳐 폭발할 것이다. 우리가 밤에 공격하면 다음날 이른 저녁에 폭발할 것이다. 통신선은 최악의 경우 수리불능 상태에 빠질 수도 있으며, 그렇지 않더라도 다음 날 아침이 되어 빛이 있어야 고칠 수 있으므로 그 효율은 크게 떨어질 것이다. 그들은 결국 어디가 부서졌는지 알고 고치러 사람들을 보낼 것이다. 우리가 하려고만 하면 복구하러 오는 이라크인들에게도 피해를 입혀 그들의 작업 능률을 낮출 수 있다. 마크는 압력작동식 소형 엘지(Elsie) 대인 지뢰를 매설하자는 안을 내놓았다. 밟으면 즉시 폭발하는 지뢰였다.

만약 그렇게 한다면 첫 공격에서 날이 밝자마자 적의 기술자나 경비원이 와서 엘지 지뢰를 밟고 발을 잃을 것이다. 다음 날 저녁 우리가 두 번째 공격을 할 때는 지뢰를 매설하지 않는다. 그래도 이라크인들은 지뢰를 주의하여 조심스럽게 시간을 많이 들여 접근하거나 아예 작업을 포기할 수도 있다. 그 다음 번 작전 때는 또 지뢰를 매설한다. 아마도 그들이 자신감에 차 있어 방심하며 다가오게 되면 또 한 방 먹는 것이다. 한 가지 문제가 있다면 우리는 엘지 지뢰의 유폭 및 노출을 방지하기 위해 폭파 지점 너무 가까이 지뢰를 묻어서는 안 된다는 것이다.

어쩌면 우리는 통신선을 6일 동안만 사용불능 상태로 만들 수밖에 없을지도 모른다. 그러나 일이 잘 풀려 주면 통신선을 영원히 못쓰게 할 수도 있다. 마크의 기가 막힌 발상으로 인해 우리는 장비 목록에 엘지 지뢰 2박스, 24발을 추가했다.

특히 우리는 시간과 장비가 허용하는 한 가급적 많은 부분을 파괴해야 했다. 우리는 20km 간격으로 2일 밤에 걸쳐 파괴공작을 벌일 것이었다. 우리는 케이블을 파괴하려고 맨홀까지 파괴하고 싶지는 않았다. 만약 그렇다면 적들이 다른 맨홀 뚜껑을 조사한 후 우리가 설치한 다른 폭탄을 찾아낼 수도 있기 때문이다. 그런 상황에 대비해서 우리는 모든 타이머에 촉수금지 장치를 설치할 것이다. 스위치를 누르거나 밀면 작동되며 그들이 폭탄을 건드릴 경우 폭발할 것이다.

나는 피곤해지기 시작했다. 휴식시간이 없으면 우리는 실수를 범할 것이다. 우리는 오직 계획에 따라 움직이는 수밖에는 없다.

우리는 차를 마시고 발을 뻗은 후 스커드 미사일 파괴공작을 논의하기 시작했다.

11.3m 길이에 90cm 직경의 러시아제 SS-1C 스커드 미사일의 사정거리는 160~280km였다. 이 미사일은 8륜 트럭인 TEL(Transporter Erector Launcher: 이동식 발사대)에 적재되어 돌아다니다가 발사된다. 승무원들은 잘 숨을 수 있게 훈련되어 있다. 별로 정확하지는 않은 스커드 미사일은 큰 거주지역, 병력 집결지, 공항 등을 공격하기 위해 설계된, 전략병기 성격이 강한 미사일이었다. 이 미사일은 재래식 폭약 탄두는 물론 화학병기 탄두, 생물학병기 탄두, 핵탄두도 탑재 가능했다.

영국 기갑사단이 사우디에 파견되자 사담 후세인이 영국군에 화학무기를 사용할 시 대처 총리가 영국 장군들에게 이라크군에 전술 핵병기를 사용하라고 명령할 것이라는 소문이 떠돌았다. 나는 아직 내가 화학무기에 피폭되는 상황을 생각해 본 적은 없었다. 물론 제정신으로 화학무기를 사용할 사람은 없겠으나 사담 후세인은 이란과 자국민에 대해 화학무기를 사용했고 필요하다면 이 전쟁에서도 화학무기를 사용할 것이 거의 틀림없었다.

버트가 말했다.

"15~20대의 TEL과 더 많은 미사일이 있을 겁니다. 대체로 TEL은 지휘관이나 수색대원을 태운 랜드크루저(Land Cruiser: 토요타 4륜구동 SUV)같이 생긴 지휘차량과 함께 움직입니다. TEL에는 전방에 2명이 탑승하고 후방에 기타 승무원이 탑승합니다. TEL의 미사일 통제실은 차량 중앙에 위치하며 왼편에 나 있는 문으로 출입합니다. 아마 호위 보병도 따라다닐 것이지만 그 숫자는 정확히 알 수 없습니다. 여러 대의 TEL이 무리를 지어 다니는지 아니면 TEL 단 한 대만이 작전하는지는 확실하지 않습니다."

수색대원이 스커드 미사일 발사에 중요한 역할을 담당한다는 것은 확실하다. 예기치 못한 곳에 TEL이 우르릉거리며 출현한 후 미사일을 발사하기까지는 약 1시간이 소요된다. 그 시간 동안 그들은 자신들의 정확한 위치를 알아보고 상공에 떠 있는 기구(氣球)를 이용하여 레이더 조준을 한 후 발사 각도를 조정하고 미사일에 연료를 보급한다.

물론 또 중요한 인물이 2명 더 있었다. 총 지휘관과 미사일 관제소에서 미사일을 조종하는 미사일 조작수이다. 따라서 최소한 이 3명만 없애면 미사일을 가동불능으로 만들 수도 있다. 그러나 다른 사람들이 그들을 대체할 수도 있으므로 우리는 결국 스커드 미사일 자체를 공격해야 했다.

어떻게 격파할 것인가? 항공 공격이 가장 손쉬운 방법일 것이다. 그러나 이라크군은 뛰어난 방향 탐지 능력을 갖고 있었고, 따라서 우리는 다음과 같은 최악의 상황을 가정하지 않을 수 없었다. 즉 그들의 방향 탐지 장치가 완전가동 상태이고 전국에 산재한 수신소에서 이라크 내의 모든 무선 통신의 위치를 파악해 내는 상황이다. 단 2곳의 수신소에서만 무전을 듣게 되면 그 위치를 파악할 수 있다. 우리가 도보로 이동하고 있다면 그들이 우리를 잡기는 더욱 쉬워진다. 항공 공격을 무전으로 요청하는 것은 확실히 자살행위였다.

이라크군이 우리를 궁지에 몰아넣을 때만 항공 공격을 요청할 수가 있었다. 그러려면 통신기를 사용해야 하는데 그러면 적의 방향 탐지에 걸리게 된다. 그들이 항공 공격을 당하는 순간 우리의 위치를 알게 될 것이라고 예상했다.

만약 우리가 미사일 본체를 공격한다고 해도 탄두에 위험 요소가 있었다. 미사일 탄두는 화생방 병기나 재래식 폭탄일 것이고 우리는 너무나 거추장스러워 사람을 지치게 하는 화생방 보호복을 입고 작전하고 싶지는 않았다. 극히 유해한 미사일의 연료도 문제이다.

그래서 미사일보다는 TEL이 더 좋은 표적이라고 할 수 있다. TEL이 없으면 미사일 발사는 불가능하기 때문이다.

보브가 말했다.

"우리가 과연 그걸 격파할 수 있을까요?"

딩거가 대답했다.

"물론이지. 그러나 적이 그걸 수리하는 데 시간이 얼마나 걸릴지는 알 수 없어. 그리고 무엇보다도 미사일에 너무 가까이 있어."

크리스가 물었다.

"미사일에 입력되는 비행 정보에 대해서는 아는 게 있습니까?"

더 많은 토론을 거친 후 육박전으로 TEL 중앙에 위치한 미사일 통제실을 격파하자는 안이 나왔다. 빈스가 이렇게 말했다.

"미사일 통제실을 격파한다면 우리에겐 아무 탈 없이 적을 엿 먹일 수 있을 거야. TEL은 로켓 발사 화염을 견뎌 낼 정도로 강하기 때문에 우리의 공격으로부터 미사일을 보호할 수 있을 거야."

우리는 이제 무엇을 공격해야 할지 알았다. 그러나 어떻게 공격해야 할 것인가? 그곳은 탁구대처럼 평평한 지형이기 때문에 적이 스커드 미사일을 발사하려는 것을 알기는 어렵지 않을 것이라고 판단했다. 다행히도 통신선만 파괴시키면 스커드 미사일은 하나도 발사할 수 없을 것이다.

우리는 적의 약점을 알았고 스커드 미사일을 발견하기도 쉽다는 것을 알았다. 우리는 이제 그곳으로 가서 발사장소를 알아내고, 적의 규모, 미사일 발사기의 숫자, 보초의 위치 등을 알기 위해 근접 표적정찰을 실시할 것이다. 전형적인 근접 표적정찰에서는 스커드를 찾기 위해 표적에서 1.6km 떨어진 최종 집결지점으로 가서 정지한 후 머무른다. 거기에서 4명이 전진해서 정위치에서 360도 정찰을 실시하고 적의 약점을 찾아낸다. 우리 중 2명은 가서 정보를 완성해야 한다. 그 때 우리는 최종 집결지점으로 철수해서 내가 근접 표적정찰한 내용에 대해 신속히 보고를 한다. 어떻게 작전할 것인지, 어떻게 거기까지 갈 것인지, 어느 길로 돌아올 것인지, 최종 집결지점으로 돌아올 때의 확인 신호는 무엇인지 등의 내용을 보고한다. 대원들은 항상 혼란을 방지하기 위해 나갔던 길로 돌아온다. 내 통상적인 확인 신호는 양팔을 십자가에 매달린 것처럼 쭉 뻗고 걸어오는 것이다. 총은 오른손에 든다. 이것은 시끄러운 소음을 내지 않고도 내 신분을 밝히기 위한 것이다. 최종 집결은 어디에서건 손쉽게 신분을 확인하고 적의 공격을 방지할 수 있어야 한다. 어둠 속에서 위치를 측정한다는 것이 말같이 쉽지는 않기 때문이다. 최종 집결지점으로 귀환한 후 나는 공격 개시명령을 내려 마음의 준비를 한 후 모두에게 표적에 대해 말한다.

움직이기 전에 우리는 최소한 3가지의 '접근점'을 예상한다. 예를 들어 수색 대원, 지휘관, 미사일 조작수를 사살한다거나 하는 것이다. 여기에는 대개 소음총이 사용된다. 몸의 T지점에 사격을 가하면 누구나 죽게 된다. T지점이란 사람의 한쪽 관자놀이에서 출발하여 눈썹을 지나 반대편 관자놀이로 가는 임의의 선과 코에서 시작하여 흉골 기부로 향해 몸 정중앙을 가로지르는 임의의 선을 합쳐 놓은 것을 말한다. 이곳에 사격을 1발이라도 당하면 누구나 죽게 된다. 이런 사격은 아주 가까이서, 대개는 적의 상방에서 행해지는 것이 보통이다. 출발에서부터 표적 사살까지 계속 쉬지 않고 진행해야 하며 또한 빠르고 망설임이 없어야 한다. 이런 공격의 성패는 속도, 대담성, 두려움을 이기는 능력에 의해 결정된다.

이론에 철저한 빈스는 영국에서 소음총을 가져왔으나 다른 중대에서 특수작전용으로 빌려 가 현재 남아 있지 않았다. 우리보다 먼저 사우디로 간 D중대는 깨끗한 장비만 보면 눈이 돌아가는 더러운 증세를 일으켰고, 눈에 보이는 모든 것을 훔쳐가 버려 우리 차례가 되었을 때는 아무것도 남아 있지 않았다. 그들은 오직 자기들은 이것을 원한다고만 말했고 아마도 이번에도 그랬을 것이다. 소음총이 없는 우리들은 유명한 제2차 세계대전의 특수전용 대검처럼 생긴 전투용 대검을 은밀 작전용으로 오랫동안 써먹어야 할 것이다.

화력 지원 기지는 4명으로 구성되며 그때 다른 4명은 스커드 미사일로 침투한다. 우리는 수색 대원과 TEL 안에 앉아 자고 있을 다른 적병들을 제거한다. 우리는 차량 안에 PE-4 플라스틱 폭탄을 설치할 것인데, 내 생각으로는 1kg의 폭약을 장착하고 폭발 시간을 2시간 후로 맞추어 놓는 것이 좋을 것 같았다. 우리는 기폭 장치를 작동시킨 후 문을 덮어 놓고 성공적으로 도망친다. 우리는 또한 플라스틱 폭탄 위에 촉수금지 장치를 설치하여 적들이 폭탄을 찾아내어 집어 드는 순간 터지게 할 것이다.

또한 우리는 별도의 보조 장치도 갖고 있다. 이것은 안전 퓨즈로 점화되는 수동 스위치로서 누르면 60초 후에 뇌관이 폭발한다. 만약 적들이 우리를 발견했다면 우리는 폭약을 부착하고 바로 탈출한다. 3가지의 다른 기폭 장치가 있으므로 어떠한 돌발 상황에도 대비할 수 있다. 시한 장치, 촉수금지 장치(장력식, 압력식, 압력해제식 아무것이나 사용 가능했다), 보조 장치가 있기 때문이다.

16:00시가 되자 내 주변의 사람 1~2명은 피로해 보였다. 나는 나 또한 그

럴 것이라고 생각했다. 우리는 정말로 피곤했다. 우리는 작전의 세부 사항에 이르기까지 임무에 대해 완벽히 알게 되었다. 작전 중에 적을 만났을 때 4인조 화력팀은 공격팀이 임무를 다 하고 철수할 수 있게 화력 지원을 제공한다. 4인조 공격팀은 상호간에 화력 지원을 제공하고 보조 장치로 목표 공격을 완료한다. 한 길이나 서로 다른 길로 비상시 집결 장소로 탈출하여 신속히 다시 만난다. 그들은 정찰집결 장소로 움직여 화력팀과 다시 만날 것이다.

물론 지상에서 적을 보기까지는 적이 어떻게 나올지 알지 못한다. 4대의 TEL이 한꺼번에 몰려다닌다면 너무 많은 표적 때문에 목표 설정이 힘들어진다. 또 단 1대의 TEL이 나타나더라도 공격하기 곤란한 상황이 될 수도 있다. 이런 경우 우리는 엄청난 화력으로 원거리 사격을 해야 할 것이다. 원래 정찰에서 단 1개의 목표만 격파하라는 법은 없었다. 우리가 육박공격을 할 수 없을 때는 66mm 대전차 로켓탄으로 원거리 공격을 시도해야 할 것이다. 이러한 공격은 짧고도 강력해야 하며 오직 현장에서밖에 실행을 결정할 기회가 없다. 이러기 위해서는 자신에 대해 평가를 내릴 수 있고 무엇을 해야 할지 결정할 수 있어야 문제 상황에 대처할 수 있다. 우리는 언제나 가능한 은밀히 표적을 공격해야 한다.

세 번째 선택으로 항공 공격이 있다. 항공 공격과 원거리 공격 중 하나를 고르는 것은 남아 있는 대원의 수에 따라 좌우될 것이다. 그러나 둘 다 우리가 그 지역 근처에 있다는 것을 광고하는 짓이다. 그래도 대원들이 견딜 만하다면 어쩔 수 없다. 그러나 우리가 통신선 절단에 성공한다면 그래야 할 필요가 없을 것이다.

이제 여기는 땀 냄새, 방귀 냄새, 담배 냄새 등이 풀풀 풍겼다. 어디에나 스커드 미사일, 막대기 모양의 사람, 화력지원팀 이동도를 그린 메모지가 널려 있었다. 계획 수립은 언제나 피곤한 일이었으나 우리는 모든 것에 세세한 부분까지 신경 써야 했기에 필요한 일이었다. 우리가 TEL을 발견했을 때 문이 닫혀 있을 경우 손잡이는 어디에 있는가? 어떻게 열어야 하는가? 문은 밖으로 열리는가, 혹은 안으로 열리는가? 문은 쪽문인가? 문의 경첩이 혹시 위에 달려 있지는 않은가? 다른 장갑차량처럼 자물쇠를 채울 수도 있지 않을까? 그렇다면 어떻게 해야 할까? 사람들은 알지 못한다. 그래서 우리는 그림을 보면서 어떻게 작동하는지 아주 세세한 것까지 익혀야 했다. 이것은 중요한 일이었다. 만약 문을 잡아당겨야 열리는데도 밀어서 열리는 사소한 실수를 하다가는 전체 작전이 엉망이 되어 버릴 수도 있기 때문이었다.

우리는 이제 작전을 실행하는 데 필요한 장비에 대해 생각해 보기 시작했다.

적재적소에만 배치한다면 불과 1kg 무게의 폭탄으로도 발전소를 가동 중지시킬 수 있다. 반드시 전체 시설을 완전히 파괴할 필요는 없다. 표적의 취약점을 알고 있다면 임무지향적인 아주 간단한 공격으로도 표적을 무력화시킬 수 있다. 우리는 스커드 미사일의 약점을 알고 있으나 그것을 어떻게 공격할지는 아직 정하지 못했다. 나는 특수임무용 폭탄보다도 1kg짜리 플라스틱 폭탄 공격을 추천했다. 우리가 특수 폭탄을 쓸 수 없을지도 모르고, 현장에 가기 전까지는 자세한 정보를 얻을 수 없기 때문이다.

우리는 PE-4 플라스틱 폭탄과 안전 퓨즈, 쿰식 스위치, 비전기식 및 전기식 뇌관, 시한장치, 도화선이 필요했다. 플라스틱 폭탄에 바로 도화선을 장치할 수는 없고, 뇌관에 도화선을 연결한 후 플라스틱 폭탄을 장치해야 한다. 우리는 일단 이렇게 장치하고 작전에 나간 후 표적 직전에서 뇌관과

시한장치를 결합한다.

빈스와 보브가 이것들을 준비하러 나갔다. 그들은 15분 후에 돌아왔다.

빈스가 말했다.

"모두 다 정리되어 있어. 다 자네 침대 속에 있더군."

그러나 더 자세한 것은 비공개였다.

우리는 정찰시 도보로 움직일 것이므로 모든 것을 직접 날라야 하며 장비들을 숨길 저장 공간이 필요했다. 이상적인 저장 공간은 화재와 적의 관측으로부터 안전해야 하고 항상 사람이 지키고 있어야 한다. 가끔씩 그래야 할 필요도 있지만 장비를 내버려 둔 채로 임무에 나섰다가 돌아오는 것은 극히 위험한 일이었다. 만약 장비가 적에게 발견되었다면 적이 그곳에 매복을 하거나 부비트랩을 설치할 수도 있기 때문이다. 우리는 정찰 기지에서 발진하여 임무를 수행한다. 정찰 중에 더 좋은 은거지를 발견해낼 수도 있으며, 그런 경우에는 야음을 이용해 모든 장비를 거기다 갖다 놓는다.

우리는 이제 도피 및 탈출 계획을 짜기 시작했다. 우리가 작전할 곳은 사우디에서 300km 거리였지만 제3국들은 120km 떨어진 곳에도 있었다. 그 가운데 일부는 다국적군의 일원이었고 이론적으로는 도망치기 좋은 곳이었다.

빈스가 버트에게 물었다.

"어디로 가야 할까요?"

"확실히 장담은 못 합니다. 사우디 국경으로 가는 것이 제일 안전하겠지만, 그곳은 삼엄히 경비되고 있습니다. 어디로 가건 이스라엘군으로 오인받지 않기를 기도하십시오. 만약 그랬다간 말짱 꽝입니다."

"잘 알아듣겠습니다. 버트."

스탠이 이 말을 하며 보브를 바라보고는 웃었다.

"그러나 나는 이 친구와는 국경을 넘기 싫은걸."

보브는 짧은 곱슬머리와 큰 코로 인해 이스라엘인처럼 보였다. 보브도 마크의 큰 코를 가리키며 말했다.

"좋아요. 누가 이 조로(Zorro)와 함께 갈 겁니까?"

모든 것이 잘 풀려가고 있었다. 사람들이 웅성거림을 멈추고 서로에게 잘 해 줄 때가 오히려 더 긴장해야 할 때다.

마크가 질문했다.

"그 지역은 어떻게 생겼습니까?"

"매우 평탄합니다. 그러나 크라빌라(Krabilah) 지역과 국경 지방은 다소 고지대입니다. 서부 지역도 좀 높습니다."

딩거도 질문했다.

"유프라테스 강의 상태는 어떤가요? 수영할 수 있습니까?"

"유프라테스 강은 1.6km 폭으로 작은 섬들도 있습니다. 그러나 요즘은 물살이 강하다고 합니다. 강 주변에는 어디에나 식물이 자라고 있습니다. 물이 있기 때문이죠. 따라서 강 주위에는 언제나 사람들이 있습니다. 그곳은 마치 성경에 나오는 에덴동산 같은 곳입니다."

우리는 조건을 따져 보았다. 만약 우리가 위기에 처하면 북쪽으로, 혹은 남쪽으로 가는 것 중 어느 것이 더 유리한가? 우리는 어떤 국경이라도 넘어야 할 것이지만 남쪽으로 가는 게 좋을 것이다. 하지만 적들도 우리가 남쪽으로 갈 거라고 예상하고 있을 것이고 그로 인해 탈출로는 지옥의 고속도로가 될 것이다.

딩거가 놀려대는 투로 말했다.

"서쪽으로 가요. 젊은이들. 서쪽으로 가요."

크리스가 말했다.

"절대 안 돼. 빌어먹을, 어딜 가나 적군들이 바글바글할 겁니다. 만약 도망치게 된다면 멋진 터키로 갑시다. 저번 휴가 때 터키에 가 보았습니다. 거긴 좋은 곳이죠. 이스탄불에 가면 푸딩 클럽(Puding Club)이라는 곳이 있는데 그곳은 전 세계의 여행자들이 모여서 메시지를 보내는 곳입니다. 우리는 거기 가서 탐색구조대에 구조 신호를 보내고 그들이 우리를 구하러 올 때까지 오줌이나 싸면서 지내는 겁니다. 좋지 않습니까?"

렉스가 질문했다.

"버트, 만약 우리가 적에게 잡히면 어떤 대우를 받게 됩니까? 격추된 조종사들로부터 아직 아무 소식이 없습니까?"

"알아보도록 하죠."

내가 끼어들었다.

"더 이상 얘기할 건더기도 없어요, 버트. 남쪽으로 가면 안 됩니다."

우리는 언제나 가급적 부대단위로 움직여야 했다. 그래야 사기와 화력이 높아지고 혼자 있을 때보다 탈출의 기회도 많아지기 때문이다. 정찰임무가 실패할 때 항법 능력이 형편없는 대원은 방향을 탐지 못할 수도 있다. 북쪽으로 간다면서 서쪽으로 갈 수도 있다. 우리가 안전지대에서 생존자 확인을 할 수 없을지라도 우리는 국경을 건너야 한다. 그 이상의 대안은 없었다.

한 가지 두려운 것은 우리가 포로로 잡히는 것이었다. 내가 아는 한 이라크는 제네바 조약이나 헤이그 조약의 조인국이 아니었다. 이란 이라크 전쟁 중에 우리는 모두 그들이 포로를 신문하면서 벌인 잔혹행위에 대한 보고서를 읽었다. 그들은 포로를 구타하고 전기고문하고 사지를 절단하기도 했다. 누구나 포로가 될 때 4가지 중요한 정보 이외에는 진술할 의무가 없다. 그것은 군번, 계급, 성명, 생년월일이다. 그러나 적들은 이에 만족하지 않을 것이고 무서운 수단을 동원해 더 많은 것을 알아내려 할 것이다. 그러면 나는 진술하든가 진술하지 않든가 둘 중에 선택하여야만 한다. 모든 정찰활동은 이런 사태에 대비하여야만 한다. 그러나 어떻게?

우리는 순수한 공격부대이다. 우리는 북서 이라크에 탄약, 폭파 장비, 식량, 식수를 휴대하고 침투한다. 군이 대주교가 아니더라도 우리가 적십자 단원이 아니라는 것은 알 수 있었다.

우리가 생각해 낼 수 있는 것은 우리가 탐색구조대라고 둘러대는 것뿐이었다. 탐색구조대는 조종사, 특히 미국 조종사가 격추되었을 때 대거 동원된다. 미국 조종사는 국제조난신호를 보내는 전술 비콘(beacon)을 휴대하고 있으며 공중경보기가 그 신호를 수신하고 구조대를 보낸다. 물론 이라크군을 포함해 누구라도 그 무전을 들을 수 있다. 공중경보기는 무전 내용에 의존하여 조종사의 위치를 파악한다. 그때 탐색구조 작전이 세워진다. 구조대는 헬리콥터 1대와 공중에서 헬리콥터 탑재 기관총으로 지원사격을 벌이는 8명의 대원들로 구성된다. 더 큰 헬리콥터로 구조할 수 있게끔 2대의 아파치 공격 헬리콥터가 동행하기도 한다. 필요하다면 A-10 같은 제트 공격기 2대가 지원을 하기도 한다. 제일 중요한 것은 인명을 구출하는 것이다. 만약 아군이 위기에 처한 것을 알게 된다면 와서 구출하기 위해 노력을 아끼지 않을 것이며, 특히 조종사의 경우는 더 그렇다. 그래야 조종사들의 사기와 비행 효율이 높아지며 감가상각비 차원에서도 이득이 되는 일이었다. 조종사 1명을 훈련시키는 데 수백만 파운드의 돈이 날아가기 때문이다.

이라크군은 이러한 대규모 구출부대의 존재를 알고 있었으며, 구조 헬리콥터 내에 타고 있는 인원들은 대개 부상을 치료하는 의료진들임도 알고 있었다. 우리 인원수는 탐색구조대의 인원과 비슷했으며, 착용하고 있는 장비도 그들과 비슷했다. 일반인들의 생각과는 달리 우리는 무조건 우리 입고 싶은 대로 복장을 입을 수는 없다. 아군에게 내가 누구인지 알릴 표식도 필요하다. 덜 숙련된 아군으로부터 오인사격당하면 안 되기 때문이다. 이러한 이유 때문에 이런 작전에서는 복장도 일정한 형식을 갖추어서 입어야 한다.

우리가 휴대한 표준형 PE-4 폭탄은 방어용 무기라고 둘러대야 한다. 조기경보기가 집결지점에서 우리에게 격추당한 조종사를 구하라고 말했다고 둘러대야 한다. 그런 경우에는 우리는 지역방어 태세를 갖추어야 한다. 우리는 흔히 이렇게 말했다.

"그들은 우리에게 모든 것을 다 주었어. 그러나 그걸 어떻게 써야 되는지는 모르겠군."

모든 대원은 의료 실무경험이 있었다. 모든 SAS 대원은 높은 수준으로 훈련받는다. 크리스는 의무병으로서 부분적인 국가 건강진료 훈련을 받았다. 물론 스탠도 1년간의 의대 경험을 통해 어느 정도의 의학 실력이 있었다. 수색정찰 활동은 SAS 수준의 의료 기술을 동원해야 할 만큼의 부상을 동반하기 쉬웠다.

우리 장비에 전술 비콘도 당연히 들어 있었으나 나는 그것을 사용하기 싫었다. 특히 우리가 은닉한 장비들과 함께 발각되었을 때는 더 그렇다. 우리는 긴급한 상황이 닥쳤을 때 2~3일 이상 지탱할 수 없다는 것을 잘 알고 있었으나, 작전보안을 지키고 적에게 타격을 입히기에는 충분한 시간이었다. 적군의 지식 수준은 어느 정도인가? 그들의 지식은 우리의 작전에 어떤 영향을 줄 수 있을 것인가? 우리끼리는 흔히 우리가 아는 모든 것을 적들도 알고 있다고 가정하고 행동하라고 말했다. 그것이야말로 타인을 배제

하고, 우리가 알아야 할 것과 우리 자신이 갖고 있는 것에 대해서만 이야기하는 이유였다. 그리고 결정적으로 우리는 적에게 시간을 주고 있었다.

시간은 오후 6시가 다 되어 갔고 또 휴식이 필요했다. 방에서는 심한 냄새가 풍겼고 사람들의 얼굴에서는 긴장감을 엿볼 수 있었다. 우리는 나가서 잠시 농담을 하며 기분전환을 했다. 정상적인 상황이라면 친구와 헤어져서도 자기 일을 해낼 수 있을 것이다.

빈스가 커피를 저으며 말했다.

"나는 떠나기 전날 밤 막사에서 영화 〈지옥의 묵시록〉을 보고 있었지."

마크도 거들었다.

"저도 봤습니다. 술집들이 모두 문을 닫아서 다른 할 일이 없었죠."

대부분의 사람들은 앉아서 기다리는 동안 폭풍 직전의 이른 아침 같은 긴장감을 맛본 적이 있을 것이다. 질리와 나도 긴장된 침묵 속에서 시간을 보냈다. 오직 보브만이 밤에 클럽에서 즐겁게 지냈다.

우리는 임무가 어떤지, 목표지에 투입되었을 때 어떤 상황에 대비하여야 하는지에 대해서 이야기했으나 우리가 작전하는 상황이 얼마나 고립된 곳인가에 생각이 미치자 감정이 격해졌다. 우리는 위험을 알고 있었으나 이번이 처음도 아니었고 마지막도 아니었다. 바로 이런 일들 때문에 우리가 봉급을 받는 것이다.

우리는 다음 과정을 준비하기 위해 술병을 채웠다.

내가 20시간에 걸쳐 수립한 작전계획을 요약 정리하자 분위기는 한층 밝아졌다.

"좋아. 우리는 치누크 헬리콥터를 타고 주보급로 남쪽 20km 거리의 강하 지점으로 간다. 거기서 하루나 이틀 밤 정도 지형과 현지 주민에 주의하면서 은거지에 장비를 숨겨 놓는다. 거기서 통신선의 위치를 파악하는 정찰을 실시한다. 정찰은 2~3일 밤 정도 걸릴 것이다. 우선 찾아낸 통신선을 점거하고 주보급로에 관측소를 설치하여 스커드 미사일의 이동을 감시한다. 만약 주보급로를 통한 스커드 미사일 이동이 발견될 경우 그 규모를 파악한 후 항공 공격을 요청한다. 만약 스커드 미사일 발사를 목격할 경우 목표의 위치를 확인한 후 목표를 공격한다. 그 후 우리는 은거지로 후퇴하고 임무를 계속 수행한다. 우리가 목표 지점에 도착할 때까지 일정은 매우 유동적이다. 우리는 첫날밤에 스커드 미사일 발사를 목격할 수도 있으나 은거지를 확보하기 전까지는 아무것도 해서는 안 된다. '여왕폐하 만세'를 외치면서 혼자 있는 스커드에 만용을 부리며 돌격하다가 궁둥이를 걷어차일 필요는 없다. 그보다는 기회를 기다렸다가 적에게 더 큰 피해를 입히는 게 낫다. 일단 우리 자신을 완벽히 준비하고 난 후에 나가서 적에게 최대한의 화력을 퍼붓는다. 14일간의 작전 기간이 지나면 항공병들과 사전에 협의해 둔 탈출장소로 철수하거나 집결 장소에서 아군 항공기와 만날 것이다. 그들은 우리를 재보급을 시켜 다시 전개시킬 수도 있고, 아니면 우리를 태우고 기지로 돌아갈 수도 있다. 정말로 아주 간단하다."

그리고 계획은 가급적 간단하고, 기억하기 쉬워야 한다. 잊어버리지 않는 것이 실패하지 않는 것이었다. 계획이 너무 복잡해져 분초를 다투게 될 정도로 작성되어 실행할 경우 그런 계획은 대개 실패하기 쉬웠다. 물론 대개 계획이란 그렇게 복잡한 경우도 많지만 그렇더라도 최대한 간략화, 안전화시켜야 한다.

우리는 정찰 중에도 사우디의 전방 작전 기지와 통화할 수 있는 정찰용 통신기를 소지한다. 그러나 너무 무거워서 2개 이상 가져가지는 않는다. 1

회 작전에 1개씩만 가져가도 별 문제는 없다. 우리는 또 전술 비콘 4개도 갖고 있는데 개인장비로는 이상적인 크기였으나 성능이 썩 좋지는 않았다. 이 장비는 다목적 장비로서 버튼을 잡아 빼면 어떠한 항공기에도 신호를 보낼 수 있다. 나는 옛날이야기를 꺼냈다.

"벨리즈(Belize)에 있던 어느 부대 얘기가 생각나는군. 그 부대는 SAS는 아니었지만 정글전 훈련을 받고 있었지. 정글전 훈련 때 그 부대는 전술 비콘을 지급받았는데 한 장교가 전술 비콘의 버튼을 잡아 빼고 자기 옷장 속에 넣어 버렸대. 민간 항공기가 그 신호를 수신했고 부대는 난리가 났지. 2일 후에야 옷장 속에서 비콘을 발견했대."

"어이구, 병신 꼴통 같은 새끼."

또 다른 버튼을 잡아 빼면 일반 통신기처럼 제한된 거리 내에서 상공의 비행기와 통화가 가능하다. 물론 지상의 사람과도 통화할 수 있지만 어느 경우에나 1:1 통화만 가능하다. 그리고 통화 거리 또한 제한되어 있다. 그래서 이 장비는 주로 긴급 상황 때 조기경보기와 통화하는 데에 쓰였다. 우리는 조기경보기가 우리를 24시간 감시하고 있으며 우리의 호출에 15초 내에 답한다고 알고 있었다. 격추당해 괴로워하는 조종사처럼 우리도 침착하고 멋지고 공손한 사람과 이야기할 수 있다는 것은 아주 안심되는 일이었다. 그러나 전술 비콘은 적의 방향 탐지에 극히 쉽게 탐지되는 것이 문제였다. 그래서 우리는 이것을 긴급 상황이나, 항공 공격 지원에만 사용하는 것이다.

우리에게는 〈심플렉스〉라고 불리우는 또 다른 통신기도 있었다. 작동 원리는 전술 비콘과 유사하지만, 주파수는 다르다. 이 통신기의 통달 거리는 약 1km 정도로서 착륙 직후 상황 발생 시 헬기를 다시 부르거나, 접근하는 헬기를 유도할 수 있다. 통신 출력이 약하기 때문에 적의 방향 탐지에 걸릴 위험성이 거의 없이 아주 안전하게 사용할 수 있다.

우리 개인 장비의 주내용물은 탄약, 식수, 비상식량, 생존 장비, 방탄복, 대검, 자기 나침반, 분광 나침반 등이었다. 탄약과 식수는 언제나 제일 중요한 물자였으며 그 이외의 물자는 2순위였고, 개인 사물은 제일 중요도가 낮았으며 그나마도 공간이 있는 경우에만 가져간다. 생존 장비는 항상 작전 환경과 임무에 맞는 것으로 편성되는데 이번 작전에는 낚싯줄 같은 것은 소용없었다. 우리는 회광신호기, 소형 톱, 확대경(발화용) 등을 챙겼다. 기초적인 응급처치 도구도 가져갔는데 봉합기구, 진통제, 탄수화물, 항생제, 메스, 유동액, 유동액 주입기 등이었다. 예규에는 목 주변에 모르핀 2개를 소지하라고 되어 있으며 실제로 모두가 그렇게 하고 있다. 모르핀을 복용하는 경우에는 자기 것이 아닌 다른 전사자나 부상자의 것부터 사용한다. 몇 분 내에 자기 것까지 필요하게 될지도 모르기 때문이다.

우리는 덩치 크고 무거운 침낭은 싫어했다. 날씨도 그리 추울 것 같지는 않았다. 나는 경량 고어텍스(GoreTex) 1벌을 가져갔고 다른 사람들은 방수복이나 모포를 가져갔다. 나는 낡은 울 모자도 챙겼다. 체열 손실의 대부분은 머리를 통해 일어나기 때문이다. 잠잘 때면 나는 그걸 머리 전체에 뒤집어쓰고 좋은 촉감을 즐기곤 했다.

배낭 속에는 폭발물, 정찰용 통신기의 예비 배터리, 정맥 내 유동액과 그 주입기, 식수, 식량을 넣었다. 보브는 '오줌 캔'으로 4.5리터들이 플라스틱제 석유통을 챙겼다. 통이 다 차면 우리 중 한 명이 그것을 1.6km 떨어진 곳이나 숲 속으로 가져가서 돌을 옮기고 그 밑에 구멍을 판 후 그 속에 오줌을 붓고 다시 흙과 돌로 구멍을 메운다. 이렇게 해야 벌레, 동물, 적들이 냄새를 맡고 추적해 오는 것을 막을 수 있다.

나는 매우 여러 가지 임무를 위임시켰다.

"크리스, 자네는 의료 장비를 준비하게."

이렇게 말하면 그는 자동적으로 모두에게 필요한 외상 치료 기구, 정맥 내 주입기, 야전 붕대를 준비한다.

"렉스는 '스칼리(scaley)' 장비를 준비해."

그 이유는 모르겠지만 대개는 통신 장비를 스칼리라고 불렀다. 나는 렉스가 통신기의 여분 안테나를 준비해 올 것을 알고 있었다. 안테나를 망실하게 되더라도 여분의 안테나가 있으면 통신이 가능하기 때문이다. 그는 또한 모든 사람이 휴대한 예비 배터리의 충전량을 검사하고 언제나 잘 작동하게 해 줄 것이다.

"빈스와 보브는 폭파 장비를 맡아 주겠나?"

그들은 플라스틱 폭탄의 원래 포장을 제거한 후 마스킹 테이프로 폭탄 모양대로 포장할 것이다. 그렇게 포장하지 않으면 이동시 소리가 나고, 폭탄이 완전히 망가져 쓰레기가 되어 버릴 수도 있다. 전투생존 훈련 교관은 이렇게 말했다.

"적이 전방에서 타 버린 성냥을 발견했다면 그들은 그것으로 여러분의 위치를 알 수 있다. 그러나 후방에서 성냥을 발견했다면 적들은 특수부대가 침투했다는 사실을 알 수 있다."

"마크, 자네는 식량과 식수통을 맡아 주게."

더 키위는 8명이 14일 동안 먹을 전투식량을 구해 왔다. 차 1세트의 포장을 제거한 후 단독군장에 넣었다. 전선에서는 쪼그려 앉아 용변을 보므로 화장실용 휴지 따위는 필요 없었다. 그러나 전 대원이 똥을 담는 비닐백을 가져갔다. 사용한 후 입구를 결박하고 배낭 속에 넣는다. 모든 것을 다 가져가야 한다. 흔적을 남기지 않아야 하기 때문이다. 만약 똥을 파묻는다면 동물들이 냄새를 맡고 와서 파헤쳐 놓을 수도 있고 그걸 갖고 적들이 성분 조사를 할 수도 있다. 쌀이 많이 나온다면 이라크인이다. 고추나 건포도가 많이 나온다면 서양인이다.

언제나 치사한 메뉴 교환이 빈번히 이루어졌다. 누군가가 먹기 싫다고 내던지는 음식도 다른 사람에게는 맛있을 수 있기 때문에 뭐든 챙기는 것이 불문율이었다. 스탠은 랭커셔식 핫포트*는 싫어했지만 스테이크와 야채는 좋아했는데, 우리는 그가 모르는 새에 그의 음식을 그가 싫어하는 것으로 모두 바꿔놓았다. 그는 14일간 그가 제일 싫어하는 음식만 먹든지, 우리와 물물교환을 하여야 할 것이다.

우리는 우리와 장비를 숨길 위장망도 필요했다. 딩거가 지원했다.

"제가 하죠."

그는 헤시안(hessian) 천을 가로세로 1.8m의 정사각형으로 잘랐다. 새로 나온 헤시안은 엔진오일을 칠해 주어야 했다. 그 다음에는 진흙탕에 담갔다가 잘 문질러 준다. 진흙과 엔진오일에 잘 버무려진 후 완전 건조하면 아주 이상적인 위장망이 되는 것이다.

내가 말을 맺었다.

"내일 10:00시까지는 모든 것이 다 준비되어야 한다."

우리는 정비점검을 반복했다. 준비물들이 잘못되었거나 작동하지 않는 사태를 최대한 막기 위해서였다. 그러나 어디까지나 그 확률만을 줄일 뿐이었다.

당시 시각은 대략 22:30시 경이었다. 딩거가 마침 담배가 다 떨어졌다고 말했다.

나는 그의 말뜻을 알아차렸다. 이제 할 수 있는 일은 다 했다. 더 이상

---

* 랭커셔식 핫포트(Lancashire hotpot): 양고기에 야채를 넣고 국물이 있게 끓인 요리.

매달리는 것은 시간낭비에 불과했다. 정보부대원들이 모든 종이조각들을 다 주워모아 소각파기용 봉지에 넣었다.

빈스와 나는 뒤에 남았다. 우리는 중대장과 중대 선임하사에게 우리 작전계획을 보고하여야 한다. 그들은 "만약 이렇게 된다면 어쩌겠나?"식의 질문을 무수히 던져 올 것이며 그런 질문을 통해 그들의 시각으로도 작전을 볼 수 있을 것이다. 운이 좋으면 그들은 작전을 승인할 것이다.

제4장

마음이 너무 심란해서 잠을 이룰 수 없었다. 이것은 나와 다른 사람들이 모두 관련된 일이었다. 중대장은 내 계획을 승인해 주었지만 작전 수행에 더 좋은 방법이 있을지도 모르는 것이었다. 다른 사람들도 내 의견에 동의해 줄까? 아마도 아닐 것이다. 그들의 공통 관심사는 우리의 성공이고 그들은 솔직한 사람들이다. 내가 혹시 잊어먹고 말하지 않은 것이 있을까? 그러나 듣는 사람들은 부주의하게 넘어간 부분을 지적할 수 있다. 그들은 또 여러 가지 다양한 것들을 생각해 낼 시간이 있다.

나는 일어나서 차를 끓였다. 렉스는 마침 통신 장비 점검을 다 마치고 나와 함께 차를 마시러 왔다. 스탠이나 딩거에게서 아무 말이 없는 걸로 봐서 그들은 졸고 있을 것이 분명했다. 렉스가 말했다.

"본부에서 우리에게 준 호출 부호는 브라보 투 제로입니다. 멋있지 않습니까?"

우리는 잠시 이야기를 했다. 잠자러 가는 그의 뒤통수를 보며 나는 그가 집 생각을 하고 있지 않을까 짐작했다. 그는 매우 가정적인 남자로 5개월 된 둘째 아이가 있었다. 나는 질리 생각이 났다. 그녀가 언론에서 무슨 이야기를 듣건 기분 나빠 하지 않았으면 하고 바랐다.

전우들이 돌아다니며 장비를 준비하는 소리가 끊임없이 들려왔다. 나는 워크맨을 켜고 매드니스(Madness)의 음악을 들었다. 그러나 내 마음이 워낙 심란해 음악을 제대로 들을 수 없었고, 나는 3시 경부터 졸기 시작했다. 6시에 일어났을 때 리드보컬의 목소리는 2옥타브 떨어지고 노래 속도는 반으로 줄어들어 있었다.

정말 정신이 바짝 드는 아침이었다. 우리는 소형 전술 비콘으로 신호를 보내는 법을 완벽히 숙지하고 제대로 작동하여 시계(視界) 내의 사람과 통화할 수 있는지를 점검했다.

빈스는 M-16 소총용 5.56mm 탄과 M-203 유탄발사기용 40mm 유탄을 가능한 한 많이 구해 왔다. 우리는 무섭고 강력한 병기인 유탄발사기에 많이 의존하고 있는 만큼 대량의 탄약이 필요했다. 그러나 유탄도 입수해서 보관해 놓고 있는 동안에는 그냥 물건에 불과하다. 나는 A중대의 친구에게 도움을 요청했고 그는 어딘가에 몰래 쳐들어가서 우리가 필요한 양만큼 유탄을 가져다주었다.

소총탄은 탄창에 장전된 상태여야 하고, 탄창도 제대로 작동하는지 확인해 보아야 한다. 탄창은 총 자체만큼이나 중요하다. 탄창이 탄을 제대로 급탄해 주지 못하면 총은 발사되지 않기 때문이다. 그래서 탄창은 점검하고 점검하고 또 점검해야 한다. M-16용 탄창은 원래 30발이 장전되지만 우리는 탄창 스프링에 무리를 주지 않으려고 29발만 장탄했다. 기능불량을 고치느라 낑낑대는 것보다는 차라리 새 탄창을 갈아 끼우는 것이 더 빠르고 손쉬운 방법이었다.

우리는 40mm 유탄과 폭탄을 점검했다. PE-4 플라스틱 폭탄은 냄새가 없고 마치 찰흙 같다. 이것은 극히 불활성이므로 불을 붙여도 안전하다. 유일한 문제점이라면 추울 때 잘 부서져 버리고 모양을 잡기 힘들다는 것이다. 언제나 손으로 주물러서 필요한 모양을 만들 수 있어야 한다.

뇌관도 점검을 반복하여야 한다. 비전기식(非電氣式) 뇌관은 예비 장비로서 안전 퓨즈가 타 들어가면 터지는 식이므로 점검은 불가능하다. 그러나 전기 뇌관은 회로 장치로 테스트해 볼 수 있다. 전기 회로가 뇌관을 통과하면 전기 충격으로 폭탄이 폭발할 것을 알 수 있다. 다행히도 불발률은 극히 적었다.

타이머를 체크하는 데는 약간의 시간이 걸린다. 시간을 원래보다 늦게 가도록 해 놓고 제대로 작동하는지를 검사할 필요가 있다. 1시간 작동을 48시간 동안 이루어지게 하고서 제대로 동작하는지 살펴보는 것이다. 이론적으로는 5초 이상 늦거나 빠르거나 하면 다른 타이머로 교체하여야 한다. 나는 직접 점검해 본 타이머만 사용했다.

마지막으로 시험해 볼 것은 클레이모어(claymore) 대인지뢰의 인계철선으로서 역시 회로검사기를 사용해 검사한다.

우리는 엘지 소형 대인지뢰의 분해조립을 반복했다. 대부분 손에 익은 무기이므로 그리 많은 시간은 필요 없었다. 우리는 지뢰를 폭파 상태로, 그리고 더 중요한 안전 상태로 조작하는 기술을 확실히 익혔다. 우리가 폭탄과 엘지 지뢰를 설치한 곳에 다시 들어가야 하는 경우도 있기 때문이다. 그래서 지뢰를 매설할 때에는 어디에 매설했는지 잘 알아 두고, 또한 촉수금지 장치를 설치하는 사람도 이 점에 주의하여야 한다.

클레이모어는 뛰어난 방어용, 추적방지용 병기였으므로 클레이모어 부족은 확실히 문제였다. 해결책은 조리실에서 아이스크림 상자를 얻어 오는 것이었다. 마분지로 된 아이스크림 상자 중앙에 구멍을 내고 도화선 끝을 상자 속에 넣어 매듭을 짓는다. 그리고 모양을 잡은 PE-4 폭약을 상자 바닥에 넣은 후 그 속에 도화선 매듭을 끼워 넣는다. 그 후 상자의 나머지 부분에는 볼트, 너트, 작은 쇠조각 등의 잡동사니를 채워 넣고 뚜껑을 덮는다. 그리고 마스킹 테이프로 빈틈없이 꽁꽁 감는다. 클레이모어를 정위치에 두고 뇌관을 도화선에 장착한 후 보브가 폭파시키기만 하면 된다.

그 다음으로 우리는 무기를 점검했다. 무기 점검은 영점 조절부터 시작한다. 전진 자세에서 엎드려 90m 떨어진 표적에 5발씩 사격한다. 이때 표적에 생기는 탄착군을 보고 다음 사격 때는 원하는 곳에 정확히 맞출 수 있게 조준기를 조절한다. 만약 영점을 정확히 조절하지 않았는데 90m 거리에서 조준점의 10cm 우측에 명중했다면 180m 거리에서는 20cm 우측에 명중한다. 360m 거리에서는 표적을 맞히지 못할 확률이 극히 높다.

이미 영점을 조절한 총기라도 여러 가지 문제 때문에 다른 사람의 것과는 다를 수 있다. 체격이나, 조준기와 눈 사이의 거리 등이 원인일 수 있다. 그래서 다른 사람에게 적합하게 영점이 조절된 총기를 내가 사용한다면 270m 내에서는 별 문제가 없을지도 모르겠으나 그 이상 넘어가면 문제가 생긴다. 만약 그러한 경우 탄이 어디에 맞는지 보이기만 한다면 영점을 다시 조절할 수 있다.

우리는 우선 병기의 영점을 조절하고 모든 탄창을 검사하느라 오전 내내 사격장에 있었다. 나는 정찰시 탄창 10개와 탄 290발을 가져갈 것이며 검사해 본 탄창만 사용할 것이었다. 나는 또한 미니미(Minimi) 경기관총용 200발 탄약상자 1개도 챙겼다. 미니미는 M-16 소총과 똑같은 탄약을 사용하며 벨트식 급탄, 탄창(역시 M-16용) 급탄이 다 가능하다.

우리는 40mm 유탄 실탄도 사격해 보았는데 그것들은 명중 때 눈에 잘 보이는 화구를 형성하므로 조준을 어떻게 수정할지 잘 알 수 있었다.

우리는 여러 가지 다른 시나리오를 연습했다. 현장에서의 상황은 매우 빠르게 변할 수 있으므로 모든 가능성에 대비해 두어야 한다. 더 많이 훈련할수록 더 유연하게 사태에 대처할 수 있다. 우리는 작전 준비의 이 단계를 '걸으며 말하기'로 불렀고, 이 단계에서는 중국식 의회 제도를 실시했다. 계급고하를 막론하고 누구나 자신의 아이디어를 팀에 제출할 수 있고 쓸모없는 것은 폐기할 수 있다.

우리가 목표지의 지형에 대해 확실히 알지 못하기 때문에 우리는 여러 종류의 은거지 훈련을 실시했다. 지형이 팬케이크처럼 평탄하다면 우리는 4인 2팀으로 나뉘어 상호 화력지원을 벌인다. 우리는 두 팀 간의 통신 방법에 대해서 토론해 보았다. 대규모 격전에서처럼 끈을 연결하여 그걸 잡아당기면서 통신할 수도 있고, D-10 유선 송수화기를 사용한 야전 전화를 쓸 수도 있다. 우리가 통신선을 따라 전진하는 경우 우리는 D-10을 사용하여 통화하는 법을 훈련해야 한다. 렉스가 전기식 야전 전화기 1세트를 구해 왔지만 그는 그 기계를 능숙히 다루지 못했다. 렉스는 격납고 사이를 연결하고 있던 전화기를 훔쳐 왔던 것이다. 우리는 전화기 주위에 둘러앉아서 새로운 장난감을 구한 어린애들처럼 이것저것 만져 보았다.

"이건 뭐하는데 쓰는 거야? 이걸 누르면 어떻게 되는 거지?"

배낭에 장비를 넣을 때는 임무에 필요한 것부터 우선적으로 넣는 것이 우리의 규칙이었다. 장비와 병기를 제대로 사용하려면 손이 잘 닿는 곳에 두어야지 그렇지 않으면 다른 데서 병기를 가져오는 수밖에 없다. 그 다음으로 우선권을 가진 것이 식수, 식량, 의료장비 등의 생존장비였고 이번 임무에서는 화생방 보호장비도 필요했다.

배낭 속의 장비들은 우리가 작전을 수행하는 데 꼭 필요한 것들이었다.

그러나 통신기 배터리 등의 여러 가지 물자들이 예상 외로 일찍 소진될 수 있으므로 우리는 자체 재보급을 위해 여분의 물자를 더 챙겨 가서 숨겨 두어야 했다. 한 사람당 제리캔 1개와 모래주머니 2개 속에 여분 장비들을 넣었다. 한 모래주머니에는 여분의 화생방 보호장비, 다른 하나에는 여분의 식량, 배터리, 기타 장비들을 넣었다.

이로 인해 장비 중량은 예상보다 많이 늘었다. 빈스가 이것들을 분류해 보았다. 정찰에는 여러 가지 장비를 섞어서 넣어야 한다. 그렇지 않고 한 배낭에 모든 폭약을 넣어 두었다가 그 배낭을 어떠한 이유로든 잃어버리면 그 후로는 폭약을 사용한 공격을 전혀 할 수 없게 된다. 포클랜드에서도 기동부대의 모든 보급품을 한 배에 몰아넣었다가 그 배가 가라앉는 바람에 모든 것이 엉망진창이 된 적이 있었다. 그때 그들은 빈스에게 보급품 분류를 맡겼어야 했다. 전술 교리에 의거해 모든 보급품은 모든 사람에게 똑같은 양으로 나누어야 했다. 키가 157cm건 190cm건 누구나 똑같은 양의 짐을 져야 한다. 우리는 1인당 져야 하는 무게의 한계를 90kg으로 정했다. 우선 단독군장과 배낭을 합치면 그 무게가 70kg이다. 그리고 22.5리터들이 제리캔에 물을 채우면 18kg이다. 화생방 방호장비와 비상식량을 모래주머니 2개에 넣어 목이나 어깨에 끈으로 걸고 다니면 7kg이 된다. 그러므로 1인당 져야 하는 무게는 약 95kg이 된다. 덩치 큰 성인 남자 한 사람 몸무게 수준이었다. 누구나 이러한 장비를 갖고 다녀야 한다. 장비를 들고 다니며 사용하는 기간이 길수록 예외란 있을 수 없으나 정찰용 통신기만큼은 유일한 예외로서 통신병의 배낭 위에 장착되고 필요할 때 다른 사람의 배낭에도 장착될 수 있다.

단독군장에는 탄약과 기초적 생필품, 즉 식량, 식수, 의료기구, 개인사물이 들어간다. 이 작전에서는 전술 비콘과 은폐물이 없을 때 사용할 위장망,

필요할 경우 케이블을 발견하기 위해 땅을 팔 야전삽이 단독군장에 추가되었다. 작전 중 단독군장을 몸에서 분리하면 안 되며 분리하더라도 손이 닿는 위치에 두어야 했다. 밤에도 항상 단독군장을 몸에 붙이고 있어야 했다. 단독군장을 몸에서 분리할 때는 누워서 잘 때뿐이었다. 병기 역시 마찬가지다.

장비를 움직이는 데 제일 좋은 방법은 4인씩 2팀으로 움직이는 것으로서 1팀이 움직이는 동안 다른 팀이 그 팀을 호위하고 이것을 번갈아가며 반복하는 것이었다. 그것은 매우 힘든 것이었다. 그래서 나는 이런 식으로 간다면 헬리콥터로 주보급로에 강하한 지 1~2일이 지나도 20km 이상 전진할 수 없다고 생각했다. 게다가 우리는 그런 이동법을 확실히 익히지 못했다. 아무것도 이룩하지 못할 경우 얻을 것은 추위와 배고픔뿐이다.

우리는 그런 사태가 발생하거나 헬기가 없을 경우를 대비해 도보로 이동하는 법을 익혔다.

작전을 위해 모든 것이 다 준비되었다. 만약 무엇인가에 실질적인 대비를 할 수 없다고 하더라도 목표에 대해 생각을 하고 있어야 한다. '걸으며 이야기하며' 나는 모든 대원들의 얼굴에 나타난 강한 집중력을 엿볼 수 있었다.

우리는 점심을 먹는 중이었으며 요리사들은 땀나는 궁둥이를 씰룩거렸다. SAS대부분은 이미 임무를 수행하러 떠났으나 아직 식당에 모여 떠들고 놀 만한 인원은 남아 있었다. A중대원들의 헤어스타일은 그야말로 파격적인 빡빡머리였다. 그들의 얼굴은 검게 그을려 있었으나 뒤통수는 새하얬다. 그들의 헤어스타일은 세계 최악으로서 최소한 그들의 머리가 자랄 때까지 이 전쟁이 지속되기를 기원하는 게 분명했다.

대부분의 SAS 행정은 잘 돌아가고 있었으므로 나는 오랫동안 보지 못했던 친구들을 만나 보았다. 누구라도 그들에게 말을 붙일 수 있으며 그들의 책을 보고 말을 붙일 수 있다. 정말 멋진 시간이었다. 사람들은 평균 이상으로 사교적이 되었는데, 우리가 평소와는 다른 상황에서 별 어려움 없이 일이 손에 쥐어져 있기 때문일 것이다. 제2차 세계대전 때 데이비드 스털링이 SAS를 창설한 이래 SAS 대부분이 동시에 같은 전쟁터에 있던 적은 한 번도 없었다.

우리는 한 장소에서 사담 후세인이 써먹을지도 모르는 생물학 병기에 대비하기 위해 아주 엿 같은 주사를 맞았다. 이론상으로는 주사를 맞은 후 2일간 기다리다가 다른 주사를 맞아야 했으나 우리 대부분은 첫 주사에 나가떨어져 버리고 말았다. 우리들의 팔은 풍선처럼 부풀어 올랐고 너무 끔찍한 나머지 그 다음 주사를 맞지 않았다.

18일, 우리는 전방에 가까운 또 다른 장소에 간다는 이야기를 들었다. 그곳은 비행장이었으며, 그곳에서 작전을 개시할 것이라고 했다. 우리는 개인장비를 점검하여 만약 우리가 전사해서 가족들이 이 장비를 보았을 때 기분 상하지 않도록 기분 나쁜 표현이나 저속한 표현의 낙서를 지웠다. 이 작업 역시 중대원들에 의해 수행되었다. 다른 사람들에게 우리의 러버 페티시(rubber fetish: 딱 달라붙는 고무 의상에 성적흥분을 느끼는 것)를 알릴 필요는 없기 때문이다. 역시 가족들이 받을 심적 부담을 줄이기 위한 조치로 1인당 가방 2개를 썼다. 한 가방에는 군 장비를, 다른 한 가방에는 개인용품들을 넣었다. 우리는 가방을 싼 다음 이름표를 붙여 중대 선임하사에게 제출했다.

우리는 비행 기지에서 C-130 수송기에 랜드로버와 산더미 같은 장비와 함께 탑승했다. 아직 사우디 공역이었지만 비행은 전술저공비행이었다. 너무 시끄러워 대화를 나눌 수 없었다. 나는 귀마개를 쓰고 고개를 숙였다.

우리가 거대한 다국적군 공군기지에 도착해 물자를 내릴 때는 캄캄한 밤중이었다. 소음은 지속적으로 귀청을 찢는 듯했다. 정찰기에서부터 A-10 선더볼트까지 모든 종류의 비행기들이 불을 환하게 밝힌 활주로에서 이착륙 중이었다.

여기에 오니 이라크 국경에 한층 더 가까워졌고 전에 있던 곳보다 더욱 추웠다. 몸을 따뜻하게 하려면 화물 하역 작업 중에도 꼭 점퍼나 야전상의를 입어야 했다. 우리는 야자나무 밑의 잔디밭에 침낭을 깔고 단독군장에서 차를 꺼내 마셨다.

나는 온 하늘을 뒤덮은 천둥 같은 폭음이 내려오는 것을 느끼며 땅에 등을 깔고 누웠다. B-52 폭격기로 보이는 비행기들이 물결 지어 이라크로 날아가고 있었다. 어디서나 폭격기들을 볼 수 있었다. 마치 제2차 세계대전 당시의 모병 포스터 같았다. 공중급유기들이 제트기들에 연료를 공급하러 날아다니고 있었다. 하늘은 5~6분 간격으로 쩌렁쩌렁 울렸고 귀청을 찢는 강력한 비행기 소리가 하늘에 꽉 차 땅 위의 모든 것까지 덜덜 떨게 했다. 우리는 스스로 만족했으며 자아도취적이었고 아직 전쟁을 해 보지는 못했으나 모든 준비를 갖추고 있었다. 이제 전쟁이 우리의 눈앞으로 다가왔다. 걸프 전쟁은 소수 병력만이 투입되는 전쟁이 아니었으며 우라지게 광폭한 다수의 전쟁이었다. 그리고 연료를 재충전하고 나면 우리는 이 전쟁 속으로 뛰어들 것이었다.

첫 번째 경보 사이렌이 울리고 모든 사람이 뛰어다니기 바로 직전 우리는 여전히 침낭 속에 있었다. 뭐가 어떻게 돌아가는지 전혀 알 수 없었다.

"대피소로 피해라!"

누군가가 외쳤으나 우리가 있던 곳이 너무 따스해서 아무도 움직일 생각을 하지 않았다. 우리에게 현재 상황을 알리고 싶다면 직접 와서 말하는 수밖에는 없었다. 그러나 또 누군가가 소리쳤다.

"스커드다!"

우리는 순식간에 튕겨 일어나 모두 엎드리라는 명령이 떨어질 때까지 달리고 있었다.

그날은 매 시간마다 누군가가 BBC 월드서비스(BBC World Service) 방송을 틀어 주었다. 정시에는 시보도 확실히 나왔다. 언제나 컨트리, 포크뮤직을 듣는 사람도 있었다.

오늘밤 떠난다는 말을 들었다. 대기하는 것이 부담스러웠는데 떠나게 되어 좋았다. 우리는 몸에 지닌 것만 가진 채로 비행장으로 갔다.

오후에 나는 이 작전에 대한 공식 명령을 내렸다. 이 작전에 관련된 모든 인원, 즉 정찰대원, 중대장, 중대작전을 총괄하는 작전보안 장교 등이 모두 입회했다.

그들 모두에게 구두로 이야기한 후 나의 명령은 작전센터의 손을 거칠 것이었다. 그들은 작전이 완료될 때까지 여기 남아 있을 것이며 뭔가 잘못되었을 경우 내가 어떻게 행동할지도 모두 알고 있었다. 이를테면 우리가 작전 4일차에 A지점에 있어야 하는데 그렇지 못한 경우라면 그들은 내가 전술 비콘으로 제트기를 부를 것을 알고 있었다.

각 명령서에는 '알아야 할 것만 기억할 것'이라고 인쇄되어 보는 이들에게 작전보안의 중요성을 깨우쳐 준다. 그것은 뒤집어 말하면 자신의 임무와 상관없는 것은 알아서는 안 된다는 중요한 의미였다. 그 좋은 예로 우리를 태우고 갈 조종사는 명령서를 보러 오지 않았다.

나는 그 지역에서 우리가 가는 곳을 묘사하는 것부터 말을 시작했다. 누구나 자신의 말을 듣는 사람이 아무것도 모른다는 전제하에 설명을 해야 한다. 따라서 나는 이라크는 어디에 있고 국경을 접한 나라들은 어느 나라인지부터 설명했다. 자세히 들어가서는 우리가 주보급로의 어느 위치로 갈 것인지를 설명했다. 나는 지면 매복과 내가 알고 있는 약간의 지리정보를 풀어놓았다. 그들도 내가 아는 모든 것을 다 알아야 한다.

그 다음에 나는 첫날 밤과 마지막 날 밤의 월출, 월몰 시각과 일기예보를 말했다. 나는 날씨가 시원하고 건조할 것이라는 기상정보관의 말을 자신감을 갖고 전했다. 예를 들어, 북동쪽에서 강한 바람이 분다는 예보를 가지고 위치를 알 수도 있기 때문에 일기예보는 매우 중요하다. 작전 기간 내내 날씨가 좋다고 하므로 우리는 침낭을 가져가지 않기로 결정했다. 솔직히 가져가기 힘들기도 했다.

그 다음 나는 각 작전 상황 단계를 이야기했다. 여기서 나는 내가 아는 적의 정보, 즉 적의 병기, 사기, 편성, 전투력 등을 거론했으나, 대체로 이런 정보들은 불충분한 것이었다. 나는 또한 우리 아군의 위치와 그들이 우리를 도울 수 있는 방법에 대해서도 이야기했다. 그러나 이 작전에서 아군이 우리를 도울 방법은 거의 없었다.

그 다음은 작전 임무에 대한 언급으로 2회 반복하여 설명했다. 그것은 중대장이 브리핑 때 우리에게 말했던 것으로 다음 두 가지 사항이다.

첫째, 북부 주보급로 지역의 통신선을 수색파괴할 것.

둘째, 스커드 미사일을 수색파괴할 것.

이제 작전 실행이 다가오고 있었다. 우리 임무의 핵심은 이 작전을 어떻게 실행할 수 있는가 하는 점이다. 나는 작전을 여러 단계로 간단히 나누어 다음과 같이 설명했다.

"제1단계는 침투단계로서 치누크 헬리콥터를 타고 간다. 제2단계는 은거지로 이동하는 단계다. 제3단계는 매복이다. 제4단계는 통신선 정찰과 공격이다. 제5단계는 스커드 미사일 정찰 및 공격이다. 제6단계는 철수 혹은 재보급 및 재투입이다."

그 다음에는 각 단계별로 우리가 어떻게 행동할 것인지에 대해 세부사항을 말했다. 이런 것은 오해의 소지가 없도록 가급적 자세히 말해야 한다. 나는 각 단계별로 적합한 작전을 제시했다. 예를 들어, 목표지점 강하단계를 든다면 헬기가 강하 후 이륙할 때 적의 공격을 받을 수도 있다. 그러면 우리는 적과의 전투를 원하지 않으므로 필요한 어떤 행동을 취해야 한다고 말할 수 있다.

물론 이론상으로는 모든 것이 문제가 없었으나 각 단계별로 어떻게 되어야 하는지를 설명할 필요는 있었다. 이 모든 것이 실행 전에 철저히 논의와 검토를 거쳐야 하며, 그 후에 형식을 갖춘 명령으로 내려진다. 이러한 철저한 계획이 있어야 각 사람이 자신이 해야 할 일이 무엇인지를 알게 되어 실전에서 시간과 힘을 아끼게 되는 것이다. 예를 들어, 헬리콥터가 고장 난 통신기를 새 걸로 바꿔 주기 위해 올 때 우리는 어떻게 하여야 하는가? 헬기가 착륙하면 우리는 헬기 뒤로 가야 하는지, 아니면 옆으로 가서 새 통신기를 받아 와야 하는가? 헬기는 어떻게 부를 것인가? 어떤 암호로 우리 신분을 증명할 것인가? 우리는 '브라보(B)'라는 음성 부호로 우리 신분을 증명할 것이다. 그러면 헬기 조종사는 그 신호를 받고 우리가 어느 지역에 있는 것까지도 알게 된다. 그는 우리가 적외선 신호기로 신호를 보내면 야간투시경으로 그 신호를 보고 우리와 이야기할 수 있다. 그는 우리가 그린 B문자의 4.5m 왼쪽에 착륙해야 한다. 하지만 내 입장에서는 그는 내 오른쪽에 착륙하므로 나는 조종석 뒤편의 화물적재사가 있는 옆문으로 고장

난 통신기를 넣고 그들이 주는 새 통신기를 받는다. 그들이 내 손을 잡고 종이에 적힌 메시지를 건네줄 수도 있다. 이 교환은 1분 내에 끝나야 한다.

각 작전 단계를 상세하게 설명하는 데는 1시간 반이나 걸렸다. 그 다음에는 각종 작전용 암기사항을 조정했다. 시간표, 암호체계, 집결지점, 목표 위치 등의 아주 핵심적인 내용들이었다. 이것들은 이미 다 정해졌지만 다시 한 번 확실히 해 두어야 했다. 이 단계에서는 적에게 체포되었을 때의 행동요령, 탈출 방법 등도 거론되었다.

나는 우리가 가져갈 장비에 대해서도 이야기하고, 마지막으로 지휘체계, 통신-통신기 모델, 주파수, 통신시간표, 암호 체계, 이 작전에서 쓰일 기타 야전통신 등에 대해 설명했다. 내가 말했다.

"모두 알고 있겠지만 우리의 호출 부호는 브라보 투 제로다. 지휘계통은 제가 정찰대장을 맡고 빈스가 부지휘관을 맡으며 나머지 인원은 그 통제를 받아 싸운다."

그 다음은 질문 시간이었다. 그 후 우리는 모두 시계를 맞추었다.

조종사가 항공상황 보고를 했다. 침투 및 철수 과정에서 그가 작전을 실질적으로 지휘하기 때문이었다. 그는 우리에게 우리가 갈 곳의 지도를 보여 주고 대공포 진지와 롤랜드(Rolland) 지대공 미사일의 공격 위험성 등에 대해서 설명했다. 그는 우리에게 헬기 뒤편에서 취할 행동요령, 추락 시 행동요령 등에 대해서도 설명했다. 나는 그에게 그 이전에 이야기를 해 보았고, 그가 헬기 승무원들과 우리를 완벽히 분리해 놓으려는 것을 알고 내심 기뻤다. 솔직히 말해서 우리는 헬기 승무원들과 함께 다니고 싶어 하지 않았다. 그리고 그들도 우리에게 그다지 친근감을 보이지 않았다. 그도 그 점을 이야기했고 임무조정을 위해 공군이 우리 강하 지점 반경 10km 이내의 고정식 스커드 미사일 발사기들에 폭격을 가하고 있다고 말했다. 우리는 그들의 항공 공격 속으로 숨어 들어가게 될 것이었다.

명령은 11:00시에 종료되었다. 모두가 자신이 어디에서 무엇을 어떻게 해야 할지 알고 있었다.

점심시간에 우리는 공간분리(deconfliction, 항공기간 충돌을 막기 위한 비행 계획 조정) 때문에 작전에 투입되지 못할 수도 있다는 이야기를 들었다. 그러나 우리는 어떻게든 작전 투입을 시도해 보아야 했다. 해 보기 전까지는 모르는 것이었다. 우리는 사우디-이라크 국경 바로 앞에서 연료 재급유를 받을 것이었다. 우리는 병기점검을 마지막으로 하고 장비를 차에 싣고 신선한 음식을 양껏 먹었다. 우리는 빨리 가고 싶어 했다. 빨리 가야 할 것 같은 분위기였다. 우리는 다른 친구들에게서 훔쳐 왔던 텐트, 장비, 기타 모든 것들을 다 돌려주었다. 기지는 우리가 돌아올 때쯤 완전히 정리되어 있을 것이었다.

18:00시에 우리는 차량에 탑승한 후 치누크 헬기로 달려갔다. 모든 것이 평화로웠다. 중대원들이 와서 이렇게 말했다.

"자네들의 새 전투화 사이즈 어떻게 되나? 이거 다시 쓸 일은 없잖아. 안 그래?"

첫 장소에서 우리 중 4~5명이 거품 매트리스를 훔쳐왔다. 번쩍이는 것이 있다면 무조건 뺏어오라는 행동강령에 충실한 덕이었다. 이제 다른 정찰팀들이 와서 이렇게 말하기 시작했다.

"너희들 이 물건 다시는 필요 없잖아, 안 그래? 그러니 우리한테 주고 가."

그들은 이 말을 하면서 우리들의 무덤을 파는 시늉을 했다.

연대 주임원사가 나타났다.

"가서 잘 하고 돌아오도록."

단 한마디뿐이었다.

보브는 갑자기 뭔가 생각난 듯 이야기하기 시작했다.

"이런 젠장, 나 유서 제대로 안 썼어. 우리 엄마 이름을 적어야 할 곳에 내 이름을 써 버렸거든. 너 내가 죽으면 내 장비를 뒤져서 엄마 주소를 찾아 줘야 돼. 제대로 찾아내서 전해줄 수 있겠지?"

나는 조종사들과 빠르게 몇 마디 나누었다. 그들은 방탄복을 지급받았는데 어떻게 착용할지 결정해야 했다. 그것을 깔고 앉아 불알을 보호하느냐, 아니면 몸에 입고 가슴을 보호하느냐 하는 것이다. 결국 그들은 방탄복을 몸에 입고 가슴을 보호하기로 했다. 그들은 불알이 없어도 되기 때문일 것이다.

나는 부조종사에게 이렇게 말했다.

"조종사한테 불알이 없다는 걸 곧 알 수 있을 겁니다."

아직 밝았고 헬리콥터의 로터가 맹렬한 모래폭풍을 박차면서 헬기가 이륙했다. 먼지가 가라앉자 전우들이 우리를 올려다보며 손을 흔드는 것이 보였다.

우리는 사막을 저공비행했다. 우선 우리는 지면을 보았으나 볼 만한 것이 거의 없었다. 사막 한가운데 옥수수가 자라는 원형 밭이 보였는데, 작물이 사막에 눌리지 않고 잘 자라고 있었다. 하늘에서 본 그 밭은 녹색의 하수처리장 같아 보였으며, 큰 급수기가 주기적으로 선회하며 물을 주고 있었다. 주위의 불모지와는 사뭇 달라 보였다.

밤이 되고 국경으로부터 20km 거리에서 조종사가 말했다.

"창가에 오셔서 야경을 감상하시죠."

셸 수 없이 많은 비행기들이 우리 머리 위 300m 상공을 날아다니고 있었다. 그들은 충돌을 회피하기 위해 조기경보기의 통제하에 복잡한 항로를 따라 날고 있었다. 모든 비행기들이 전방 비행등을 켜고 있었다. 하늘은 비행등으로 밝게 빛나고 있었고 마치 영화 '스타워즈' 같았다. 우리는 185km 속도였으나 그들은 900~1,000km 속도로 날고 있는 게 틀림없었다. 그들이 우리에 대해서 알고 있을까? 자기들끼리 이야기하고 있을까? 저들처럼 우리도 멋지게 해내자고...? 별로 그런 것 같지는 않았다.

전투기 2대가 비명을 지르며 우리를 확인하기 위해 강하했다가 뒤로 상승했다.

조종사가 다시 이야기했다.

"국경에서 5km 지점입니다. 어떻게 되나 보십시오."

그가 말하자마자 마치 하나의 퓨즈로 모든 비행기의 비행등이 조절되는 듯 모든 비행기가 일시에 비행등을 소등하면서 하늘이 어두워졌다.

*　　　　*　　　　*

우리는 비상 연료급유를 하기 위해 먹장 같은 어둠 속에 착륙했다. 이것은 헬기에 인원이 탑승하고 엔진 가동 중에 연료재보급을 받는 것이다. 여기서 임무 조정에 의해 아주 중요한 '작전 속행' 혹은 '작전 중지' 신호를 받기로 되어 있었고, 지상요원들이 어둠 속에서 어렴풋이 보였다. 나는 우리에게 신호를 줄 사람을 초조하게 찾아보았다. 그중 한 명이 조종사를 보며 손을 빙글빙글 돌렸다. 대기 지시였다.

빌어먹을!

다른 사람이 조종사에게 달려가서 가져온 쪽지를 창문 속에 넣었다.

잠시 후 우리 헤드세트를 통해 조종사의 목소리가 들렸다.

"작전 중지, 작전 중지입니다. 우리는 기지로 되돌아갑니다."

딩거가 곧장 인터컴에 소리쳤다.

"알았습니다. 엿이나 쳐 드슈. 우리는 어떻게든 국경을 넘을 겁니다. 이제 국경까지는 2km밖에 안 남았단 말입니다. 거기까지 갔다 돌아가는 데는 시간 얼마 안 걸립니다. 우리는 국경을 넘어서 싸우고 돌아갈 겁니다."

그러나 그건 조종사가 원하는 것이 아니었다. 우리는 조종사가 기체를 점검하고 연료보급을 하는 20분간 지상에 머물렀다. 그 후 우리는 헬기를 타고 남쪽으로 향했다. 차량은 준비되어 있었다. 우리는 비행장에 내려 모든 장비를 하역하고 비행장의 다른 곳으로 옮겨간 반 개 중대 규모의 숙영지로 이동했다. 대원들은 대피호를 파고 그 위에 판초와 판자로 바람막이를 설치했는데, 마치 노숙자들의 캠프 같았다. 어딜 가나 고체연료 모닥불 근처에 옹기종기 모여 있는 사람들을 볼 수 있었다.

정찰은 국경을 넘지 못한 실망감과 무슨 일이 벌어질지 모른다는 생각 때문에 우울한 분위기가 되었다. 나는 매트리스를 가져오지 못한 것 때문에 더욱 열 받았다.

1월 20일 내내 우리는 맥 빠진 채로 뭔가 일어날 것을 기다리고 있었다.

우리는 2회 이상 장비를 점검했으며 긴 기다림 속에 집에 있는 듯한 기분을 조금이라도 맛보려고 했다. 우리는 위장망을 쳤는데 이 비행장은 안전지대이므로 바람과 햇빛에서 우리를 가려 줄 것이 필요했을 뿐 특별한 전술적 이유는 없었다. 위장망을 치면 잘 방호된 엄폐물 뒤에 숨어 있는 것 같은 착각이 든다. 우리 자신을 위한 편의시설을 잘 갖추어 놓고는 우리는 경량타격차량(LSV: Light Strike Vehicle)과 랜드로버를 몰고 훔칠 만할 물건을 찾아 돌아다녔다. 그곳은 절도광들의 천국이었다.

우리는 미국인들과도 몇 가지 물건을 교환했다. 우리 레이션은 미국제

MRE(Meals Ready to Eat)보다 훨씬 좋았지만 미국 MRE에는 M&M 초콜릿이나 타바스코처럼 고기에 맛을 더해 주는 조미료들이 많았다. 또한 MRE 팩에는 튼튼한 플라스틱제 숟가락도 있었다. 숟가락 손잡이에 구멍을 낸후 줄을 연결해서 주머니 단추에 달고 다니면 완벽한 경주용 숟가락이 되는 것이다.

비행이 취소된 동안 우리 매트리스를 잃어버렸기 때문에 우리는 미군 침대를 사왔다. 미국인들은 기꺼이 침대를 팔아 주었고 우리는 미국인들에게 축복을 보냈다. 침대 값은 레이션 두 상자면 되었다.

비행장 한 편에 작은 미국이 펼쳐지고 있었다. 그들은 전자렌지, 도넛 굽는 기계, 하루 24시간 동안 방영되는 바트 심슨(Bart Simpson: 미국 만화) 비디오테이프까지 모든 것을 다 가지고 있었다. 그리고 미국인들은 확실히 어떻게 해야 전쟁을 폼 나게 치르는지 알고 있었다. 미국 본토의 학생들이 병사들을 위해 큰 상자에 위문품을 담아 보내 왔다. 여섯 살짜리 남자아이가 그린 그림에는 미국 국기와 함께 좋은 사람이, 이라크 국기와 함께 나쁜 사람이 그려져 있었다. 그 외에도 비누, 치약, 필기도구, 빗, 발한 억제제 등이 보내졌다. 그런 상자들은 즉석에서 개봉되어 테이블 위에 놓여 필요한 사람은 누구라도 가져가도록 했다. 미국인들은 우리를 극진히 환영했다. 우리는 거기서 솔직하게 행동하며, 거품 가득한 카푸치노를 먹으며 그 물건들 중 쓸 만한 것을 신속히 뒤졌다. 말할 필요도 없는 이야기지만 우리는 그들 물건을 상당수 가져왔다.

일부 사람들은 성격이 험악하면서도 이야기 나누는 것을 좋아했다. 특히 주방위군 소속 미군 조종사들이 그랬다. 그들은 전쟁 이전에는 변호사, 제재소 주인 등의 직업에 종사하던 자들로 40~50대의 늙고 덩치 큰 아이들 같았다. 그들은 배지로 뒤덮인 옷을 입고 큰 시가를 피웠으며 기성을 지르며 A-10 선더볼트 공격기를 몰고 하늘을 날아다녔다. 개중에는 3번째로 참전한 사람들도 있었다. 그들은 멋진 사람들로 놀라운 이야기들을 해주었고 그런 것을 듣는 것 자체가 이미 공부였다.

그 후로 2일간 우리는 다시 작전을 짰다. 이번에는 좀 더 많은 시간이 있었고 뭔가 더 잘 할 수 없을까 하고 이야기해 보았으나 결론은 똑같았다.

정말 욕구불만과 기다림의 시기였다. 우리는 최면상태로 출발선에 선 달리기 선수와도 같았다. 나는 실전에서 있을 위험을 줄이려고 했다.

우리는 비행기가 고장 나 며칠간 여기 머무르는 중이던 한 재규어 공격기 조종사와 이야기를 나눴다. 그는 첫 출격에서 발전기 고장으로 임무를 취소하여야 했다. 그는 이렇게 말했다.

"나는 여기서 전쟁이 끝날 때까지 있고 싶어요. 내가 돌아갈 때 쯤이면 전쟁은 완전히 끝날 것 같습니다."

우리는 그의 말에 공감했다. 우리는 그의 마음속을 잘 알고 있었다.

1월 21일, 마침내 우리는 다음 날인 22일 야간에 출동하라는 명령을 받았다.

22일 아침 동이 트자마자 우리는 잠에서 깼다. 딩거는 일어나자마자 곧바로 일하기 시작했다.

스탠, 딩거, 마크와 나는 같은 위장망을 덮고 레이션, 상자, 비닐백에 둘러싸여 있었다. 가운데에는 요리를 하려고 작은 고체연료 모닥불을 피워 놓았다.

스탠은 침낭 속에 편안하게 누워서 차를 마셨다. 햇빛이 비쳤지만 엄청난 추위 때문에 일어나고 싶어 하는 사람은 없었다. 우리는 누워서 아무 말 없이 차를 마셨고 전투식량에 든 초콜릿을 먹었다. 우리의 달콤한 수면은 간밤에 두 차례나 발령된 스커드 미사일 경보 때문에 엉망이 되었다. 우리는 장비 대부분을 착용하고 잠을 자다가 경보가 울리면 군화, 야전상의, 헬멧을 착용하고 참호 속으로 대피하곤 했다. 경보가 울릴 때마다 우리는 10분씩만 경계하다 다시 잠을 잤다.

딩거는 소시지와 콩이 든 봉지를 열어서 먹었다. 우리는 서너 잔의 차를 마신 후에 딩거의 담배 케이스에서 세 개비를 꺼내 피우고는 BBC 월드서비스를 틀었다. 지구상 어디에서건 이 방송을 통해 누구보다도 빨리 세상 물정을 알 수 있었다. 우리는 어떤 작전이나 훈련을 나가건 항상 소형 라디오를 휴대하고 다녔다. 정글 한복판에 있는 경우 세상과 연결되는 끈은 BBC 월드서비스뿐이다. 어디를 가건 매 시간마다 사람들이 라디오 주파수를 바꾸려고 다이얼을 돌리는 것을 볼 수 있다. 우리는 물론 이번 작전에도 라디오를 가져갈 것이며 라디오를 통해 전쟁이 끝났음을 제일 먼저 알 수도 있을 것이다. 아무도 우리가 먼저 통신하기 전에는 우리에게 말을 걸 수 없으며 사담 후세인이 항복한 후에나 우리에게 말을 걸 수 있을 것이다. 우리는 딩거의 라디오는 가져가지 않기로 했다. 딩거의 라디오는 테이프와 끈으로 어설프게 칭칭 감아 놓은 것이기 때문이었다. 모두가 디지털 라디오를 가지고 있는데 딩거의 구식 증기기관식 라디오는 주파수를 맞추다가 강산이 변할 판이었다.

우리는 사우디로 떠난 날 우리에게 편지가 보내졌다는 소식을 들었다. 우리가 집에 도착하기 전에 소식을 들을 수 있다니 잘 된 일이었다. 나는 질리와 함께 집을 사려던 참이었는데, 변호사 입회하에 계약서에 서명하여 그녀에게 주었다. 나는 잘 되기를 바랐지만, 내가 죽으면 그녀는 아주 슬퍼할 것이다.

조종사와 부조종사가 왔고 우리는 장비수납에 대해 마지막으로 이야기를 나누었다. 나는 강하 지점에서의 통신두절 상태 시 취할 행동에 대해서 이야기했고 임무에 대해 확신을 갖고자 했다.

우리는 두 명의 화물적재사와 이야기했다. 영화 〈지옥의 묵시록〉의 광적 팬이 분명한 그 20대 친구들은 치누크 헬리콥터 곳곳에 기관총을 설치했다. 영화와 다른 점이라면 헬멧에 호랑이 마크가 없고 인터컴 스피커로 나오는 바그너의 '여신 발키리' 음악이 없다는 것뿐이었다. 그들에게 국경을 넘어 날아가는 것은 일생에 한 번 있을까 말까 한 기회였으므로 그들은 아주 좋아했다.

조종사들은 일부 롤란드 지대공미사일의 위치를 알고 있었으며 그 주위를 피해가기 위해 항로를 설정했으나, 화물적재사들이 가르쳐 준 항로를 보니 그들은 공격받고 싶어 안달이 난 것 같았다. 그들은 분명히 뭘 모르고 있었다. 그들이 우리를 강하시키고 살아 돌아오는 것 자체가 불가능한 작전이라는 생각이 들었다.

나는 비행장 한구석에서 대원들에게 줄 지시사항을 차분하게 확인했다. 첫 번째 침투가 취소되었으므로 나는 그날 오후 다시 한 번 전원에게 명령을 내려야만 했다. 이번에는 자세히 하지는 않았으나 핵심만큼은 확실히 짚었다.

우리는 언제 올지 모를 편지를 기다렸다. 800m 떨어진 비행장 저편에서 마침내 벨이 울렸다. 17:30시였고 비행기 탑승까지는 30분 남았다. 빈스와 나는 경량타격차량에 타고 소리를 지르며 달려가 B중대 우편낭을 챙겼다.

전우 한 명은 주민세 고지서를 받았다. 다른 사람은 좀 더 반가운 리더스 다이제스트 구독권유서를 받았다. 나는 더 운이 좋았다. 나는 편지 2통을 받았는데 하나는 어머니로부터 온 것으로서 17세 이후 부모님에게서 처음 받아 본 것이었다. 그들은 내가 걸프에 있는 것을 알지는 못했으나, 지금 상황은 다른 곳에 있다고도 볼 수 없는 상황이었다. 나는 그 편지를 읽어 볼 시간이 없었다. 전진 중이라면 도착한 편지를 꺼내 읽어 보고는 돌아오지 못할 경우를 대비해 누구의 마음도 상하지 않게 해야 한다. 또 다른 편지는 질리로부터 온 A4용지였다. 그 속에는 토피(toffee) 사탕이 들어 있었다. 내가 좋아하는 울리스(Woolies) 제과에서 만든 픽 앤 믹스(Pic 'n Mix)였다. 참 이상하게도 사탕 숫자는 정찰에 나간 대원 머릿수인 8개였다. 그 속에는 변호사가 보낸 편지도 들어 있었다.

작전에 나가기 전의 최후의 만찬은 언제나 성대했다. 모두가 나와서 놀리는 말을 했다.

몇몇 사람들은 무덤 위에 흙을 뿌리는 시늉을 하며 이렇게 말했다.

"다음에 내가 자네들을 볼 때는 자네들을 흙으로 덮으면서 내려다볼 거라네."

그에 또 몇몇 사람들은 이렇게 대답했다.

"만나서 좋았어, 재수 없는 놈들아. 그런데, 너희들 집에 어떤 종류의 오토바이가 있지? 여기 계신 분들은 이 친구들이 전사하면 내게 오토바이를 준다고 말한 것에 증인이 돼 주셔야 합니다."

매우 즐거운 분위기였고 사람들은 작전에 필요한 채비는 무엇이든 기꺼이 도와주었다. 동시에, 신선한 음식들도 많이 나왔다. 연대본부 주임상사는 고기, 소시지, 버섯 그 외의 요리하기 좋은 재료들을 잔뜩 가져왔다. 아주 환상적인 식사였다. 하지만 불행하게도 너무 오래 레이션만 먹은 우리는 다들 설사를 하고 말았다.

제5장

공군 지상요원들은 밤새 치누크 헬리콥터에 사막 위장무늬를 정성껏 그려 넣었고, 우리를 배웅하러 온 전우들은 그것을 보고 박수갈채와 휘파람을 보냈다.

마지막으로 중요한 메시지를 보내야 할 시간이었다. 나는 친구 믹(Mick)에게 말했다.

"무슨 일이 생기면 에노가 가진 편지를 읽어 봐, 탈출 지도는 SAS에서 사인한 거니까 그걸 봐 줘. 하지만 그걸 쓸 일은 없었으면 좋겠어. 질리한테도 그래야 좋을 거고."

나는 빈스의 말을 듣고 말았다.

"무슨 일이 생기면 자네는 디(Dee)가 정리해 놓은 것을 확인해야 해."

믹은 사진기를 목에 걸고 있었다.

"사진 한 방 찍겠나?"

"나쁘진 않지."

우리는 브라보 투 제로 팀의 사진 촬영을 위해 치누크 헬기 뒤편에서 포즈를 취했다.

친구들은 비행사들, 특히 화물적재사들을 놀리고 있었다. 그중 하나는 스판다우 발레의 게리 캠프랑 빼닮았다. 오래된 음악이 흘러나오는 왜건(wagon)형 자동차 근처에 2~3명의 중대원이 서 있었다.

"당신은 황금이어요.……"

가난한 친구들을 당혹케 하기 충분한 노랫말이었다.

몇몇 친구들은 상여꾼처럼 함께 모여 다니며 장송곡을 허밍으로 부르고 다녔다. 다른 친구들은 매드니스(Madness)의 〈It must be love〉 뮤직비디오를 흉내 내고 있었다. 무덤 위에 노래 부르는 사람을 세워 두고 장의사가 그 위로 뛰어올랐다 뛰어내렸다 하며 관 치수를 측정하는 내용이었다.

그런 우스갯소리 사이에 "다시 만나자.", "잘 되길 빈다." 등의 인사말이 낮게 흘러갔다.

헬기 승무원들은 방탄복을 입고 모여 마지막으로 뭐라고 재빠르게 대화를 나누었고, 우리는 헬기에 탑승했다.

치누크 헬리콥터에서 비즈니스 클래스 대우를 기대해서는 안 된다. 헬기 기내는 무미건조했고, 플라스틱 코팅이 된 프레임이 드러나 있었다. 좌석은 없었고, 미끄럼 방지 코팅이 된 맨 바닥에 그냥 앉아야 했다. 바닥은 모래와 윤활유로 지저분했다. 멀리 가려면 예비 연료가 필요하기 때문에 기내에 대형 연료탱크를 달았다. 독한 항공유 냄새와 엔진 냄새가 코를 찔렀다. 후문까지 도망쳐도 그 냄새가 가시지 않았다. 화물적재사들이 후방 램프 윗부분을 열어 공기를 환기시켰다.

엔진이 가동되자 엄청난 연기가 헬기 뒤로 뿜어져 나왔다. 후문에서 우리는 친구들이 맥을 놓고 아지랑이를 지켜 보는 것을 보았다. 스판다우 발레를 추던 친구들은 계속 춤을 춰 댔다. 치누크가 상승하면서 로터 블레이드(헬기의 회전날개) 바람이 엄청난 모래폭풍을 일으켰다. 그 모래먼지가 가

라앉을 때 쯤 우리는 30m 상공에 있었고, 그때 밖에서 보이는 것은 랜드
로버의 헤드라이트뿐이었다.

　무척 더웠으므로 나는 땀을 흘리고 냄새를 풍기기 시작했다. 나는 몸과
마음 모두 피로함을 느꼈다. 무척 많은 것들이 내 머릿속을 스쳐 갔다. 우
리가 할 수 있는 일이 없었으므로 침투는 걱정스런 일이었다. 그냥 앉아서
행운을 빌 수밖에는 없었다. 나는 내 목숨을 다른 사람의 손에 맡기기 싫
어했다. 우리 항로에는 롤랜드(Roland) 대공미사일이 배치되어 있다. 그리
고 큰 비행기일수록 격추당할 확률도 높은 법이다. 치누크 헬기는 매우 큰
헬기이고 세 번의 공습작전이 벌어지는 공역을 통과해 날아가므로 아군기
에게 오인사격을 당할 확률도 있다.

　나는 어서 내리고 싶었다. 그러나 SAS의 고전적인 작전을 지휘하는 것도
좋았다. 누구나 살면서 큰 전쟁을 겪어 보고 싶어 하고, 이 전쟁은 이미 나
의 전쟁이었으며, 여기 오지 못한 나머지 중대원들은 이미 프랑스 외인부
대 지원 절차를 알아보고 있는 중이었다.

　우리 배낭들은 비행기 위편에 단단히 결박되어 있었다. 조종사가 회피기
동을 할 때나 추락할 때 배낭이 우리 몸 위에 떨어지지 못하게 하기 위함
이었다. 소등하기 직전에 화물적재사는 시알륨(Cyalume) 막대를 꺾어 장비
에 붙여 놓았다. 장비가 어디 있는지 알아 낼 목적이기도 했지만, 더 큰 목
적은 부상 방지였다. 시알륨 막대는 재미있는 행사 때 아이들도 사용한다.
플라스틱제 튜브로서 중간을 꺾으면 내부의 유리 캡슐이 깨지면서 두 화
학물질이 섞여 밝은 빛을 내게 된다.

　나는 그동안 헤드세트를 통해 조종사와 이야기하고 있었다. 다른 전우
들은 영국 공군의 장비를 파 뒤집어 샌드위치, 초콜릿, 생수를 꺼내 먹고

있었다.

우리는 착륙 상황에 대한 행동지침을 갖고 있었다. 착륙 시 적과 접촉하게 되면 우리는 비행기 내에 있어야 한다. 만약 우리가 비행기를 나오는 중에 적을 만나더라도 바로 비행기 내로 튀어 들어와야 한다. 그리고 헬기가 이륙한 상태에서 적을 만나게 되면 심플렉스(simplex) 통신기로 헬기를 다시 불러야 한다. 심플렉스 통신기의 통달거리는 1.6km였다. 조종사가 이렇게 말했다.

"만약 통신기에서 돌아와 달라고 비명 소리가 터져 나오면 바로 기수를 돌려서 돌아와 드리겠습니다. 그러면 당신들은 모든 장비를 내버리고 어떻게든 빨리 도망쳐서 탑승해야 해요."

영국 공군은 누군가를 A지점에서 B지점으로 옮겨 주는 훌륭한 택시 운전사로 여겨질 때도 있다. 그러나 실제로는 그렇지 않다. 그들은 언제나 큰 작전의 일부에 불과하다. 어떤 조종사에게나 치누크 헬기 같은 대형기 조종은 힘든 일이다. 큰 비행기이고 손쉬운 표적이지만 어쨌든 지원해서 온 것이다. 그는 지상에서 무엇이 기다리고 있을지를 모르거나 자신의 일을 광적으로 좋아하는 상태여야 한다. 그는 자신이 말하는 내용을 다 알고 있었고 자신의 일에 열성적이었다. 그러니 그가 어떻게 하겠노라고 말해도 절대 그를 비난할 수는 없다. 나는 비행기 뒤편으로 튀어 들어갔다.

아직 사우디 상공에 있는 동안 우리는 지형을 평가하기 시작했다. 지형은 갈색 당구대 같았다. 나는 이전에도 중동에 자주 와 보았으나 이런 지형은 처음 보았다. 크리스가 헤드세트를 통해 말했다.

"여긴 자누시(Zanussi)군요."

자누시란 SAS 용어이다. 마치 다른 행성에서 온 것처럼 워낙 멍하고 이상한 분위기를 풍겨서 범접하기 힘든 사람을 말한다.

또한 자누시는 딴 세상을 말하기도 한다. 이 지역 전체가 다 이런 꼬락서니임은 지도 연구를 통해 알고 있었다. 가면 문제가 생기겠지만 뭘 어떻게 하기에는 너무 늦었다. 이미 엎질러진 물이었다.

조종사들이 조기경보기와 통신하는 소리가 헤드폰을 통해 들려왔다. 나는 두 화물적재사가 화끈한 전투에 대비하기 위해 기관총을 점검하러 바삐 다니는 것을 즐겁게 바라보았다. 그들이 빨리 총을 쏴 보고 싶어 한다는 것은 의심의 여지가 없어 보였다.

귀가 멀 것 같은 로터 블레이드의 회전음이 계속 들려왔다. 시끄러운 소리 때문에 많은 대화는 불가능했다. 이 소리가 더 커지지 않는 것이 그나마 고마울 정도였다. 우리는 장비 위에 누워 생수를 마시고 비운 생수통 속에 오줌을 누면서 기다리고 있었다. 나는 학교에 남아 CSE(Certificate of Secondary Education, 영국의 중등교육 이수 증명자격시험. 우리나라의 대학 수학능력시험에 해당)를 보았다면 내 인생은 크게 바뀌지 않았을까 하고 생각해 보았다. 그랬다면 나는 지금쯤 저 헬기 조종석에 앉아 이야기하면서 행복한 미래를 꿈꿀 수 있을지도 모른다.

전방 화물적재사용 문이 그 상태로 고정되어 있기라도 한 듯 반쯤 열려 있었다. 시원하고 신선한 바람이 그 틈새로 밀려들어 왔다. 치누크 헬기 안쪽의 스트랩들이 바람에 펄럭이며 나부꼈다.

*   *   *

우리는 전에 갔던 재급유 장소로 갔다. 이번에도 조종사는 계속 로터를 회전시키고 있었고 이 시점에서 엔진 이상이 생기는 것은 곧 작전 취소를 의미했다. 우리는 비행기에 남아 있었으나 후방 화물적재사는 바깥 어둠 속으로 달려나갔다. 신이여, 우리들에게 많은 장비를 준 양키를 축복하소서. 그는 잠시 후 허시 초콜릿, 도넛, 코카콜라 등을 잔뜩 들고 돌아왔던 것이다. 이유는 알 수 없었지만 양키들은 그에게 볼펜과 빗도 잔뜩 쥐어 주었다.

우리는 기다리고 또 기다렸다. 보브와 나는 30m 떨어진 타르머캐덤 포장도로로 뛰어 내려갔다. 우리가 돌아왔을 때 화물적재사는 우리에게 헤드세트를 쓰라고 수신호로 명령했다.

조종사가 말했다.

"우리는 갑니다."

그의 목소리에서는 희미한 흥분의 기색이 느껴졌다.

우리는 고도를 낮추기 시작했다.

조종사가 사무적으로 말했다.

"방금 국경을 넘었습니다."

나는 그 이야기를 그냥 흘려들었다. 전우들은 단독군장을 챙기기 시작했다.

이제부터 헬기 승무원들이 솜씨를 보여 주는 것이다. 그들을 비웃는 소리가 멈추었다. 그들은 야간투시경을 쓰고 지상 20m 높이를 시속 148km로 날고 있었다. 로터 블레이드가 거대한 원을 그리며 회전하고 있는 가운데 우리는 지도를 보고 우리가 무수한 전력선과 장애물 사이로 날아가고 있음을 알았다. 한 화물적재사는 전방 로터 앞쪽을 감시하고 있었고, 다른 사람은 후방 로터 쪽을 감시하고 있었다. 부조종사는 계기를 응시하고 있었고, 조종사는 밖을 보는 채로 다른 대원들의 보고를 들으며 비행기를 조종하고 있었다.

이런 저공비행을 하는 동안 조종사, 부조종사, 화물적재사 간에 통화가 끊이지 않았다. 그들의 목소리는 우리를 안심시켰다. 모두가 잘 훈련되어 있었고, 잘 하고 있었다. 마치 시뮬레이터로 훈련하는 것처럼 기계적이고 사무적이었다.

부조종사: 30m...24m...24m.

조종사: 알았다. 24m.

부조종사: 전력선까지 1.6km.

조종사: 알았다. 전력선까지 1.6km. 상승한다.

부조종사: 36m...45m...54m...60m. 800m 남았다. 현재 고도 150m.

조종사: 현재 고도 150m. 전력선이 보인다. 넘어간다.

화물적재사: 넘어갔다. 확인.

조종사: 좋아. 고도를 낮춰라.

부조종사: 45...36...24m. 167km 속도다.

조종사: 알았다. 현재 24m, 167km 고도속도 유지.

부조종사: 좌로 재진입. 1.6km 남았다.

조종사: 알았다. 우측에 건물 발견.

화물적재사: 확인. 우측에 건물.

부조종사: 현재 24m, 167km. 전력선은 8km 거리.

조종사: 알았다, 8km. 우선회하라.

화물적재사들도 지상을 잘 보고 있었다. 그들은 장애물을 감시하는 것 이외에도 보이는 모든 것을 점검하고 있었다.

부조종사: 고도 24m. 3.2km 전방에 금속선.

조종사: 알았다. 금속선 3.2km.

부조종사: 1.6km 남았다. 현재 185km, 24m.

24m 고도에서는 기체가 선회하다가 로터블레이드가 지면에 충돌할 수

도 있다. 그래서 화물적재사는 장애물을 살피고__ 로터블레이드가 회전할 충분한 공간을 확보하여 헬기의 안전을 지켜야 한다.

조종사: 우측으로 선회하라. 좋아.

부조종사: 알았다. 21m에 속도 185km, 21m에 167km.

우리는 이라크 동서부를 가로지르는 거대한 장애물을 통과해야 한다.

부조종사: 이상 없다. 8km 전방에 2차선 도로.

조종사: 60m로 상승하겠다.

부조종사: 알았다.

우리 승객들이 초콜릿을 먹고 있을 때 화물적재사가 갑자기 기관총을 잡았다. 우리도 신속히 소총을 잡고 튕겨 일어났다. 우리는 뭐가 어떻게 되어가고 있는지 알 방도가 없었다. 만약 소총을 비행기 밖으로 내밀어 바람에 노출시킨다면 제대로 쏠 수가 없다. 160km 속도로 달리고 있는 차 밖으로 손을 내밀면 어떻게 되는지 생각해 보면 빠를 것이다. 실질적으로 우리가 할 일은 없었지만 그를 돕고 싶었다.

전투는 없었다. 우리는 도로 근처를 날아가고 있었고, 도로 위의 적들이 우리를 쏘려는 장면을 본 화물적재사가 응사하려고 했던 것이다.

그곳은 바그다드와 요르단을 있는 도로로서 우리는 그곳을 150m 상공에서 건넜다. 수송 대열의 불빛이 많았으나, 우리는 모든 등을 끄고 있었고 그들은 우리 소리를 확실히 듣지 못했다. 그들은 우리가 첫 번째로 본 적군이었다.

여기가 지도상의 어디인지를 알았으므로 우리는 현재 위치를 알 수 있었다. 나는 클랙슨 소리를 듣고서 우리가 얼마나 더 날아갈 것인지를 계산 중이었다.

딩거와 나는 헤드세트를 착용하고 있었고, 승무원들의 다급한 목소리가 들려왔을 때 우리는 다른 곳을 보고 있었다.

"좌로 꺾어라! 우로 꺾어라!"

헬기 전체가 요동했다. 헬기가 좌우로 급선회를 하고 있었다.

화물적재사들이 이리 뛰고 저리 뛰며 손전등을 켜고 각개소의 버튼을 눌러 채프를 투하했다.

조종사들은 어디에 롤랜드 대공 미사일이 많이 있는지는 알고 있었으나, 이곳만큼은 명백히 방심하고 있었던 것이다. 지대공 미사일 발사로 인해 기내는 난장판이 되었고, 경보가 울렸다. 더 골치 아픈 것은 미사일이 조준되었을 때 우리가 너무 느리게 날아가고 있었다는 점이다.

나는 시알륨 막대 불빛에 드러난 딩거의 표정을 보았다. 우리는 자신감에 찬 떠벌이들이 잘못 전해 준 보안 정보에 안심하고 있었던 것이었다. 나는 차를 운전하던 중 뒤를 돌아보니 갑자기 상황이 바뀌어 브레이크를 밟아야 하는 기분이었다. 미사일이 제대로 조준되어 발사되었는지는 알 수 없었다.

우리는 거의 동시에 헤드세트를 벗어 내던지고는 바닥에 앉아 둥글게 몸을 웅크려 충격에 대비했다.

딩거가 외쳤다.

"이런 빌어먹을! 난 이딴 일이 벌어질 거라고는 생각도 못 했어!"

조종사는 하늘 이리저리 헬기를 선회시키고 있었고, 엔진은 살아 있는 생물처럼 웅웅거리며 요동쳤다.

치누크 헬기는 수평직선비행을 다시 시작했다. 화물적재사의 표정에서 우리가 위기를 벗어났음을 알 수 있었다.

나는 헤드세트를 들고 말했다.

"도대체 무슨 일이 있었습니까?"

"아마 롤랜드였을 거예요. 누가 알겠습니까? 제대로 조준하고 쏜 건 아니었습니다. 우리는 다시 원래 항로로 돌아왔습니다."

나는 헬기에서 내려 내 자신의 운명의 지배를 받고 싶었다. 어딘가로 자동차를 타고 가는 것은 멋진 일이었으나 이런 것은 싫었다. 이라크군이 비행기를 띄우거나 야간비행까지 할 능력을 갖추었다는 정보는 아직 없었으나, 누구나 최악의 사태에 대비해야 한다. 나는 온몸에 땀을 흘리고 있었다.

30분 후 조종사가 착륙까지 2분 남았다고 전했다. 나는 전우들에게 낙하산 강하 때처럼 두 손가락을 들어 보였다. 후방 화물적재사가 스트랩을 풀고 장비를 내리기 시작했다. 붉은 빛을 내는 펜라이트를 입에 물고 일하는 그는 악마같이 보였다.

우리 중 4명은 M-203 유탄발사기가 부착된 M-16 소총을 갖고 있었다. 유탄발사기의 탄은 크고 굵었다. 다른 4명은 미니미 경기관총으로 무장했다. M-16 소총은 육군의 신형 L85A1(SA-80) 소총보다도 우리 임무에 더욱 적합했다. M-16은 더욱 가볍고, 청소 및 유지관리가 용이했다. 베트남 전쟁 이래로 여러 가지 파생형들이 개발되어 사용된 이 총은 간단하면서도 강력한 무기였다. SAS도 L85A1을 정글 훈련에 사용해 본 적이 있으나, L85A1은 요구 조건을 충족시켜 주지 못했다. 그러나 M-16은 모든 면에서 멋지고 깨끗했다. M-16에는 서로 들러붙어 버리는 작은 부품 같은 것은 없었으니 말이다. M-16은 안전장치도 엄지손가락만으로 조작 가능한 간단한 것이었지만, L85A1은 안전장치를 조작하려면 짜증나게도 총 쏘는 집게손가락을 사용해야 한다. M-16은 집게손가락을 방아쇠에 건 채로 엄지손

가락만으로 안전장치를 조작할 수 있다. 또한 안전장치가 자동사격 위치*
로 돌아간다면 공이치기가 젖혀지고 약실에 탄이 장전된 발사준비 상태임
을 알 수 있다. 정찰에 나가면 대원들이 몇 분 간격으로 엄지손가락을 사
용하여 안전장치 위치를 점검하는 모습을 볼 수 있다. 적의 가청거리 내에
서 부주의하게 탄이 오발되면 안 되기 때문이다.

  정찰 시 이외에도 M-16의 안전장치는 돌릴 때 소음이 적었으며, 녹이 슬
만한 곳도 없었다. 소총을 자동차에 비유한다면 M-16은 탁월한 성능과 신
뢰성, 유용성, 대중적 인기를 갖춘 포드 시에라(Ford Sierra)이고, L85A1은
롤스로이스(Rolls-Royce)이다. 그러나 문제는 전투에도 고장이 빈발하는 시
제품 롤스로이스를 끌고 나간 것이었다. 유탄발사기 부착 M-16의 유일한
문제점은 유탄발사기 때문에 착검이 불가능하다는 것뿐이라는 게 내 생각
이었다.

  우리는 M-16에 멜빵을 달지 않았다. 멜빵을 단다는 것은 소총을 어깨에
메고 다니겠다는 소리인데, 전투에서는 어깨에 총을 메고 다니는 것보다는
손에 쥐고 사격 태세를 갖추는 편이 더 낫지 않겠는가? 실제 정찰 시에는
언제나 소총을 손에 쥐고 견착을 유지하고 기동한다. 총을 신속하게 뽑아
쏠 수 없다면 아예 총을 갖고 다닐 필요가 없을 것이다.

  나는 무기가 어디에서 어떻게 만들어졌는지 따위에는 관심이 없었으며
중요한 것은 얼마만큼 쓸모 있는가, 어떻게 쓸 수 있는가뿐이었다. 어떻게
해야 무기가 탄을 계속 쏠 수 있을 것인가? 어떻게 해야 더 많은 탄을 확
보할 수 있을 것인가? 이 두 가지만 신경 쓰면 된다.

  너무나 당연한 이야기이지만, 무기의 힘은 사용자의 실력만큼만 발휘

---

* 실제로 약실에 탄이 있고 공이치기가 젖혀진 상태에서는 안전장치 조정간이 안전 위치로 돌아
간다. 지은이의 착오인 듯하다.

되기 마련이다. 사격훈련을 위해 무기를 지급받으면 자연스럽게 동료들 사이에서 엄청난 경쟁의식이 생긴다. 우리의 모든 사격 훈련은 실탄을 사용하는 실전적인 훈련이었다. 그것만이 실전감각을 익히고 균형감각을 배우는 유일한 방법이었다. 만약 총소리에 익숙해지지 못하고, 총을 제대로 쏘지 못하면 실전에서는 엄청난 소음 때문에 전투력을 상실하고 만다. M-16 소총은 사격 시 총성이 금속성에 가까우며 총구 들림 현상이 적은 편이다. 다른 사람이 쏘는 총성이 자신이 쏘는 총성보다 더 잘 들리는 경향이 있다. 40mm 유탄을 사격할 때는 사격음만이 들리며 발사 반동은 별로 없다.

우리는 5.56mm 구경 미니미 경기관총 4정을 보유하고 있었다. 이 총은 탄약상자에 200연발 분해식 탄띠를 수납하여 급탄할 수도 있고, M-16용 탄창을 사용해 급탄할 수도 있다. 이 총은 무척 가벼웠으므로 공격 시 소총수와 함께 움직이면서 화력지원이 가능했고, 가공할만한 분당 발사율을 과시했다. 이 총은 양각대를 사용하여 필요할 시 정확한 자동사격이 가능하다. 그러나 이 총의 플라스틱제 탄약상자는 그리 좋다고는 볼 수 없었다. 정찰 시 탄약상자가 병사의 몸을 압박하거나 부딪치고, 총에서 떨어져 나갈 수도 있어서 항상 주의를 기울여야 했다. 또한 탄약상자 속에 탄이 완벽히 잘 포장된 것이 아니어서 들고 다니면 탄이 덜거덕 거리는 소리가 났다. 이것은 야간작전 시 완벽한 방음을 방해하는 것이었다.

또한 각 정찰대원은 66mm 구경 1회용 로켓발사기 M-72를 1개씩 휴대한다. 미국제 M-72는 보병의 대전차 공격을 위해 만들어진 것이다. 이것은 60cm 길이로서 2중 튜브구조로 되어 있었다. 로켓이 들어 있는 내부 튜브를 잡아 뽑기만 하면 발사 준비가 완료된다. 조준기도 내부 튜브를 잡아당기면 자동으로 일어선다. 그 다음에는 쏘고 나서 버리면 된다. 단순성이야말로 이 무기의 최대 장점이었다. 간단해야 가동률이 높아진다. 이 무기의 탄은 대전차 유탄으로서 장갑판 관통용으로 설계된 것이었다. 신관은 발사 이후 9m를 날아가야 작동하며 그 후에는 표적에 스치기만 해도 터진다. M-72는 영화처럼 큰 화구를 형성하지는 않는다. 일반적으로 유탄은 2차 폭발을 일으키지 않는 이상 그런 효과를 내지는 못한다.

우리는 백린수류탄과 L-2 일반수류탄을 휴대했다. 백린은 맹렬히 타오르고 훌륭한 연막차장을 형성하여 도망갈 시간을 벌어 준다.

우리의 수류탄은 사람들이 흔히 생각하는 구형 파인애플 수류탄같이 생기지는 않았다. 백린수류탄은 원통형으로서 WP라는 글자가 쓰여 있다. L-2 수류탄은 계란형이고 내부에는 촘촘히 칼집이 난 와이어가 폭약을 감싸고 있다. 우리는 이미 벌어진 안전핀을 더 벌려 빠지기 힘들게 했다. 또한 실수로 안전핀이 이탈될 경우를 대비해 예비 안전장치로 수류탄 안전레버에 마스킹 테이프를 둘러 고정시켰다. 백린수류탄은 너무 위험해서 훈련에도 잘 쓰지 않는다. 만약 백린수류탄을 맞으면 환부에 물을 매우 천천히 부어 수류탄 파편이 산소를 흡수하지 못하게 한 후 파편을 제거해야 한다. 성공하지 못하면 꽤 비참한 꼴로 죽게 된다.

그러므로 우리는 각 사람당 M-16 탄창 10개, 40mm 유탄 12발, L-2/백린수류탄 여러 발, M-72 1정을 휴대하게 되었다. 미니미 사수 4명은 1인당 600발 이상의 탄을 휴대했으며, 그 외에도 탄이 가득 채워진 M-16용 탄창 6개를 가지고 있었다. 이 정도면 8인조 정찰대 치고는 가공할 위력의 화력이었다.

M-203 사수들은 유탄발사기에 유탄이 장전되어 있는지 검사했다. 보브는 급탄불량 상태를 막고자 탄띠를 점검했다. 탄띠급탄식 총은 평시에는 잘 급탄되지만, 탄띠가 꼬이면 발사중지되어 버리고 만다. 빈스가 탄약상

자를 점검해 총에서 떨어지지 않게 하는 모습도 보였다. 빈스와 그의 조원들은 헬기 후문 쪽에서 전방위 엄호를 하기 위해 서서 움직이고 있었다. 그들이 움직이는 동안 우리는 가능한 한 빨리 모든 장비를 헬기 후문 쪽으로 던졌다.

스탠은 자신의 백린수류탄이 쓰기 좋은 위치에 있는지 점검했다. 모두가 착륙에 앞서 마음의 준비를 하고 있는 중이었다. 전우들은 모든 것이 완벽한지 부산하게 점검 중이었다. 바지를 끌러 웃도리를 꺼냈다가 다시 잘 집어넣고 다시 바지를 여민다. 벨트를 조여맨 후 단독군장을 편안하게 착용하고, 파우치 입구와 단추가 잘 잠겨 있는지 점검한다. 모든 것을 다 갖고 있고 기내에 남겨 둔 게 없는지 점검하고 또 점검해야 한다.

헬기가 지면에 접근했다. 로터 블레이드의 회전 소리는 엄청나게 컸지만, 비로소 나는 말을 전할 수 있었다. 후문이 열리기 시작하자 나는 밖을 내다보았다. 착륙 중에는 엄청나게 취약하다. 지상에 발을 딛을 때까지는 엔진 소음 때문에 적을 발견하기 힘들고, 적들은 그 틈새를 이용해서 헬기에 사격을 가할 수 있다. 후문이 더 열렸다. 하현달 아래 흑백의 네가티브 필름 같은 풍경이 펼쳐져 있었다. 우리는 4m 깊이의 와디(wadi)에 있었다. 먼지 바람이 날리고 있었고, 빈스와 그의 조원들은 후문으로 이동했고, 무기들은 발사 준비 상태였다. 역한 연료 냄새가 났고, 소음은 더욱 커졌다.

그들이 뛰어내렸을 때 헬기는 아직 수 미터 상공이었다. 그들이 다시 뛰어 돌아올 때까지는 적이 있는지 없는지 알 수 없다.

조종사는 치누크를 더욱 하강시켜 착지시켰다. 우리는 장비를 헬기 밖으로 내던졌고, 스탠, 딩거, 마크가 그 후 뛰어내렸다. 나는 화물적재사가 손에 시알륨 막대를 든 채 기내를 오가며 최종 점검을 하는 동안 머물러 있었다. 로터 소리는 더욱 커졌고, 헬기가 살짝 상승하면서 바퀴에서 하중이 빠져나가는 것이 느껴졌다. 나는 대기했다. 항상 10초 정도 대기하면서 점검하는 것이 헬기에 장비품의 반을 실은 채 날려 보내는 것보다는 나았다. 일의 속도와 정확성이 조화를 이루어야 했다.

화물적재사가 두 손가락을 위로 세우고 헤드세트로 뭐라고 이야기했다. 헬기는 본격적으로 상승을 시작했고 나는 뛰어내렸다. 나는 땅을 치고 나서 하늘을 보았다. 헬기는 후문을 접으며 고속으로 상승 중이었다. 몇 초 내에 헬기는 멀리 사라져 버렸다. 시각은 21:00시였고 우리는 이제 독자적으로 일하게 되었다.

우리는 와디 위에 있었다. 동쪽 서쪽 어디를 봐도 평탄하고 어두웠다. 밤하늘은 수정처럼 맑았고 모든 별들이 반짝였다. 너무나 아름다웠다. 입김 나오는 것이 보였다. 이곳은 우리가 있던 곳보다도 더 추웠다. 확실히 추웠다. 얼굴 옆에서는 땀이 났고 나는 떨기 시작했다.

눈이 어둠에 적응하려면 오랜 시간이 걸린다. 주간에는 눈의 초점을 통해 색을 분간하고 지각을 얻을 수 있지만, 야간에는 그것이 안 된다. 야간에 보이는 것은 사람의 홍채 가장자리의 막대기들을 통해 들어오는 빛뿐이다. 사람 눈의 볼록면 때문에 이 빛은 45도 각도로 휘어져 들어온다. 뭔가를 똑바로 보면 흐릿하게 보인다. 따라서 보려고 하는 물체의 위나 옆을 보아야 제대로 보인다. 사람의 눈이 어둠에 적응하기 시작하는 것은 5분 후부터이고, 완벽히 적응하려면 40분 정도가 걸린다. 그래서 착지하고 바로 본 것과 5분 후에 본 풍경이 달라 보인다.

빈스와 전우들은 아직도 엄호 중이었다. 그들은 와디의 가장자리 쪽으로 30m를 전진해서 주변을 살피고 있는 중이었다. 우리는 더 안전한 장소를 찾으려고 그쪽으로 움직였다. 우리들은 모두 배낭, 모래주머니, 제리캔을 들고 움직였다.

마크는 마젤란 GPS(Global Positioning System: 위성항법장치)를 꺼내 위치를 측정했다. 그는 GPS를 똑바로 보지 않고 한쪽 눈으로만 곁눈질했다. 아주 적은 양의 빛으로도 야시 능력은 크게 저하되고 만다. 만약 뭔가 빛을 발하는 것을 보려고 한다면 총기를 조준할 때 사용하는 눈을 감고 다른 눈으로 봐야 한다. 그러므로 여전히 야간투시능력은 조준할 때 쓰는 눈에 50%가 남는 것이다.

우리는 360도 전방위 방어 대형을 갖췄다. 우리는 10분간 정말로 아무 것도 하지 않았다. 우리는 시끄럽고 냄새 나고 움직이는 헬기에서 지금 막 빠져 나왔다. 우리는 몸을 새로운 환경에 적응시켜야 한다. 새로운 환경의 소리, 냄새, 경치, 기후, 지형에 적응해야 한다. 만약 정글 속을 헤매고 다닐 때라도 요령은 같다. 자주 멈춰서 주위를 감시하고 소리를 들어야 한다. 이 것은 일상적인 것이었다. 낯선 집에 들어간 지 얼마 안 되었을 때를 생각한 다면 이해가 빠를 것이다. 특정 지역의 토착민들은 뭔가 잘못되었을 때 본 능적으로 그것을 알아차리지만, 여행객들은 그대로 위험 속으로 걸어 들어 가는 우를 범한다.

우리가 오고 싶어 했던 곳과 공군이 우리를 내려 준 곳이 다를 수도 있 기 때문에 위치를 확실히 알아야 했다. 내가 있는 위치를 확실히 알면 다 른 정찰대원들에게도 위치를 확실히 알려 주어야 한다. 전 대원이 지식을 공유하는 것은 반드시 필요한 조치이며, 지휘관만 뭔가를 알고 있는 것은 별로 좋지 않다. 우리는 원하는 곳에 확실히 착륙했다. 좀 약이 올랐다. 이 래가지고서는 돌아가서 공군을 욕할 수 없기 때문이었다.

지면은 아무 특징이 없었다. 암반의 맨 위에는 혈암 조각들이 5cm 두께로 쌓여 있었다. 마치 〈닥터 후(영국의 공상과학 드라마)〉 촬영장에 나오는 외계의 황량한 별 같았다. 나는 임무로 중동에 여러 번 온 적이 있어 중동의 지형에는 친숙한 편이었으나, 이런 지형은 완전히 색다른 것이었다. 개 짖는 소리가 들리자 내 귀가 곤두섰다.

우리는 극도로 고립되었으나, 인원수가 많았으며 상상 이상으로 많은 무기를 갖고 있었고, 우리의 본업을 수행 중이었다.

동쪽과 북동쪽 16~32km 거리에는 폭격이 벌어지고 있었다. 나는 지평선 너머로 떠오르는 탄의 궤적과 탐조등 불빛을 보았으며 수 초 후 조용한 폭발음이 울렸다.

탐조등 불빛에 우리 동쪽 1.6km 거리의 나무들이 보였다. 그 자리에는 어울리지 않았으나, 거기에는 분명히 나무와 급수탑 건물들이 보였다. 이제 개 짖는 소리가 어디서 나는지 알았다. 더 많은 개들이 짖고 있었다. 그 개들이 치누크 헬리콥터의 소리를 들었을 것이었다. 그러나 대부분의 사람들은 그저 지나가는 헬기려니 했을 것이다. 다만 저곳에 적 병력이 주둔해 있지 않을까 하는 걱정이 들었다.

나는 우리 정보가 얼마나 정확한지가 의심스러워졌다. 그러나 우리는 결국 여기에 왔고 운신의 폭은 좁았다. 우리는 엎드려서 차 소리가 나기를 기다렸으나 아무 일도 일어나지 않았다. 나는 나무들 건너편을 보았다. 영원의 세계를 보는 것 같았다.

나는 하늘로 예광탄이 날아가는 것을 보았다. 비행기는 1대도 보이지 않았으나 멋진 장면이었으며 마음을 편안하게 해 주었다. 나는 그들이 우리에게 사격을 가하는 것 같은 느낌이 들었다.

마크가 조용히 말했다.

"엿이나 먹어라. 어서 가지 말입니다."

나는 일어서려고 했다. 그때 갑자기 서쪽으로부터 소음과 함께 눈부신 빛이 나타났다.

마크가 속삭였다.

"제기랄, 뭡니까?"

"헬리콥터다!"

그게 어디서 나왔는지 나는 몰랐다. 내가 아는 것이라고는 우리가 지상에 10분간 있었고, 이제 막 멋진 쇼를 벌이려고 하던 참이었다는 것뿐이었다. 헬기는 분명히 아군 것이 아니었다. 우리가 타고 온 헬기에는 저런 탐조등이 없었다. 헬기가 누구 것이건 간에 헬기는 우리 쪽으로 똑바로 오는 것처럼 보였다.

하느님, 이라크군이 어찌 우리에게 저렇게 빨리 올 수 있다는 말입니까? 우리가 그들 공역에 들어온 이후 계속 추적당하고 있었다는 말입니까?

불빛은 계속 다가오는 것처럼 보였다. 그때 나는 불빛이 우리 쪽으로 오는 것이 아니라 위로 올라가는 것임을 알았다. 빛은 탐조등이 아니라 화구였다.

나는 속삭였다.

"스커드다!"

대원들의 안도의 한숨이 들려왔다.

우리는 모두 스커드 미사일 발사를 처음 보는 것이었지만, 이제는 우리가 본 것이 무엇인지 알게 되었다. 마치 아폴로 우주선의 발사 모습처럼 약 10km 거리에서 엄청난 화염의 분출이 일어나며 미사일이 하늘로 곧게 날아 올라가 어둠 속으로 사라졌다.

언론에서 흔히 '스커드 통로' 혹은 '스커드 삼각지대'라고 부르던 땅 한복판에 우리가 서 있는 것이었다.

모든 것이 잠잠해 진 뒤에 나는 빈스에게 걸어가서 나머지 대원들을 부르라고 귓속말로 이야기했다. 일체의 구보나 돌격은 없다. 언제나 기동 시에는 각도, 빛, 그림자, 실루엣, 이동, 소음 등의 요소를 고려해야 한다. 느린 이동은 소음을 발생하거나 적의 관측에 쉽게 잡히지 않으므로 우리는 정찰 시 느리게 움직였다. 또한 빨리 달리다가 넘어져 다치기라도 하면 모두에게 누를 끼치게 된다.

나는 대원들에게 우리가 어디 있는지를 이야기하고, 어느 길로 갈 것인지, 집결지점은 어디 있는지를 확인했다. 이로써 현 위치를 떠나 정해진 은거지로 가는 동안 뭔가 비상사태가 터져 팀이 흩어진다고 해도, 그 이후 24시간 내에 어디로 가면 다시 만날 수 있는지를 알게 되었다. 만약의 경우 북쪽으로 가면 반쯤 파묻힌 파이프라인이 있다. 그 파이프라인을 따라가면 큰 능선이 나오는데, 거기서 집결하면 된다. 이 정도로 간략하게 말해도 충분했다. 사막 한 가운데라도 우리 대원들은 지도와 나침반만 있으면 이 정도의 설명만으로도 충분히 길을 찾을 수 있기 때문이다. 지도는 이 일대 전체를 그냥 바위 지대로만 표기해 놓고 있다. 그 이후 다음 24시간 동안의 집결지점은 착륙 지점이 될 것이다.

이제 우리는 정해진 매복 지역을 정찰해야 한다. 우리는 차량에 탑승한 상태로 정찰하듯이 4명은 장비를 운반하고 나머지 4명은 엄호를 한다. 이것을 교대로 시행한다. 정찰 중이므로 모든 것은 전술적으로 시행되어야만 한다. 정지해서 전방의 지형을 살펴야 하고, 매 3.2km마다 휴식을 취하며, 휴식 시에는 반드시 4인조 엄호팀이 전개된다. 휴식 때마다 잃어버린 장비가 없는지 모든 파우치와 배낭을 점검해야 한다.

장비 중에서 제일 들고 가기 힘든 것은 물이었다. 세계에서 제일 무거운 옷가방을 한 손으로 들고 가는 것 같았다. 나는 내 몫의 물을 배낭 맨 위에 놓고 등이 휠 때까지 버텼다. 누구에게도 결코 쉬운 일은 아니었다.

이동은 가급적 빠르고 전술적이어야 했으며, 우리는 첫 번째 일출 전에 주보급로에 도착하여 장비를 은닉하고 매복하여야 했다. 명령에 의거하여 내일 오전 04:00시까지 모든 것이 이루어져야 했으며, 그 시간 내에 정해진 은거지에 가지 못하면 그 자리에서 은거지를 찾아야 한다. 해가 떠오르기까지 1시간 반 내에 모든 일을 마쳐야 하기 때문이다.

나는 지형이 걱정스러웠다. 어딜 봐도 너무 평탄해서 숨을 곳이 없었다. 만약 낮에 여기 엎드려 있다면 너무나도 눈에 잘 뜨일 터였다.

우리는 방위, 시각, 거리로 현 위치를 측정했다. 마젤란 GPS도 있지만, 보조 장비에 불과하다. 정찰 중에 쓰기에는 별로 좋은 장비가 아니기 때문이다. 신뢰성은 둘째 치고, 그 기계는 사용 시 빛을 낸다. 그리고 기계를 보고 측정하는 것보다는 지형을 보고 측정하는 것이 훨씬 전술적이다.

30분마다 우리는 비상시 집결장소를 새로 정한다. 이는 적과 만나 신속히 철수해야 할 때 재편성 가능한 지점이다. 만약 우리가 낡은 건물의 잔해 같은 것에 접근한다면 지휘관은 손을 원형으로 돌려서 그곳을 새로운 비상시 집결장소로 선언한 후 정찰이 계속된다.

언제나 상황을 잘 평가해야 한다. 언제나 자신에게 "만약 이렇게 된다면 어떻게 할 것인가?" 하는 질문을 계속해야 한다. 전방에서 혹은 왼쪽에서 공격을 당한다면 어떻게 할 것인가? 이곳은 좋은 은거지인가? 마지막 비상시 집결장소는 어디인가? 내 앞사람은 누구인가? 내 뒷사람은 누구인가? 이러한 사항들을 항시 점검하여 잊어버리지 않도록 해야 한다. 또한 자신에게 주어진 구역을 경계하고 자신의 소음에 주의해야 한다.

정찰하면 몸이 더워진다. 그러다가 멈추면 몸이 식는다. 쉴 때는 등과 겨드랑이부터 시작해서 얼굴로까지 차가움이 느껴진다. 끈적끈적하고 불쾌한 느낌을 받을 것이고, 벨트 주위의 옷이 젖을 것이다. 그러면 다시 움직여 몸을 덥히고 싶을 것이다. 너무 오래 쉬면 몸이 얼어 버린다. 정찰을 많이 해 본 사람이라면 언젠가는 몸이 마른다는 것을 안다. 그러나 마르는 것을 알아도 골치는 아프다.

우리는 04:45시 경에 주보급로의 커브길에 도달했다. 칠흑같은 어둠 속에서 어떤 불빛이나 차량도 보이지 않았다. 우리는 장비를 은닉했고 빈스의 조원들이 엄호했다. 나머지는 장비를 숨길 곳을 찾으러 집합했다.

나는 빈스에게 속삭였다.

"0545시까지 돌아오겠네."

내 입과 그의 귀 사이의 거리도 소리가 들릴까 말까 한 거리였다.

우리가 정해진 시간까지 돌아오지 못해도 그들이 소음을 듣지 못한다면 전투는 없었을 것으로 생각할 것이다. 그럴 경우 우리는 송유관 근처의 정찰집결지점에서 만날 것이다. 만약 우리가 24시간 내에 정찰집결지점에 도착하지 못한다면 빈스는 헬기가 착륙했던 지점으로 퇴각한다. 그들은 거기서 또 24시간을 기다린다. 만약 우리가 그 시간 내에 가지 못한다면 그들은 헬리콥터를 불러 타고 퇴각한다. 그들은 또한 엄호해 주지 못하는 먼 거리에서 교전이 벌어졌을 때에도 헬리콥터 착륙 지점으로 퇴각할 것이다.

나는 귀환 시 작전 요령에 충실했다. 나는 빈스에게 속삭였다.

"나는 나갈 때와 똑같은 방향으로 돌아올 거야. 그리고 돌아올 때는 항상 그랬듯이 오른손에 무기를 들고 십자가에 매달린 사람 모양을 하겠네."

돌아올 때는 이런 식으로 혼자 접근해서 내 신원을 알린 다음, 나머지 3명이 있는 곳으로 다시 가서 그들을 데리고 와야 했다. 이 모든 것을 나 스스로 해야 했다. 다가오는 사람이 나라는 것을 확실히 알릴 뿐더러 안전하게 복귀하고 싶기 때문이었다. 동료들이 적의 공격을 당해 전멸하고, 그 자리에 적이 매복하고 있을 수도 있기 때문이었다. 다른 3명은 엄호를 할 것이고, 뭔가 일이 터졌을 때 그들은 엎드려 사격을 가할 것이고, 나는 그들 쪽으로 퇴각할 것이다.

우리는 수색정찰을 나간 지 30분 만에 좋은 은거지를 찾아내었다. 수천 년 동안의 홍수로 바위 속에 4.5m 높이의 구멍이 패어 있고, 돌출부가 있는 하천 유역의 경계였다. 여기라면 적의 관측에서 안전하고, 또 부분 엄폐도 가능한 사각(死角)지대다. 나는 운을 믿을 수 없었다. 우리는 곧장 친구들에게 알려 주러 돌아갔다.

우리는 모든 장비를 은거지에 옮겼다. 동굴은 큰 바위로 구분되어 있어서 우리는 장비를 한가운데 몰아 놓고, 양편에 보초 2명을 배치했다. 야간에는 아침과는 모든 것이 다 달라 보인다는 문제가 있었지만, 나는 편안함을 느꼈다. 완벽한 매복지역이라고 생각했던 지역이 알고 보니 주택가 한가운데일 수도 있었다.

이제는 멈추어 앉아서 주위의 소리를 듣고 새로운 환경에 적응해야 할 시간이었다. 지면은 이제 더 이상 낯설게 보이지 않았고, 우리는 더욱 자신감을 얻었다.

이제 좀 자야 할 시간이었다. 육군에는 이런 격언이 있다.

"전쟁터에서는 잘 기회가 주어지면 언제나 자야 한다."

그건 맞는 말이었다. 잘 수 있을 때면 언제나 자야 한다. 다시 잘 기회가 없을지도 모르기 때문이다.

보초 2명은 2시간마다 교대되었다. 그들은 주위의 것들을 보고 들어야 하며, 뭔가 우리에게 접근해 올 경우 우리에게 경보를 발령하여 깨워야 한다. 나머지는 반원형으로 누워서 잔다. 비상시 일어서서 사격할 준비를 갖추어야 한다.

그날 밤에는 더 많은 제트기가 날아갔다. 우리는 날아가는 고사포탄과 2시 방향 160km 거리에서 불타는 바그다드를 보았다. 우리가 있는 곳에서는 아무 일도 일어나지 않았다.

일출 시간이 다가왔으므로 우리 중 둘이 은거지 밖으로 나가 발자국을 지우고, 떨어뜨린 장비가 있는지 검사하고, 그 외에 뭔가 우리 임무를 방해할 것이 없는지를 알아보았다. 적들이 추적 솜씨를 비롯해 자신보다 모든 면에서 더욱 우월하다고 전제하고 계획을 짜야 하는 것이다.

우리는 두 보초가 볼 수 있는 위치에 클레이모어 지뢰를 설치하고 수동 스위치를 누르면 폭파되게 했다. 보초가 적의 이동을 보거나 들으면 그는 모든 이들을 깨울 것이다. 미친 듯이 뛰는 것은 필요치 않다. 우리는 그저 서 있기만 한다. 모든 것은 항상 느리게 이루어진다. 그러나 보초가 사격을 개시하면 달려야 한다. 누군가가 클레이모어의 사거리 내에 있다면 어느 정도 안심할 수 있다. 물론 보초가 스위치를 누를 수 있다면 말이다. 적들이 우리의 최후 방어선인 클레이모어의 살상지대 안으로 들어왔다면 우리는 전투를 시작해야 할 것이다. 그러나 우리가 가진 최고의 무기는 은밀성이었다.

나는 황무지 위로 올라가 2중 검사를 했다. 북쪽을 향해 주보급로를 보니 600m 거리까지는 평지였고, 거기에 4.5m 높이로 약간 튀어 오른 지형이 보였다. 거기서부터 400m 더 떨어진 곳에는 식물들이 보였다. 동과 서를 보니 지평선까지 평탄했다. 내 뒤인 남쪽에는 1,500m 거리에 식물, 급수탑, 건물들이 있었다. 지도와 버트의 브리핑에 의하면 여기에는 이런 것이 없어야 했지만 있었다. 시설물들은 너무 멀게 설치되어 있어서 편의성이 없어 보였다.

나는 아직 확실히 보이지 않는 주보급로를 통해 차량이 이동하는 소리를 들었으나 별 상관없었다. 우리를 볼 수 있는 방법은 와디 반대편 가에 서서 내려다보는 방법뿐이었다. 와디의 우리 쪽에 있어도 동굴이 지면 아래에 있었기 때문에 우리를 볼 수 없었다. 우리에게 발견당한 후에야 우리를 볼 수 있었다.

나는 내려와서 모두에게 주위 환경에 대해 이야기했다. 보초는 1명이면 족했다. 보초가 서 있는 위치에서는 와디와 그 주위가 다 잘 보이기 때문이었다. 내가 보고하는 동안 보초는 우리에게 등을 돌리고 자신의 구역을 감시하고 있었다. 나는 위에서 본 것을 묘사하고 낮에 적을 만났을 경우의 행동 요령에 대해 설명했다.

전방작전기지에 상황 보고를 해야 할 시간이었다. 아직 우리가 어디 있는지를, 어떤 상황인지를 아무도 몰랐다. 이 임무에서 우리는 매일 상황보고를 하여 우리가 어디 있는지, 우리가 본 이 구역 내의 적의 규모와 동태, 우리와 적 사이의 조우 내용, 장래의 예측, 기타 정보를 보고한다. 그러면 전방작전기지에서는 우리에게 지침을 전달할 것이었다.

내가 그것들을 종이에 적는 동안 렉스가 통신기를 준비했다. 그는 메시지를 암호화하여 타자해 넣었다. 정찰용 통신기는 통신 내용을 적이 탐지할 수 없을 만큼 짧게 압축해 발신한다. 무전 내용은 전리층에서 반사되어 전방작전기지로 들어가고 우리는 답신을 받을 때까지 기다려야 한다.

답신은 오지 않았다.

렉스는 시도하고 또 시도했으나 아무 일도 일어나지 않았다. 짜증나기는 했으나 절망적이지는 않았다. 우리에게는 통신 두절 시 행동절차가 있기 때문이다. 오늘 밤에 헬기 착륙지점으로 가서 04:00시에 통신기를 새 것으로 교환하면 된다.

그날 남은 시간 동안 우리는 여러 가지 안테나로 시도해 보았다. 경사진 와이어에서부터 반파장 2극 안테나까지 모든 것을 다 써보았다. 우리 모두는 통신 훈련을 받았고, 알고 있는 모든 방법을 다 해 보았으나 응답은 없었다.

우리는 2시간마다 보초를 교체했으며, 일몰 30분 전부터 일몰시까지는 전원이 보초 근무에 임했다. 공격에 이상적인 시각은 일몰 직전과 일출 직전이다. 그 시각은 모든 사람들이 잠자려는 시각, 혹은 일어나서 짐을 싸려는 시각이기 때문에 각별히 신경 쓰도록 예규화되었다. 우리는 사격위치를 잡고, M-72 대전차로켓의 커버를 제거하고 튜브를 잡아 뽑아 발사준비를 갖추었다. 밤이 내리자 우리는 모든 것을 다시 원위치로 하고 수색정찰 준비를 갖추었다.

나는 부하들과 21:00시에 출발했다. 우리의 귀환 예정시각은 05:00시였다. 그때까지 돌아오지 못한다면 우리가 길을 잃거나 부상을 당했거나 전투가 벌어진 것이다. 남은 친구들이 전투 소음을 듣지 못했다면 그들은 다음 날 밤 21:00시까지 은거지에서 대기한다. 그때까지 우리가 돌아오지 못한다면 그들은 헬리콥터 집결지점으로 이동한다. 전투가 있으면 그들은 곧장 헬리콥터 집결지점으로 이동할 것이며, 우리는 알아서 다음 날 04:00시까지 헬리콥터 집결지점으로 가야 한다.

스탠, 딩거, 마크, 나는 깜깜한 암흑 속에서 와디 가로 기어올랐다. 임무는 주보급로와 통신선의 위치를 확인하는 것이었다. 자신이 확인하지 못한 목표에 대해 멋대로 추측하는 것은 옳지 못한 짓이다. 아마 1.6km 거리에 주보급로가 있으리라고 모두가 생각했지만, 실제로 확인해야 했다. 우리는 시계 반대방향으로 북쪽을 향해 움직이면서 지형을 확인하고, 주보급로와 헷갈릴 위험성이 높은 것들이 있는지 확인하고자 했다.

우선 우리는 길을 잃고 돌아올 경우에 도움이 될 표적을 확보해야 했다. 우리는 주보급로에 도착할 때까지 북쪽으로 계속 나아갈 것이며, 그동안 바위 같은 표적을 발견할 것이었다. 만약 우리가 길을 잃으면 높은 곳에 올라가서 오는 동안에 정했던 표적을 발견하여 남쪽으로 퇴각해 하천 유역의 경계로 돌아올 것이다.

명확한 표적이 없기 때문에 지도를 읽는 것이 어려웠다. 대부분의 나라에는 지형을 볼 수 있는 고지대라든가 도로 등의 표적이 있다. 또한 정글 속에도 많은 강이 흐르고, 등고선의 차이가 있으므로 쉽게 위치를 식별해 낼 수 있다. 그러나 여기는 사막 한가운데라 어디를 둘러보나 완벽히 다 똑같았고, 결국 마젤란 GPS에 의존하는 수밖에는 없었다.

우리는 표적으로 적합한 큰 바위를 찾았고, 거기부터 시계 반대방향으로 서쪽을 향해 가기 시작했다. 몇 분 내에 우리는 최초 착륙지점에 도착했고, 개 짖는 소리를 들었다. 베두인들은 밤에 일하지 않는다. 그들은 해 지자마자 잠을 잔다. 하지만 개가 짖는다면 뭔가 다가오는 것을 알 수 있다. 몇 초 내에 개 두 마리가 더 짖기 시작했다.

나는 여기 와서 처음으로 개의 낮은 으르렁 소리를 들었다. 그것은 북아일랜드 정찰 때를 떠올렸다. 뭔가가 벌어지면 멈춰 서서 상황을 살펴야 한다. 개가 있는 곳에서는 거의 십중팔구 뒤로 물러나 앉아서 조용해지기를 기다리면 된다. 하지만 우리가 이 지역 전체를 제대로 정찰해야 한다는 것은 문제였다. 우리 모두는 그 개들이 스커드 미사일 발사대를 지키는 경비견일지도 모른다고 생각했다.

우리는 앉아서 칼집에서 대검을 뽑았다. 만약 개들이 우리 있는 데까지 와서 짖거나 우리를 공격하면 칼로 개들을 죽여야 할 것이다. 죽인 다음 시체는 우리가 처리해야 한다. 다음날 아침이 되면 개 주인은 개가 길을 잃었거나 도망갔을 것이라고 생각할 것이다. 그들이 뭔가 이상하다고 생각할지는 몰라도 이것이 불리한 상황에서 우리가 할 수 있는 최선의 방법이었다.

우리는 개가 짖는 방향을 주시하면서 혹시 사람들이 불을 켜고 나타나지 않을까 했다. 아무 일도 일어나지 않았다. 우리는 상자 대형으로 전개하여 혹시 우리가 또 다른 길로 빠질 수 있는지 지형을 살폈다. 우리는 다른 편으로 돌아가, 개들의 주인이 현지 민간인들임을 알아냈다. 텐트와 진흙 오두막, 랜드크루저, 다른 차량들이 있었다. 그러나 군인이 있는 것 같지는 않았다. 우리는 마젤란을 사용해 이곳의 좌표를 확인했다. 은거지로 돌아갔을 때 우리가 본 것을 보고하기 위해서였다. 그때 우리는 북서 방향을 향하고 있었다. 식물이 있는 방향이 북쪽인 것은 알고 있으므로 그쪽은 피하고자 했다.

나는 앞장서서 전방에 뭔가 있는지 살폈다. 나는 멈추고, 바라보고, 소리를 듣고, 느리게 움직이며 접근했다.

4개의 텐트와 차량 여러 대가 있었다. 근처에 57mm 대공포 S-60이 2문 있었다. 이 정도면 소대 규모의 전력이었다. 쥐 죽은 듯이 조용했고, 보초는 한 명도 없는 것 같았다. 마크와 나는 느리게 앞으로 전진했다. 다시 우리는 멈춰서 주위를 살피고 소리를 들었다. 우리는 대형을 고치고 싶지 않았고, 그저 가능한 한 가까이 접근해서 적정을 살피는 것이 목적이었다. 대공포나 차 안에서 잠자는 사람은 없었다. 따라서 텐트 안에만 소대 병력이 있을 터였다. 우리는 사람의 기침 소리를 들었다. 이들의 위치는 우리에게 즉각적 위협을 가할 수 있는 곳이 아니었다. 그러나 이들은 뭔가 지키기 위해 여기 있을 터였다. 그래서 걱정이 되었다. 만약 이들이 지키는 것이 주보급로라면 문제는 없다. 그러나 이들이 대규모 기갑부대나 다른 대부대의 일원이라면 위험하다. 마크가 마젤란으로 좌표를 확인한 후, 우리는 북쪽을 향했다.

우리는 3.2km를 전진했고, 그동안 아무것도 보지 못했다. 그리고 우리가 건너온 것이 틀림없이 주보급로라는 결론에 도달했다. 마젤란에는 우리 은거지의 위치가 지도에 나온 주보급로의 위치에서 북으로 800m 거리로 나와 있었으므로 걱정할 필요가 없었다. 지도에 나온 도로, 철탑, 송유관의 위치는 대략적인 위치에 불과했다.

우리는 이제 주보급로의 커브길을 찾아내었다고 확신하게 되었으나, 불행하게도 이곳에는 인구가 많았다. 북쪽과 남쪽에 식물들이 있었고, 도로를 따라 사람들이 있었다. 그리고 우리 은거지 북서쪽에 S-60 포대가 하나 있었다. 전술적인 시각에서 볼 때 우리는 피카딜리 서커스(Piccadilly Circus: 런던에 있는 원형 광장) 한복판에 은거지를 정한 것이었고, 그것은 별로 좋지 않았다.

우리는 은거지 북방의 식물과 건물들을 보기 위해 되돌아갔다. 나는 정찰에서 계획을 짤 때 이곳을 가장 위험한 지역으로 설정했다. 우리는 식물 주위를 조심스럽게 살피며 급수탑과 급수펌프 소리가 나는 건물을 발견했다. 차량이나 불빛, 인기척은 전혀 없었으므로 우리는 안심했다. 사람이 있는 것보다는 없는 것이 훨씬 나았다.

은거지로 돌아오면서 우리는 북서로 5km 떨어진 곳에서 또 다른 스커드 미사일이 발사되는 것을 목격했다. 우리는 스커드 미사일을 아주 많이 발사하는 지역 한복판에 있는 것 같았다. 우리는 여기서 꽤 오랜 시간을 보낼 것이었다. 우리는 다시 위치를 측정했다.

우리는 은거지로 정찰하며 돌아오면서 표적을 발견했고, 와디를 향해 남쪽으로 걷고 있었다. 하천 영역 경계에 가까이 접근하며 나는 십자가 모양을 취했다.

보브가 보초를 서고 있었다. 나는 서서 그가 다가오기를 기다렸다. 그는 나를 보고 웃었고, 나는 부하들을 불렀다. 나는 시계를 보았다. 이 정찰에는 5시간이 걸렸다.

전우들 대부분이 잠을 자고 있었으므로 브리핑할 여건은 아니었다. 또한 야간에 브리핑을 하면 소음이 발생된다. 하지만 우리가 본 것을 모두가 알아야 한다는 원칙은 중요했다. 나는 아침이 될 때까지 기다리기로 했다.

아침이 되자 다시 총원이 일어나 반원형으로 배치되어 경계 근무를 했다. 그 후 브리핑을 시작하기 전에 나는 우리가 지난밤에 다녀갔던 황무지를 다시 점검하고 싶었다. 나는 우리가 주보급로를 건너왔다고 확신하고 있었으나, 통신선의 위치를 가르쳐 줄 표식이 필요했다. 또한 나는 우리가 다녀간 후 어떤 변화가 있었는지 알고 싶었다. 동굴 벽이 소리를 차단하고 있었기 때문에 설령 밖에서 음악회가 열렸다고 해도 우리는 소리를 들을 수가 없었다.

내가 바위를 올라가 와디 가장자리 너머를 보고 있는 동안 크리스가 나를 엄호하고 있었다. 주간에 위험한 행동을 하는 마지막 순간이었다.

나는 북동쪽을 관측했고 주보급로의 저편 가에 또 다른 S-60 대공포 2문을 보았다. 아마 밤사이 여기에 온 것이 틀림없었다. 나는 불과 300m 떨어진 곳에 있는 2대의 왜건형 승용차와 텐트 그리고 기지개를 켜고 재채기를 하는 사람들을 보았다. 믿을 수가 없었다. 일이 점점 비현실적으로 되어가고 있었다. 우리는 정찰 시 불과 45m 떨어져 있던 그들을 보지 못한 것이었다. 난 내려와서 크리스에게 내가 본 것을 이야기했다. 나는 나머지 대원들에게 브리핑을 했다. 마크는 내가 헛것을 본 것이 아닌가 싶어 자기가 직접 빨리 나가 살펴보기까지 했다.

나는 이러한 사태의 추이에 크게 실망했다. 그들이 우리 바로 근처에 있다는 것은 아주 좋지 않은 일이었다. 그들은 우리의 행동을 크게 방해할 것이었다.

나는 지도를 펼쳐 새로운 S-60 포대를 포함해 우리가 발견한 모든 것의 위치를 살펴보았다. 그날은 남은 시간 동안 다시 상황보고무전을 보내려고 했다. 새로운 S-60 포대는 분명히 주보급로를 방위하는 임무를 띠고 있을 것이었다. 그들도 수색대를 파견하고 있는지는 알 도리가 없었다. 여기는 그들의 나라이고, 그들의 부대 간에는 상호지원이 가능한 것이다. 우리는 그나마 와디 반대편에 누가 와서 아래를 내려다보지 않으면 누구도 우리를 찾아내기 힘들다는 것으로 위안을 삼았다.

우리는 다시 한 번 통신기를 가지고 별 짓을 다 해 보았으나 작동되지 않았다. 계속 통신두절 사태가 이어지면 내일 아침 04:00시에 헬리콥터가 날아오기로 되어 있었다.

상관없었다. 우리는 잘 은폐한 8인조 정찰팀이다. 헬기를 만나면 통신기를 교환하든가 아니면 타고 되돌아가면 된다.

나는 마음속으로 다시 한 번 헬리콥터 집결과정을 돌이켜 보았다. 조종사는 야간투시경을 쓰고 와서 내가 적외선 신호를 보내는 것을 볼 것이다. 나는 확인 신호로 브라보(bravo)라는 문자를 보낸다. 그는 그 문자를 참조점 삼아 내 우측 4.5m에 착륙할 것이다. 화물적재사용 문은 조종석 바로 뒤에 있으며, 나는 거기로 걸어가서 사용하던 통신기를 넣고 새 통신기를 받아온다. 만약 우리에게 그들이 전할 말이 있다면 화물적재사가 나와서 내 팔을 잡고 메시지가 적힌 쪽지를 손에 쥐어 줄 것이고, 더 긴 이야기를 하고 싶다면 화물적재사가 문을 열고 나와서 나를 헬기 뒤로 데려가서 이야기할 것이다. 그동안 나머지 정찰대원들은 전방위 엄호를 실시한다. 만약 내가 대원들에게 다시 돌아간다면 대원들은 다시 임무를 속행할 것이고 퇴각하게 되면 화물적재사를 붙들고 후문 뒤편을 가리킨다. 그럼, 후문이 열리고 우리는 비행기에 탄 후 돌아간다.

그게 계획이었다. 어떤 비상사태도 있어서는 안 되었다. 우리는 그날 밤 헬리콥터를 타고 복귀하면 되는 것이었다.

제6장

우리는 하루 종일 주보급로를 달리는 차량들의 웅웅대는 소리를 들었다. 그들은 별 해가 없어 보였다.

그러나 오후 중간쯤 우리는 45m 거리 내에서 어린애가 소리치는 것을 들었다. 그 아이는 계속 소리쳤고, 우리는 염소들의 울음소리와 딸랑거리는 방울 소리도 들었다.

문제는 없었다. 우리는 와디의 반대편 가장자리 위에 서 있는 사람을 보기 전까지는 걱정할 필요가 없었다. 그 외에 우리가 발각당할 가능성은 없었다. 나는 자신감을 얻었다.

염소들이 가까이 왔다. 어려운 상황이었다. 모두가 단독군장을 점검하고, 무기를 손에 들었다. 상황이 터졌을 때 침낭 속에 있거나 일광욕을 하다가 튀어나오는 것은 좋은 방법이 못 되었다. 나는 나도 모르게 엄지손가락을 M-16 소총의 안전장치에 가져갔다.

방울 소리는 바로 우리 위에서 나고 있었다. 나는 저편에 나온 염소 머리를 올려다보았다. 나는 두려움에 입을 꽉 다물었다. 모두가 바위처럼 꼼짝도 않고 오직 눈만 움직이고 있었다.

더 많은 염소들이 와디 가로 올라왔다. 목동이 이끌고 있는 것일까?

갑자기 어린 아이의 머리가 튀어나왔다. 그 아이는 멈추고 몸을 돌렸다. 이쪽으로 오자 나는 그 아이의 작은 갈색 얼굴을 보았다. 그 아이는 무엇인가에 쫓기는 것 같았다. 그는 앞쪽으로 발을 질질 끌면서 어깨 너머로 흘깃 바라보곤 했다. 그의 목과 어깨, 가슴이 보였다. 그는 와디 가장자리 1m 이내로 들어왔다. 그는 이리저리 둘러보며 염소들에게 소리치고 긴 막대기로 때렸다.

나는 그 아이에게 내려다보지 말라고 소리 없이 외쳤다.

그 아이가 다른 곳을 보고 있는 동안은 아직 우리에게는 기회가 있었다.

제발 우리랑 눈 마주치지 말고 하던 일이나 계속하렴.

그 아이는 고개를 돌리고 경치를 보았다.

나는 느리게 입만 움직였다. 이 새끼야, 보지 마!

그 아이는 결국 우리를 내려다보고 말았다.

이런 빌어먹을!

우리의 시선은 한 곳에 고정되었다. 나는 그 아이의 시선만큼 경악스러운 시선을 본 적이 없었다.

저게 뭐지? 그의 시선은 한 곳에 정지해 있었다. 이 상황에서 취할 수 있는 행동이 내 마음 속을 스쳐 지나갔다.

그 아이를 덮쳐서 잡을까? 소음이 너무 난다. 하지만 어떡하란 말인가? 나는 평생 동안 양심에 고통 받으며 살고 싶지는 않았다. 빌어먹을, 내가 영국에 침투한 이라크군이고, 저기 서 있는 게 내 딸 캐시일 수도 있단 말이다.

그 아이는 뛰기 시작했다. 내 눈은 그를 쫓기 시작했고, 나는 달리기 시작했다. 마크와 빈스도 튕기듯 일어나 뛰었다. 그 아이를 잡아야 했다. 어떻게 처리할지는 그 후의 문제였다. 그 애를 결박한 후 초콜릿을 주면서 회유하거나 다른 수를 쓸 수도 있다. 그러나 우리는 S-60 포대에서 보일락 말락 한 위치까지만 따라갈 수 있었고, 그 아이는 너무 먼 거리에서 출발했다. 그 빌어먹을 아이는 미친 사람처럼 소리 지르며 S-60 포대로 달렸다.

그 아니는 여러 가지 행동을 할 수 있다. 원래 이곳은 그 아이가 오면 안 되는 곳이었다든지 하는 문제로 그 아이가 아무 말을 하지 않을 수도 있다. 그러나 집에 돌아간 후 가족과 친구에게 이야기할 수도 있다. 또 계속 소리 지르며 포대로 달려갈지도 모른다. 나는 최악의 상황을 가정해야 했다. 도대체 어떻게 할 것인가? 이라크군은 그 아이의 말을 믿지 못할지도 모른다. 그래서 여기 직접 확인하러 오거나 증원 병력을 기다릴 수도 있을 것이다. 나는 그들이 오기 전에 더 이상의 정보를 흘리지 않기 위해 도망쳐야 한다. 만약 그들이 우리를 발견한다면 아마 일몰 후에 전투가 벌어질 것이다. 만약 그들이 우리를 발견하지 못한다면 우리는 야음을 틈타 도망칠 수 있을 것이다.

우리가 이곳을 매복 장소로 정한 것은 적의 관측으로부터 안전하기 때문이었다. 그러나 그 아이가 우리를 본 그 위치에서는 그렇지 못했다. 우리는 이곳을 방어 장소로 선택한 것이 아니었다. 이곳은 적에게 포위된 하천 유역 경계의 상류이며 아무 데도 갈 곳이 없다.

이것이 비상 사태라는 데는 누구도 이견이 없었다. 그러나 지금 바로 장비를 챙겨 도망가야 한다는 뜻은 아니다. 그것은 명백한 역효과를 초래할 것이었다. 그보다는 먼저 몇 분 내에 스스로를 점검하는 편이 더 나았다.

모두가 초콜릿을 물과 함께 마구 먹어 댔다. 이제 언제 식사를 할 수 있을지도 모르기 때문이었다. 우리는 장비의 파우치를 점검하고 특히 지도 주머니의 버튼을 점검하여 지도가 빠져 달아나지 않게 하고, 탄창이 모두

제자리에 있는지 점검을 반복했다.

빈스는 스탠과 보브에게 미니미를 들려 보초로 내보냈다. 다른 미니미 사수 2명이 준비가 완료되면 위치를 바꾸고 스탠과 보브는 자신의 장비를 챙기는 것이다. 모두가 필요한 일을 자동적으로 수행했다. 빈스는 은폐된 장비로 가서 물이 든 제리캔을 꺼내 모두의 수통을 채웠다. 만약 전투가 시작되면 배낭과 그 속에 든 모든 것을 다 버려야 한다. 대원들은 수통을 들고 최대한 물을 마신 다음 수통을 또 채웠다. 만약 전투가 없더라도 엄청난 거리를 걸어서 움직여야 한다.

우리는 단독군장을 점검하여 뛰어도 파우치에서 아무것도 떨어지지 않도록 확인했다. 탄창은 잘 장착되어 있는지, 무기의 안전장치는 발사 준비 위치인지를 점검했다. 물론 무기의 상태는 완벽했지만, 우리는 다시 점검했다. 우리는 M-72 로켓탄 발사관을 도로 접은 후 군장 틈 속에 끼워 이동하기 편하게 했다. 우리는 발사관 끝단의 뚜껑이나 멜빵은 다시 장착하지 않고, 오직 군장의 스트랩만을 이용해 로켓탄을 결속하여 신속하게 사용할 수 있게끔 했다.

우리는 예비탄창을 꺼내기 쉬운지 확인했다. 탄창이 탄입대에 잘못 끼워져 있으면 꺼내서 올바른 방향으로 돌리는 데 귀중한 1~2초의 시간을 잃어버린다. 단독군장의 탄입대 속에 탄창 밑바닥이 위로 향하게 넣는다. 그러면 꺼내서 정확하게 소총에 끼워 넣을 수 있다. 또한 다 쓴 탄창을 던져 넣을 곳이 필요하다. 대부분의 사람들이 쉽게 꺼낼 수 있게 탄창에 마스킹 테이프로 고리를 만들어 붙였다. 나 같은 경우에는 탄창이 비면 야전상의 앞섶 속에 던져 넣은 후 나중에 또 탄을 채워 넣는다. 미니미의 탄약 벨트에서 탄을 꺼내 쓸 수도 있다.

이 모든 것이 몇 분 이내에 이루어졌다. 바로 일어서서 달려 도망치는 것보다는 나은 선택이었다. 적들이 우리 위치를 이미 알고 있다면 뭣 하러 뛰어 도망치겠는가? 적이 오면 보초들이 우리에게 알려 줄 것이다.

렉스는 통신기에 줄곧 붙어 있었다. 그는 매우 화가 나 있었으며 모든 안테나를 그가 알고 있는 모든 조합으로 다 사용해 보았으나, 우리가 숨어 있는 동안 한 번도 성공하지 못했다. 이제 우리는 비상 사태에 처했고, 그는 할 만큼 했다. 만약 메시지가 제대로 발신되었다면 제트기를 보내 줄 것이었다. 우리는 전술 비콘으로 조종사와 통화하여 얼마간의 화력지원을 얻을 수 있었다.

렉스의 식수는 준비되어 있었다. 그가 통신기를 만지고 있는 동안 다른 친구들이 그의 단독군장을 벗겨 수통을 꺼내어 렉스에게 다 마시게 한 후, 또 채우고 단독군장에 식량을 넣어 주었다. 렉스는 우리에게 더 이상의 시간이 없음을 눈치 채고, 통신기를 분해해 배낭 맨 윗부분에 수납했다.

렉스가 모두에게 말했다.

"통신기 사용설명서는 내 바지 오른편 건빵주머니에 있다. 통신기는 내 배낭 맨 위에 있다."

이것은 예규에 의거한 것으로서 그가 전사할 경우에도 우리가 통신기를 신속하게 회수하도록 하려는 것이다. 또한 교본에 의거해 모두에게 정보를 확실히 전달하기 위함이다.

준비를 마친 렉스는 보브를 대신해 보초를 섰다. 모두가 현재 상황을 받아들이고 있었고, 훈련해 온 대로 묵묵히 움직이고 있었다. 우리가 여기 온 후 잠만 자고 아무것도 하지 못했던 보브는 빨리 움직여야 하는 데 불안감을 느끼고 있었다.

그가 말했다.

"우리는 뭉쳐 다녀야 해. 요즘은 영 재수가 없군."

마크가 맞장구를 쳤다.

"음식은 너절한 찌꺼기 같고 말이지."

농담은 긴장감을 풀어 주기 때문에 듣기가 좋았다.

딩거가 대원들에게 소리 질렀다.

"제기랄! 적들이 우리가 여기 있는 걸 알고 있어. 나는 곧 죽을 거니까 담배 좀 피워야겠다."

"아주 제대로 걸렸구먼!"

빈스가 소리 지르며 스탠에게서 미니미를 인계 받으러 나갔다.

모두가 필요할 때 움직일 채비를 갖추었다. 시간은 불과 3분밖에 걸리지 않았다. 우리 최강의 무기는 은밀성이었으나, 그 아이는 우리를 무장해제시켰다. 여기서는 싸울 수가 없었다. 여기처럼 포위된 지형에서는 HE탄 2발만으로도 우리를 전멸시킬 수 있었다. 유일한 선택은 밖으로 나가서 싸우거나 도망치는 것이었다. 여기 있는 것 자체가 너무 위험했고, 나가서 싸워도 우리를 보호해 줄 수 있는 것이 없었기 때문에 더욱 위험했다. 바깥은 마치 불에 달군 프라이팬 같았다. 그러나 포화 속에서도 우리는 최소한의 기회를 찾아내곤 했다.

*　　　　*　　　　*

궤도 차량들이 우르릉 대며 다가오는 소리가 남쪽에서 들렸다. 와디를 빠져나오기는 너무 늦었다. 우리의 유일한 탈출구가 저 장갑차에 막혀 있었다. 우리는 여기서 싸울 수밖에 없었다.

나는 이 좁고 고립된 곳에 왜 저들이 장갑차까지 가져왔는지 알 수가 없었다. 그들은 그 장갑차를 우리 대전차 화기의 먹이로 주고 싶은 것일까?

우리는 M-72 로켓탄을 펼친 후 적합한 사격 위치를 찾으려 뛰었다. 크리스는 2차대전 때 독일 아프리카 군단의 모자를 쓰고서 바삐 뛰어다니며,

M-72 로켓탄에 대해 우리에게 세계에서 제일 침착한 교관처럼 이야기했다.

"자, 여러분 후폭풍을 주의하십시오! 제발 후폭풍을 주의하십시오! 이 무기는 토요일 밤의 번화가처럼 불꽃을 내뿜습니다. 그것만 알면 쏘는 데 아무 문제가 없습니다!"

스탠은 장갑차 소리가 나는 하천 유역 경계선으로 장전된 미니미 기관총을 견착하고 조준했다. 장갑차 소리가 점점 가까워졌다. 그 물건이 시야에 들어오자 쇠가 햇빛에 반사되어 빛났다. 저건 도대체 뭐지? 그건 내가 알고 있는 장갑차와는 닮지 않았다.

스탠이 소리쳤다.

"불도저다!"

믿을 수 없었다. 대판 싸움이 벌어지려는 찰나에 저 멍청이가 불도저를 몰고 여기 들어온 것이었다. 불도저는 우리에게서 150m 내로 접근했으나 운전사는 우리를 보지 못했다.

그는 사복 차림이었다. 그는 분명히 무고한 민간인이었다.

나는 명령했다.

"쏘지 마라. 현재는 비상 사태이지만, 아직은 저 불도저의 의도를 파악할 수 없다."

운전사는 와디를 나가는 길을 찾고 있는 것 같았다. 그는 제 갈 길을 갔고, 거기까지 걸린 시간은 영원처럼 느껴졌다 .

나는 빈스에게 말했다.

"제기랄, 우리는 가야 한단 말야. 여기서 죽치고 앉아 있을 수 없어."

밤이 될까지 기다리는 것이 이상적이었으나, 나는 상황이 통제를 벗어나고 있음을 느꼈다.

불도저는 곧 사라졌고, 엔진 소리도 사그라졌다. 운전사는 출구를 찾아낸 것이 틀림없었다.

이제 떠날 시간이었다. 나는 스탠에게 모두에게 들릴 만한 목소리로 미니미 사수를 데려오라고 말했다. 우리는 단독군장을 메고 발 앞에 배낭을 내려놓았다. 모두가 너무 가까이 모여 있었기 때문에 공격당하면 치명적이었으나, 모두가 현재 상황을 알아야 했기에 어쩔 수 없었다.

나는 또박또박 말하기 시작했다.

"우리는 이곳을 떠난다. 우선 대공포대를 피해 서쪽으로 갈 것이고, 그 다음에는 남쪽으로 가서 헬리콥터 집결지점으로 간다. 내일 아침 04:00시까지는 헬리콥터 집결지점에 도착해야 한다."

크리스가 말했다.

"푸딩 클럽에서 만납시다."

딩거가 W. C. 필즈(미국 영화배우)의 목소리를 흉내 내며 말했다.

"빌어먹을, 서쪽으로 가요, 젊은이들, 서쪽으로 가요."

우리는 배낭을 짊어지고 단독군장을 재점검했다. 나머지 것은 그냥 버리고 가야 했다. 클레이모어 지뢰도 해체할 시간이 없어서 그냥 내버렸다.

S-60 포대 때문에 나갈 길은 하나밖에 없었다. 서쪽으로 가다가 남쪽으로 꺾어져야 했다. 지형을 이용해야 했으나 달려서는 안 되었다. 우리는 실수하고 싶지 않았다. 헬리콥터 집결지점까지 갈 시간은 충분했다. 이 빌어먹을 곳에서 빠져나와 어둠 속으로 숨어들기만 하면 말이다.

나는 걱정이 되기는 했으나, 한편으로는 안심했다. 우리는 이제까지 잘해왔다. 힘든 계획을 세워 침투한 후에 주보급로의 위치를 알아내는 데까지 성공했지만, 재수 없게도 통신이 두절되었을 뿐이었다. 이 정도면 할 만큼 했다고 생각했다. 우리는 내일 아침 04:00시까지 기다렸다가 다시 임무에 복귀하면 되었다. 해가 지더라도 우리는 8인조 전투정찰대이며, 총도 있고, 총알도 있고, 로켓탄도 있다. 더 이상 무엇이 필요한가?

마크가 말했다.

"자, 아랍 놈들 패션 좀 따라해 볼까요?"

우리는 쉬마그(shemagh) 두건을 꺼내 얼굴에 썼다. 내가 1열 종대로 대원들을 이끌고 있는 동안 해가 내 눈에 들어왔다. 우리는 시간을 들여 지면을 주시하면서 정확히 정찰했다.

와디는 사라지고 지면이 평탄해졌다. 우리는 지형지물을 이용해 서쪽으로 가다가 좌로 틀어 남쪽을 향했다.

나는 우리가 S-60 대공포 사거리에 들어가기를 바라지 않았으므로 계속 북쪽을 관찰했다. 매 걸음을 디딜 때마다 나는 57mm 탄이 슝 하며 내 머리 위를 지나갈 것을 예상했다. 그들은 과연 무엇을 지키고 있을까? 그들이 과연 그 아이의 말을 믿을까? 그들은 증원 병력을 기다리고 있을까? 아니면 공격 준비를 하고 있을까?

우리는 만약의 경우 사상자를 줄이기 위해 각 사람 간의 거리를 유지하면서 5분간 서쪽을 정찰했다. 그것은 정확한 행동요령이었으나, 전방에서 전투가 벌어질 경우 맨 뒤의 사람이 지원하러 오려면 60m나 뛰어와야 했다.

우리가 남쪽으로 방향을 틀었을 때 좌측에서 주보급로로 향하는 고지대에서 뭔가 소리가 들렸다. 우리는 아직도 주변보다 높이 솟아오른 대공포대의 사각지대에 있었다. 우리가 남쪽을 향했을 때 우리는 운수를 믿지 않았다. 아무 일도 일어나지 않았다. 그러다가 우리 좌측인 동쪽에서 궤도차량 소리가 나는 것이었다.

아드레날린이 솟아오르고 피가 끓어올랐다. 우리는 정지했다. 우리는 앞으로도 뒤로도 갈 수 없었다. 도대체 어디로 가야 한단 말인가? 우리는 곧 상황이 터질 것임을 알았다.

나는 모두가 전투 준비하는 모습을 보았다. 그들은 무엇을 해야 할지 알고 있었다. 배낭을 내던지고 모든 파우치가 닫혀 있는지를 점검했다. 싸우러 달려가다가 모든 탄창을 흘려 버리면 별로 안 좋을 것이다. 그들은 무기를 점검하고, 거의 제2의 본능이 될 때까지 훈련받은 그대로 했다. 이제 몇 초 후면 적과 만날 것이다. 나는 지금 내가 들어가 있는 얕은 여울보다 더 깊은 곳이 있는지 살폈다.

총격전이 시작되기 직전의 순간이 제일 답답한 법이다. 아무것도 볼 수 없다. 오직 들을 수만, 생각할 수만 있다. 적들이 얼마나 많이 올 것인가? 적들이 우리를 향해 바로 올까? 물론 개념 있는 적이라면 당연히 그렇겠지만. 호스로 물을 흩뿌리듯 기관총을 갈길까? 도망칠 곳은 아무 데도 없었다. 우리는 싸워야만 했다. 무한궤도의 덜거덕거리는 소리와 고속으로 돌아가는 엔진음이 점점 커져만 갔다. 우리는 아직도 적들이 어디 있는지 모르고 있었다.

"그래 이놈들, 어서 와라! 어서 와!"

크리스가 소리 질렀다.

나는 우리 모두가 이 빌어먹을 곳에 있다는 데서 갑자기 압도적인 일체감을 느꼈다. 나는 죽는다는 생각을 해 본 적이 없었다. 오직 여기서 살아서 빠져나갈 생각뿐이었다.

매복에 걸렸다가 살아남은 사람들은 모두 철저한 공격정신을 발휘한 사람들이었다. 지금도 통하는 이야기다. 나는 M-72 로켓탄의 발사관을 잡아당겨 장전하고 조준경이 올라왔는지 확인한 다음, 로켓탄을 내 곁에 두었다. 나는 소총에 탄창이 제대로 끼워져 있는지, M-203 유탄발사기에 탄이 장전되어 있는지를 점검했다. 알고는 있었지만, 자동적으로 확인하게 되는 것을 어쩔 수 없었다. 일말의 안도감이 들었다.

누구나 본능적으로 전투에서 가급적 낮은 자세를 취할 것이지만, 위를 보거나 주위를 둘러봐야 할 때도 있다. 나는 일어서서 반쯤 웅크린 자세를 취했다. 대원들은 원래 위치로부터 9m 반경 내에서 움직이면서 제일 적합한 사격 위치를 찾고, 뭐가 오는지 보고 있었다. 적보다 먼저 보는 편이 나았다. 그러면 미지에 대한 엄청난 공포가 사라진다. 공포는 사람에게 불리하게 작용한다. 상황이 생각 이상으로 나쁠 수도 있지만, 어쨌든 극복해야 한다.

나는 내 자신의 외침 소리를 들었다.

"빌어먹을! 빌어먹을! 빌어먹을!"

대열을 따라 외침 소리가 들렸다.

"뭔가 보여?"

"아직 아무것도 안 보입니다."

"빨리 와라, 이놈들아, 한 판 붙자!"

"적들이 여기 있습니까?"

"아니."

"개새끼들, 어서 와라."

모두가 정신을 집중하여 적 차량의 위치를 찾아내기 위해 소리를 듣고 있었다.

휘잉~!

내 옆에 있던 대원들이 순간적으로 머리를 숙였다.

"빌어먹을, 뭐야!"

그에 대한 응사로 우리의 오른편에서 렉스, 혹은 빈스가 M-72 로켓탄을 발사했다.

휘잉~!

이라크군이 우리 위치를 모르고 있었다고 쳐도 이제는 알 수 있을 것이다. 그러나 그들은 정당한 이유 없이 사격하지 않았다. 나는 목에 힘을 주고, 왼쪽 멀리에 7.62mm 기관총을 장착한 장갑차가 우리 시계 맨 끝의 작은 구덩이 속으로 처박히는 것을 보았다. 빈스와 렉스는 그 장갑차와 정면으로 마주친 것이었다.

"젠장, 시작이다. 공격! 공격!"

나는 있는 대로 소리를 질렀다.

첫째 판에서 이긴 것은 매우 기분 좋은 일이었다. 내가 다른 사람에게 소리치는지 내 자신에게 소리치는지 알 수 없었다. 아마 양쪽 다였을 것이다.

"자! 와라!"

포탑이 달린 두 번째 장갑차가 온 사방에 사격을 가해 댔다. 전원이 보병 정찰대인 우리가 보병들이 탄 장갑차에 맞서는 것은 별로 좋은 일이 아니었다. 어디서 왔는지도 모르는 적들이 우리에게 무자비한 공격을 퍼부었다. 장갑차에는 보병이 타고 있고 우리는 적 장갑차의 구조와 성능에 대해 잘 알고 있었다. 조종수는 차의 전방에 있고, 포수는 윗부분에 있으며 잠망경만으로 밖을 보는 어려운 일을 하며 땀을 엄청나게 흘리면서 정확한 조준을 하려 애쓸 것이다. 그러나 우리가 어디 있건 장갑차가 굉음을 내며 달려오는 것을 잘 볼 수 있다. 그 장갑차는 이름 모를 괴물처럼 보이며, 장갑차가 목표를 조준하고 있을 때는 도저히 사람이 조종하는 물건 같지 않아 보인다. 장갑차는 무엇이건 다 때려 부수면서 나아가고, 그런 장갑차와 맞서야 하는 사람은 자신을 상처 입은 개미처럼 생각할 것이다.

내게 가까이 다가온 장갑차는 더 많은 탄을 더 넓은 범위에 쏘아 대며 접근했다. 적탄이 내 전방 9m 지점에 연달아 작렬했다.

영국 육군에서는 적이 사격을 개시할 때 일단 안전한 엄폐물로 달려가 숨은 후 자세를 낮추고 사격 지점으로 포복 전진하여 적을 찾아 조준한 후 사격하라고 가르친다. 이것을 '적의 사격에 대한 효과적인 대처'라고 부른다. 하지만 실제로 적의 사격에 부딪쳤을 때는 이런 것은 다 쓸모없는 것이 되어 버린다. 평지에 있을 때 적탄이 날아오면 누구나 커다란 엄폐호를 파고 싶을 것이다. 숟가락이라도 꺼내서 참호를 파기 시작할 것이다. 그것이 자연스러운 반응이다. 누구나 본능적으로 자세를 낮추어 폭로면적을 가급적 줄이고, 상황이 끝날 때까지 기다리고 싶을 것이다. 한편으로 뇌의 이성적 사고를 관장하는 부분에서는 그럴 때 어딜 가나 숨을 곳이 없기 때문에 어차피 죽기는 매한가지이므로 일어서서 상황을 보고 싸울 수 있는지 살펴보라고 말할 것이다. 또 감정적인 부분은 그냥 그 자리에 처박혀 있으면 모든 것이 잘 풀려 나갈 것이라고 말한다. 그러나 뭔가 하지 않으면 아무것도 이루어지지 않을 것이라는 사실은 스스로가 잘 안다.

다른 기관총에서도 지원사격을 개시했다. 탄이 지면을 긁으며 내 쪽으로 점점 가까이 다가왔다. 나는 맞서야 했다. 나는 숨을 깊게 들이쉬고 고개를 들었다. 90m 거리에 트럭 1대가 멈춰 서서 보병들이 무더기로 뛰어내리고 있었다. 그들은 M-72 로켓탄 발사음과 장갑차의 기관총 사격음을 듣고 우리가 여기 있음을 알았을 것이다. 그러나 보병들은 마구잡이로 아무 데나 소화기를 쏴 대고 있었다.

그들은 장갑차와 통신할 방법이 없었던 것 같다. 적 장갑차와 보병들이 따로따로 놀고 있었다. 적 보병들은 차에서 뛰어내려 소리를 지르며 사격을 가했다. 그들은 우리가 어디 있는지 정확히 모르고 있었다. 그러나 우리가 고개를 들지 못하게 하는 데는 충분한 전력이었다. 정확히 조준된 탄이건 그렇지 않은 탄이건 사람한테 맞을 때는 별 차이가 없다.

더 많은 외침 소리가 우리와 적 사이를 오갔다. 총격전이 시작되려는 찰나였다. 적들이 이미 우리를 보았기 때문에 여기 엎드려서 적들이 우리를 보지 못하고 스쳐 지나가기를 바라는 것은 더 이상 현명한 짓이 못 되었다. 그들은 우선 앞으로 전진해서 우리를 찾을 것이다. 남아 있는 탄약을 고려하여 가급적 최대한의 화력을 퍼붓는 것이 총격전에서 승리하는 비결이었다. 엄청난 화력을 퍼부으면 초반에 적은 대부분이 전사하거나 퇴각하거나 개인호를 파야 할 것이다. 그러나 지금 적의 화력은 우리를 한참 능가하는 수준이었다.

장갑차가 정지했다. 내 눈을 믿을 수 없었다. 장갑차는 보병과 함께 전진하여 우리를 깔아뭉개는 대신 기관총을 이용하여 화력진지 역할을 하려는 것이었다. 우리에게는 잘 된 일이었다.

모두가 일제히 사격을 개시했다. 미니미 기관총은 3~5발의 점사를 가했다. 실탄 안배를 잘 해야 했다. M-72 로켓 2발이 트럭에 명중했다. 대폭발이 일어났고, 적의 사기는 크게 꺾였을 것이다.

전투가 시작된 후에는 무엇을 해야 할지 결정해야 했다. 여기 계속 머무를 것인가? 후퇴할 것인가? 전진할 것인가? 뭔가 하지 않으면 모든 방향에서 적의 사격을 받게 될 것이다. 적에게도 사상자가 발생할 것이고, 우리에게도 사상자가 발생할 것이지만, 우리 측 인원수가 훨씬 적기 때문에 사상자 발생은 우리 측에 더욱 불리했다. 이것은 적의 전위부대에 불과하고, 그 뒤에 적의 또 다른 소총중대가 있는지도 모른다. 할 수 있는 것은 전진하거나 탄이 다 떨어질 때까지 여기 처박혀 있는 것뿐이었다.

나는 크리스를 바라보았다.

"저 놈들을 박살내 버리자! 준비되었나? 준비되었나?"

크리스가 소리쳤다.

"준비 됐습니다! 준비 됐습니다!"

모두가 무엇을 해야 하는지를 알고 있었다. 우리는 자신을 이겨야 했다. 이런 상황에서 전진하는 것은 부자연스러운 행위였다. 그것은 우리의 연약한 몸이 원하는 것이 아니었다. 우리의 몸이 진심으로 원하는 것은 눈을 감았다가 모든 상황이 조용해진 후에 눈을 뜨는 것일 터였다.

"모두 괜찮나?"

다른 사람들에게 잘 들릴지는 상관하지 않았다. 그들은 뭔가가 벌어지리라는 것을 알고 있었고 우리는 훨씬 강력하고 거대한 적 부대에 돌격하여 적을 쳐부술 기회 역시 알고 있었다.

나는 생각할 틈도 없이 탄창을 교환했다. 나는 그 탄창에 얼마나 탄이 남아 있는지는 알지 못했으나 아직 무거웠다. 2~3발밖에 쓰지 않은 것 같았다. 나는 나중에 다시 쓰기 위해 탄창을 야전상의 앞섶에 넣었다.

스탠이 엄지손가락을 세우고 나서 움직이기 위해 미니미 기관총을 더 많이 갈겨 대기 시작했다.

나는 무릎과 손바닥으로 몸을 받치고 엎드려서 주위를 둘러본 후 숨을 깊이 들이쉬고 앞으로 달리기 시작했다.

대원들은 가공할 만한 지원사격을 퍼부어 대기 시작했다. 기동간에 사격을 하면 기동 속도를 떨어뜨리기 때문에 안 된다. 오직 목표지점까지 뛰어간 후 엎드려서 다른 사람들이 움직일 수 있게 지원사격을 가하는 것뿐이었다. 지면에 엎드린 직후에는 숨이 가쁘고 가슴이 마구 뛴다. 적을 찾아야 하지만, 눈에 땀이 들어가고 있다. 그것을 닦아 내고, 소총을 견착한다. 사격장처럼 좋은 사격지점을 찾고 싶지만, 야전에서 그런 곳은 없다. 자신을 진정시켜 자기가 하는 일을 떠올리려 하지만, 모든 것을 한 번에 하려고 한다. 무기를 제대로 잡고 조준을 안정시키기 위해서 숨을 참고 싶을 것이다. 표적을 보려고 땀을 닦고 싶지만, 사격지점에서는 동료들이 전진하자마자 신속히 지원사격을 가해야 하기 때문에 땀을 닦을 여유는 없다.

나는 튀어 올라 단번에 15m를 달렸다. 교본에서 이야기하는 거리보다도 훨씬 긴 거리였다. 또한 빨리 움직이면 총에 맞을 위험이 줄어들고 아드레날린이 솟구쳐 오른다.

이제 전투만이 우리 자신의 소우주가 되어 버렸다. 나와 크리스는 달리고 있었고, 스탠과 마크는 미니미 기관총으로 엄호사격을 했다. 전형적인 사격 및 기동이었다. 다른 대원들도 똑같이 달리고 있었다. 이라크놈들은 우리가 미쳤다고 생각할지 모르지만, 우리를 이런 상황에 처넣은 것은 그들이었고 이것만이 유일한 탈출 방법이었다.

전투 시에는 자신을 향한 탄의 궤적이 보일 것이다. 땅에 맞거나 하늘로 날아가는 총성도 들을 수 있을 것이다. 그것은 죽음의 신호였다. 오직 할 수 있는 것은 뛰어올라 달리고 엎드리는 것뿐이었다. 헐떡이면서 엎드려 땀을 흘리면서 숨을 들이쉬고는 사격하고 새 목표를 찾고 탄을 절약하는 데 신경 써야 한다.

내가 전진하면서 사격을 개시하자 미니미와 이라크군의 사격이 일제히 멈추었으나, 적의 화력이 더 우세하기 때문에 적은 다시 사격을 개시했다.

적들에게 가까이 갈수록 더 많은 이라크군이 쓰러졌다. 이것은 적들이 예상한 우리의 마지막 반응이었을 테지만, 우리가 정말로 이렇게 나올 거라고는 생각하지 못했을 것이다.

사격할 때 발사 탄수를 세는 것이 좋기는 하지만, 실제로 그러기는 힘들다. 사격해야 할 때는 언제라도 탄약과 탄창이 얼마나 남았는지를 알고 있어야 한다. 그렇지 않으면 저승사자의 발자국 소리를 듣게 될 것이다. 방아 쇠를 당기고 공이가 전진했으나, 탄은 나가지 않을 때의 그 소리 말이다. 실전에서는 30발까지 세는 것은 비현실적이고, 총이 발사를 멈출 때까지 기다렸다가 탄창을 교환하고 재사격하는 것이 보다 현실적이다. 잘 훈련된 병사라면 아무 감정적 동요 없이 본능적으로 해낼 수 있을 것이다. M-16 소총은 탄이 다 떨어지면 노리쇠가 후퇴 고정되며, 그 후 탄창을 교환하고 노리쇠를 전진시키면 약실에 탄이 장전된다. 그 다음에는 다시 쏘기만 하면 된다.

우리는 그들로부터 45m 거리까지 접근했다. 내게서 가까이 있던 장갑차가 다시 위협사격을 가했다. 우리의 발사속도는 느렸다. 탄을 아껴야 하기 때문이었다.

트럭은 불타고 있었다. 나는 우리 중 누가 트럭을 격파했는지 알지 못했다. 우리는 그 정도 일을 해내는 데 많은 인원이 필요치 않았다.

나는 적 장갑차가 후퇴하는 것을 믿을 수 없었다. 적 장갑차는 다른 장갑차가 격파당한 것을 보고 대전차 로켓을 두려워한 것이었으나, 그렇다고 후퇴한다는 것은 믿기지 않는 일이었다. 일부 보병들이 장갑차로 달려가 뒤에 올라탔다. 장갑차는 달리며 선회했다. 나는 그들에게 사격을 가했다. 기가 막힌 표적이었다. 나는 M-72 로켓탄이 있으면 좋았을 것이라고 생각했다. 그리고 내가 로켓탄을 배낭 속에 두고 온 것이 떠오르자 화가 났다.

저편에서는 빈스와 렉스가 일어서서 아직도 전진하고 있었다. 그들은 고함을 지르며 상대방을 독려하고 있었다. 나머지 대원들은 지원사격을 가하고 있었다.

마크와 딩거는 일어서서 달렸다. 그들은 자신들이 M-72 로켓탄으로 격파한 장갑차로 뛰어가고 있었다. 그들은 장갑차의 무한궤도를 파괴하여 기동불능 상태로 만들었으나, 그 장갑차는 아직도 사격이 가능했다. 그들은 포수 조준경에 사격을 가해 부쉈다. 만약 내가 장갑차 포수라면 장갑차를 탈출해 도망갔을 것이다. 그러나 그는 누가 자신을 쫓아오는지도 몰랐다. 그들은 장갑차에 올라타고는 후문이 열려 있는 것을 알았다. 이라크 놈들은 후문을 닫는 것도 잊은 모양이었다. 우리 대원들이 L-2 수류탄을 그 속에 던졌고, 특유의 둔한 폭발음이 울렸다. 장갑차 승무원들은 깡그리 즉사했다.

우리는 2명씩 4개조로 나뉘어 트럭이 있는 곳으로 갔다. 모두가 휙 움직이며 도망쳤다. 우리는 2발을 사격하고 뛰어갔다. 우리는 정조준 사격을 하려고 했다. 적을 발견하면 쓰러질 때까지 쏘아야 한다. 어떨 때는 10발을 맞아야 쓰러지는 경우도 있다.

M-203 유탄발사기에는 조준기가 있다. 그러나 언제나 그 조준기를 사용해서 조준사격할만큼 시간이 있는 것은 아니다. M-203을 속사로 사격해야 하는 경우도 있는 법이다. M-203은 사격할 때 발사음이 들릴 뿐만 아니라 유탄이 하늘을 날아가는 모습을 눈으로도 볼 수 있다. 커다란 펑 소리가 나며 먼지구름이 피어올랐다. 적의 비명 소리도 들렸다. 그것은 적이 피를 흘리고 사격을 할 수 없으며 사상자를 나르는 데 정신이 팔려 우리에게 신경을 쓸 수 없다는 좋은 징조였다.

우리는 제일 높은 곳에 서 있다는 것을 알았다. 모두가 열심히 달려온 것이었다. 우리 앞에는 맹렬히 불타고 있는 트럭이 있었고, 다 타 버린 장갑차가 우리 맨 왼쪽에서 연기를 뿜고 있었다. 넓은 지역에 걸쳐 적의 시신들이 흩어져 있었는데, 약 15명이 사망한 것 같았고 더 많은 적들이 부상당했다. 우리는 그들에게는 신경 쓰지 않고 우리 길을 갔다. 전투가 끝난 다음의 거대한 감정의 동요가 줄어들기는 했으나, 왠지 기분이 나빴다. 더

강한 적들이 올 터였다. 전투에서 감정적인 상처를 받지 않는다고 말하는 자는 거짓말쟁이거나 감정이 결핍된 자다.

기름, 연기, 고기 냄새가 났다. 적의 시체가 불타는 냄새였다. 한 이라크 군이 트럭 화물칸에서 굴러 나왔다. 그의 얼굴은 검게 그을려 껍질이 벗겨져 있었다. 땅 위에도 적의 시신이 뒹굴고 있었다. M-203은 적에게 엄청난 부상을 입힘으로써 그 임무를 다했다. 유탄이 폭발하면 금속 파편이 사방팔방으로 튄다.

우리 모두는 이제 다시 도망쳐야 했다. 다음에도 또 적이 몰려올지는 알 수 없었다. 우리가 배낭을 챙기러 갔을 때 총탄이 우리 주위의 지면을 긁기 시작했다. 살아남은 장갑차가 800m 거리에서 시신들에 둘러싸인 채 사격을 가하고 있었지만 부정확했다. 여기서 어슬렁거릴 시간은 없었다.

제7장

어둠은 우리의 은폐물이었고, 곧 어두워질 것이었다. 그러나 물러갔던 장갑차가 다시 돌아오고 있었다. 보병들은 장갑차의 바퀴자국을 따라오면서 넓은 범위에 사격을 가하고 있었다.

우리는 배낭을 어깨에 메었다. 남쪽으로 가면 적에게 우리가 가고자 하는 방향을 그대로 폭로시키기 때문에 안 된다. 우리는 이런 경우에 적과 우리 사이의 거리를 가급적 많이 띄워 놓으라고 훈련받았다. 유일한 갈 길은 서쪽이었지만, 그곳으로 가면 S-60 대공포의 사거리 내로 뛰어드는 위험이 있었다.

우리는 이제 더 이상 정찰을 계속할 수 없었다. 우리는 배낭을 메고 가급적 빨리 교전지역을 탈출해야 했다. 이제는 악화되는 상황에서 보병기동을 실시할 때였다.

보병을 태운 트럭 2대가 동쪽에서 나타나서 언덕 꼭대기에 올라가더니 우리를 발견했다. 트럭이 멈추고 보병들이 튀어나와서 사격을 시작했다. 그들은 족히 40명은 되어 보였다. 우리에 비하면 너무나도 막강한 화력이었다.

그들은 우리를 향해 전진하기 시작했다. 우리는 동쪽을 보면서 적에게 미친 듯이 사격을 가해 대고, 그 다음 서쪽으로 달려갔다. 그런 식으로 사격과 기동을 계속 반복해 댔다. 다만 지금은 좀 이야기가 달랐다. 두 사람이 서쪽으로 몸을 돌려 뛰어가다가 다시 동쪽으로 몸을 돌려, 기동 중인 다른 두 사람을 위해 엄호사격을 가하는 것이었다.

우리는 완만한 경사지대로 가고 있었다. 꼭대기로 갈수록 북서쪽을 지키고 있는 대공포의 사거리에 접근하는 것이었다. 깊고 굵은 소리를 내면서 대공포탄이 발사되었다. 그 57mm 탄환은 비명을 지르며 스쳐 날아갔고, 탄도가 똑똑히 보였다. 대공포탄은 지면에 떨어져 우리 주위 사방에서 폭발했다.

크리스와 나는 후퇴하기 위해 몸을 돌렸다. 그는 내가 포성을 들었을 때, 내 우측 2~3m 거리에서 달리고 있었다. 나는 크리스가 쓰러지는 것을 보았다. 그는 대공포탄에 맞은 것이었다. 나는 그에게로 뛰어갔다. 만약 죽지 않았다면 모르핀(morphine)을 주사하려고 했다.

그는 몸을 뒤틀었고 그것을 본 나는 죽은 사람이 경련을 일으키는 것이라고 아주 잠시 동안 생각했다. 그러나 그는 살아 있었고 배낭끈을 풀려고 하고 있었다. 그는 스스로 배낭을 벗고 발을 움직였다.

"빌어먹을."

그가 소리 질렀다. 그의 배낭에 포탄이 명중해 검은 연기가 나고 있었다.

우리는 다시 몇 걸음을 달리다 그가 멈췄다.

"잊고 온 게 있습니다."

그는 부서진 배낭으로 다시 뛰어가 윗부분을 뒤적였다. 그는 손에 은제 수통을 들고 돌아왔다.

그는 웃으며 수통을 내밀었다.

"아내가 크리스마스 선물로 준 겁니다. 놔두고 가면 아내가 날 죽일 겁니다."

나머지 대원들은 자기 배낭을 잘 갖고 있었다. 나는 렉스가 정찰용 통신기로 다시 통신을 복구하기를 바랐다.

장갑차는 돌격하면서 정확하고 공격적으로 사격하고 있었다. 보병을 잔뜩 태운 랜드크루저 2대가 이 싸움에 합세했다.

우리는 멈춰 M-203으로 몇 발의 사격을 가했다. 적 차량들은 40mm 유탄이 전방에서 터지자 급정거했다. 이라크군들은 놀라 튀어나오며 사격을 가했다.

마크와 딩거는 몇 번이고 S-60 포대에 사격을 가했다. 그들은 백린연막 수류탄을 던져 주변에 백색 연막을 쳤다. 이렇게 고립된 상황에서 연막을 치는 것은 즉시 적의 사격을 유도할 위험이 있었으나, 지금 상황에서는 그 수밖에 없다. 이라크군은 우리 대원들이 후퇴를 위해 은폐한다고 생각하고 연막 속으로 탄창을 모조리 비웠다. 이라크군 포대에 40mm 유탄 2발이 명중하여 그들의 사격 속도를 늦췄다. 마크와 딩거는 곧장 뛰어 달아났다.

"여기 정말 멋진 곳이군요. 그렇죠?"

딩거가 나를 지나치면서 놀리는 목소리로 말했다.

우리는 후퇴를 거듭했다. 해가 져 가고 있었고 완전히 어두워지자 그들은 우리를 찾지 못했다. 우리는 잘 전개하고 있었고, 어두워지면 적의 수색대가 길을 잃고 헤맬 수도 있었다. 우리는 달리면서 지형을 살펴 적합한 집결지점을 봐 두었다. 정찰대원 누구라도 집결지점을 선택할 수 있었다.

내 우측 45m 거리에서 큰 외침 소리가 들렸다.

"집결! 집결! 집결!"

그 말을 한 것이 누구건 간에 우리가 숨어서 요새화할 수 있는 지점을 찾아내었다는 것은 좋은 소식이었다. 지금 우리는 분산되어 있고, 후퇴하기 위해 소규모 전투 중이었기 때문이다. 집결지점은 사전에 계획된 곳이 아니라는 점에서 비상집결지점과도 비슷하다. 이곳은 이동 전 모두를 가급적 빨리 집결시키는 데 그 목적이 있다. 오지 못한 사람은 죽었다고 간주해야 한다. 만약 죽지 않았다는 것을 알고 있다면 우리는 그 사람을 데려와야 한다.

나는 달려가 구덩이 속에서 기다리고 있는 크리스와 보브를 발견했다. 나는 즉시 새 탄창을 갈아 끼워 사격 태세를 갖추었다. 우리 3명은 전방위 사격 태세를 갖추며, 다른 대원들이 올 때까지 기다렸다.

나는 다른 대원들이 달려와 사격 자세를 취하는 동안 인원수를 점검했다. 마지막 사람이 올 때까지 5~6분 정도가 걸렸다. 누군가 오지 못한 사람이 있다면 나는 다음과 같은 질문을 해야 한다. 누가 그를 마지막으로 어디서 보았는가? 죽은 것이 확실한가? 만약 죽지 않았다면 우리는 전진하는 대신 그를 찾아 다녀야 했다.

우리 앞 300m 거리 내에서 궤도차량의 헤드라이트가 교차했다. 갑자기 사격음이 들리고 고함 소리가 났다. 그들은 바위를 적으로 착각하고 사격을 하고 있거나 혹은 자기들끼리 싸우는 것 같았다. 완벽한 혼란이었으나 우리에게는 아직 끝이 아니었다.

우리 8명은 0.2㎡ 가량의 좁은 곳에 모여 있었다. 대원들은 신속히 자신들의 장비를 점검하고, 스웨터를 벗은 다음 단독군장 속이나 야전상의 속으로 쑤셔 넣었다. 아무도 무엇을 하라고 지시 받은 후에야 하지 않았다. 우리는 헬기를 타거나 시리아로 가야 한다는 것을 모두가 알고 있었다. 둘 중 어느 것을 선택하건 간에 엄청난 거리를 자력행군해야 했다.

나는 렉스에게 물었다.

"통신기를 갖고 왔나?"

렉스가 대답했다.

"통신기를 가져올 방법이 없었습니다. 적의 사격은 너무 강력했고 제 배낭이 총을 맞고 부서졌기 때문에 통신기도 부서진 것 같습니다."

나는 그가 할 수만 있다면 통신기를 가져왔으리라는 것을 알고 있었다. 그러나 지금은 그런 것을 신경 쓸 때가 아니었다. 우리는 4대의 전술 비콘을 보유하고 있고, 그걸 써서 15초 내에 조기경보기와 통화할 수 있다.

나는 여전히 숨이 가쁘고 목이 말랐다. 수통에서 물을 몇 모금 마셨다. 주머니에서 사탕을 몇 개 꺼내 입 안에 털어 넣었다.

딩거가 후회하듯 말했다.

"두고 온 담배를 피우고 싶네. 그거 피우는 놈은 숨이 막혀 죽어 버렸으면 좋겠어."

보브가 킥킥 웃었고, 우리 모두 곧 다들 바보처럼 웃기 시작했다. 딩거의 말 내용 때문만은 아니었다. 그 큰 전투를 치르고도 우리는 모두 무사했고 다친 곳도 없었던 데 위안을 얻은 것이었다. 그러니 상황이 이렇게 되어도 욕을 할 필요가 없었다. 우리 모두가 무사하다는 것은 아주 중요했다.

우리는 가져온 탄약의 4분의 1 정도를 소모했다. 우리는 탄을 재분배하고, 총에 새 탄창을 장전했다. 나는 아직도 M-72 로켓탄을 갖고 있었고, 그것이 우리가 가진 마지막 로켓탄이었다. 내가 그 로켓탄을 바보같이 배낭 속에 끼워 두고 있었기 때문이었다.

나는 복장을 조절했다. 다리 통증을 예방하기 위해 바짓단을 군화 속에서 꺼내고 단독군장을 편안하게 조정했다. 추워지고 있었다. 엄청난 양의 땀을 흘린 직후라 전투복은 흠뻑 젖었고 몸은 덜덜 떨고 있었다. 움직여야 했다.

렉스가 말했다.

"어서 통신을 해 봅시다. 그들은 우리가 여기 있는 것을 알고 있습니다. 또 우리는 전술 비콘을 쓸 수 있습니다."

빈스가 말했다.

"좋아. 뭔가 빌어먹을 일이 터지겠군."

그가 옳았다. 나는 내 전술 비콘을 꺼내어 버튼을 잡아 빼고 윙 하는 잡음을 들었다. 나는 통신 버튼을 누르고 말했다.

"안녕하십니까? 조기경보기 나오십시오. 여기는 브라보 투 제로입니다. 우리는 지상군이고 빌어먹을 상황에 빠졌습니다. 오버."

응답이 없었다.

나는 다시 한 번 무전 내용을 반복했으나 응답은 없었다.

"아무나 응답해 주십시오. 여기는 브라보 투 제로입니다."

역시 응답은 없었다.

나는 30초간 더 기다렸으나 응답은 없었다.

이제 우리의 유일한 희망은 제트 전투기가 상공을 지나갈 때 전술 비콘을 사용해 긴급주파수로 연락하는 것뿐이었다. 솔직히 확률은 너무 적었다. 렉스가 그동안 보낸 무전들이 비상 무전으로 취급되어 전방작전기지에 전달, 전방작전기지가 지원 항공기를 긴급 출동시킨 경우가 아니라면, 제트 전투기들은 그냥 지나쳐 갈 것이었다. 그것은 일종의 자동 확인은 아니었다. 그들이 우리가 위기에 처해 있다는 것을 알 수도 있고, 그러지 못할 수도 있다. 우리는 현 상황을 개선하기 위해 할 수 있는 것이 그다지 많지 않았다.

나는 신속히 상황을 평가했다. 우리는 남쪽으로 320*km*를 가야 사우디아라비아 국경에 닿을 수 있었다. 북쪽으로 가면 터키로 갈 수 있으나, 유프라테스 강을 건너야 했다. 서쪽으로 160㎞를 가면 시리아로 갈 수 있으나, 근처에 보병과 기갑부대가 있었다. 그들은 아마 우리를 찾아다니고 있을 터였다. 그들은 우리가 남진하여 사우디아라비아로 갈 것이라고 간단하게 생각할지도 모른다. 만약 헬리콥터 집결지점으로 간다고 쳐도, 적이 우리를 추적해 올 수도 있다. 그러면 헬기가 착륙하기 전에 적이 먼저 그 자리를 점령할 수도 있다.

나는 시리아로 가는 것 외에는 방법이 없다고 결정했다. 처음에는 우리가 적의 예상대로 움직이는 것처럼 보이기 위해 남쪽으로 움직이고, 그 다음에는 서쪽으로 돌아서 이 지역을 싸고 돈 다음, 북서로 방향을 바꿔 시리아로 간다. 우리는 일출 전까지 주보급로를 넘고자 했다. 아마 적들은 우리가 남쪽으로 움직일 것을 예상하고, 그들이 생각하는 경계선을 수색하고 있을 가능성이 크기 때문이었다. 주보급로를 넘은 다음에는 시리아 국경을 향할 것이었다.

내가 말했다.

"모두 준비되었나?"

우리는 남쪽을 향해 1열종대로 움직였다. 우리 앞과 뒤 400m 거리에서 차량들이 다가오고 있었다. 우리는 그들과 불과 수백 미터밖에 떨어져 있지 않았다. 갑자기 랜드크루저 1대가 헤드라이트를 밝히며 우리 쪽으로 곧장 다가왔다. 우리는 즉각 엎드렸으나 도망갈 곳은 없었다. 얼굴이 불빛에 반사되는 것을 막고 야간시력을 확보하고자 차로부터 고개를 돌렸다. 그 차는 200m 거리에서 점점 가까워져 왔다. 더 가까이 온다면 우리는 발각될 판이었다. 나는 또 한 번의 전투에 대비하기 위해 마음을 다잡았다. 외침 소리가 들렸다. 나는 고개를 들어 다른 차가 우리 왼편 300m에서 불빛을 비추고 있는 것을 보았다. 랜드크루저는 방향을 그 차 쪽으로 바꾸며 속도를 줄이고 있었다.

우리는 기운차게 움직였다. 차가 가까이 올 때마다 우리는 몇 번이고 멈춰 엎드렸다. 이러면 이 지역을 신속히 빠져 나갈 수 없을 뿐 아니라 계속 움직여야 따뜻하기 때문에 성가신 일이었다. 우리는 너무 많은 땀을 흘리면 안 되었기 때문에 전투복 위에 야전상의만을 입었다. 게다가 시간이 갈수록 날씨가 추워지고 있었다.

나는 자주 대답 없는 조기경보기를 욕했다. 시리아까지 160km 이상을 더 가야 한다는 것은 사기를 높이는 데 아무 도움이 되지 못했다.

거의 인생 전체와도 같이 느껴지는 지리한 시간이 흐른 후, 우리는 뒤를 돌아보고 여전히 먼 곳을 비추고 있는 헤드라이트 불빛을 보았다. 위험 지역을 벗어난 우리는 지면에 파인 구덩이 속으로 숨었다. 다시 전술 비콘으로 통신을 시도할 기회는 남쪽으로 이동 중인 지금 말고는 없었다. 보브와 딩거는 즉시 구덩이 가장자리로 움직여 미니미 기관총으로 엄호했다. 모두 예외 없이 전방위 엄호를 실시했다. 내가 전술 비콘을 꺼냈으나 이번에도 통신이 연결되지 않았다. 전술 비콘을 소지한 대원 모두가 작동시켰으나, 4대의 비콘 모두가 작동함에도 불구하고 아무 일도 일어나지 않았다.

마크는 마젤란으로 위치를 측정한 후, 우리가 24km를 전진했음을 알아냈다. 우리는 매우 신속하게 행군했다. 이라크군이 믿을 수 없을 만큼 빠르게 움직여 이라크군을 따돌리는 데 성공한 것이었다. 나는 대원들에게 설명했다.

"우리는 이 지역을 무사히 빠져나오기 위해 서쪽으로 움직인 다음, 북쪽으로 방향을 바꿔 해가 뜨기 전에 주보급로를 건넌다."

전술 비콘 제조자들을 욕하는 소리가 들렸다. 우리는 이제 제트 전투기가 머리 위를 지나가지 않으면 그것을 쓰지 않기로 했다. 아직도 이라크군이 비행기를 날려 보낼 능력이 있는지는 알 수 없었으나, 아무튼 기회를 잡아야 했다. 우리는 위험 지역에 있었고, 날씨 또한 엄청나게 추웠다.

우리는 딩거와 보브를 불러 좋은 소식을 전한 후 다시 걷기 시작했다. 우리는 1~2분밖에 휴식하지 않았으나, 다시 움직이는 것이 좋았다. 날씨는 정말 너무나 추웠고, 차가운 바람이 뼛속까지 파고들었다. 짙은 구름이 끼어 우리는 칠흑 같은 어둠 속에서 자신의 발도 제대로 보지 못했다. 단 하나의 좋은 점이라면 적이 우리를 발견하기가 힘들다는 것이었다. 여전히 차량들이 보였지만, 아주 먼 거리였다. 우리는 그들을 쉽게 따돌릴 수 있었고, 그로 인해 자신감을 얻었다.

우리는 서쪽으로 16km를 전진했다. 지형은 매우 평탄했으므로 이라크군의 접근을 쉽게 감지할 수 있었다. 기동 속도와 관측 간에 좋은 조화를 맞출 수 있었다.

우리는 1시간당 5분 정도를 멈춰서 휴식했으며 이것은 예규에도 정해진 것이었다. 쉬지 않고 계속 움직이면 결국 심신이 소모되어 목적지에 도착할 수 없게 된다. 따라서 정해진 시간마다 멈춰서 휴식을 취하고 물을 마신 후, 스스로의 상태를 점검하고 몸을 편안하게 한 후 다시 전진하는 것이었다. 날씨가 너무나 추웠으므로 멈춰서 쉴 때마다 나는 주체할 수 없을 만큼 떨었다.

16km를 전진한 후 5분간 휴식했으며, 마젤란으로 위치를 파악했다. 나는 해가 뜨기 전에 북쪽으로 방향을 바꾸어 주보급로를 건너야 한다는 시간적 제한 때문에 결정을 내렸다.

"저 길을 건넌 후에 북서로 진로를 잡아 시리아로 간다."

우리는 10km를 더 걸었다. 그런데 대원들 간의 간격이 벌어지고 있었다.

우리는 분명히 시작할 때보다 훨씬 느리게 움직이고 있었다. 뭔가 문제가 있는 것이었다. 나는 정찰을 멈추고 모두를 집합시켰다.

빈스가 절뚝거리고 있었다.

내가 물었다.

"괜찮아?"

"응, 아까의 전투에서 다리를 다친 것 같아. 그리고도 그걸 느끼지 못했지 뭔가."

이 게임의 목표는 모두가 국경을 넘는 것이었다. 빈스는 분명히 부상을 입었다. 우리는 이제 그의 부상에 모든 계획과 생각을 맞춰야 했다. 부상을 입고도 "문제 없습니다. 대장님. 저는 할 수 있어요." 따위로 말하고서 다른 사람들에게 자신의 부상을 알리지 않고, 히맨(미국 만화 〈우주의 왕자 히맨〉의 주인공)처럼 행동하다가는 전체 대원들을 위험에 처하게 할 수 있다. 만약 다른 대원들이 자신의 문제를 알지 못한다면 그 문제 때문에 닥칠 수 있는 상황에 맞게 계획을 수정할 수 없다. 그러나 자신이 부상당한 사실을 알릴 경우 다른 사람들이 거기에 맞게 계획을 짤 수 있는 것이다.

딩거가 물었다.

"어떤 부상입니까?"

"정말 빌어먹을 거야. 난 다친 걸 느끼지도 못했어. 피나 고름 같은 건 나오지 않지만 부어오르고 있어. 이래 갖고선 빨리 움직일 수 없어."

내가 지시했다.

"그래. 여기서 멈추고 장비점검을 한다."

나는 야전상의에서 울(wool)로 된 두건을 꺼내서 머리에 썼다. 나는 빈스가 다리를 마사지하는 모습을 보았다. 그는 고통을 참아 내고 있는 기색이 역력했다.

보브가 내게 말했다.

"스탠이 몸이 안 좋습니다."

딩거와 마크가 스탠을 도와 그를 땅 위에 눕혔다. 그는 위험에 처했고, 그 역시 그것을 알고 있었다. 그는 자신의 상태에 대해 욕을 퍼부었다.

나는 그에게 고개를 바짝 들이대고 물었다.

"도대체 어떻게 된 거야?"

"숨이 턱에 찹니다. 나도 여기서 죽을 것 같아요."

크리스는 정찰팀에서 제일 노련한 의사였다. 그는 스탠을 진찰한 후 위험한 탈수 증세를 보이고 있다고 진단했다.

"스탠에게 빨리 수분을 보충해 줘야 합니다."

크리스는 스탠의 단독군장에서 전해질 용액 주머니 2개를 꺼내어 그 내용물을 스탠의 수통에 넣었다. 스탠은 수통을 벌컥벌컥 들이켰다.

내가 물었다.

"이봐, 스탠. 우리와 함께 갈 수 있나?"

"그럼요. 문제없어요. 1분만 기다려 주세요. 내 목에서 이 빌어먹을 게 다 내려가면 괜찮아질 거예요. 이건 지랄 맞은 헬리 핸슨 제품 속옷 때문이에요. 저는 비상이 걸렸을 때 그걸 입고 자고 있었어요."

탈수 증세는 기후와는 별로 상관없다. 북극의 한겨울이나 사하라 사막의 한낮에도 충분히 일어날 수 있다. 추울 때도 몸을 움직이면 땀이 나기 마련이다. 몸에서 김이 나는 것은 인체에서 귀중한 수분이 빠져나가고 있다는 증거인 것이다. 갈증은 탈수 증세를 알 수 있는 좋은 신호가 아니다. 물을 몇 모금 마시면 당장 갈증은 해소되겠지만, 그 정도로 빠져나간 수분을 보충할 수는 없다. 또한 다른 곳에 주의를 기울이다가 갈증을 느낄 수 없는 경우도 있다. 체중의 5%에 해당하는 수분을 잃으면 구역질이 나기 시작한다. 만약 그때 토하면 더 많은 수분을 잃게 된다. 몸의 움직임은 극히 느려지고 헛소리를 해대게 되며 곧 걸을 수 없게 된다. 이 상태까지 탈수 증세가 진행되면 치명적이다. 스탠은 우리가 은거지를 떠난 이래 계속 열을 일으켜 상당한 수분을 잃은 것 같았다.

나는 흔들리기 시작했다. 크리스에게 물었다.

"어떡할까? 스탠의 장비를 벗길까?"

"아뇨. 장비야말로 스탠이 전투복 상하의와 야전상의 외에 가진 전부예요. 장비를 벗기면 그의 상태는 악화될 겁니다."

스탠은 일어서서 걷기 시작했다. 우리는 10분간 그가 자신을 추스리는 것을 지켜보았다. 너무 추워서 그 이상 머물러 있기는 곤란했고 우리는 곧 움직여야 했다.

우리는 두 부상자의 속도에 맞추어 행군해야 했다. 나는 순서를 바꾸어 크리스를 최전방에 배치하고, 그 뒤에 스탠, 빈스, 그리고 내가 섰다. 나머지 대원들은 내 뒤를 따라갔다.

크리스는 첨병으로서 나침반과 야간투시경을 사용하여 가면 안 되는 곳으로 가는 것을 막아 주고 있었다. 우리는 1시간마다 휴식하던 것을 30분마다 휴식하는 것으로 바꾸었다. 휴식 때마다 스탠에게 많은 물을 먹여야 했다. 상황은 절망적이지는 않았으나, 스탠의 용태는 악화되고 있는 것 같았다.

날씨는 더욱 가혹해졌다. 추위는 우리의 체력을 갉아먹어 걷기가 힘들었다. 찬바람이 얼굴을 때리고 있었고, 우리는 바람 방향으로부터 얼굴을 비스듬히 비껴 얼굴을 보호하며 움직여야 했다.

우리는 계속 나아갔다. 우리의 전진 속도는 맨 앞에 서 있는 두 부상병이 좌지우지하고 있었다. 갑자기 빈스가 주저앉으며 자기 다리를 붙잡았다.

"상태가 더욱 나빠지고 있어."

원래 그는 불평불만을 쉽게 이야기하는 사람이 아니었다. 그의 다친 다리는 척 보기에도 몹시 고통스러워 보였다. 그는 자기 때문에 우리의 진격 속도가 늦어져 미안하다고 했다.

우리의 적은 이제 두 가지였다. 시간과 부상병의 신체 상태였다. 나머지 대원들도 야간행군이 인체에 미치는 영향을 체감하기 시작했다. 내 다리와 발도 아파오기 시작했다. 나는 그것이 내가 봉급을 받는 이유라며 자신을 타일러야 했다.

하늘에는 잔뜩 구름이 끼어 있었고 온통 시커멨다. 나는 현 위치를 측정했고, 나머지 대원들은 반원형으로 배치되어 나의 측면과 후방을 엄호했다. 아무런 빛이 없기 때문에 크리스가 야간투시경을 사용할 수 없었다. 이제는 멀쩡한 사람들의 행군 속도도 두 부상병들과 비슷하게 느려졌다.

조금이라도 살이 드러난 곳에는 여지없이 바람이 파고들었다. 나는 팔을 몸통에 착 붙여 체온을 유지하려고 했다. 나는 고개를 숙이고 덜덜 떨고 있었다. 고개를 돌릴 일이 있으면 몸 전체를 움직였다. 나는 목에 바람이 파고들 틈을 주고 싶지 않았다.

북쪽에서 날아오는 비행기 소리가 들려오기 시작했다. 구름 때문에 상공에는 아무것도 보이지 않았다. 그러나 나는 결정해야 했다. 전술 비콘을 써야 하긴 했지만 저 비행기가 이라크군이면 어쩌나?

마크가 내 생각을 알아채고 말했다.

"뭘 그렇게 골똘히 생각하십니까? 그냥 해보죠."

나는 손을 빈스의 어깨에 올려놓고 말했다.

"우리는 여기 멈춰서 전술 비콘을 사용할 거야."

그는 고개를 끄덕이면서 말했다.

"알았어."

나는 내 파우치를 열려고 애를 썼다. 이제 그것은 행동보다 말이 더 쉬운 일이 되어 버렸다. 내 손은 얼고 저려서 손가락이 움직이지도 않았다. 마크도 나의 단독군장에 손을 대 보았으나, 그 역시 파우치에서 전술 비콘을 꺼내지도 못했다. 어떻게 했는지는 모르겠지만 나는 죽을힘을 다해서 손에 전술 비콘을 쥐는 데 성공했다. 마지막 제트기 2대가 하늘을 날아가고 있었다.

"아무라도 응답해 주십시오. 여기는 브라보 투 제로, 브라보 투 제로입니다. 우리들은 지상군이고 긴급상황이 발생했습니다. 오버."

아무 응답도 없었다. 나는 다시 호출했다.

"아무라도 응답해 주십시오. 여기는 브라보 투 제로, 브라보 투 제로입니다. 우리들은 지상군이고 위험에 처해 있습니다. 우리의 좌표를 알려드리겠습니다. 오버."

만약 그들이 우리 위치를 누군가에게 알려 주는 것 외에 다른 일을 하지 않았다면 우리는 웃었을 것이다. 마크는 마젤란을 사용하여 우리의 경도와 위도를 측정해 알려 주었다.

그때 나는 너무나 반가운 미국인 목소리를 들었다. 그는 자신이 터키에서 출격하여 바그다드를 폭격하는 전투기 조종사라고 밝혔다.

"반복 바랍니다. 브라보 투 제로, 브라보 투 제로. 잘 안 들립니다. 다시 말해 주십시오."

비행기가 통달거리 밖으로 멀어지고 있었기 때문에 통화 음량이 줄어들었다.

나는 이렇게 답신했다.

"북쪽으로 트십시오. 북쪽으로 방향을 바꾸십시오. 오버."

응답이 없었다.

"누구라도 응답해 주십시오. 여기는 브라보 투 제로입니다. 오버."

아무 말도 들리지 않았다.

그들은 떠나가서 돌아오지 않았다. 후레자식들!

5분 후 지평선이 불빛과 예광탄으로 밝아지기 시작했다. 그 비행기들은 바그다드 근교를 공습한 것이 확실했다. 그들은 초 단위 비행 스케줄에 쫓기고 있었으므로 우리에게 오고 싶어도 올 수가 없는 것이었다. 아무튼 그들은 우리의 통신에 응답했다. 아마도 이 통신 내용이 제대로 계통을 거쳐 올라간다면 전방작전기지에서는 우리가 최소한 한 명이라도 아직 살아남아 전술 비콘을 들고 있다는 것을 알게 될 것이다.

이 모든 것은 불과 20~30초 사이에 벌어진 일이었다. 나는 파우치에 전술 비콘을 집어넣기 위해 바람 쪽으로 등을 구부렸다. 나는 렉스가 으쓱거리는 것을 보았다. 그가 옳았다. 우리는 아무튼 통신하기는 했다.

나는 보브에게 말했다.

"그 비행기는 다시 날아올 거고 모든 건 잘 될 거야."

"그러길 바라야죠."

나는 바람 부는 쪽으로 몸을 돌리고 크리스와 다른 두 대원들이 있어야 할 곳을 향해 좀 더 솔직한 이야기를 속삭였다.

"이런 빌어먹을. 너희들 다 어디로 간 거야?"

나는 빈스에게 우리가 전술 비콘으로 통신할 것이라고 이야기했다. 여기에 대한 올바른 반응은 그 메시지를 앞 대원에게 전달하는 것이다. 그러나 그의 얼어 버린 두뇌는 그런 반응을 보낼 수 없었다. 그는 크리스나 스탠에게 아무 말도 하지 않은 채 계속 걸어갔다.

행렬을 이루는 각 사람의 책임 중에는 열을 따라 메시지를 전하는 것이 있다. 정지할 경우 앞에 있는 대원에게 자신이 정지했다는 것을 확실히 알려야 한다. 앞의 대원과 뒤의 대원이 누구인지도 알고 있어야 한다. 그들이 항상 제 위치에 있는지 확인해야 한다. 앞 대원들이 멈추지 않은 것은 나와 빈스의 잘못이었다. 우리는 모두 자신의 책임을 다하지 못했다. 빈스는 나의 명령을 전하지 못했고, 나는 빈스가 멈추었는지 확인하지 못한 것이었다.

우리는 아무것도 할 수가 없었다. 크리스만 야간투시경을 갖고 있었기 때문에 시각 탐색을 할 수도 없었다. 우리의 앞 혹은 옆에 무엇이 있는지도 몰랐기 때문에 소리쳐 부를 수도 없었다. 전등을 사용하는 것은 절대금지였다. 오직 할 수 있는 것은 방향을 유지하면서 계속 전진하면서 그들이 어디선가 멈춰 우리를 기다리기를 바랄 뿐이었다. 그럴 경우 우리가 다시 만날 가능성은 매우 컸다.

나는 무서웠다. 우리는 항공기와 연락하는데 실패했다. 그리고 더 불행한 것은 부상자 2명을 포함한 정찰대원 3명을 잃어버린 것이었다. 나는 자신에게, 이 상황에 화가 났다. 어쩌다가 이렇게 되어 버린 것인가?

보브는 나의 생각을 알아차린 듯 이렇게 말했다.

"걱정 마요. 잘 되겠죠. 우리는 집결지점에 도착할 거예요."

그의 말은 내게 큰 위로가 되었다. 그는 옳았다. 어쨌든 우리는 스스로를 추스를 줄 아는 어른들이었다.

우리는 계속 참아내며 다시 북쪽을 나아갔다. 살을 에는 바람이 우리의 얇은 사막위장복을 파고들었다. 2시간의 힘든 행군 끝에 우리는 주보급로에 도착해 건너는 데 성공했다. 이제 더 북쪽에 있는 자갈길이 주목표가 되었다.

우리는 거주지역 몇 군데와 마주쳤으나 별 일 없이 회피해 갔다. 자정이 조금 넘어 우리는 소음을 들었다. 우리는 통상적인 회피기동을 했다. 소음이 들려오는 곳은 주차한 채로 야영 중인 여러 대의 장갑차량들이었다. 그들 위에는 많은 안테나가 서 있었다. 적 병사의 얼굴이 라이터 불빛에 보였다. 그는 아마도 보초를 서고 있는 듯했으나 얼마 안 있어 트럭 운전석으로 들어가 버렸다. 거기는 군용시설이거나 임시 숙영지였을 것이다. 어찌되었든 우리는 그곳을 지나쳐 가야 했다.

크리스와 함께 사라진 전우들은 이곳으로 들어가지는 않았을 것 같았다. 만약 그랬다면 전투의 소음이 났을 터였다.

우리는 20분 동안 계속 움직였다. 우리 모두 숨이 턱에 걸려 있었다. 우리는 이미 8시간 동안 계속 행군해 왔던 것이다. 다리와 발은 너무너무 아팠고, 나는 극도의 피로감을 느꼈다.

나는 갑자기 비행기 생각이 났다. 몇 시간 전에 마주친 비행기들 말이다. 아마 그 조종사들은 지금쯤 호텔에 누워 커피와 도넛을 먹고 있고, 그동안 정비사들이 비행기를 손보고 있을 것이다. 얼마나 편안한 전쟁이겠는가. 그들은 멋지고 따뜻한 조종석에 앉아 목표물로 돌진한다. 그들은 발밑에는 짙은 어둠 외에는 아무 것도 없다고 생각했을 것이다. 그러다가 늙은 영국인이 다 죽어가는 목소리로 위기에 처했다고 말하는 소리를 듣고는 약간 놀랐을 것이다. 나는 그들이 우리를 위해 뭔가 해주기를 간절히 바랐다. 나는 그들이 우리와의 무전 교신을 무전을 사용하여 바로 보고했는지, 아니면 기지에 돌아간 후에 보고했는지가 궁금했다. 아마도 후자일 것이다. 몇 시간이 지났는데도 단 한 대의 비행기도 와 주지 않았다. 나는 미국인들이 어떻게 탐색구조대를 편성하여 출격시키는지 알지 못했다. 그저 지금 우리가 처한 상황이 매우 긴급하다는 것을 알아주기를 바랄 뿐이었다.

나는 3명의 대원들을 잃어버린 내 자신을 저주했다. 나는 우리가 아주 난감한 상황에 빠졌다는 것을 실감했고, 여기에 모두가 동의하는지를 궁금해 했다. 나는 이전에 읽었던 영국군 원수 윌리엄 슬림(William Slim)의 연설문을 기억해 냈다. 그 글은 지도력에 대해 이야기하고 있다.

"아군이 진격하고 있고, 모든 것이 잘 이루어지고 있으며, 계획대로 진행되고 있고, 이기고 있을 때, 그런 군대의 지휘관은 진실로 위대한 지도자입니다. 그러나 진정한 지도력이 필요할 때는 모든 게 엉망으로 굴러가고 자신이 비난받고 있을 때입니다."

나는 이제 그의 말에 진심으로 공감할 수 있었다. 나는 빈스에게 우리가 멈춘다는 것을 확인시키지 못한 내 자신이 걷어차 버리고 싶을 만큼 미웠다. 모든 것이 내 잘못이라고 스스로를 질책하고 있었다. 내가 생각한 대로 북쪽으로 가다가 일이 또 잘못되면 어떡하나? 도피 및 탈출작전은 여기서부터라도 다시 제대로 이루어져야 했고, 더 이상 실수를 반복해서는 안 되었다.

이제 숨을 곳을 찾을 시간이었다. 우리는 혈암(shale)과 바위 위를 걸어왔고, 단단한 모래바닥으로 들어왔다. 우리 군화로 밟아도 발자국이 거의 남지 않는 땅이었다. 흔적을 남기지 않는다는 점에서는 좋지만, 반면에 지면이 너무 딱딱해 땅을 파고 숨을 수가 없었다. 이미 새벽이 가까워 오고 있었고, 우리는 여전히 계속 달리고 있었다. 렉스가 우리 서쪽으로 약 800m 거리의 모래 언덕을 발견하자 모든 것이 아지랑이 쳐 보이기 시작했다. 우리는 이 지역이 바람으로 인해 땅에 물결이 새겨지고 5~10m 높이의 작은 바위들이 서 있는 곳임을 알았다. 우리는 그중 제일 큰 것을 찾아보았다. 우리는 사람의 눈높이보다 높은 바위가 필요했다.

우리는 고립되어 눈에 띄는 곳에 숨고 싶지는 않았다. 그러나 여기는 온통 평지인데다 작은 산 하나가 솟아 있을 뿐이었다. 산꼭대기에는 돌무더기가 있었는데, 아마도 그 속에 누군가 매장되어 있는 듯했다.

돌무더기 옆에는 돌로 30cm 높이의 담이 둘러쳐져 있었다. 우리는 돌을 위로 더 쌓아 담을 높인 후 그 뒤에 누웠다. 돌 사이로 얼음 같은 추위와 바람이 몰아쳤으나 최소한 행군을 쉴 수는 있었다. 우리는 지난 20시간 동안 완벽한 암흑과 가혹한 기후조건하에서 마라톤 코스 2배 거리에 해당하는 80km를 주파했다. 다리가 아파 왔다. 누웠지만 계속 아팠고 경련이 일어났다. 움직이고 싶어도 다른 곳은 너무나 추웠다. 그야말로 너무나 불편하기 짝이 없었다.

남쪽을 보니 동서를 가로지르며 철탑들이 서 있었다. 그것을 표지로 지도에서 우리 위치를 찾았다. 철탑만 따라가면 우리는 결국 국경에 도착할 수 있었다. 그러나 우리가 철탑을 따라 움직인다면 다른 누군들 그렇게 하지 못하겠는가?

우리는 거기 30분간 누웠고, 점점 더 고통스러워졌다. 동쪽 1.6km 거리에 급수소 같은 주름진 철제 건물이 보였다. 그곳은 매력적인 은폐장소처럼 보였으나 너무 고립되어 있었다. 북쪽으로는 아무것도 없었다. 여기 머무르는 것 외에 선택의 여지는 없었다.

우리는 바닥에 납작 엎드려 있어야 했다. 우리는 서로 끌어안아 체온을 유지하려 했다. 먹구름이 급히 지나갔다. 바위 사이로 바람이 몰아쳤고, 그 바람은 나를 뚫고 지나가는 듯했다. 나는 이전에도 북극에서 이런 추위를 맛본 적이 있으나, 이번에는 완전히 냉동실 속에 있는 것 같았고 몸의 체온이 조금씩 꺼져가는 것 같았다. 그리고 오늘 우리는 하루 종일 여기 있어야 한다. 우리의 행동도 이 담 높이를 넘어서는 안 된다. 긴 행군을 끝내면 필연적으로 몸에 경련이 일어난다. 그럴 때면 우리는 서로를 도와야 했다.

렉스는 지도 주머니에서 통신 정보서를 꺼내어 거기 적힌 모든 정보를 파기했다. 우리는 암호책을 꺼내 한 번에 하나씩 확실하게 태워 버리고 재를 뭉개 지면에 흩뿌렸다.

딩거가 말했다.

"여러분 불 땔 때 저는 담배 한 대 피울래요. 담배를 피워야 즐거운 출발을 할 수 있죠."

우리는 자신의 소지품 검사를 시작했다. 우리 군복 주머니를 2번씩 뒤져서 우리 작전, 우리들, 그리고 제3자에게 위험을 미칠 수 있는 단서를 제거했다. 적이 발견해 내도 우리가 말하기 전까지는 그 의미를 알 수 없는 물건도 있지만, 거꾸로 그것이 신문의 핵심이 될 수도 있다. 그런 부적절한 물건 때문에 엄청난 고통을 당할 수도 있는 것이다.

멀리에서 자동차 소리가 들려왔다. 남쪽 1.6km 거리에 2대의 장갑차가 보였으나, 어떤 즉각적 위협을 가하기에는 먼 거리였다. 나는 그들이 우리가 은폐해 있을 만한 곳을 찾지 않기를 바랐다.

07:00시에 비가 오기 시작했다. 우리는 도무지 믿을 수 없었다. 여기는 사막 한가운데란 말이다. 사막에서 내리는 비를 본 것은 1985년에 오만에서 본 것이 마지막이었다. 우리는 비에 젖었다. 그리고 10분도 안 되어 비는 진눈깨비로 바뀌었다. 우리는 어이없는 표정으로 서로를 바라보았다. 진눈깨비가 다시 눈으로 바뀌었다.

보브가 노래를 불렀다.

"꿈 속에 보는 화이트 크리스마스~~"

우리는 완전히 노출된 채로 겨울산에 있는 것이나 다름없는 상황에 빠졌다. 이 사태는 더 심각해질 수 있었다. 우리는 서로를 더욱더 세게 끌어안았다. 약간의 체온이라도 낭비할 수 없었다. 우리는 지도 케이스를 꺼내 어설픈 지붕을 만들어 보려고 했다. 어떻게든 우리 몸 핵심 부위의 체온은 보존해야 했다.

사람은 항온동물이다. 인체는 덜 중요한 곳의 체온이 빠져나가더라도 주요 부위의 체온은 어떻게든 보존하려고 한다. 인체 내부에는 열의 중심이 있고, 그 바깥은 보다 온도가 낮은 부분으로 둘러싸여 있다. 열의 중심에는 뇌와 기타 중요한 장기들이 포함되어 있으며, 그것들은 두개골, 갈비뼈, 복강 내에 분포되어 있다. 그리고 그 주위를 피부, 지방, 근육, 신경 등이 둘러싸고 있어서 외부 세계에서 생길 수 있는 기후 변화로부터 인체의 중심을 방호하고 있다.

체내의 온도를 적합한 수준으로 유지하는 것은 생존에서 제일 중요한 요소 중 하나이다. 극도의 더위나 추위 속에서도 신체 내부 온도는 36.8도에서 2도씩밖에 변화하지 않으며, 외부 온도 역시 몇 도 이상 변화하지 않는다. 그러나 만약 내부 온도가 42.7도 이상으로 올라가거나 28.8도 이하로 떨어지면 사망하게 된다. 인체는 연료를 연소시켜 힘과 열을 얻는다. 떨기 시작한다는 것은 열을 잃는 속도가 보충되는 속도보다 빠르다는 것이다. 부들부들 떠는 동작에는 많은 근육의 작동이 필요하며, 그럼으로써 더 많은 연료를 소비하여 열을 발산하려는 것이다. 만약 신체 내부 온도가 조금이라도 내려가면 문제가 발생하게 되며, 떠는 정도로는 해결되지 않는다.

인체에는 뇌 속의 신경조직 일부에 온도조절기가 있다. 그것은 열을 올리거나 낮추며 신체 각 부분이 정상온도를 유지하고 있는지를 점검한다. 체온이 저하되기 시작하면 신체 온도조절기는 신체 말단으로부터 열을 긁어모아 인체 내부로 보낸다. 그러면 손발이 굳어지기 시작한다. 체온이 더욱 저하되면 머리에서도 열을 끌어오게 되는데, 그러면 순환작용이 늦어져 뇌에 산소와 당분을 공급할 수 없게 된다. 당분은 뇌를 정상적으로 가동시켜 열을 일으키는 데 꼭 필요한 것이다. 두뇌회전이 늦어지면 떨림이 멈춰지고, 이상한 행동을 하기 시작한다. 이것은 명백한 위험신호이지만, 체온저하로 인해 이미 정상적인 사고기능을 상실했으므로 스스로 알아채기는 힘들다. 떨고 걱정하는 것은 이 단계에서 멈추게 된다. 그리고서 서서히 죽어가는 것이다. 이 상태가 되면 더 이상 손을 쓸 수가 없다. 이 시점에서 신체는 재가열에 필요한 힘을 잃는다. 설령 침낭 안에 들어간다고 해도 몸이 계속 식어가게 된다. 심박도 불규칙적이 되어 간다. 졸음이 오다가 의식을 반쯤 잃게 되며, 그 다음에는 완전히 의식을 잃게 된다. 이 상황에서 유일한 희망은 불, 뜨거운 음료수, 다른 사람의 몸을 통해 다시 열을 얻는 것뿐이다. 실제로 체온저하증 환자를 치료하여 다시 열을 내는 제일 효과적인 방법 중에는 그를 정상 체온을 유지하고 있는 사람과 함께 침낭 속에 넣는 것이 있다.

나는 안정감을 느꼈으나 우리 상황이 극히 불안정한 마당에 그것은 막연하고 어리석기 짝이 없는 것이었다. 우리는 불모지에 있었고, 몇 km 반경 내에서 눈에 잘 띄는 지형지물 두 개 중 하나에 있었다. 나는 우리가 쉬기 위해 멈출 수 있었기 때문에 행복했고, 움직여야 열을 얻을 수 있었기 때문에 불행했다. 그러나 어두워질 때까지 여기 누워서 서로의 체온을 교환하는 수밖에 다른 선택의 여지는 없었다.

단단한 모래는 거친 진흙과도 비슷하다. 이전에는 외계의 풍경처럼 보이더니 지금 눈으로 덮이자 달 표면처럼 되었다. 눈은 눈보라로 변했다. 나는 긍정적인 면을 보고자 했다. 눈보라가 일면 45m 이상 떨어진 것은 볼 수가 없다.

차량들이 하루 종일 동서로 철탑을 따라 움직였다. 차들은 민간인 트럭, 급수차, 랜드크루저, 장갑차 등 다양했으며 마지막으로 지나간 2대는 우리로부터 불과 180m 지점을 통과하여 우리를 더욱 긴장하게 만들었다. 그들은 우리를 잡으러 오는 것일까? 그럴 경우 우리에게는 선택의 여지가 없었다. 아무 데도 숨을 데가 없기 때문에 유사시에는 일어나서 마구 달리는 수밖에는 없었다.

우리 예상보다 많은 차량이 오갔으며 군인들의 활동도 컸다. 하지만 지금 중요한 것은 그것이 아니었다. 눈 속에 누워 날카로운 바람을 받는 우리는 자신을 따뜻하게 하고 살아남는 데 더 신경을 써야 했다. 우리는 탈진했고, 바람에 노출되어 있었다. 현재 상황은 엄청난 비극을 불러올 수 있었다. 저온에서 엄청난 바람이 부는 것만으로도 사람이 죽을 수 있었다. 불과 영하 9도에서 시속 50km의 바람에 60초만 맨살을 노출시키면 살이 얼어붙는다. 나중에 안 것이지만, 그 지역에는 그때 30년 만의 강추위가 찾아왔다고 했다. 차 속의 디젤 연료도 얼어 버릴 정도였다.

안도감에서 벗어난 나는 심각한 생각을 하기 시작했다. 나는 이런 날씨에서 사람이 죽는 것을 본 적이 있다. 도대체 어떻게 해야 할 것인가? 이렇게 앉아서 죽느니 차라리 총에 맞아 죽는 것이 낫겠다. 나는 이 상황을 도저히 견딜 수 없었다.

우리는 일어나 앉을 수 없었다. 그랬다가는 공제선 위로 우리들의 실루엣이 떠오르기 때문이었다. 우리는 적의 육안관측으로부터 은폐해야 했다. 적이 이곳을 보고 있을지도 모르기 때문이었다. 우리의 희망은 이 작은 벽이 우리가 머무는 동안 충분한 은폐물이 되어 주는 것뿐이었다.

11:00시에 상황은 이미 우리 통제를 벗어났다. 우리는 서로를 끌어안고서도 덜덜 떨고 있었으며, 서로에게 용기를 잃지 말라고 웅얼거리며 썰렁한 농담을 하고 있었다. 손은 얼었고, 매우 아팠다. 우리 위에는 눈이 산처럼 쌓여 있었다. 전술적으로 봐도 완전히 실패한 것이었다. 살아야 했다. 예규를 어기건 이 상황을 계속 견디고 있건 죽기는 매한가지였다. 나는 예규를 어기고 차를 끓여 먹기로 결정했다.

나는 땅에 작은 구멍을 파고 고체연료를 넣어 모닥불을 피웠다. 나는 수통컵에 물을 넣고, 불 위에 올려놓았다. 얼굴과 손에 전해지는 열기의 느낌은 환상적이었다. 나는 손을 저어 수증기가 퍼지게 하고, 컵 속에 커피, 설탕, 우유를 넣고 휘저었다. 그렇게 끓인 커피를 한 순배 돌렸다.

그 다음에 나는 즉시 코코아도 타기 시작했다.

딩거가 말했다.

"이렇게 증기가 펑펑 뿜어져 나오니까, 저도 담배 한 대 태울래요."

그가 담배에 불을 붙이려는 모습을 보니 측은했다. 그의 손은 너무 심하게 떨어 담배를 입에 댈 수 없었고, 그의 손이 젖었기 때문에 담배를 입에 대자 다 젖어 버렸다. 그래도 그는 포기하지 않았고, 5분 후에는 만족스럽게 담배를 피우며 은폐를 위해 야전상의 속에 연기를 내뿜었다.

그동안 코코아가 한 순배 돌았고, 다들 횡설수설했다. 뜨거운 음료가 우리 체온을 높이 올려 주지는 못했으나, 없는 것보다는 나았다. 음료는 의심할 여지없이 우리를 사선에서 구해 주었다.

대낮이 되어가고, 차들은 여전히 다니고 있었다. 우리가 항상 그들을 감시할 수는 없었으나, 별 상관은 없었다. 차량이 멈추면 특유의 소리를 들을 수 있다. 우리는 누워 있는 위치를 바꾸려고 했다. 바깥쪽에서 추위와 눈에 시달리던 사람들을 안쪽의 더욱 따뜻한 곳으로 들어갈 수 있게 하려는 것이었다. 체온이 계속 떨어지자 내 입과 머리가 제멋대로 움직이는 것이 느껴졌다. 나는 체온저하의 첫 단계에 있었다.

14:00시경 마크도 자신에게 큰 문제가 생긴 것을 깨달았다. 그가 무심결에 말했다.

"어서 움직여야 해. 나 이러다가 여기서 죽겠어."

그는 나머지 사람들보다 두껍게 입지 못했다. 그가 상체에 걸친 것은 전투복, 야전상의, 점퍼에 불과했고, 그나마 모두 젖어 있었다. 우리는 그를 둘러싼 후 우리의 체온으로 그를 덥히려고 했다. 우리는 결단을 내려야 했다. 여기 남아 있을 것인가, 아니면 마크의 생존을 위해 대낮 기동의 위험을 무릅쓸 것인가? 시간은 낮이었고, 우리는 밖에 뭐가 있는지 몰랐다. 아니면 그가 죽더라도 여기서 머무를 것인가?

나는 그에게 용기를 주려고 애썼다.

"30분 후에 떠날 수도 있어. 그러나 가급적 오래 버텨 보자."

그가 고개를 흔들며 떠나자고 이야기했다면 나는 아무 말 없이 움직였을 것이다. 그러나 그는 끄덕이며 내 말을 들었다.

2시간이 더 지나자 마크만이 위기에 처한 상황이 아니게 되었다. 우리 모두가 절망적인 상태였다. 여기 계속 머무른다면 오후 동안 모두 죽을 것이었다.

나는 벽 너머를 바라보았다. 해가 지려면 1시간 반 정도만 남아 있었고, 구름과 눈으로 인해 더 빨리 어두워질 것이었다. 여전히 눈이 거세게 내리고 있었다. 아무것도 보이지도 들리지도 않았다. 오직 눈으로 덮인 단조로운 사막 풍경 밖에는.

내가 말했다.

"가자."

눈 위로 지나가면 많은 발자국을 남길 것이므로 그것을 이용한 속임수를 구사하기로 했다. 밤사이에 눈이나 비가 내려 준다면 우리의 흔적을 모두 지워 줄 것이다. 우리는 동쪽으로 가다가 방향을 바꿔 북서를 향할 것이었다. 이러한 기만 작전은 그 유효성이 입증되었다. 숨어 있던 지점에서 채 800m도 움직이지 않았는데 뒤에서 누군가가 쫓아오며 소리 지르는 것을 들었기 때문이었다. 몸을 뒤로 돌리자 불빛이 보였다.

렉스가 소리쳤다.

"빌어먹을! 그놈들이 발자국을 쫓아오기 시작했어!"

그러나 날은 어두워지고 있었고, 우리 발자국과 뒤섞인 이라크군의 캐터필러 자국과 발자국은 그들을 혼란시킬 것이었다.

자갈길을 건넌 후 북서로 방향을 바꿔 시리아 국경으로 가는 최단코스로 향하는 것이 원래 계획이었다. 거기서부터 북서를 향한다면 낮에 보아 온 적의 움직임으로 보건대 좋은 탈출 기회를 잡을 것이었다.

그러나 이제 또 계획을 바꿔야 했다. 물이 문제가 되고 있었다. 우리는 수통에 눈을 채웠으나 눈은 최적의 조건에서도 녹는 데 너무 시간이 걸려서 적은 양의 물만 나온다. 게다가 지금은 날씨가 추우므로 눈이 잘 녹지 않는다. 눈을 그냥 먹으면 안 된다. 눈을 먹으면 우선 입 속에서 녹으면서 체온을 빼앗아 가고, 신체 중심부 장기의 온도 역시 낮춘다. 그러나 언제 어디에서 물을 또 얻을 수 있을지조차 막막한 형편이었다. 우리는 가급적 빨리 국경까지 가야 했다.

또한 더 중요한 두 번째 문제가 있었다. 날씨를 항상 염두에 두고 계획을 세워야 했다. 우리는 해발 270m 고지대에 있었고, 북서로 나아갈수록 고도는 더욱 높아졌다. 현 위치에서의 찬바람은 거의 가공할 수준이었으며,

더욱더 추워졌다. 우리는 이 바람을 피해야 했고, 설선(snow line: 고산지대에서 눈이 녹지 않고 쌓이는 가장 낮은 높이의 경계선)을 피해야 했다. 그러나 이곳에는 아무런 엄폐물이 없기 때문에 바람을 피할 수 없었다.

다른 모든 강과 마찬가지로 유프라테스 강도 저지대에 있었다. 그 강은 우리 위치보다 120~150m 정도 낮았다. 만약 정북으로 향해 그 강으로 간다면 우리는 설선과 바람에서 빠져나올 수 있었다.

우리는 북으로 방향을 돌렸다. 우리는 잠시 서쪽을 경계했으나, 이 고지대에서 빠져나오지 못하면 모두가 죽을 판이었다.

돌담으로 된 은거지에서 2.4km 정도 전진하자 우리는 설선을 벗어났다. 나는 엄청나게 화가 났다. 만약 우리가 아침에 조금이라도 더 움직였다면 하루 종일 눈 속에 파묻혀 있지 않아도 되었지 않은가. 게다가 우리는 아직도 바람과 절망적인 사투를 벌여야 했다. 나는 두건을 머리에 쓰고 나침반을 보면서 정확한 진로를 유지했다. 내 왼손 엄지손가락은 나침반의 야광 부분을 삐딱하게 잡고 있었다. 나는 왼손 위에 야전상의 소매를 최대한 빼 덮었다. 오른팔로는 무기를 잡았다. 나는 아래를 보고 내 야전상의가 굳어서 딱딱하게 된 것을 알았다. 야전상의 표면에는 얼어 버린 연못처럼 얼음이 형성되어 있었다. 두건 역시 마찬가지로 내 얼굴 주위에서 얼어 버렸다. 나는 두건의 모양을 바꾸려 해 보았으나 이미 두건은 판자처럼 딱딱해져 있었다.

소매 속에 찬바람이 들어올까 봐 감히 손을 움직일 수가 없었다. 우리는 체온을 내기 위해 가급적 빨리 움직여야 했다. 이곳은 황무지였고, 주위에는 아무 불빛도 없이 오직 바람 소리뿐이었다. 우리는 다른 행성에 떨어진 유일한 지구인 같았다.

우리는 파랗게 얼어 버린 얼굴을 푹 숙이고 북으로 전진했다. 다시 한 번 차량 불빛이 나타났고, 그 불빛에 길이 보였다. 지형이 다시금 변하기 시작했다. 거친 모래 지형에서 혈암 암반지형으로 바뀌었다. 이곳 전역에는 불도저로 만든 전차호가 있었다. 전차가 그 안에 들어가 포탑만 내밀고 전투할 수 있도록 한 시설이었다. 그러나 전차호들은 이미 오래 전에 얼음과 눈으로 메워져 있었다.

우리는 약 60m의 고도를 하강했다. 우리 모두 너무나 피곤했다. 나는 두건 너머로 밖을 보면서 날씨가 나아지지 않으면 우리 모두 죽을 것이라고 생각했다.

우리가 길을 따라 2.4km 정도를 움직였을 때 나는 되돌아가기로 결정했다. 바람은 우리를 죽일 기세로 불고 있었고, 우리는 비틀대고 덜덜 떨며 의식이 혼미해지고 있었다. 어떤 조치를 취하지 않으면 우리는 의식상실 상태에 빠질 것이었다. 우리는 뒤돌아가 자갈길을 다시 건너 1.6km를 후퇴한 후 도로와 평행으로 달리고 있던 마른 강바닥으로 갔다. 이곳은 그날 밤 우리가 바람을 피할 수 있는 유일한 장소였다. 만약 우리가 거기서 되돌아가 스스로를 추스르지 않았다면 두 번 다시 기회는 없었을 것이다.

우리는 후퇴했다. 전술 따위는 문자 그대로 바람에 실려 날아가 버리고 말았다. 은밀성도 이제는 필요 없었다. 우리 모두는 오직 목숨을 부지하고 싶을 뿐이었다. 우리는 도랑 속으로 비틀대며 들어가 차례대로 겹겹이 쓰러졌다. 마크가 제일 위독했으나, 우리 모두 도움이 필요했다. 보브와 내가 그의 위로 올라가 체온을 전했다. 딩거와 렉스도 똑같이 했으며, 차를 마셨다. 야간에 차를 끓여 먹는 것은 절대 금지 사항이었다. 그러나 그러다가 죽으면 어쩌란 말인가? 살아남아 내일도 싸울 수 있는 것이 더 좋다. 만약 우리가 뭔가 타협을 한다면 우리는 회복을 위한 희망적인 출발을 하게 될 것이다. 뭔가 한다면 죽거나 살아남거나 하겠지만, 아무것도 안 하면 틀림없이 죽는다.

모두 차를 2잔씩 마시고 잔을 돌렸다. 우리는 마크에게 따뜻한 음식을 먹였다. 그는 여전히 말을 횡설수설하고 있었다. 분명 평소의 그가 아니었다. 나는 이대로 가다가는 우리가 다 죽을 것이라는 생각이 자꾸만 들었다.

우리는 거기서 약 2시간 정도 서로 모여서 몸을 덥히려 해 보았다. 그러나 성과는 너무 적었다. 우리가 꽁꽁 얼고 젖어 있었으므로 나는 정말 움직이고 싶지 않았다. 그러나 움직이지 않으면 영원히 움직일 수 없다는 것도 우리 모두가 알고 있었다. 어쨌건 우리 목표는 적에게 붙잡히지 않는 것이었다.

우리가 걱정해야 할 것은 3가지였다. 기후, 우리의 신체조건, 적군이었다. 지형 때문에 우리를 괴롭히는 바람을 피하기가 거의 불가능했다. 우리가 어디로 가는지 무엇을 하든지 상관없이 바람을 피할 수 없었다. 우리 체력 조건은 꾸준히 약해져 가고 있었다. 바람이 멈추거나 날씨가 좋아질 때까지 어디선가 기다리는 게 제일 이상적일 것이다. 그러나 얼마나 더 기다려야 한다는 말인가? 게다가 늦건 빠르건 물이 고갈될 것이었다. 물 없이 오래 지낼수록 문제도 더욱 커진다.

이 지역에는 우리 예상을 능가하는 수의 적이 있었다. 뭔가가 어딘가에서 잘못 전달된 것이었다. 우리가 적과 전투를 벌이면 이곳 온 사방에 깔린 이라크군이 일제히 움직일 수도 있었다. 우리가 이 은거지로 온 후 그들이 우리의 존재를 알아챘으면 어떡하나?

우리는 움직여야 했다. 그러나 어디로 가야 한단 말인가? 북으로 갔다가 서쪽으로 가면 설선을 확실히 탈출할 수 있었다. 하지만 그만큼 바람에 노출되는 시간이 길어지고 강을 건너야 하며 거주지역에 가까이 접근하므로 은폐가 힘들어진다. 북서 방향으로 가면 다시 설선에 들어가지만 더욱 빨리, 잘 은폐하며 이동할 수 있다. 현재 해발고도는 대략 330~360m 정도였으며, 국경으로 가는 동안 180m가 더 낮아진다. 우리는 체력이 지탱만 해준다면 국경까지 하룻밤 사이에 갈 수도 있었다.

어디로 가건 바람을 피할 수가 없었다. 그리고 현재는 시간 낭비하지 않는 것이 최선이었다. 아침이 올 때까지 국경에 도달하지 못한다면 또 하루 낮을 자세를 낮추고 다시 생각해야 한다. 지금 움직이지 않으면 충분한 시간이 없었다. 여기 오래 머물러 있을수록 이 고지에서 벗어나는 데 필요한 야간 시간이 줄어드는 것이었다. 우리는 적어도 20~25km를 주파해야 했다.

마른 강은 북서로 향하고 있었고, 우리는 그것을 전술적 위장물, 그리고 바람으로부터의 엄폐물로 쓰기로 했다. 유일한 단점이라면 우리가 자칫 군사시설로 접근할지도 모른다는 것이었다. 그 강은 공격할 때 사용할 기가 막힌 접근 통로였으며, 적의 사격과 관측으로부터 안전했다. 아무튼 우리는 이 기회를 잡기로 했다.

자정 무렵이었다. 우리는 이미 2시간 동안 움직이고 있었으며, 이 방향에서 다수의 차량이 다가오는 것이 보였기 때문에 전술적 정찰을 하고 있었다. 느리게 움직이는 것은 체온 보급에는 좋지 않지만, 빠져나올 수 없는 곳에 처박히는 사태는 막을 수 있었다.

렉스가 대열의 선두에 서고 내가 그 뒤, 다음은 보브, 마크, 딩거의 순서였다. 우리가 강바닥을 따라 움직이면서 나는 나침반으로 이 강의 방향을 정확히 측정했다. 나머지 대원들은 반원을 이루어 엄호했다. 아직도 너무나 추웠지만, 대원들은 전술적으로 움직이고 있었기에 뭔가 다른 것을 생각해 보아야 했다.

지면이 다시금 혈암 암반지대로 바뀌고 있었다. 소음이 나지 않도록 움직여야 하는데, 기동 시 소음이 났기 때문에 짜증이 났다. 그러나 다행스럽게도 바람은 씽씽 불어서 소음을 덮어주었다. 하늘은 맑았고 4분의 3 정도 빛나는 달이 서쪽 하늘에 걸려 있어 위치 파악에 도움을 주기는 했지만, 위장에는 별로 안 좋았다. 구름은 모두 걷혔지만, 날씨는 더욱 추워졌다.

지형이 변하기 시작했다. 이 지대는 어느 정도 평탄하기는 했으나, 여기저기에 300~375m 높이의 언덕이 있었다. 위장에는 기복이 많은 지형이 유리했으므로 우리는 곤경에서 벗어날 수 있다는 안도감을 느끼기 시작했다. 이 황량한 평지는 가면 갈수록 우리가 좋아하는 고지대로 바뀌고 있었다.

조명 상태에 따라 정찰대원 간의 거리도 달라진다. 정찰대가 적의 포화에 걸려들었을 경우 단 한 번의 사격으로 전원이 사망하지 않을 정도로 넓은 간격을 유지하는 것이 가장 이상적이다. 그러나 또한 앞 대원의 상태를 확인할 수 있을 정도로 가까운 간격을 둬야 했다. 우리는 각 사람 간에 4미터씩의 거리를 두고 정찰했다.

아무도 말을 하지 않았다. 수신호나 첨병의 동작을 따라하는 것만이 통신 방법이었다. 첨병이 멈추면 그 뒤의 사람 역시 똑같이 해야 한다. 대열 후미까지 그 동작이 반복하여 이어진다. 만약 첨병이 무릎을 꿇으면 전원이 무릎을 꿇어야 한다. 모든 동작은 극히 느리고 신중하게 이루어져야지 그렇지 않으면 불필요한 동작과 소음을 내게 된다.

렉스가 갑자기 얼어붙은 듯 동작을 멈추었다.

그 뒤의 전원이 동작을 멈추었다. 우리는 360도 사방을 경계하며, 그가 본 것이 무엇인지 보일 때까지 기다렸다. 우측에 식물들이 있었다. 나무 꼭대기만이 보였다. 불빛이나 다른 물체의 움직임은 없었다. 전방 좌측 105m 거리에 언덕이 하나 보였다. 그 언덕 위로 두 사람의 그림자가 서서히 보였다. 둘 다 기다란 무기를 휴대하고 있었다.

렉스는 매우 천천히 무릎을 꿇었고, 마른 강가로 가기 시작했다. 우리는 바람과 바람 소리를 은폐물로 삼았다. 그러나 저기 있는 두 사람 근처에 200명이 더 있을지도 모르는 일이었다. 우리는 조용히 신중하게 은폐를 시작했다.

저들은 실종된 우리 대원들인가? 바람에 그들의 목소리가 약간씩 전해져 왔다. 그리고 나는 그 소리에 귀를 기울여 누구의 목소리인지 확인하려고 했다. 그러나 빈스나 스탠, 크리스는 저렇게 공제선에 자신의 윤곽을 드러내며 걷지도 않고, 이야기를 하면서 걷지도 않는다. 그들은 우리 동료들은 아닌 것 같았다. 그러나 나는 그들이 우리 동료이며 어떻게든 동료들을 다시 만나기를 간절히 바랐다.

그들은 멈춰 서서 주위를 둘러보았다. 나는 그들이 야간투시경을 갖고 있지 않기를 바랐다. 만약 그들에게 야간투시경이 있다면 현재의 우리 위치는 다 폭로된 것이나 다름없었다. 그때 나는 내 생각이 틀렸음을 알았다. 크리스는 야간투시경이 있었다. 우리가 모습을 드러낸다면 그는 우리가 누구인지 알아보리라. 아니다. 나 같으면 그렇게 하지는 않을 것이다. 그는 우리의 윤곽만을 볼 수 있을 것이고, 우리가 누구인지 확인하기는 힘들 것이다. 사실상 우리가 다시 만날 기회는 매우 적었다.

그들이 누구인지 알아보기에는 거리가 너무 멀었다. 그들은 다시 움직이기 시작했고, 나는 그들이 언덕을 내려와서 우리 앞을 건너갈 것이라는 것을 알았다. 우리는 매우 느리고 신중하게 자세를 낮추기 시작했다. 대열 맨 뒤의 대원이 저 두 사람을 보지 못했다 하더라도 그는 뭔가 일이 터졌음을 알아야 했다. 그에게 무슨 일이 일어났는지 말해 주는 것은 불필요한 움직임과 소음을 발생시키므로 전술적으로 볼 때 경솔한 짓이었다.

그 시간이 우리에게는 영원처럼 느껴졌고, 별빛에 그들의 얼굴과 뭔가를 찾는 듯이 주위를 둘러보는 동작이 보였다. 그들은 강바닥으로 내려와서 우리 쪽으로 걸어오기 시작했다. 상황이 벌어질 것 같았다. 우리는 저 녀석들 때문에 위기에 처할지도 모른다. 우리는 가급적 오랫동안 기도비닉(企圖 秘匿: 조용히 안 들키고 움직이는 것)을 유지해야 했다. 모두가 똑같은 동작을 취했다. 렉스가 자신의 M-16 소총을 땅에 매우 천천히 내려놓고, 역시 매우 천천히 가죽제 칼집에 든 전투용 나이프로 손을 가져가는 모습이 보였다. 가죽제 칼집에 꽂혀 있는 칼은 빼낼 때 전혀 소음이 나지 않는다. 대원들은 매우 느리고 신중하게 행동했다. 보브는 내 오른편에 있었으며, 매우 느리게 미니미 기관총의 멜빵을 벗었다. 그는 전투용 나이프는 없었고, 대신 M-16용 총검을 갖고 있었다. 그 칼의 칼집은 금속과 플라스틱으로 되어 있었다. 그 때문에 칼을 빼낼 때 마찰음을 발생시키므로 보브는 칼 손잡이에 손을 대고 칼을 매우 조금씩 빼내었다. 그는 칼을 완전히 뽑아낼 때까지 그런 동작을 유지했다.

우리는 그들이 소리를 지르는 사태를 원하지 않았다. 우리는 그들이 공격거리 내에 들어오는 대로 그들을 신속히 죽여야 했다. 영화에서는 칼로 공격하는 사람이 적의 입을 손으로 막고 심장이나 목을 단칼에 찌르면 적이 곧바로 쓰러지는 장면이 많이 나온다. 그러나 불행하게도 실전에서는 그렇게 되지 않는다. 심장에 칼을 찔러 넣는 것은 현실과는 거리가 멀고 노력에 비해 비효율적이다. 적이 두꺼운 코트나 내의를 입고 있을 수도 있다.

그런 경우 당신이 칼로 그를 정확히 찔러도 그는 아무렇지도 않게 돌아서서 지금 뭐하냐고 물을 수도 있다. 당신이 177cm 키인데 표적은 195cm이고 몸무게 107kg의 강철 같은 체격의 소유자라면 당신은 완전히 낭패를 당하는 것이다. 상대방의 목을 찌른다고 쳐도 죽을 때까지 1분은 걸리고, 그 사이에 적이 비명을 지를 수도 있다. 그래서 실제로는 양을 도살할 때처럼 표적의 머리를 붙들고 뒤로 잡아당긴 다음 목을 확실하게 베어서 적의 머리와 기도를 완전히 분리해야 한다. 그래야 적이 더 이상 숨 쉴 수도 없고, 비명을 지를 수도 없다.

렉스와 보브는 준비 완료되었다. 나머지 대원들은 표적의 입을 막아 소리 지르지 못하게 할 것이었다. 그들은 강 밖으로 매우 빨리 나가 그들이 우리 일행인지를 확인한 후 일을 처리할 것이었다. 그들이 우리를 보기 전에 그들의 정체가 밝혀지는 것이 가장 이상적이지만, 만약 저 두 사람 역시 아군이라면 우리를 이라크군으로 생각하여 기습공격을 하는 사태 역시 벌어질지도 몰랐다. 최악의 경우 우리는 아군끼리의 오인접전을 벌여야 할 것이다. 실제로 포클랜드 전쟁에서 SAS는 SBS(Special Boat Squadron: 영국 해군 특수 주정대) 대원들을 적으로 오인하여 전투를 벌인 적이 있었다.

그들은 우리에게서 20m 거리 내로 들어왔다. 나는 강둑에 면한 강바닥에 웅크려 그들을 지켜보았다. 한 10~15발자국 정도 남았다. 나는 상황을 평가했다. 곧 내 앞뒤에서 급격한 움직임이 있을 것이고, 우리 전우들과 만나든가 아니면 2명 더 죽여야 할 것이다.

나는 숨을 죽였다. 이미 찬바람 걱정은 모두 사라졌다. 내 마음은 지금 저들의 움직임에 100% 집중되어 있었다. 저들은 자기들 목이 날아갈 걱정 따위는 전혀 하고 있지 않은 것 같았다.

그들이 갑자기 멈추었다.

그들은 도대체 무엇을 보았을까? 그들과 나 사이의 거리는 그들이 소지한 무기가 AK 소총이라는 것을 알 수 있을 만큼 가까워져 있었다. 그들은 우리 전방 6~7m 거리의 강바닥으로 뛰어내려와 반대편으로 건너갔다. 그들은 저편 강가로 가서 식물들이 있는 곳으로 갔다. 정말 이라크 최고의 행운아들이었다. 나는 웃을 뻔 했다. 나는 덩치 작은 보브가 몸을 일으켜 다음 과업을 수행하는 모습을 보는 것을 즐겼다.

우리는 거기에서 15분가량 머무르며 전방위를 주시했다. 우리는 모든 것을 완벽히 수행했고 은폐 중이었으며 소음도 내지 않았다. 우리가 해야 할 것은 시간을 아끼고 절대 실수를 범하지 않도록 신경 쓰는 것뿐이었다.

우리는 '가까이' 있었다.

우리는 두 이라크군이 넘어온 언덕 저편에 무엇이 있는지 알지 못했다. 그들이 저 식물 지대에 사는 사람이 아니라면 우리는 곧 대접전을 벌일지도 모르는 일이었다. 멈춰 서서 휴식하고 은폐를 취하는 편이 나았다.

나는 보브에게 귓속말을 했다.

"남으로 방향을 틀어 여기를 우회하자."

그 말은 뒷사람에게 귓속말로 계속 전해졌다.

우리는 이전처럼 렉스를 선두로 세워 정찰했다. 전방에 높은 산을 발견할 때까지 1.6km를 더 전진했다. 우리는 산을 넘어가기로 결정했다. 갑자기 렉스가 멈추었다. 그는 무릎앉아 상태에서 엎드렸다. 우리는 개활지에 있었다.

나는 그 옆으로 느리고 신중하게 포복전진했다. 그는 45m 떨어진 능선 위에 튀어나온 사람 머리를 가리켰다. 그가 발을 끌며 걸어가는 것이 보였으나, 다른 사람은 보이지 않았다. 나는 동쪽을 가리키며, 여기를 우회해야 한다고 대원들에게 지시했다. 우리는 360m 정도 고지를 우회한 다음 서쪽을 향했다.

그러자 고지 반대편에 정차해 있는 차에서 새어나오는 불빛이 보였다. 야영을 하기 위해 주차해 있는 차들 사이로 들어온 꼴이었다. 돌아나가서 남쪽으로 움직여야 했고, 그 다음 서쪽으로 갔다. 그러자 우리 앞에 더 많은 병력과 텐트가 나타났다. 우리는 남쪽으로 돌아서 800m를 더 가서 또 서쪽으로 꺾었다. 그제야 상황은 종료되었다. 이 일로 인해 우리는 2시간을 낭비했다. 이제 우리에게는 시간 여유가 없었다.

우리는 더 높은 고지대를 통해 시리아로 전진했다. 이곳의 고도는 300m 이상이었고, 상상 이상으로 추웠다. 이 지대는 미국 항공우주국(NASA)이 촬영한 달 표면 사진과도 비슷했다. 여기 저기 고지가 튀어나와 있는, 흑색과 백색뿐의 지형이었다. 언덕 사이로 불어오는 바람이 우리를 강타했다. 우리는 지형에 몸을 밀착시켜 가며 틈새로 전진해야 했다. 우리는 불에 그슬린 분화구와 전차 무한궤도 자국이 있는 곳에 도착했다. 이곳은 예전에 스커드 미사일을 발사하던 곳이거나 격전지 같았다. 분화구는 물, 얼음, 진흙으로 채워져 있었고, 그것을 보고 있노라니 솜(Somme: 제1차 세계대전의 유명한 격전지) 전투 사진이 떠올랐다.

우리는 누구라도 추위로 죽어가고 있으면 굳이 어려운 길을 택하지 말고 그를 살리는 데 중점을 두자고 합의했다. 누구라도 가급적 빨리 내려가 자거나 바람 불지 않는 곳으로 가자고 명령할 권리가 있었다. 우리가 여기 하루만 더 있는다면 결국 다 죽을 판이었다. 우리는 여전히 다 젖어서 꽁꽁 얼어 있었다.

얼마 못 가 마크의 상태가 더 나빠지기 시작했다.

"우리는 여기서 내려가야 돼요. 저는 이제는 더 이상 버틸 수 없어요."

우리는 멈추었고, 나는 생각해 보았다. 이제는 정신 집중도 쉽지 않았다. 차가운 빗줄기가 지면과 거의 평행으로 내 얼굴 속에 들이닥치고 있었다. 습기와 추위로 정신을 차릴 수 없었으며, 생각하는 시간 중에도 고통을 참을 수 없었다. 우리가 서쪽으로 나아가 이 고지대를 넘어가면 바람을 피할 곳이 나와 줄까? 아니면 오던 길로 돌아가서 바람을 피할 곳을 찾아야 할까? 나는 마크의 생존을 위해 이 고지대를 내려가기로 결정했다. 우리가 지나온 길 중에 바람을 피할 수 있는 유일한 곳은 자갈길 근처의 마른 강바닥뿐이었다. 우리는 고지대를 내려가서 도로와 평행으로 움직였으나, 200m 거리에 헤드라이트 불빛이 보였다. 우리는 시간이 없어 위치측정을 할 수 없었다. 뒤로 후퇴해 숨어야 했고, 해가 뜰 때에 적에게 폭로되어서는 안 되었다. 정말이지 지독한 두 시간이었다. 우리는 가급적 빨리 움직였고, 해가 뜨기 직전에 움푹 파인 숨을 곳을 발견해 내었다. 은폐와 기타 요소들이 잘 절충된 곳이었다. 이제 내일 밤 다시 움직여야 했다.

그래 봤자 1m 깊이밖에 안 되었다. 우리는 그 속에 겹겹이 누웠다. 가슴이 아파왔다. 그 엄청난 거리를 전진해 왔음에도 불구하고 북서 방향으로 불과 10km를 더 전진하지 못해서 이러는 것이었다. 그러나 밤에 전진하지 못하더라도 대원 1명을 잃는 것보다는 낫다고 생각했다. 우리는 북방 1.6km 거리의 자갈길을 보았다. 이 웅덩이는 바람 부는 방향으로 나 있어서 우리는 여기서도 바람을 전혀 피할 수 없었다. 우리는 서로 끌어안고 눈을 계속 뜨고 있었다.

1월 26일 일출. 우리는 적 진지 위에 있지 않음을 확인했다. 우리보다 높은 지형은 딱 하나밖에 없었고, 우리는 구덩이 벽에 한데 뭉쳐서 우리 위치가 폭로되는 것을 막았다.

날씨가 바뀌었다. 하늘에는 구름 한 점 없었고, 햇빛이 비추고 있었다. 심리적으로 매우 편안했지만 아직도 추웠다. 바람은 몰아치고 우리는 젖어 있었다.

나는 쌍안경을 갖고 있었다. 헤리퍼드의 금은방에서 구입한 뛰어난 물건이었다. 나는 펌프장으로 통하는 북방의 길을 살폈다. 그 길에는 차가 몇 분 간격으로 꾸준히 다니고 있었다. 석유 수송차, 급수차, 남편이 운전하고 검은 옷을 입은 아내가 뒤에 앉은 민간용 랜드크루저 등이 지나갔다. 차들은 대개 3~4대씩 무리를 지어 다녔다. 물론 장갑차와 트럭이 포함된 군용 차량 대열도 있었다.

남쪽을 보니 1.6km 이상 떨어진 곳에 도로와 평행으로 철탑들이 북동~남동을 가로지르고 있었다. 서너 대의 차들이 철탑을 이정표로 사용하기라도 하는 듯 남동쪽으로 달리고 있었다. 우리는 두 철탑 사이에 있었다.

우리는 온기를 얻기 위해 상대방을 끌어안았고, 눈을 계속 뜨고 있었으나 졸기 시작하면 깨웠다. 우리는 지난 밤에도 살아남았다. 그리고 나는 오늘 밤에도 살아남기를 바랐다.

우리는 발을 점검했다. 이때도 전원이 한꺼번에 다 신발을 벗는 것이 아니라 한 번에 한 사람씩, 그것도 한 짝씩 벗어서 검사했다. 우리는 악조건 속에서 힘든 행군을 자주 해 보았으나, 특히 지난밤은 비스킷까지 먹어야 할 정도로 힘들었다. 우리는 12시간 동안 약 50km를 누구도 겪어 보지 못한 최악의 기상조건에서 행군했다. 우리 발은 엄청난 거리를 걸어왔다.

딩거가 크리스에게 고어텍스(GoreTex)제 고-패스터(Go-faster) 군화 한 켤레를 100퀴드(quid: 파운드의 속어)에 팔았던 것이 기억났다. 딩거는 자기의 아픈 발가락을 문지르면서 말했다.

"아직도 크리스가 달리고 있다면 내 좋은 군화를 신었기 때문에 발에 문제가 없어서 그럴 거야."

우리들은 차가운 음식을 먹었다. 이 지형에는 숨을 곳이 없었으므로 요리를 할 수 없었다. 그래도 우리는 며칠 간 더 먹을 만큼의 음식을 갖고 있었다. 물 부족이 더 중요한 문제였다.

우리는 모여서 계획을 짰다. 고지대를 오늘 밤 넘어가는 것이 큰 계획이었다. 고지대를 넘으면 국경으로 통하는 저지대 자갈밭이 나온다고 지도에 명시되어 있었다. 이론적으로는 저 고지대만 넘어가면 우리는 오늘 밤 국경을 넘을 수 있었다. 그러려면 12시간 동안 더 행군을 해야 했다. 그래도 긍정적인 점을 보자면, 우리가 가진 것이 단독군장과 병기뿐이라 무거운 짐을 메고 다닐 필요가 없다는 것, 그리고 이라크를 탈출해 시리아로 간다는 분명한 목표가 있다는 것이었다. 그러나 국경에 뭐가 버티고 있을지는 미지수였다. 가 봐야 알 수 있었다.

우리는 현 위치가 어딘지, 우리는 어디로 가고 있는지, 우리 앞길은 어떻게 생겼는지를 알기 위해 지도를 살펴보았다. 항공지도를 사용하므로 그리 어렵지는 않았다. 철탑이 늘어선 상태는 지도와 거의 일치했으나, 우리는 3시간만 더 북쪽으로 가면 우측에 대규모 건물들이 있는 곳을 보게 될 것을 알았다. 그것이 유일한 고정 장애물 같았다.

우리는 지금 잘 회복되고 있었다. 시간이 좀 지나자 우리는 귓속말로 썰렁한 농담을 하여 사기를 높이려고 했다. 모두가 다시금 원기를 회복하고 있었다. 아직도 추웠으나, 참을 만했다. 최악의 경우라도 눈이나 비는 오지 않을 것이다. 나는 우리가 마지막 남은 큰일을 치를 수 있다고 생각했다.

그 소리를 들은 것은 15:30시였다.

딩동댕동 매해해해~~~

나는 혼잣말을 했다.

"으~ 듣고 싶지 않은 소리로군."

나는 잽싸게 주위를 살폈으나 아무것도 보이지 않았다. 우리는 지면에 엎드렸다. 저번 교전 때 같은 비명이나 외침 소리는 들리지 않았고, 오직 구시렁대는 소리와 종소리만 났다. 그 소리는 점점 가까워 오고 있었다. 나는 위를 보고 앞장선 염소의 목에 달린 종을 보았다. 그 염소가 어디로 가건 다른 염소들이 또 있을 것이 분명했다. 하나 둘씩 다른 염소들이 나타났다. 순식간에 염소 10마리가 웅덩이 가에 모여 섰다. 그들과 우리는 서로를 바라봤다. 나는 맨 앞의 염소 머리 너머로 자갈 2개를 던져 염소들을 조용히 내쫓으려고 했다.

그러나 염소들은 더 가까이 다가왔고, 다른 염소들도 따라왔다. 그들은 입을 오물거리며 고개를 숙였고, 우리 5명은 한숨을 쉬었다. 그들은 너무 빨리 온 것이었다. 잠시 늙은 염소지기가 나타났다. 그는 한 70살가량 되어 보였다. 그는 울로 된 큰 가방을 들고 윗도리에 낡은 카디건을 걸치고 있었다. 그의 얼굴은 두건으로 가려져 있었다. 어깨에는 초라한 가죽 주머니를 매고 있었다. 그는 손목의 염주를 굴리며 "알라" 하고 중얼거렸다.

우리를 본 그의 태도는 흐트러지지 않았다. 놀람, 공포 등을 일절 발견할 수 없었다.

나는 전에 만난 사람을 보듯이 그를 보며 미소 지었다.

그는 황무지 한가운데의 구덩이에서 서로 끌어안고 있는 외국인 5명 정도는 매일 보는 양 완전히 무심하게 우리 곁에 앉아 뭐라고 말하기 시작했다. 나는 그의 말을 전혀 알아들을 수 없었다.

우리는 그에게 먼저 인사부터 건넸다.

"아스 살람 알 레이쿰(당신의 평안을 기원합니다)."

그도 대답했다.

"와 알레이쿰 아스 살람(저 역시 당신의 평안을 기원합니다)."

우리는 그와 악수했다. 기묘한 일이었다. 그는 무척이나 우호적이었다. 나는 그 노인이 지금 전쟁 중이라는 사실을 알고나 있는지 의심스러웠다. 불과 몇 초 사이에 우리는 가장 친한 친구가 되었다.

나는 이야기를 계속 하고 싶었으나, 우리의 아랍어 실력이 따라주지 못했다. 나는 질문을 한 다음 어떤 대답을 들을지조차 예상하지 못했다. 아무튼 질문해 보았다.

"웨인 알 소우크?"

우리는 황무지 한가운데에 있었으므로 시장으로 가는 길은 어디인지 물어 본 것이었다.

그는 눈 하나 깜박 안 하고 남쪽을 가리켰다.

딩거가 말했다.

"좋으네요. 다음에 우리가 여기 올 때는 최소한 세인즈버리로 가는 길 정도는 알게 되겠군."

보브는 염소지기의 주머니 속에 든 물통을 가리키며 말했다.

"할리브?"

우유냐고 물은 것이었다. 염소지기는 고개를 끄덕이며 우리 모두에게 우유를 주었다. 그는 주머니에서 좀 묵은 빵도 꺼내 주었다. 우리는 앉아서 좋은 사람 행세를 하기 시작했다.

마크는 일어서서 아무렇지도 않다는 표정으로 주변을 둘러보았다.

"여기 이 사람 말고 다른 사람은 안 보이네요."

마크가 말하자 모두 미소 지었다.

염소지기는 남쪽을 다시 가리키며 손을 내저으며 말했다.

"제이쉬, 제이쉬."

나는 보브에게 미심쩍은 표정을 지었다.

보브가 염소지기의 말을 통역했다.

"저기 군대가, 민병대가 있대요."

그리고 나서 그가 염소지기에게 물어보았다.

"웨인? 웨인 제이쉬?"

염소지기는 우리가 걸어온 길을 가리켰다.

우리는 그의 말을 이해할 수 없었다. 저기에 단순히 많은 군인들이 있다는 것인지, 그 군인들이 당신들을 찾고 있다는 것인지, 혹은 당신들은 그 군인들과 한패거리가 아니냐는 것인지? 우리 중 아무도 그의 말을 제대로 이해 못했다. 우리는 그와 손짓발짓 다 동원해 가며 이야기해 보려고 했다.

그것은 아주 웃기는 일이었다. 우리는 사막 한가운데서 얼어 죽기 전까지 갔다가 아주 따뜻한 만남을 가진 것이었다.

우리는 약 30분간 그와 이야기했으나, 우리는 한 가지 결정을 내려야 했다. 그를 죽일까? 아니면 여기 묶어 둬서 우리가 여기를 떠날 때까지 움직이지 못하게 할까? 그를 죽여야 아무도 무슨 일이 있었는지 모르게 할 수 있다. 그러나 이 시골 동네에서 민간인 노인의 시신이 발견되면 우리가 포로로 잡혔을 때 - 항상 염두에 두는 것이기는 했다 - 더욱 혹독한 취급을 받을 수도 있었다. 우리가 그를 결박해 놓으면 밤 동안의 지독한 추위로 인해 그는 내일 아침이 되기 전에 얼어 죽을 것이다. 시신은 거의 틀림없이 발견될 것이고, 결국 이 나라의 모든 염소지기들과 염소들까지 우리를 잡으러 나설지도 모른다.

그를 그냥 보내 주면 그가 누군가에게 우리를 본 사실을 말할 수도 있다. 그런 경우 얼마만큼 위험할까? 그는 다른 교통수단이 없고, 마크는 여기에는 다른 사람이 없다고 했다. 시각은 16:00시경이었고 해가 곧 질 것이었다. 그가 경보를 발령하더라도 어떤 반응을 취하기에는 너무 어두워질 것이다. 그러면 우리는 그동안 걸어서 국경으로 가면 된다. 우리는 그를 그냥 가게 내버려두었다. 우리는 SAS이지 SS(Schutz Staffel: 나치 독일의 친위대)가 아니었다.

우리는 그를 살려 보내기로 의견의 일치를 보았다. 그가 시야에서 사라질 때까지 감시하고 남쪽으로 가는 것처럼 위장하기로 했다.

5분 후에 그는 작별인사를 하고 별 신경 쓰지 않는 태도로 염소들을 데리고 발을 끌며 나아갔다. 그가 800m를 나아가 황무지 속으로 완전히 사라져 보이지 않을 때까지 우리는 그를 지켜본 후 움직였다. 우리는 몇 km를 남쪽으로 가다가 서쪽으로 방향을 바꾸었다.

우리는 작은 구덩이를 찾아내고, 잠시 회의를 하기 위해 그 속에 들어갔다. 몇 가지 의논해야 할 문제가 있었다. 첫 번째 문제는 물이 부족했고, 식량도 2일분밖에 없다는 점이었다. 특히 물은 거의 다 떨어져 가고 있었다. 두 번째 문제는 우리는 적이 우리의 최종 은거지와 진행 방향을 알고 있다고 가정하고 움직여야 했다. 세 번째 문제는 우리가 또 하나의 실수를 저질렀다는 점이었다. 나는 해가 질 때까지 노인을 붙잡아 두었다가 놓아 줬어야 했다고 후회하기 시작했다. 우리는 아직도 몸의 상태가 안 좋았고, 고지대로 올라갈수록 날씨가 나빠질 것이었다. 우리는 어젯밤에 거의 죽을 뻔했고, 그런 상황에 또 처하는 것은 싫었다. 우리는 하룻밤 동안 행군을 못했고, 또 행군하지 못하는 것은 싫었다. 결국 현재 상황은 썩 좋지 못했으며, 우리는 노인을 집에 보내서는 안 되었을는지도 몰랐다. 그러나 이미 벌어진 일은 어쩔 수 없었다.

우리는 정찰대로서 남아 있는 몇 가지 선택지를 생각해 보았다. 첫 번째로 물을 얻기 위해 서쪽으로 계속 가는 것이었다. 고지대에는 눈과 얼음이 있으므로 물도 얻을 수 있다. 둘째로 강까지는 북쪽으로 갔다가 강에서 서쪽으로 도는 것이다. 그러나 우리는 인원이 많으므로 국경으로 가까이 갈수록 은폐가 힘들었고, 강 주변에는 많은 사람들이 살고 있었다. 세 번째로 차를 훔쳐 밤에 국경으로 몰고 가는 것이었다. 시각은 17:15시였고 어두워지고 있었다. 적의 활동력과 우리의 상태를 감안해 보건대 우리에게는 밤 동안 차를 훔쳐 타고 가는 것이 제일 적합했고 그 시점은 빠를수록 좋았다.

우리는 오늘 밤 뭐든 큰일을 치르게 될 것이었다. 도로로 나가기 전에 우리는 병기 점검을 했다. 한 번에 한 사람씩 병기의 노리쇠를 분해해서 기름을 치고 완벽히 작동하는지 시험했다.

나는 쌍안경으로 도로를 살폈다. 우리에게는 다른 사람에게 보이지 않게 숨어 있다가 차를 막을 공간이 필요했다. 나는 고지대에서 숨기 좋은 작은 둔덕을 찾아냈다.

보브가 절름발이 시늉을 하고, 내가 그를 부축하는 선한 사마리아인 시늉을 하는 것이 계획이었다. 우리가 나쁜 사람처럼 보이지 않도록 병기와 단독군장은 다른 대원들에게 맡겼다. 차에서 사람이 내리면 차를 납치하여 가 버리는 것이었다. 우리가 지난 6시간 동안 본 차종은 탱크로리와 랜드크루저 말고는 없었다. 차종에 따라 남쪽으로 가서 줄지어 선 철탑들을 만나면 그것들을 따라 서쪽으로 가는 크로스컨트리(cross-country)를 하든가, 아니면 도로를 따라 계속 달리든가 해야 할 것이었다.

도로는 여기서 도보로 30분 거리였다. 우리는 일몰 때에 고지대로 올라갔다. 렉스가 도로 오른쪽에 인공적으로 파진 도랑을 찾아냈다. 우리는 모두 그 속으로 들어갔다. 도로가 몇 km 이상 길고 곧게 뻗어 있었고, 우리는 고지대에서 내려다보는 입장이었으므로 남동쪽으로는 양호한 시계가 확보되었다. 그러나 도로 북서쪽에는 고도 270m 정도의 고지대가 있었다. 그 방향에서 차가 올 경우에는 제대로 대처할 시간이 부족했다. 보브와 내가 차를 도랑 바로 건너편에서 멈추게 하면 친구들이 뛰어나와 차를 잡을 것이었다.

우리는 길옆의 도랑에 숨어서 쌍안경으로 동쪽을 살폈다. 트럭 2대가 도로를 따라 움직이고 있었고, 그들은 우리의 최종 은거지 방향으로 갔다. 라이트 불빛 때문에 트럭에서 사람들이 내리는지는 알 수 없었으나, 그들은 길 양쪽의 뭔가를 찾고 있는 듯한 태도였다. 나는 그들이 우리를 찾고 있는 것이라고 생각했다. 잠시 후에 그 차들은 다시 길에 올라와서 우리 쪽으로 달려오기 시작했다.

저놈들은 어젯밤부터 우리를 추적하고 있던 것일까? 우리가 도망쳐 온 것은 행운이었지만, 그 염소지기 노인네를 잡지 않고 보내 준 것은 불행이었다. 그러나 그는 저 차들이 온 방향과 반대 방향으로 갔다. 그것은 이유가 될 수 없었다.

우리는 라이트가 가까이 오는 것을 보았고, 산을 울리는 엔진 소리를 들었다. 우리는 고개를 처박고 트럭에 탄 놈들이 우리를 보지 못하기를 기원했다.

우리는 기다렸다. 트럭이 멈추는 순간 우리는 일어서서 사격할 것이다. 우리는 잃을 게 없었다.

그러나 다행히도 그들은 빠르게 차를 몰고 사라졌고, 우리는 안도의 미소를 지었다.

보브와 나는 길 위로 올라가 앉아 도로의 양 방향을 살폈다. 약 20분 후 우리에게 오는 자동차의 윗부분이 보이기 시작했다. 다행스럽게도 그 차는 군인을 실은 트럭이 아니었고, 우리는 일어섰다. 그 차는 우리를 발견하고 속도를 줄여 우리 앞 3m 정도에서 멈추었다. 나는 헤드라이트 불빛으로부터 눈을 가리고자 얼굴을 가리고 고개를 숙였다. 보브와 나는 차 앞으로 절룩거리며 다가갔다.

나는 보브에게 귓속말을 했다.

"젠장, 이 차 좀 봐."

이라크의 어떠한 차량이라도 우리가 숨어 있는 이 길로 올 수 있었지만, 하필 우리가 납치하여 자유를 얻기 위해 타고 갈 차는 1950년대에 생산된 뉴욕의 노란 택시였다. 도저히 믿을 수 없었다. 범퍼는 크롬 도금이 되어 있었고, 타이어에는 흰 테두리까지 있었다.

우리는 행동을 개시했다. 보브는 마치 부상병처럼 나에게 부축받고 있었다. 전우들이 도랑에서 튀어나왔다.

마크가 믿어지지 않는 듯이 소리쳤다.

"도대체 왜 이딴 차를 타야 합니까? 이건 우리 목숨이 걸린 문제예요! 기왕이면 좋은 랜드크루저로 할 것이지!"

운전사는 너무 놀라 안절부절 못했다. 그와 뒷좌석에 앉은 두 승객은 입을 딱 벌리고, 자신들을 향한 M-16 소총과 미니미 기관총의 총구를 응시했다.

이 택시는 전형적 아랍식 장식이 된 고물딱지였다. 레이스와 싸구려 종교적 장식물들이 도처에 붙어 있었다. 시트커버랍시고 낡은 담요 두 장이 의자에 씌워져 있었다. 운전사는 넋이 나간 상태였으며, 뒷좌석의 두 승객들도 얼어붙어 버렸다. 그들은 모두 빳빳한 녹색 군복과 베레모를 착용하고 있었고, 무릎에 가방을 올려놓고 있었다. 두 승객 중에서 젊은 사람이 자신들은 부자지간이라고 이야기했다. 우리는 그들이 가진 물건을 신속히 뒤져 챙길 만한 것이 있는지 살펴보았다.

다른 차가 언제 올지 모르기 때문에 빨리 움직여야 했다. 우리는 그들을 길옆으로 내몰려 했으나 늙은 아버지는 무릎을 꿇고 빌었다. 그는 자기가 살해당할 것이라고 생각한 모양이었다.

"나는 기독교인이오!"

그는 이렇게 소리 지르면서 자기 주머니를 뒤져 성모 마리아가 그려진 열쇠고리를 꺼내 보였다. 그는 택시 운전사를 가리키며 소리 질렀다.

"저 사람은 이슬람교도요!"

그리고 운전사를 차 밖으로 끌어내었다.

운전사는 무릎을 꿇고 몸을 굽혀 기도했다. 우리는 그를 움직이려고 총의 총구로 그를 쿡쿡 찔러야 했다.

딩거가 물었다.

"혹시 담배 있나?"

아들이 담배 여러 갑을 갖다 바쳤다.

아버지는 일어서서 자신을 죽이지 않아 고맙다며 마크에게 키스했다. 운전사는 계속 울며불며 기도하고 있었다. 코미디(comedy)가 따로 없었다.

내가 물었다.

"뭐가 문제야?"

아들이 유창한 영어로 답했다.

"이 차는 저 운전사의 것으로서 이걸로 애들을 먹여 살려야 한답니다."

보브가 거칠게 말했다.

"제기랄, 이 정도면 나는 충분히 고생했어."

그는 대검을 운전사의 코에 겨누고 도랑으로 끌고 갔다.

우리는 거기 그들을 그냥 내버려두고 갔다. 그들을 결박할 시간따윈 없었다. 우리는 빨리 몇 km라도 더 가고 싶을 뿐이었다.

내가 말했다.

"내가 운전하겠어. 영화 〈택시 드라이버〉의 로버트 드 니로 생각이 나는군."

변속 기어가 구식 수동이어서 제대로 잘 다루지 못했다. 그러자 대원들은 야유를 보냈지만, 나는 6포인트 턴(six point turn, 차량의 진행 방향을 180도 바꿀 때 쓰는 3포인트 턴의 변형 기술로 보임)을 해서 서쪽으로 진로를 잡고 덜컹거리며 달리기 시작했다. 렉스는 조수석에서 나침반으로 항로를 조사하고 있었다. 부디 항로를 잘못 잡아 "바그다드에 오신 모범운전수 여러분을 환영합니다!" 따위의 팻말을 보지 않기를 바랐다.

우리는 권총이 없었고, 오직 소총뿐이었다. 그래서 소총이 사용불능 상태에 빠질 경우 사용할 수 있는 무기는 거의 없었다. 그럼에도 불구하고 우리는 행복했다. 지금은 쉬는 시간이었고, 또 동시에 시간을 벌고 있는 중이기도 했다. 오늘 밤 우리는 국경을 넘거나, 아니면 죽을 것이었다.

도로를 따라 가야 하는 것은 위험한 일이지만, 우리는 이미 여정의 대부분을 달려왔다. 우리는 연료탱크 용량의 반이 넘는 연료가 있었고, 이 정도면 국경까지 달려가고도 남는 양이었다. 눈에 띄거나 사소한 사고도 일으키고 싶지 않았기 때문에 경제속도로 달렸다. 가급적 멀리 달려간 후 차를 버리고 도보로 국경을 넘을 생각이었다.

우리는 차량 검문소에 도착할 경우 어떻게 할지 계획을 세워 보았으나 정확히 뭘 해야 할 지는 알 수 없었다. 이 차로 검문소를 강행돌파할 수는 없었다. 영화에서는 자주 그런 환상적인 장면이 나오지만, 어디까지나 환상에 불과했다. 영구적 검문소 시설은 대개 이 정도 차량은 저지할 수 있게 설계되어 있고, 게다가 적의 사격이 우리 차에 집중되면 우리는 테틀리(Tetley) 티백(tea bag) 마냥 완전히 벌집이 될 것이다. 그보다는 검문소를 만나자마자 가급적 빨리 정차한 후 도보로 탈출하는 것이 나을 것이었다.

유감스럽게도 우리 지도는 AA(The Automobile Association 영국 자동차협회)지도가 아닌 항공지도였다. 지도 위에 나온 길은 너무 알아보기 힘들었다. 렉스는 그래도 서쪽으로 가는 길을 대강이라도 찾아내어 내게 알려주었다. 그래서 나는 얼마나 전진했는지 알기 위해 주행 거리계를 자주 측정했다.

우리가 처음으로 만난 큰 시설은 유전이었는데, 군용 차량들과 이라크군들이 도처에 깔려 있었으나 검문소는 없었다. 아무도 덜컹거리며 빠르게 전진하는 택시에 눈길을 주지 않았다.

우리는 어디로 가는지 알기 위해 주위를 잘 둘러봐야 했다. 만약 우리가 길을 잃은 것 같아 보이면 이라크인들이 우리를 돕겠다고 올지도 모르기 때문이었다.

우리는 곧 또 다른 교차로에 도착했다. 여기서는 서쪽으로 갈 수는 없었으므로 북쪽으로 가는 것이 최선이었다. 여지까지 우리가 달려온 1차선 도로와는 달리 이곳은 2차선 도로였고 다수의 유조차로 이루어진 차량 대열로 북적거렸다. 우리는 대열을 빠져나오려 했으나, 앞에서 또 군용 차량들이 왔다. 군용 차량들 말고는 오는 차가 없었기 때문에 우리는 이 차량 대열 속에 그대로 있어야 했다. 어쨌든 우리는 계속 움직였고, 히터는 최고 온도로 가동되고 있었으며, 행복하게도 따뜻했다.

유조차 호송대열이 갑자기 멈추었다.

우리는 그 이유를 알지 못했다. 교통신호에 걸린 건가? 교통사고가 터졌나? 차량 검문소가 있나?

렉스가 뛰어나가서 재빨리 살펴보았으나, 어둠 속에서는 아무것도 보이지 않았다. 우리는 다시 꾸물꾸물 전진하기 시작했고, 다시 멈추자 렉스가 또 나가서 살펴보았다. 그가 본 것을 이야기했다.

"대열 앞쪽에 군용 차량들이 있습니다. 그중 한 대가 교통사고를 일으켰거나 고장 난 것 같습니다."

랜드크루저 차 안팎에 이라크 병사들이 있었고, 다른 차들은 그 차를 우회해서 나아가기 시작했다. 우리는 빠르게 달리기 시작했고, 우리는 숨을 죽였다. 한 이라크군이 교통정리를 하며 우리 차를 가리켰다. 마크, 보브, 딩거는 뒷좌석에서 자는 척 했고, 우리는 두건을 쓴 채로 바보처럼 웃으며 그 옆을 지나쳐 갔다. 그들이 백밀러 뒤로 완전히 보이지 않게 되었을 때 우리는 바보처럼 웃었다.

우리는 한 도시에 도착했다. 관공서에는 사담 후세인의 동상이 서 있었고, 어디에나 후세인의 초상화가 걸려 있었다. 우리는 사람들이 많은 카페를 지나쳤다. 우리는 민간용 차, 군 장갑차 등도 마주쳤으나 아무 일도 일어나지 않았다.

가끔씩 길이나 교차로를 잘못 들어 완전히 엉뚱한 곳으로 가기도 했다. 우리는 동서남북으로 마구 다니기도 했으나, 결국 항상 서쪽으로 진로를 유지했다. 마크는 뒤에서 무릎에 GPS를 놓고 잘 고정시키고 있었고, 따라서 국경까지 가는 데 필요한 정보를 얻을 수 있었다.

딩거는 사형수의 마지막 소원이라도 되는 듯이 담배를 피우고 있었다. 나도 담배를 피워볼까 생각해 보았다. 나는 아직 담배를 피우는 습관이 없어서 만약 죽게 된다면 담배를 피우지 못한 것을 후회할지도 모른다고 생각했다.

나는 딩거에게 물어 보았다.

"몇 개비 남았나? 설마 벌써 다 피워 버리지는 않았겠지?"

"한 개비 드릴까요?"

"괜찮아, 별로 피우고 싶지는 않군."

"흠, 피우기 싫으신가요? 하긴 담배를 피우면 상사님은 펄펄 날뛰다가 자동차 사고를 낼 겁니다. 1년에 폐암으로 몇 사람이나 죽는지 알고 계시죠? 저는 상사님을 위험에 노출시키면 안 돼요. 이미 어느 정도는 간접흡연을 하셨지만요."

그는 담배 연기를 깊이 빨아들인 후 내게 내뿜었다. 나는 그것이 싫었고, 그도 그 사실을 알고 있었다. 우리가 대테러부대에 있을 때 딩거는 레인지로버를 자주 운전했다. 그는 항상 담배를 피웠지만, 나는 그것을 싫어했다. 하지만 그는 항상 창문을 꼭 닫아 놓았다. 나는 화가 나서 창문을 열었다. 그러자 그는 깔깔 웃으며 다시 창문을 닫았다. 그는 〈엘비스-데뷔 후 20년간의 히트곡 선집〉류의 테이프를 가지고 있었다. 그는 내가 그런 음악도 싫어한다는 것을 알고 있었고, 그래서 기회 있을 때마다 그 테이프를 틀었다. 우리는 M4 도로로 달리고 있었고, 나는 그의 담배연기를 참지 못해 창문을 다시 열었다. 딩거는 웃으며 자신의 테이프를 스테레오에 끼웠다. 나는 그 테이프를 꺼내어 차창 밖으로 내던져 버렸다. 전쟁이 시작된 것이었다.

나는 좀 멀리 드라이브를 떠날 때마다 〈매드니스〉, 〈더 잼〉 등의 명곡 테이프를 갖고 다녔다. 그 사건이 일어난 지 몇 주가 지난 후 어느 날 나는 그중 1개를 꺼내어 스테레오에 끼운 후 눈을 감고 딩거의 담배냄새와 방구냄새를 욕했다. 내가 무슨 일이 터졌는지 알아차리기도 전에 딩거는 내 테이프를 꺼내어 차창 밖으로 던져 버렸다.

나는 이라크제 담배 연기 속에서 고개를 끄덕이며 말했다.

"자네가 그럴 때마다 난 자네가 무지하게 미웠어. 자네가 피우는 담배 중 3분의 1은 내가 피웠을 걸?"

"상사님은 그런 말씀 하실 자격 없습니다. 저는 돈 내고 담배 피우는데 상사님은 돈도 안 내고 피웠잖아요?"

*   *   *

도로 표지판은 아랍어와 영어로 되어 있었고, 뒷좌석의 대원들은 무릎에 지도를 펼쳐 놓고 우리가 어디 있는지 측정하고 있었다. 그러나 아무것도 알아볼 수 없었다. 유프라테스 강을 따라 건물들이 늘어서 있었으나 지명은 없었다.

모든 상황으로 보건대 우리는 예상 외로 잘 해내고 있었다. 자신감 넘치는 분위기였으나, 걱정이 되지 않는 것은 아니었다. 지금쯤 적들은 우리가 차를 납치한 곳에서 사람들을 찾아내어 노란 택시를 수배했을 터였다. 우리가 지내온 며칠간에 비하면 지금은 즐거운 시간이었으며 결정적으로 따뜻했다. 차가 덥혀지고 우리 옷도 말라 갔다.

더 많은 호송대열이 보였다. 20대의 차량이 1조를 이룬 것도 있었다. 우리는 그 뒤로 따라갔다. 어디에나 민간인들 차가 있었으며, 가로등은 없지만 그 편이 더 나았다. 우리는 최선을 다해 무기를 숨겨야 했으나, 또한 비상시를 대비해 쉽게 뽑아 쓸 수 있어야 했다.

우리는 탁 트인 도로의 모퉁이를 돌아 교통 체증 속으로 빠져들었다. 우리 뒤에도 차들이 밀려 있었고, 우리는 갇혔다. 이런 경우에는 뒤에 눈이 있기 때문에 렉스가 밖으로 나갈 수 없다. 우리는 그저 쥐 죽은 듯이 있어야 했다.

어깨에 소총을 멘 병사가 우리 좌측에서 각 차량의 운전석을 검사하고 있었다. 각 차의 운전사는 그와 이야기했다. 우측에는 소총을 멘 병사 2명이 더 있었는데, 그들은 검문하는 병사보다는 더 느리게 걸어다니며 담배를 피우며 이야기하고 있었다.

우리는 난처한 상황에 빠진 것을 알았다. 저 병사가 우리 차 안으로 고개를 디밀어 우리와 눈이 마주치는 순간 우리가 차를 무사히 몰고 도망칠 확률은 1%도 되지 않았다.

우리는 중대한 결정을 내려야 했다. 우리는 무엇을 해야 할 것인가? 기다려야 할까. 아니면 지금 뛰어나가야 할까?

내가 말했다.

"기다리자. 어떻게 될지는 아무도 모르는 거야."

우리는 매우 느리게 병기를 잡았다. 일이 터지면 우리는 차를 뛰쳐나가야 하는 것이다. 모두가 차의 문 손잡이에 손을 올려놓고 열 준비를 했다.

마크가 조용히 말했다.

"시리아에서 만납시다."

우리는 가급적 함께 다녀야 했으나, 지금은 따로 떨어질 수밖에 없는 급박한 상황이었다. 각 사람이 혼자서 움직여야 했다.

우리는 기다리고 또 기다리며 적병이 느리게 다가오는 것을 보았다. 그들은 뭔가를 특별히 경계하고 있는 분위기는 아닌 것 같았고, 단순히 시간을 때우는 것 같았다. 마크는 마젤란을 사용해 국경까지의 거리를 계산하려고 했으나, 시간이 부족했다.

내가 말했다.

"일단 남쪽으로 가다가 서쪽으로 가자."

그것은 길 왼편으로 뛰어가며 적이 머리를 들지 못하게 사격을 가한 후 미친 듯이 뛰어가자는 것이었다. 내가 생각할 때 지금은 우리가 사우디를 떠나 온 이후로 가장 위험한 순간이었다.

뒷좌석의 대원들이 무기를 치켜세웠다. 렉스는 자신의 M-16 소총 총열을 내 무릎 위에 걸쳐 놓고 말했다.

"적이 운전석으로 고개를 디밀어 우리를 보는 즉시 제가 그를 쏴 죽이겠습니다."

내가 할 일은 총탄으로부터 머리를 피하는 일 뿐이었다. 렉스가 총을 들어 일을 해치울 것이었다.

보브가 말했다.

"제가 다른 두 놈을 해치우겠습니다."

나는 렉스의 총을 숨기기 위해 상체를 앞으로 기울였다.

적들은 우리 앞에서 차량을 검문하고 있었다. 그는 운전석에 몸을 굽힌 채 웃고 떠들고 있었으며, 다른 것에는 별 관심이 없었다. 그는 이야기하면서 손을 내저었다. 아마 날씨를 불평하는 것 같았다. 우리의 아랍어 실력으로는 그가 우리 차에 올 때 그리 많은 이야기를 하기는 힘들 것이다. 내가 할 줄 아는 말은 고작 시장으로 가는 길을 묻는 것 정도일 것이다.

적병은 우리 앞차에 경례를 하고서 우리 택시 쪽으로 어슬렁거리며 다가왔다. 나는 앞으로 몸을 굽혀 계기판을 만지는 시늉을 했다.

그는 창문을 두드렸다. 나는 내 머리를 오른쪽 뒤로 붙이는 동시에 다리를 펴고 의자에 등을 바짝 붙였다. 창문에 적이 얼굴을 바짝 들이댄 순간 렉스가 M-16 소총을 들어 1발을 발사했다. 차창은 깨져 날아갔고 차문이 열리면서 우리는 적의 시체가 쓰러지기도 전에 튀어나와 달리고 있었다.

나머지 2명의 적이 쫓아왔으나, 우리의 미니미 기관총이 불을 뿜자 그들은 다섯 발자국도 못가 쓰러졌다. 민간인들은 모두 자기 차에 쥐 죽은 듯이 그대로 있었다.

우리는 차량 대열 오른편으로 달려 일단 검문소의 시계와 차량 대열의 헤드라이트, 달빛에 우리를 노출시켰다. 그들은 사격을 개시했으며, 우리도 엄청난 사격으로 응수했다. 그들은 이 상황에 매우 놀랐을 것이다. 우리의 사격은 불과 단발 1회, 점사 2회에 불과했다. 두건을 쓴 미친 놈 5명이 사막으로 달려가고 있었다.

검문소에서 한 놈이 도로로 나와 지원사격을 가했고, 다른 병력들이 길을 건너기 시작했으나, 우리는 모두 도망친 후였다. 전투는 30초도 안 되어 끝났다.

우리는 몇 분간 남쪽으로 달렸다. 나는 멈춰서 소리쳤다.

"집합! 집합! 집합!"

대원들이 내게로 달려왔다. 나는 손가락으로 그들의 수를 세었다. 1명, 2명, 3명, 4명.

"다 왔군. 좋아. 가자!"

우리는 달리고 또 달리며 할 수 있는 한 최고의 혼란을 적에게 일으켰다. 오른쪽에서 딩거가 웃는 소리가 들렸으며, 우리는 오랜만에 모두 웃기 시작했다. 엄청난 안도감이었다. 우리 모두 이렇게 무사히 빠져나온 것을 믿을 수 없었다.

우리는 서쪽을 향했다. 마크의 마지막 마젤란 측정에 의하면 우리는 국경으로부터 12.8km 거리였다. 해가 뜨려면 아직 9시간 남았다. 문제없었다! 우리가 해야 할 일은 시간을 벌고, 오늘 밤 내에 국경에 도착하는 것뿐이었다. 이렇게 많은 인원이 오늘 밤 자고 내일 떠날 여유는 없었다.

우리는 주택가에 도착했다. 철탑, 중고차, 쓰레기통, 짖어 대는 개, 집의 불빛 등이 보였다. 가끔씩 담을 넘어가야 하는 경우도 있었다. 길에는 헤드라이트를 켠 자동차가 달리고 있었다. 우리 뒤의 검문소는 여전히 엄청나게 시끄러웠다. 사람들은 소리를 질러 댔고, 산발적인 소화기 사격음이 들렸다. 무한궤도 차량들이 길 위를 달렸다. 이제 전투는 토끼와 사냥개의 경주로 바뀌었다.

달이 보이기 시작했다. 보름달이었고 서쪽 하늘에 있었다. 이보다 더 나쁠 수는 없었다. 그나마 좋은 점은 우리가 더 잘 볼 수 있고, 더 빨리 달릴 수 있다는 것뿐이었다.

우리는 다른 길과 평행으로 달리기 시작했다. 피할 수 없었다. 왼편에는 건물들이 서 있고, 오른편에는 도로가 있었다. 우리는 끝까지 달려가서 혼란이 종식되고 증원병력이 투입되기 전에 국경에 도착해야 했다.

자동차가 올 때마다 우리는 숨어야 했다. 우리는 담을 넘어 다니고, 개를 피하고, 건물을 비껴갔다. 어디에나 집이 있었고, 등이 켜져 있었고, 발전기가 돌아가고 있었다. 아무 사고 없이 이곳을 빠져나가야 했다.

자동차들이 등을 켜지 않고 다니기 시작했다. 아마 우리를 잡으려고 그러는 것 같았다. 아직 멀리서는 총성이 들려왔다. 우리 사막 위장복은 유럽의 식생과 경지와도 거의 비슷한 이곳의 환경에 어울리지 않았다. 우리는 달빛 속에 유령처럼 잘 보였다.

우리는 도로에서 적에게 발견되었다. 3~4대의 차량이 웅웅대며 접근했고, 적들이 뛰어내려 사격을 개시했다. 우리는 이제 탄이 얼마 남지 않았고, 유감스럽게도 오늘 밤이 지나가기 전에 더 많은 전투를 벌일 것 같았다. 우리가 할 수 있는 것은 달리는 것뿐이었다. 여기는 숨을 곳도 없었다. 적들은 사격을 계속했고, 우리는 달리기를 계속했다. 총알이 우리를 스쳐 건물들 사이로 날아갔다.

우리는 약 360m 정도를 전력질주했다. 우리는 작은 집들 사이를 지나쳐 갔으며, 이라크 민간인들이 우리를 죽이러 나올 것도 예상하고 있었으나 그들은 집안에 잘 숨어 있었다. 신이여, 그들을 축복하소서. 아드레날린이 분비되면 올림픽 대표선수처럼 빠르게 뛰게 되지만, 그 상태로 오래 버틸 수는 없다. 다시 총구 화염이 보이기 시작했고, 더 많이 보이기 시작했다.

우리는 언덕 꼭대기로 오르기 시작했다. 우리는 아부 카말 시와 크라빌라 시의 불빛을 내려다보았다. 이 두 도시 사이에 국경이 있는 것이었다. 이곳은 마치 빛의 바다 같았다. 영화 〈클로즈 인카운터(Close Encounter)〉의 세트장으로 가는 것 같았다. 그리고 거기에는 높은 깃대들이 있었는데, 더 높은 깃대들이 이라크 것이었다. 쫓아오는 적들은 아직도 사격을 해 오고 있었다.

보브가 소리쳤다.

"우~ 저거 좀 봐요. 기쁜 소식입니다! 우린 국경에 거의 다 왔어요!"

"제발 닥치지 못해!"

나는 멍청한 학생을 다그치듯 말했으나 곧 후회했다. 나도 그와 비슷한 생각을 했기 때문이었다. 저 불빛, 아부 카말 시, 저 탑 모두 이라크 것이 아니라 시리아 것이었다. 우리는 저곳에 거의 당도했으며, 나도 보브처럼 흥분했다.

우리는 언덕 꼭대기를 넘어갔다. 그러나 우리가 언덕을 내려오기 시작하자마자 아래에 있는 적병들이 지평선에 떠오르는 우리의 모습을 포착했다. 그들은 대공화기 사수들이었다. 그들은 우선 소화기 사격으로 우리를 환영한 후 대공화기의 포문을 열었다.

우리는 길을 건너고, 우리와 강 사이에 있는 건물들 속으로 숨기 위해 북쪽을 향했다. 대공포대 근처의 차량들이 시동을 걸기 시작했다. 때마침 제트기들이 하늘을 날아가자 대공포는 하늘을 향했다. S-60이 사격 방향을 바꾼 것을 볼 때 그 제트기들은 다국적군이 틀림없었다. 우리는 완벽한 혼란 속에 도망쳤다.

좌우와 뒤, 사방에서 사격이 가해졌으나, 우리는 계속 고개를 숙인 채로 달려갔다. 무수한 예광탄이 날아다녔다. 이라크 놈들은 지평선에서 움직이는 모든 것들에 사격을 가해 댔다. 그놈들에게는 열 받게도 온 사방에 민간인 건물들이 서 있었다. 대공화기 사격음에 귀가 멀 것 같았다. 상대방에게 지시를 하고 위험을 알리려면 있는 대로 소리를 질러야 했다.

우리는 길 위로 올라와 신속히 상태를 점검하고 직진했다. 우리는 길을 건너 멈추고 심호흡을 하여 자신을 추슬렀다. 건물들 사이로 뛰어드는 것은 이제까지와는 완전히 다른 게임이었다. 시가지는 우리가 항상 가급적 피하고자 하는 곳이지만, 이제는 선택의 여지가 없었다. 우측에 식물들이 있기는 했으나, 높은 담으로 막혀 있었다.

시가지를 약 900~1,200m 관통해 전진해야 했다. 많은 집들이 모여 있었고, 담이 쳐져 있었다. 집에서 밭으로 5cm 굵기의 급수용 플라스틱 파이프가 연결되어 있었다. 우리는 그림자를 가급적 많이 이용하여 움직였고, 무기를 조준한 채로 안전장치를 해제하고, 방아쇠에 손가락을 걸었다. 우리는 북쪽으로 이동했고, 달은 서쪽에 있었다. 내가 선두였다. 누구라도 우리 앞을 가로막는다면 내 M-16 소총을 먹여 줄 것이었고, 마크도 두세 걸음 나와서 미니미 기관총의 점사를 갈길 것이었다. 우리가 맞서는 적이 누구냐에 따라 전진하든가 아니면 후퇴해서 재편성할 것인가가 결정될 것이었다. 사람들이 집안으로 도망치면서 소리를 질렀다. 불이 꺼지고 문이 쾅 닫혔다. 우리는 계속 걸어갔다. 이 상황에서 우리는 달릴 수 없었다. 달리다가 뭔가 터지면 대처할 방법이 없었기 때문이었다.

시가의 끝에서 유프라테스 강으로 길과 큰 파이프가 약 140m 길이로 뻗어 있었다. 디젤 펌프가 웅웅거렸고, 온 사방이 꽁꽁 언 진흙밭이었다.

우리는 위장을 하기 위해 식물들이 서 있는 가장자리로 숨어들어가 멈추었다.

우선적으로 우리 수통을 채워야 했다. 두 대원이 강가로 내려갔고 마크가 마젤란으로 위치를 측정했다. 그가 속삭였다.

"국경까지 정확히 10km 남았습니다."

도로에서의 혼란은 끝났다. 그러나 장갑차들이 기동하며 사격을 개시했고, 대공포들도 여전히 사격을 개시했다. 중장거리에서 소화기 사격이 계속되고 있었다. 그들은 움직이는 모든 것, 심지어는 개들과 서로 간에도 사격을 가해 댄 것이 틀림없었다. 우리는 빠르게 움직여야 했다. 국경까지는 10km 남았고 쉴 새 없이 싸우며 나아가야 했다.

우리는 나무에 등을 기대고 앉아 수통에 물을 채우는 두 친구를 바라보았다.

딩거가 말했다.

"10km라, 30분이면 갈 수 있습니다."

보브가 말했다.

"보름달인 게 유감이군."

딩거가 다시 말했다.

"사막 위장복도 문제죠. 게다가 모든 사람과 개들이 우리를 찾아다니고 있어요."

마크와 렉스가 수통을 갖고 돌아왔을 때 우리는 어떻게 할지 숙고하고 있었다. 4가지 방법이 있었다. 강을 건너든가, 동쪽으로 가서 국경을 비껴가 다음 날 밤에 국경을 넘든가, 서쪽으로 계속 가든지, 아니면 해산해서 앞의 3가지 방법 중 자기 마음에 드는 것을 개인적으로 시도하든지였다.

강은 정말 소름끼치는 곳이었다. 대략 폭이 480m는 되어 보였고, 폭우가 온 후라 강이 범람하여 빠르고 무섭게 흐르고 있었다. 물도 매우 차가웠다. 우리는 기나긴 여행과 음식 및 수면, 수분 부족으로 약해져 있었다. 배는 보이지 않았으나, 배를 찾으면 건널 수 있었다. 수영으로 건넌다면 솔직히 10분 이상 지탱할 수 있을지가 의심스러웠다. 게다가 강 저편에 적군이 기다리지 말라는 법도 없었다.

우리는 결국 동쪽으로 간다는 안도 폐기했다. 너무 많은 사람들이 살고 있어서 주간에 숨기가 힘들기 때문이었다. 서쪽으로 가는 것이 최상의 선택 같았다. 적들은 이미 우리가 어디 있는지 알고 있는 마당에 진로를 계속 유지하지 못할 이유는 없었다. 그러나 단체로 움직일 것인가, 아니면 개인적으로 움직일 것인가? 개인별로 움직이면 적에게 5번의 혼란을 초래할 수도 있었다. 그러나 결국 우리는 같은 팀이 아닌가.

내가 지시했다.

"우리는 모두 함께 서쪽으로 가서 오늘 밤 국경을 넘는다. 아침이 되면 적들이 따라붙을 것이 분명하다."

시각은 약 22:00시였고 매우 추웠으며 모두가 떨고 있었다. 우리 모두 땀을 흘리고 있었고, 아드레날린이 펑펑 솟구치고 있었다. 이러한 신체 조건에서 쉬었다가는 꼼짝도 못 하게 되고 만다.

유프라테스 강을 따라 서편을 보니 1.6km 거리에서 다리를 건너는 헤드라이트 불빛이 보였다. 우리가 할 수 있는 일은 많지 않았다. 우리는 저들에게 포위되어 시간낭비하고 있을 겨를이 없었다. 뭔가 환상을 갖기에는 너무 늦었다. 기회를 잡아야 했다.

보브가 말했다.

"시간을 들여 주위를 정찰해 보죠. 우린 아직 시간이 있습니다."

유프라테스로 들어가는 천연 수로가 있었다. 보통은 고지대를 통해 움직이는 것이 보다 편하고 빠르고 조용했다. 강과 평행하게 움직여 고지대를 넘고 있었으나, 물에 너무 접근하여 진흙탕에 발자국을 남겨서는 안 되었다.

지면은 얼어붙은 진흙탕이었다. 철조망 경계선이 서 있었다. 우리는 작고 약한 외곽 건물, 고지대 언덕, 나무, 낡은 물병에 접근했다. 얼어붙은 플라스틱은 우리 발에 밟히면서 시끄럽게 깨졌다. 이곳은 북아일랜드의 황무지 같았다.

바람이 멈추었다. 수백m 거리에서 작은 소리가 들렸다. 우리는 달빛 아래에서 정찰하고 있는 것이었다. 우리가 숨을 내뱉으면 차가운 공기 속에서 구름이 되었다. 우리는 5분마다 정지했다 다시 움직였다. 개가 짖었다. 우리가 건물에 접근할 때면 우리 중 누군가가 앞으로 나가 건물을 살폈다. 나머지는 건물 벽에 철썩 붙어 있었다. 철조망 담장에 접근할 때면 첨병이 담을 넘어갈 때 소리가 날지 여부를 점검했다. 그러고 나서 병기를 철조망 위에 놓아 철조망이 휘어지게 하고 모든 사람이 다 지나간 후에 병기를 치웠다.

우리는 3면 오두막집(3면이 막혀 있고 한 면만 뚫려 있는 집)을 돌아가야 했다. 집주인은 타다 만 불씨 곁에서 코를 골고 있었으나, 우리는 발끝으로 재빨리 걸어갔으므로 깨어나지 않았다. 우리 대열 선두가 길에 들어섰다. 왼편에는 크라빌라로 향하는 도로가 나 있었다. 건물 안에서는 불이 꺼졌다 켜졌다 했다. 장갑차량들도 여전히 돌아다녔으나, 너무 거리가 멀어 우리를 위협할 수는 없었다. 우리 뒤에서는 여전히 맹목적인 사격이 벌어지고 있었다. 3km 정도를 정찰했다. 7km 더 가야 했다. 아직 12시도 안 되었으며 밤은 더 많이 남아 있었다. 나는 기분이 아주 좋았다.

우리는 관목 숲을 따라갔다. 그것은 왼편에서 자연적 하수구로 잘려 있었다. 하수구는 젖은 와디로 흐르고 있었는데, 아마 유프라테스로 통하는 것 같았다. 와디는 45~50m 넓이에 24m 깊이였다. 양쪽 가장자리는 모두 경사가 가팔랐다. 와디 바닥은 평평해 보였고, 물이 뚝뚝 흐르는 정도로 흐르고 있었다. 이게 어디까지 이어지는지는 모르기 때문에 여기로는 가지 않았다. 또한 남쪽으로 가는 길도 피해야 했다. 나는 그때 이것이 빙 돌아 서쪽으로 가는 것에 주의했다. 대단했다. 우리는 가급적 오랫동안 야음을 이용하기로 했다.

내가 와디 가에 도착했을 때 나는 안을 보기 위해 와디 가에 엎드렸다. 마크는 내 뒤에 있었다. 나는 움직이기 시작했고, 그러자 와디의 반대편이 눈에 확 들어왔다. 내 눈에 처음 보인 것은 지평선 위에 떠오른 초병의 그림자였다.

초병은 오르락내리락 하면서 발자국을 찍고 손을 덥히기 위해 입김을 불고 있었다. 나는 그의 주변을 보았다. 믿을 수 없는 광경이었다. 거기는 텐트, 건물, 차량, 무전기 안테나 등이 있는 부대 주둔지였다. 초점이 잡히는 대로 텐트에서 나오는 사람들의 모습이 눈에 보였다. 이야기 소리가 조금씩 들리기 시작했다. 그들은 달에 등을 돌리고 우리 편을 보고 있었다. 나는 움직일 수 없었다.

마크가 있는 쪽으로 돌아갈 때까지는 15분이 걸렸다. 마크 역시 나와 똑같은 것을 보았으므로 내가 있는 쪽으로 올 수 없었던 것이다. 마크는 그 자리에 돌처럼 엎드려 있었다. 그건 매우 피곤한 일이었다. 우리는 매우 힘들었다.

나는 마크 있는 곳까지 후퇴했다.

"저거 봤나."

"예, 돌아가서 다른 수를 내야 할 것 같습니다."

"싸우면 안 돼."

우리는 다른 전우들이 있는 곳까지 포복하여 합류했다. 거기서 우리는 관목숲까지 후퇴하고 스스로를 점검한 후 다른 길을 찾았다. 우리는 도랑에서 불과 30m밖에 나아가지 못했다.

동시에 고함 소리와 사격음이 들렸다. 다시 상황이 터진 것이었다. 마크는 엎드려서 적의 사격화염이 보이는 관목 쪽으로 미니미 기관총을 갈겨 대었다. 와디의 반대편이 뚫린 것이었다. 적들이 우리보다 고지대에 있었으므로 나는 더욱 기가 죽었다.

나는 마지막 40mm 유탄을 사격했다. 멋지게 도망쳐야 할 시간이었다. 나는 은엄폐를 위해 강둑으로 돌아가려고 했다. 우리가 발을 딛는 곳마다 적의 사격이 빗발쳤다. 나머지 우리 대원들도 전투 중이었다. 관목 주위에는 엄청난 혼란이 벌어졌다. 나는 보브와 다른 대원들이 아직도 무리를 지어 싸우고 있을 것이라고 생각했다.

와디 저편의 이라크군들이 온 사방에서 사격을 가해 댔다. 나는 40mm 유탄 발사음을 들었다. 딩거와 보브는 미니미를 들고 있었으므로 그것은 렉스의 것 같았다. 매우 시끄러웠다. 각자가 다른 사람과 연락할 수 없이 갇혀 있었다. 나는 우리가 다시 만날 희망은 없음을 절감했다. 우리는 이제 또 두 그룹으로 나뉜 것이었다. 국경을 불과 몇 km 남겨 놓고 말이다. 빌어먹을, 나는 우리가 완전히 박살났음을 알았다.

*   *   *

마크와 나는 유프라테스 강의 둑 위에서 무슨 일이 벌어지는지 감을 잡으려고 했다. 물은 우리가 지나온 경작지 아래 10~15m에서 흐르고 있었고, 그 사이에는 작은 고원이 서 있었다. 우리는 숲 속에 숨어 있었다.

우리는 반대편 강둑에서 횃불을 들고 소리를 지르며 우리에게 오는 자들의 소리를 들을 수 있었다. 신경 쓰이는 적의 사격이 우리 옆의 와디에서 간헐적으로 날아왔고 우리의 왼편에서는 M-16 소총과 미니미 기관총 소리가 섞인 총성이 울렸다. 예광탄들은 수평으로 날아다니며 바위와 건물을 맞추고 나서 수직으로 꺾였다.

우리는 흰족제비처럼 고개를 세우고 주위를 둘러보았다. 뭘 해야 할지 어디로 가야 할지 정하기는 너무 어려웠다. 강을 건너든지 아니면 적들 사이로 돌파하든지 모두 죽거나 포로가 될 위험이 있었다.

나는 마크에게 귓속말을 했다.

"강을 건너가서는 안 돼."

나는 강을 건널 만큼 용감하지 못했다. 그래서 우리는 적을 돌파하기로 했다. 그러나 도대체 언제 가야 한단 말인가? 너무나 혼란스러워 좋은 기회를 잡기조차 어려웠다.

마크가 속삭였다.

"빌어먹을, 우리는 난처한 상황에 빠졌어요. 도대체 어떻게 해야 해요?"

우리가 여기서 빠져나갈 수만 있다면 그 이상 좋을 수 없다. 그러나 그렇지 못하다면 어떻게 될 것인가? 나는 단지 이 상황이 빨리 잘 풀려 나가기를 바랄 뿐이었다. 나는 모든 일에 의욕을 잃었다.

우리는 남은 탄알 숫자를 점검했다. 나는 약 45발, 마크는 약 100발 정도 남았다. 정말 웃기는 상황이었다. 온 사방에 적의 고함 소리와 탄환들이 날아다니고 있는데, 우리는 숲 속에 앉아 장비를 점검하고 강둑 저편을 보고 있었다. 내 손은 꽁꽁 얼어붙었다. 풀과 나뭇잎들이 얼어서 부서졌다. 강은 안개로 싸여 있었다.

나는 마크를 보고 웃을 뻔 했다. 그는 캡 컴포터(cap comforter)라는 긴 울 스카프를 뒤집어쓰고 있었다. 안쪽으로 말아 넣으면 제2차 세계대전의 코만도 해트(commando hat)처럼 보였다. 그러나 모자의 위쪽을 제대로 말아 넣지 못해 바보처럼 보였다. 그는 숲 속에 앉아 심각한 표정을 지으며 걱정하고 있었지만, 그 모습은 상당히 우스웠다.

그가 말했다.

"상사님, 지금 가야 합니다."

나는 고개를 끄덕였다.

그는 말하면서 주머니에서 사탕을 꺼내 입에 넣었다.

"마지막 겁니다. 여태까지 갖고 있었죠. 어쩜 세상에서 마지막으로 먹는 음식이 될지도 모르겠어요."

내 것은 벌써 다 먹어 버렸다. 나는 부러운 눈초리로 그를 보았다. 그는 능글거리며 물었다.

"이거 없어요? 왜 안 드세요?"

"없으니까 그러지."

나는 강아지마냥 그를 보았다.

그는 입에서 사탕을 꺼내 반으로 잘라 내게 주었다.

우리는 거기 누워 맛을 음미하며 마음을 다잡았다.

결국 결정을 내려야 할 때가 왔다. 강둑을 따라 4명의 이라크군이 접근했다. 그들은 잘 훈련되어 군기가 바짝 들어 보였다. 그들은 외침 소리도 내지 않고 잘 전개했다. 그들은 누군가가 자기들을 쏘리라는 것을 예상하고 신경이 바짝 곤두선 것 같았다. 우리가 움직인다면 저들에게 포착될 것이다. 나는 마크에게 신호했다.

"만약 저들이 우리를 보지 못한다면 그냥 가게 놔 둬. 만약 그들이 우릴 본다면 어쩔 수 없는 거야."

그러나 그들은 너무 가까워 우리를 피할 수 없었다. 결국 우리는 적들을 모두 쏘아 쓰러뜨렸다.

이제 우리는 상황이 좋건 나쁘건 가야 했다. 우리는 경작지를 향해 강을 따라 달렸다. 우리는 오른쪽으로 가서 땅이 물속으로 들어가는 자리에 완만하게 솟아오른 부분을 넘으려고 했다. 뭔가 움직임이 있었고 우리는 자세를 낮추었다.

쟁기자국은 남북으로 나 있었고, 우리는 그 자국을 따라 숨었다. 우리는 낮은 포복으로 전진, 생울타리를 헤쳐 갔다. 적들의 명령 소리가 들렸고, 적 병사들은 어지럽게 달려갔다. 그들과의 거리는 불과 25m 정도였다. 우리는 20분간 포복전진했다. 땅은 얼음처럼 차가웠고, 그 위에 손을 놓고 전진하는 것은 고통스러웠다. 내 옷이 젖기 시작했다. 작은 웅덩이의 물은 얼어 있었고 우리가 움직이면서 그 얼음이 깨졌다. 그 소리는 내 머릿속에서 1,000배 크기로 들렸다. 내 숨소리마저도 겁나게 크게 들렸다. 나는 이 진흙탕을 통과하여 수목선(treeline)으로 가서, 완전히 새로운 세상인 시리아 영토로 들어가고 싶을 뿐이었다.

적들은 아직도 총을 쏘고 소리를 지르면서 혼란을 연출하고 있었다. 우리가 과연 어떻게 여기를 빠져나갈 수 있는지 나는 알 수 없었다. 이런 상황이 되면 누구라도 움직이고 상황을 관측하는 것 외에 다른 것을 할 수 없다. 빨리 일어서서 이 상황을 끝내고 싶은 마음이 간절했다.

이라크군들은 이 땅바닥에 아직도 있었다. 나는 그들이 우리가 다른 기회를 찾기 위해 강바닥을 따라 동쪽 저 멀리로 갔을 것이라고 생각하기를 바랐다. 정직하게 말하자면 나는 적들과 이만한 거리를 벌리고 있는 한 그들이 뭐라고 생각하건 전혀 관심이 없었다. 내가 하는 유일한 생각은 오늘밤 국경을 넘어야겠다는 생각뿐이었다.

우리는 또 다른 생울타리에 도착했다. 이곳은 인공적인 밭으로서 60cm

정도 되는 높이의 흙무더기 위에서 작은 나무와 수풀이 자라고 있었다. 우리는 일단 동서를 가로지르는 이 생울타리를 건너는 것이 계획이었다. 구태여 남북을 가로지르는 생울타리를 건널 필요는 없었다. 우리는 우측에서 소음을 들었다. 마크가 바라보았다. 생울타리 너머에 더 많은 적들이 있었다. 그리고 그 뒤인 더 남쪽에서는 고함소리와 함께 엄청난 불빛이 나오고 있었다. 마크는 생울타리의 이쪽 면에 머물렀다가 왼쪽으로 움직이자고 신호했다.

우리는 생울타리를 따라 전진한 다음 남북을 가로지르는 생울타리에 도착했다. 우리는 가급적 소음을 내지 않고 통과할 수 있는 곳을 찾고자 했다. 그런 곳을 찾은 나는 생울타리를 통과하기 시작했다. 내 머리가 생울타리 저편으로 나온 순간, 내 눈 앞에 적 병사가 보였다.

그가 소리 지르는 순간 마크는 그를 향해 사격을 가했다. 적의 몸은 내 몸 앞에서 산산조각이 났다. 마크는 우리가 있는 곳에서 서쪽으로 마구 사격을 가했다. 나는 생울타리를 벗어나서 마크가 달려오는 동안 사격을 가했다. 우리는 동쪽으로 움직이다가 멈춰서 사격을 가하고는 다시 달리다가 또 사격을 가하고 달리고 또 달렸다.

우리 앞쪽에 고지대가 있었다. 그 아래쪽에는 건물들이 있었고 불빛들이 움직이고 있었다. 우리는 탁 트인 지대를 가로지르기 싫어했다. 도랑으로 뛰어들어 숨는 것 외에는 방법이 없었다. 나는 우리가 앞으로 무엇을 만날지 알지 못했다.

우리 위에는 울타리가 있었다. 이 밭에 물을 주기 위해 물길이 있고 인공지반을 통해 그 위에 길과 건물이 세워져 있었다. 우리는 울타리 아래의 구덩이로 뛰어들어 남쪽으로 움직였다.

일반 발등에 떨어진 불은 끈 것 같았기 때문에 느리게 움직이기 시작했다. 우리는 군사시설용 같은 2m 높이의 철조망 담장과 마주쳤다. 우리는 반쯤 가다가 멈추었다. 전방에 동서를 가로지르는 길이 보였다. 그 길 위의 차들은 전조등을 켜고 달렸다. 다른 차들은 모두 전조등을 끄고 움직였다.

우리 동쪽에 교차로가 있는 것이 틀림없었다. 우리는 전조등을 켠 차들이 방향을 바꾸는 것을 보았다. 교통량이 상당히 많았다. 모든 군인과 군견들이 비상상태에 있었다. 그들은 아마 이스라엘군이나 시리아군이 침공해 오는 것으로 생각하고 있을 것이다. 나는 다만 이 혼란을 뚫고 우리 5명이 무사히 탈출하기를 바랐다.

우리는 울타리 건너편에 큰 모스크(이슬람 사원)가 있는 것을 알았다. 우리는 멈춰서 길을 살폈다. 가까이 가 보니 길가에 차들이 주차되어 있고 트럭, 랜드크루저, 장갑차들이 헤드라이트를 켠 채 달리고 있는 것을 보았다. 무수한 차량들과 사람들이 있었다. 우리는 통신기 교신음도 들을 수 있었다. 나는 이 대열이 얼마나 긴지 감을 잡을 수 없었다. 와디 가에서의 첫 번째 전투에서 여기까지 오는 데 3시간이 지났다. 밤은 불과 2시간 반만이 남아있었다. 우리는 기회를 잡아야 했다. 우회할 시간은 없었다.

우리는 젖어 얼어가는 웅덩이 속에 엎드려서 담장을 넘어 도망치려고 했다. 우리 둘 다 땀을 흘리며 떨고 있었다. 우리는 탄약도 거의 다 떨어졌다. 우리는 어디에 모든 차량이 있는지 알고 돌파하기 위해 차량 불빛을 기다리고 있었다. 우리는 차가 드문 틈을 통해 빠져나갈 것이었다.

트럭 2대 사이의 간격이 15m로 벌어져 있었다. 우리가 아무 일 없이 그 사이로 빠져나간다면 국경에 당도할 수도 있었다. 우리는 해내야만 했다. 우리는 들판을 건너 달리기 시작했다. 차들이 지나갈 때마다 엎드렸다. 정차해 있는 적 호송대열의 위치에 따라 우리의 진격의 성패가 결정될 수 있었다. 우리 계획은 그들 사이로 달려가는 것이었다. 우리 둘 다 저 건너편에 무엇이 있는지 알지 못했으나 신경 쓰지 않았다. 그때 가서 결정할 일이었다.

차들은 1m 높이의 도로에 있었다. 둑길 맨 위에 철조망 3가닥으로 이루어진 1m 높이의 담이 보였다. 차들 사이로 피해 다니기도 전에 저 철조망부터 돌파해야 할 일이었다.

2대의 캔버스를 씌운 트럭 사이에 간격이 있었다. 그중 1대에서 통신기의 잡음이 들려왔다. 우리는 저곳을 넘어가야 했고, 움직여야 했다.

나는 담장 위로 기어올라 마크를 엄호했다. 그는 철조망을 돌파했으나, 그가 움직일 때 철조망이 팅 소리가 났다. 한 이라크군이 뭐라고 말을 하며 트럭 창문 밖으로 고개를 내밀었다. 그는 나를 곧바로 볼 수도 있었다. 나는 트럭 뒤로 달려갔다. 적재함은 닫혀 있었으나 두 녀석이 발을 걸치고 앉아 있었다. 나는 그놈들을 향해 사격을 가했다. 마크는 곧장 길을 건너서 언덕의 반대편에 엎드린 후 호송 대열의 우측에 있는 모든 것에 사격을 가했다. 나는 다른 차량이나 사람들이 밖에 있는지는 알 수 없었다. 나는 수류탄 1발을 투척하고는 마크에게 달려갔다. 우리는 갖고 있는 탄이 다 떨어질 때까지 5초간 사격을 하고서는 무기를 버리고 달려갔다. 그 총들은 이제 쓸모없었다. 우리에게는 5.56mm 탄이 필요하지만, 이라크군은 7.62mm 탄을 사용하기 때문이다. 이제 우리에게 남은 유일한 무기는 야음뿐이었다.

적이 우리를 빨리 쫓아오지 못하게 하려면 충분한 양의 탄환을 쏘아 대어야만 했다. 우리는 270m를 달렸다. 적의 비명 소리가 밤하늘을 메아리쳤다.

우리는 급수탑 근처에서 멈추었다. 아침까지는 얼마 남지 않았다. 앞을 보니 우리가 오른쪽으로 건넌 도로는 이라크의 깃대가 세워진 것이었고, 따라서 길을 하나 더 건너야 서쪽으로 갈 수 있음을 알았다.

주위를 둘러본 후 나는 말했다.

"좋아, 가자!"

우리는 허둥지둥 땅을 가로질러 가다 큰 웅덩이가 보이는 곳에서 잠시 멈춰 주위를 살폈다. 웅덩이의 건너편은 조명이 없는 시가지였고, 시가지의 오른쪽 끝은 교차로였다.

이 웅덩이는 쓰레기장으로 쓰이던 곳 같았다. 어둠 속에서 작은 모닥불이 피어오르고 있었다. 우리는 구덩이 속으로 뛰어들어 낡은 고철과 타이어 위를 헤매고 다녔다. 쓰레기 썩는 냄새가 진동을 했다. 우리는 왔던 쪽으로 돌아가려 했으나 너무나 가까운 거리에서 AK 소총 2정이 불을 뿜었다. 우리는 엎드렸고 나는 오른쪽으로 도망쳤다.

나는 교차로에 들어섰다고 생각할 때까지 계속 달린 다음, 왼쪽으로 방향을 바꾸었다. 나는 길을 넘어 계속 달리고 싶었다. 나는 언덕 주위를 달리며 반대편으로 넘어갈 수 있다고 생각했으나, 내가 마주친 곳은 큰 물저장소였다. 2개의 큰 웅덩이가 있었으며 기름으로 무척 미끄러웠다. 나는 몸을 굽히고 궁지에 몰린 쥐처럼 길을 찾으러 뛰어다녔다. 옆면은 가팔랐다. 나는 일어서지도 못하고 내가 걸어온 발자국을 되짚어 나갔다. 나는 지금 주위를 돌아보지도 못하고 있었다. 만약 적들이 내 뒤에 있는 것을 안다 해도 상황은 아무것도 바뀔 수 없을 것이다.

나는 그곳을 빠져나가 도로에서 멈췄다. 가슴이 뻐개질 정도로 숨이 가빠왔다. 빌어먹을, 지금 가야 하는데 말이다.

나는 건물들을 지나쳤다. 그래도 기분이 좋았다. 이만하면 성공이라고 생각했다. 국경은 바로 눈앞에 있었다. 마크 걱정은 이제 하지 않았다. 나는 그가 쓰러지는 모습을 보았다. 나는 그 이후 아무것도 듣지 못했고, 그 역시 나를 따라오지 않았다. 그는 죽었다. 아주 순식간에 일어난 일이었다.

제8장

지나간 일은 지나간 일이었다. 내게 남은 것은 국경까지 빨리 가는 것뿐이었다.

내 군화는 진흙 덩어리가 되어 너무 무거워져 걷기 불편했다. 다리에서는 불이 났다. 내 상태는 완전히 개판이었다. 나는 멈춰서 음식을 먹었다. 좋았다. 나는 물을 좀 마시고 정신을 차린 후에 휴식을 취했다. 위치 확인은 매우 쉬웠다. 내 전방 오른쪽에 깃대가 있었다. 나는 걸으며 전투에서 무슨 일이 있었는지 떠올리려고 했다. 그러나 모든 것이 완전히 난장판이 되어 있었고, 나는 거기에 신경을 쓰려야 쓸 수가 없었다. 내 뒤에서는 아직도 사격음이 들리고 있었다.

시각은 1월 27일 오전이었고 국경까지는 3~5km 정도 남았다. 정상적인 상황이라면 완전군장 상태에서도 20분 내에 달려갈 수 있었다. 그러나 시리아로 달려갈 수 있는 길을 표시하는 것은 하나도 없었고, 어둠은 불과 1시간 남았다. 나는 국경이 어떻게 생겼는지 알지 못했다. 울타리가 쳐져 있을 수도 있고, 전차호가 파여 있을 수도 있으며, 삼엄한 경비를 받고 있을

지도 모르지만, 경비하는 사람이 하나도 없을지도 모른다. 그리고 만약 낮 시간에 내가 시리아로 들어간다고 치더라도 그들이 나를 어떻게 대할 것인가?

나는 유프라테스 강에서 남쪽으로 800m, 마을에서 북쪽으로 800m 정도 거리에 있었다. 이 지역은 강을 따라 줄지어 서 있는 디젤 펌프로 강물을 퍼서 용수로 쓰고 있었다. 작물의 높이는 약 50cm 정도였다. 나는 밭에 난 트랙터 바퀴자국을 따라 작물 뿌리 더미를 밟으면서 밭 가운데로 들어갔다. 발자국을 남겨서는 안 되지만 어쩔 수 없었다. 내일까지 이 밭에 냉해를 입지 않은 건강한 어린 곡식들을 돌보러 아무도 오지 않기만을 바랐다.

나는 매우 긍정적인 생각이 들었다. 우선 나는 전투에서 살아남았다. 그것이야말로 매우 중요했다. 마지막 전투는 나의 도피를 감추어 주는 방어막이었고, 나는 지금 매우 자유로운 기분이었다.

여러 모로 보건대 지금은 매우 위험한 시기였다. 사람들은 동굴에서 살기 시작하던 시기부터 작전을 짤 때는 신중히, 작전을 실행할 때는 과감하게 해 왔다. 또한 작전에서 실수가 발생했을 때 그 실수를 잘 처리하면 편안한 느낌을 받는다. 하지만 사람들이 긴장이 느슨해질 때가 큰일이 터질 때이다. 아직 상황은 끝나지 않았다고 나는 스스로에게 계속 말했다. 국경까지는 매우 가까웠지만 또한 매우 멀기도 했다.

지난밤의 격렬한 전투 때문에 생성된 아드레날린이 뇌에 통증 신호가 가는 것을 막고 있었다. 제1차 세계대전 때 블랙워치 연대의 한 병사가 총알을 4발이나 맞고도 진격을 계속한 적이 있었다. 그는 끝까지 자리를 지켰고, 나중에 자신이 부상을 입은 것을 안 순간 졸도했다. 아드레날린이 가득하면 몸에 어떤 일이 일어나도 알아채기 어렵다. 스스로의 의식이 그런 상황을 지우기 때문이다. 이제 나는 마음을 진정시키고, 장밋빛 미래를 꿈꾸었다. 나는 자신이 얼마만큼 부상을 입었는지를 느끼기 시작했다. 지난 며칠간 당한 부상의 고통이 돌연 엄습했다. 내 몸은 베인 곳과 삔 곳 투성이였다. 전투에서 뛰고 구르면 몸이 여기저기 긁히고 부딪치는 것은 당연한 것이지만, 그때는 그것을 느끼지 못한다. 손과 무릎, 팔꿈치에 여기저기 베인 자국이 있었고, 양다리는 심한 타박상을 입었다. 우리는 거친 암반을 넘어 200km나 걸어온 것이었다. 군화의 가죽도 찢어져 벗겨지기 시작했다. 양발도 상당히 상태가 좋지 않았다. 물에 젖어 얼음덩어리 같았다. 나는 아직도 발가락에 감각이 별로 없었다. 내 군복은 찢어져 가고 있었고, 내 손에는 그리스와 오물이 두껍게 묻어 있었다. 마치 2일간 계속 자동차 엔진을 정비한 사람의 손 같았다. 등에서는 땀방울이 똑똑 떨어지고 있었고, 사타구니와 겨드랑이는 차가워 죽을 지경이었다. 말초신경은 꽁꽁 얼었으나, 계속 움직인 덕분에 아랫도리만큼은 따뜻했다.

여전히 매우 추웠다. 진흙탕 위에는 살얼음이 얼어 있었다. 조그만 발자국이나 커다란 웅덩이 할 것 없이 물이란 물은 모두 꽁꽁 얼어 있었다. 아름다운 수정의 밤이었다. 별들도 반짝반짝 빛나고 있었고, 다른 곳 어디에서도 보기 힘든 아름답고 놀라운 풍경이었다. 그러나 저렇게 하늘이 맑다는 것은 서쪽의 보름달을 가려 줄 구름이 없다는 것이며, 소음을 감춰 줄 바람소리가 나지 않는다는 뜻이었다.

여기저기 조그만 집들이 따로따로 서 있었고, 몇 집에는 불이 켜져 있었으며, 또 몇 집에서는 발전기가 돌아가고 있었다. 남쪽에서 마을의 불빛이 보였다. 개 짖는 소리가 들렸다. 나는 아무도 거기에 신경을 쓰지 않기를 바라며 건물 벽에 찰싹 달라붙어 움직였다.

좀 떨어진 곳에서 자동차 불빛이 나오기에 나는 몸을 숙였다. 저들은 후속 지원부대인가? 저들은 지금 밭을 수색하고 있는 것인가? 여기는 그렇게 썩 좋은 곳은 아닌데 말이다. 아침까지는 불과 30분 남았다. 마을을 돌아 가거나 직진하거나 다른 길로 가기에는 충분한 시간이 아니었다.

불빛이 점점 약해지면서 나는 신속하게 상황판단을 했다. 클래시의 옛날 노래(Clash song)처럼 가야 하나 말아야 하나? 숨어야 하는가 아니면 국경 으로 가서 아침이 되기 전에 시리아로 들어가야 할까? 낮 동안 이라크군 이 나를 쫓아올 것인가? 확실히 그들이 나를 쫓아올 확률은 적었다. 그들 은 아마도 내가 이미 국경을 넘어 도망친 것으로 믿고 있을 것이다.

그 집들은 꽤 괜찮아 보였다. 저 집 중 한 곳에 들어가 거기 있는 할아버 지에게 하루만 불을 쬐고 묵을 수 있게 해 달라고 말해 볼까? 나는 숨어 서 식량과 물을 얻을 수 있어야 했다. 이론상으로 말하자면 은폐에 더 좋 은 조건을 확보해야 했다. 그러나 고립되어 있거나 너무 눈에 잘 띄는 것은 은폐물로 사용할 수 없다. 그러한 곳은 적의 추적부대의 시선을 너무 잘 받기 때문이다. 영화에서는 도망자가 대개 헛간의 건초더미 속에 숨는 것 으로 나온다. 매우 환상적으로 보이지만, 그런 곳에 숨어 있으면 의외로 쉽 게 잡히고 만다. 딸기 자루 속에 숨어 있어도 촘촘하게 쑤셔 대는 대검을 피하기는 힘들다.

개방되어 있으나 은폐되어 있고, 항공정찰이나 육상정찰에서 안전한 곳 이 숨기 제일 적합한 곳이다. 나는 이를테면 이라크군이 정찰기를 띄우는 것 같은 최악의 상황도 예상해야 했다. 나는 1m 폭에 50cm 깊이의 하수 가 흐르는 도랑을 발견했다. 경사를 이용해 물이 흐르고 있었다. 나는 도 랑 속에 들어가 도랑을 따라 움직이면서 진흙탕물 위에 발자국을 남기지 않도록 주의했다. 물은 내가 가는 방향과 똑같이 동쪽에서 서쪽으로 흐르고 있었다.

시계를 보고 일출까지 얼마 남았는지 살펴보았다. 몇 걸음 걸을 때마다 멈춰서 주위를 살피고 소리를 듣고 다음 행동을 계획했다. 만약 전방에서 적이 나타난다면 어쩌나? 왼편에서 적이 나타난다면? 나는 일어날 수 있는 사건에 대비해 내가 지나온 지형을 숙지하고, 가급적 최상의 탈출로를 구상했다.

전방 270~360m 거리에 각진 물체가 보였다. 무슨 작은 댐이나 배수용 수로 같았다. 가까이 가 보자 그것은 유프라테스 강을 출발하여 도시로 향해 남북을 잇는 길에 딸린, 철판을 위에 깐 임시 교량이었다. 영국에서도 흔히 볼 수 있는 것이었다. 해가 막 떠오르려고 했다. 결정을 내려야 했다. 도랑을 따라 더 나아가 뭔가 더 좋은 것을 찾아낼 수도 있다. 또 여기 그냥 머무를 수도 있다.

이 도랑의 문제점이라면 야간에 긴장하면서 보니 괜찮아 보였지만, 낮에는 완전히 다르게 보일 수도 있다는 것이었다. 처음 보는 곳을 야간에 은거지로 설정할 때는 충분한 주의를 기울여야 한다. 내가 티드워스의 보병대대에서 근무할 때 그린재킷 연대 막사와 경보병 연대의 막사는 완전히 똑같이 생겼다. 어느 날 밤 나는 마을에서 과자와 카레 소스를 사서 덜렁덜렁 내 방으로 들어가 바지를 벗고 침대에 누웠다. 과자를 먹으며 고개를 이리저리 돌려 침대 등을 켰는데 갑자기 처음 듣는 목소리가 들려왔다.

"조디, 불 좀 꺼 줘."

나는 천장에 붙은 데비 해리(Debbie Harry: 미국 가수 겸 배우)의 포스터를 보았다. 나는 데비 해리를 좋아하지 않았는데.

"거기 있는 놈 누구야?"

그 목소리의 주인공이 묻자 나는 무슨 짓을 했는지 알게 되었다. 나는 과자를 내버려두고 바지를 잡고는 허둥지둥 경보병 연대 막사를 탈출했다.

나는 철제 다리 밑으로 포복해 들어갔다. 다리 밑은 청소가 안 되어서 도랑만큼 깨끗하지는 않았으나, 팔다리를 다 숨길 수 있었으므로 차가운 진흙 속에 눕는 불편쯤은 감수할 수 있었다.

나는 군복 다리 주머니에서 지도를 꺼냈다. 그리고 그 지도를 모포처럼 덮으려고 했으나, 소용이 없었다. 음식이 너무나 먹고 싶었다. 식량은 가급적 나중까지 아껴 먹어야 했으나, 그 전에 잡힐지도 모른다. 압수당하느니 지금 먹어 두는 편이 나았다. 단독군장에서 내 마지막 전투식량 파우치를 꺼내어 뜯었다. 내용물은 스테이크와 양파였다. 손가락으로 파우치를 쥐어 짜면서 혀를 집어넣고 마지막 한 방울의 차갑고 질척질척한 소스까지 쪽 쪽 빨아먹었다. 나는 도랑물에 입을 대고 몇 모금 빨아먹었다. 지도를 내 머리 위에 깔고 빛만 있으면 언제라도 볼 수 있게 한 다음 땅에 등을 대고 누웠다.

서서히 빛이 비추면서 들려오는 트럭 소리와 사람들의 고함 소리를 들었으나, 위험할 만큼 가깝지는 않았다. 대체로 평화로웠다. 나는 또 걷잡을 수 없게 떨기 시작했다. 이가 달달 떨렸다. 나는 숨을 깊이 들이쉬고 근육을 가급적 최대한 긴장시켰다. 그 상태로 2시간 동안 숨어 있었다.

나는 손에 전투용 나이프를 쥐고 손을 움직일 필요가 없도록 시계도 앞 가슴에 꺼내 놓았다. 위치를 알기 위해 지도를 살펴보았다. 걸어가야 한다면 반드시 지도를 보고 나서 움직여야 한다. 나는 나갈 경우에 왼편에는 도시, 오른편에는 유프라테스 강을 끼고 수 km를 달려 국경까지 가야 한다는 것을 알았다. 가급적 많은 지식을 뇌 안에 저장해야 했다.

나는 환상적인 여러 가지 시나리오를 생각해 보았다. 혹시 이미 시리아 땅에 있는 것이 아닐까? 나는 아직 국경을 넘지 못했다는 것을 알고 있었다. 이라크와 시리아는 전쟁 중이었으므로 국경에는 물리적인 장애물이 세워져 있어야만 했다. 그러나 그 사실이 나의 몽상을 멈추지는 못했다.

8시경 마을 쪽에서 서로 싸우며 접근하는 염소들의 울음소리를 들었다. 나는 긴장했다. 우리들은 이 여행에서 염소 때문에 재수가 없었다.

염소지기가 양철판 다리 위의 오른쪽에 올 때까지 나는 그의 소리를 듣지 못했다. 나는 정말로 숨을 깊이, 아주 깊이 들이쉬고 목을 빳빳이 긴장시켰다. 나는 한 켤레 샌들의 끝에서 튀어나온 먼지 앉은 큰 발가락을 보았다. 발 하나가 도랑 바닥의 진흙탕을 디뎠다. 나는 전투용 나이프를 붙잡았다. 그가 고개를 내려 나를 직접 보기 전까지는 나는 아무 짓도 하지 않을 생각이었지만, 솔직히 그럴 경우 무엇을 해야 할지도 모르겠다. 왼손을 펴서 그 사람 얼굴에 갖다 대야만 할까? 그가 뛰면서 도망치기 시작하면 어쩌나? 그의 발로 보건대 그는 군인이 아니었으며 다행스럽게도 무기는 없는 듯했다.

그는 멈춰서 내가 미처 발견해 내지 못했던 작은 마분지 상자를 집어 들었다. 그것은 AK 소총용 7.62mm 탄약상자였다. 그는 시야에서 사라졌고, 상자는 도로 물 위에 떨어졌다. 그는 탄약상자를 보고서 필요 없다고 생각한 모양이었다.

염소 두 마리가 둑 위에 와서 섰다. 나는 숨도 쉬지 않았고 눈도 깜박이지 않았다. 염소지기는 다시 다리로 돌아와서 철판 주위에 섰다. 그는 기침을 해 대더니 물에 가래를 뱉었다. 그 가래는 작은 녹색 해파리처럼 내 머리로 곧바로 다가왔다. 짜증스럽게도 가래는 내 머리에 들러붙고 말았다.

염소 한 마리가 물에 빠졌고, 염소지기가 와서 그 염소를 꺼냈던 것 같앉으나, 별 일 없이 끝났다. 염소들은 모두 어슬렁거리며 사라졌고, 염소 지기가 그 뒤를 따랐다. 나는 머리칼에 들러붙은 가래를 떼어 내기 시작 했다.

나는 누워서 주변의 소리를 들으며 숨어 있는 다리 밖을 응시했다. 구름 한 점 없는 건조한 겨울 아침의 풍경이었다. 이곳은 시골 마을이었고 사막 은 아니었다. 소만 있으면 헤리퍼드 주위의 밭처럼 보일 것 같았다. 와이 강 둑을 따라 작은 길이 나 있었고, 반대편을 보면 언제나 소들이 지나다 녔다. 내 딸 케이트는 거기에 가는 것을 좋아했다. 여기는 거기와는 전혀 닮지 않았으나, 나는 소들이 우는 소리와 케이트의 웃음소리를 떠올렸다. 해가 나오기는 했으나 햇빛을 받을 수 없었다. 도마뱀이 된 기분이었다. 밖 에 나가기만 하면 무척이나 따뜻할 텐데.

나는 자동차 소리를 들었다. 뛰는 소리, 낡은 금속이 삐걱대는 찔렁찔렁 소리가 털털거리며 들려왔다. 아이들과 어른들의 목소리가 들려왔다. 밖에 서 무슨 일이 벌어지고 있는지 알 수 없어 절망적이었다. 저들은 나를 찾 고 있는 것인가? 아니면 단지 일상적인 일을 하는 것뿐인가? 내 주위에 사람들이 있다는 것은 심각한 문제였지만, 한편으로 사람들의 목소리를 들으니 혼자가 아니라는 생각에 기분이 좋고 편안했다. 나는 춥고 탈진 상 태였다. 내가 자누시가 아니라 지구상에 있다는 것을 다시 확인하니 기분 이 좋았다.

가끔씩 차가 다가오면 내 심장은 쿵쾅쿵쾅 뛰었다.

저들이 멈출까?

바보가 되어서는 안 된다. 위험한 일도 피해야 한다. 그들은 강 쪽으로 오고 있었다. 그들은 나를 찾고 있었다. 그러나 그리 열심히 찾고 있는 것 같지는 않았다. 여기는 국경에서 너무 가깝기 때문이다.

그 소리는 무서웠다. 그들이 내게 다가오는 소리는 내 마음 속에서 100배나 증폭되어 들렸다. 나는 호기심 많은 아이들을 피해야 했다. 아이들은 놀아야 한다. 그러나 물에서 놀 것인가, 아니면 염소와 함께 놀 것인가? 어른보다 키가 작은 아이라면 도랑 속을 어른들보다 더 잘 들여다 볼 수 있다. 그러면 반대편에서 들어오는 햇빛 대신 내 머리나 발을 볼 것이다. 11살이 먹지 않은 아이라도 그런 꼴을 보면 곧 경보를 울릴 것이다.

나는 이때까지 절대로 잡히지 않기를 기원했다. 그러나 지금은 아니었다. 지금은 절대로 절대로 잡히고 싶지 않았다.

나는 가슴 위의 시계를 계속 보고 있었다. 한 번 들여다보니 1시 정각이었다. 30분 정도 지난 것 같아 다시 들여다보니 불과 5분 지나 있었다. 시간은 느리게 흘러가고 있었으나, 내 상태에 대해서 좀 더 편안하게 생각하게 되었다. 여기에는 차도 있었고 염소도 있었고 염소지기도 있었다. 나는 지도를 외우려 했으며, 탈출로를 머릿속에 새겨 두었다. 나는 해가 빨리 지기를 기다렸다.

여러 대의 차량이 덜거덕 덜거덕 거리며 다리를 지나갔는데 갑자기 멈추었다.

이런 큰일났어, 왜 멈춘 거지? 난 끝장난 거야.

걱정할 것 없었다. 그들은 누군가를 차에 태우고 있었다. 그러나 주의하고 숨을 조심해서 쉬어야 했다. 나는 긍정적으로 생각하려고 애를 썼다. 그들이 나를 잡으러 왔을지라도 말이다.

7.62mm 탄은 대구경탄이다. 수백 발의 7.62mm 탄의 발사음이 철판 다

리 위에 울리며 파편이 내 코앞으로 튀었다. 그 소리는 내가 들은 소리 중 최악의 소리였다. 나는 몸을 웅크리고 속으로 외쳤다.

이런, 제기랄!

사람들이 있는 대로 소리를 질러 댔다. 그들은 도랑 사방에 총을 갈겨 댔다. 총에 맞은 진흙이 튀었다. 나는 전율을 느꼈다. 나는 몸을 웅크리며 총알을 맞지 않게 해 달라고 빌었다. 총 소리와 고함 소리 모두 그치지 않을 것 같았다.

사격은 멈추었지만 고함 소리는 계속되었다. 저들은 도대체 뭘 하고 있는 건가? 왜 여기로 총을 겨누어 나를 쏘지 않는 건가?

나는 자신이 저주스러웠다. 그들이 대체 내게 무엇을 원하는지 알 수 없었다. 나는 그들이 뭐라고 소리치는지도 몰랐다. 그들은 날 생포하고 싶어 할까? 아니면 죽이고 싶어 할까? 그들은 이 속으로 수류탄을 던질까? 젠장, 만약 내가 여기서 나오기를 원한다면 날 여기서 끌어내야 하리라.

나는 국경에서 4km 떨어진 이 도랑에서 분명히 죽고 말 것 같았다. 내코가 다리의 철판에 붙어 있었다. 나는 목을 잡아 뺐다. 그러나 그리 더 많은 것을 볼 수는 없었다.

소총의 총구가 내려왔다. 이라크군의 얼굴이 보였다. 그는 경악한 표정으로 나를 보았다. 그는 소리를 지르며 뒤로 뛰어갔다.

그 다음에 도랑 주변에서 무수한 군화들이 뛰어내려오는 것이 보였다. 저 편에서 세 녀석이 소리를 지르며 내게 나오라고 손짓했다.

이런 빌어먹을!

그들은 내 손을 보고 싶어 했다. 나는 등을 대고 누워 팔다리를 곧게 뻗었다. 두 녀석이 내 양발을 잡고서 끌어내었다.

나는 등을 질질 끌려 나오면서 대낮에 시리아 땅을 처음으로 보았다. 그곳은 세상에서 제일 아름다운 나라 같았다. 언덕 위에 서 있는 탑이 너무나도 가까워 보였다. 나는 거기에 거의 다 와서 손을 대려던 참이었다. 나는 내게 일어난 일에 너무나 큰 실망감과 함께 내게 있어야 할 무언가를 뺏긴 듯한 분노를 느꼈다.

왜 하필이면 나인가? 나는 언제나 행운아였다. 나는 어쩔 수 없는 상황에 빠진 적도 있었고, 스스로가 자초한 위기에 처하기도 했다. 그러나 나는 거기서 상처 없이 빠져나올 만큼 행운아였는데.

그들은 나를 두어 번 걷어차며 발을 땅에 딛고 서라고 몸짓으로 지시했다. 나는 일어서서 손을 하늘로 올렸다. 하늘은 너무나도 파랗고 화려했다. 나는 시리아 쪽에 등을 돌리고 어젯밤에 내가 피해가려고 했던 집들과 길, 김 매어진 밭과 식물들을 바라보았다.

이제 그 노력들은 모두 물거품이 되어 버렸다. 조금 후면 밤이 될 텐데!

그들은 신경질적으로 무기를 잡고 뛰어다니며 아메리칸 인디안처럼 기묘한 노랫소리를 질러 대었다. 그들은 나만큼 놀란 상태였다. 나는 빨리 가자고 생각했다. 저 총의 한 발만 내게 주면 난 그 탄환을 내 머리에 쏘고 싶었다.

다리의 오른편에는 랜드크루저 2대가 주차되어 있었다. 다리 주변에 3명이 서 있었고, 나머지 인원 8~9명은 도랑의 둑 위에 서 있었다.

이 동네는 의외로 유럽식으로 꾸며져 있었다. 나는 내 자신을 경멸했다. 황량한 사막 한 가운데서 차에 타는 것은 재수 없는 일이었다. 그리고 이런 북서유럽 같은 곳에서 포로가 되는 것은 피박살 나는 일이었다.

온 사방에 군인들이 서서 떠들어 댔으나, 내게 주의를 집중하고 있었다. 그들은 나를 잡기는 했지만, 어떡하면 좋을지 모르는 듯했다. 배에 사공이 너무 많은 격일까? 그들은 제각기 서로 다른 말을 해대고 있었다. 그들은 그들 식 대로 합당한 보상을 받아야 한다. 나는 꼼짝 않고 이 혼란을 감상하면서 진흙탕 속에 서 있었다. 나는 목을 빼고 있으면서 달래는 미소나 도전의 표정도 없는 초점 없는 눈으로 그들을 응시했다. 이제 내 훈련은 다 끝났다. 나는 중립자가 되고자 했다.

그들은 땅에 대고 사격을 개시했다. 그들은 믿을 수 없을 만치 열광적이었다. 나는 전투에서보다 이런 사고로 총을 맞을 것 같았다. 의미 없는 죽음 아니면 영광스런 죽음뿐이었다. 나는 이런 미친 사격광들의 손에 죽거나 다치고 싶지는 않았다. 그러나 이런 상황에서 그들에게 그 짓을 그만하라고 할 방도는 없었다. 그냥 여기 서서 숨을 깊게 들이쉬고 눈을 감고 그들 멋대로 하게 내버려두는 수밖에는 없었다.

15초 후 사격이 멈추었다. 병사 1명이 수로로 뛰어 들어와서 내 소지품을 압수했다. 그는 아무 표시도 되지 않은 지도와 내 단독군장, 전투용 나이프를 압수했다. 그는 내 눈 앞에서 칼을 휘둘러 보이고는 그 칼로 자기 목을 긋는 시늉을 해 보였다. 오늘은 그에게 최고의 날이 되리라.

다른 병사 한 명이 자기 총으로 나를 찌르며 무릎을 꿇으라고 손짓했다.

그는 나를 죽일 것인가? 나도 이제 죽을 때가 되었나?

나는 그 이외에 내가 무릎을 꿇어야 하는 이유를 알지 못했다. 그들이 나를 어디론가 데려가려 한다면 그들은 나를 끌고 가거나 어디론가 가라고 지시했을 것이다.

앉아서 죽음을 기다릴까? 아니면 도망치는 것이 나을까?

도망친다고 해도 나는 멀리 가지 못할 것이다. 다섯 걸음도 못 가 사살당할 것이다. 나는 물과 진흙바닥에 무릎을 꿇었다.

도랑 바닥은 밭보다 50cm 낮았고, 내가 무릎 꿇자 다리의 철판이 내 얼굴 높이까지 왔다. 나는 위를 바라보았다.

갑자기 한 녀석이 내 턱을 겨냥해 발길질을 해 대었고, 나는 뒤로 쓰러져 도랑에 넘어졌다. 귀 속에는 물이 들어오고 눈에서 불이 번쩍거렸다. 나는 눈을 떴다. 주변에는 온통 사람들이 가득했고 푸른 하늘을 배경으로 소총 개머리판이 비가 되어 내리고 있었다.

사람의 몸이 비틀리게 되면 신체의 자체 보호기능이 작동하여 몸을 최대한 굽히게 된다. 나는 진흙탕 속에 고개를 처박고 몸을 둥근 공처럼 말았다. 낙하산 강하에 대한 오래된 격언이 있다. 바람이 불면 강하가 두려워질 텐데 그럴 때면 양발과 양 무릎을 붙이고 뛰어내리라는 것이었다. 나는 그 말에 동의할 수밖에 없었다. 내가 이 상황을 멈출 수 있는 방법은 하나도 없었다. 총에 맞는 것에 비하면 이것은 차라리 유쾌한 경험이었다.

그들은 작은 동물들처럼 나를 걷어차고는 물러났다가 다시 와서 자신감을 얻었다. 그들은 내 머리채를 잡아당기고 내 목을 비틀었다. 그들은 열광적으로 나를 때리고 걷어찼다. 그들이 소리를 질렀다.

"텔 아비브! 텔 아비브!"

그들은 다리에서 뛰어내려서 내 등과 다리를 밟았다. 이런 경우 충격을 느끼기는 하지만, 아프지는 않다. 몸에서 많은 아드레날린이 분비되기 때문이다. 위는 수축되고 이를 악물고 몸에 가급적 많은 긴장을 주게 된다. 그리고 그들이 진짜로 내게 심각한 타격을 주지 않기를 바랄 뿐이었다.

"텔 아비브! 텔 아비브!"

그들은 소리를 지르고 또 질렀다. 구타는 점점 잦아들고 있었다. 확실히 별로 좋은 날은 아니었다.

5분 이상 지난 것 같지는 않았지만, 충분히 길고 고통스러웠다. 그들이 마지막으로 때릴 때 나는 몸을 돌려 그들을 올려다보았다. 나는 그들에게 내 자신이 얼마나 가련하고 혼란한 상황에 있는지 보여 주고 싶었다. 겁에 질려 떨고 있는 온순하고 동정을 받아야 할 배고픈 낙오병으로 말이다.

그러나 소용없었다.

또 처음부터 다시 시작된 것 같았고, 나는 몸을 다시 둥글게 구부렸다. 이번에는 팔을 몸 안쪽으로 넣었다. 내 마음은 얼어붙었지만, 아직 의식은 있었다. 그들은 내 머리와 옆구리를 발끝으로 걷어찼고, 그럴 때마다 속이 마구 울렸다. 등허리, 입, 귀에도 발길이 정확히 명중했다.

그들은 몇 분 후에 구타를 멈추고, 나를 질질 끌고 갔다. 나는 간신히 일어설 수 있었다. 그나마 반쯤 웅크려 고개를 숙이고, 비틀거리며 배를 붙들고 피를 토해 냈다.

나는 비틀대며 걷기도 힘들었다. 내 양쪽에 두 녀석이 와서 내게 총이 없다는 것을 아는 정도의 엉성한 몸수색을 했고, 나를 진흙탕에 처박았다. 그들은 내 등 뒤로 손을 돌려 묶었다. 나는 숨을 쉬기 위해 고개를 들려고 했다. 그러나 그들은 내 고개를 계속 처박았다. 나는 진흙과 피로 인해 숨이 막힐 것 같았다. 내 귀에는 오직 고함 소리와 하늘에 대고 사격해 대는 소리만이 들렸다. 모든 소리가 내 머릿속에서 크게 증폭되었다. 나는 고통으로 너무나 괴로웠다.

잠시 후, 내가 차를 향해 오리걸음으로 가고 있는 것을 알았다. 그러나 도저히 걸을 수 없자 그들이 양쪽에서 나를 부축하여 끌고 갔다. 나는 아직도 기침하면서 숨을 쉬려고 했다. 내 얼굴은 부어올랐고, 내 입술은 여러 군데 터져 있었다. 끌려가는 것 말고는 할 수 있는 것이 없었다. 나는 누더기 인형, 똥자루에 불과했다.

*　　　　*　　　　*

나는 랜드크루저의 앞좌석 뒤편의 발판에 던져졌다. 그들이 나를 거기

처넣자마자 나는 훨씬 편안한 기분을 느꼈고, 내 자신을 추스를 수 있었다. 갑자기 폐쇄된 곳에 들어가니 이상한 기분이 들었지만, 최소한 그들은 이제 날 걷어차지는 않았고, 나는 다시 숨을 쉴 수 있었다. 나는 히터의 열기와 담배, 싸구려 애프터셰이브 로션 냄새를 맡았다.

갑자기 머리에 개머리판을 맞았다. 여러 번 타격이 가해지고, 나는 쓰러졌다. 나는 도저히 일어설 수 없었다. 뒷머리에 엄청난 고통이 느껴졌다. 모든 것이 빙글빙글 돌고 있었다. 나는 짧은 숨을 쉬며, 이 정도는 아무것도 아니라고 자신을 타일렀다. 1~2초 만에 나는 정신을 차렸다. 또 맞지 않으면 좋으련만 두 녀석이 뒷좌석으로 뛰어 들어와서 내 온몸을 발로 찼다. 그들은 차가 울퉁불퉁한 길을 가로지를 때 템포를 맞추어 찼다.

나는 적의 발길질에서 몸을 보호하기 위해 고개를 숙이고 있었으므로 우리가 어디로 가는지는 알 수 없었다. 그들의 행동은 목적이 없었다. 그들은 나를 총으로 쏘려는 것 같았고, 나는 그것을 막을 수 없었다. 나는 아직 포로가 된 충격에서 벗어나지 못했고, 시리아 국경을 흘끗 본 것으로 인해 사기가 크게 저하되어 있었다. 거의 다 와서 오른편에 시리아를 두고 잡힌 것이었다. 마치 올림픽 마라톤을 거의 다 달려오고도 테이프를 끊지 못한 격이랄까. 나는 다시금 그들이 나를 쏠 것을 걱정했다.

그 차는 군중을 피해 우회하며 덜컹거렸다. 차가 속도를 줄였을 때 나는 사람들의 함성을 들을 수 있었다. 모두가 열광하고 있었다.

그 쓰레기들은 AK-47 소총을 랜드크루저 안에서 쏘아댔다. AK-47은 M-16보다 대구경 화기이다. 폐쇄 공간에서 사격할 경우 주위의 기압이 높아지는 것을 느낄 수 있다. 귀가 아팠지만, 무연화약의 폭발음은 언제나 친숙한 맛이었다. 입에서 피와 진흙의 맛이 느껴졌다. 코는 피딱지로 막혀 있었다.

내 몸이 위아래로 튕겼다. 차가 밭고랑처럼 파진 땅 위를 빠르게 달렸기 때문이다. 차의 현가장치가 삐그덕거렸다. 나는 어느 곳에나 들러붙어 빨리 여기를 벗어나고 싶었다. 내 뇌의 반은 눈을 감고 심호흡을 하고 이건 그냥 지나가는 거라고 말하고 있었다. 그러나 마음 한편에서는 살기 위한 최소한의 본능이 꿈틀대고 있었다. 주위를 살피며 기다려라. 방심하는 틈을 탄다면 도망갈 기회는 얼마든지 있다.

군중들 역시 아메리칸 인디언들처럼 무서운 소리를 질러 댔다. 그들은 포로를 잡아 기뻐하는 것 같았으나, 그들의 말의 내용이 승리를 경축하는 것인지 나쁜 놈이 왔다는 것인지 알 수는 없었다. 우리가 들판을 덜거덕거리며 달리는 동안 나는 이라크 병사들이 입은 제복에 주의했다. 그들은 영국제 DPM(Disrupted Pattern Material) 위장전투복을 입고 있었고, 가슴에는 탄창 5개가 들어가는 탄입대를 차고 있었다. 발에는 끈으로 매는 긴 군화를 신고 있었다. 그들은 공수휘장도 달고 있었고 빨간 장식끈도 두르고 있었는데, 정예 특수부대원임을 상징하는 물건 같았다. 나중에 알았지만 그 빨간 끈은 제2차 세계대전 때 몽고메리 장군 휘하에서 싸운 이라크군의 승리를 기념하는 자랑스런 물건이었다.

우리는 자갈길로 들어섰고, 덜컹거림도 멈추었다. 나는 이제 내가 어디로 가는지는 신경 쓰지 않기로 했다. 나는 어딘가에 멈춰 또 저놈들의 군화에 걷어차일 것이었다. 이 병사들은 나를 빠르고 공격적으로 때렸다.

차가 멈추었다. 이곳은 마을 같았다. 사방에서 군중들의 소리가 들끓어 올랐고, 나도 그 소리를 들었다. 나는 그들의 목소리에서 분노감을 느꼈다. 증오의 소리는 언제나 추해서 말이 통하지 않아도 알아들을 수 있다. 나는 위를 올려다보았다. 군인과 민간인들이 분노하여 소리치며 몰려와 인산인해를 이루었다. 나는 유모차에 실려 갑자기 어른들 틈에 끼어 무서워하는 아이 같은 심정이었다. 그들은 나를 미워하고 내 감정을 상하게 하고 있었다.

폐결핵 환자인 한 노인이 내 얼굴에 녹색 가래를 뱉었다. 다른 사람들도 신속하게 따라 했다. 곧 물리적인 타격이 가해졌다. 그들은 내 가슴을 찌르기 시작하더니 손바닥으로, 주먹으로 때리기 시작했다. 그리고 군중들은 내 머리카락을 잡아당기기 시작했다. 이것은 군중들의 전형적 행동방식 같았다. 나는 곧 구타당하거나 더 심한 꼴을 당하게 될 것 같았다.

그들은 자동차에 오르기 시작했다. 군중들의 광란은 통제할 수 없었다. 아마 그들은 백인 병사를 처음 보는 것 같았다. 아마 그들은 나를 자신들의 친구와 가족을 죽인 사람으로 여기는 것 같았다. 그들은 가까이 와서 나를 때리고 내 머리와 수염을 잡아당겼다. 그들의 몸 냄새로 숨이 막힐 지경이었다. 마치 공포 영화에 나오는 좀비들 같았다.

갑자기 하늘로 많은 탄이 발사되었고, 나는 열 받은 그들이 드디어 구름에다 사격을 가하기 시작하는 것 같아 걱정스러웠다. 이런 식으로 도시 상공에 사격을 가하면 떨어지는 탄에는 사람을 죽이기 충분한 살상력이 있기 때문에 사상자가 생길지도 모른다는 쓸데없는 걱정이 들었다. 그럴 경우 그들은 틀림없이 나 때문이라고 비난할 것이다.

병사들은 무엇을 할까? 시민들에게 나를 넘겨줄까? 그러느니 차라리 여기서 나를 죽여라. 저 군중들보다는 병사들에게 죽는 편이 훨씬 나았다. 병사들은 사람들을 쫓아내기 시작했다. 기가 막힌 느낌이었다. 불과 1분 전까지만 해도 나를 때리던 사람들이 이제 나의 구원자가 되었다.

나는 랜드크루저 뒤에 가슴을 깔고 누워 있었다. 내 손은 여전히 묶여 있었다. 그들은 나를 끌고 나왔다. 추잡한 외침 소리는 높아만 갔다. 나는 기운 없는 시선으로 정면을 응시하며 심하게 다친 채로 이대로 두 걸음 나아가서 포장도로 위에서 쓰러지면 어떻게 얼굴을 방호할지 궁리했다. 넘어질 때 등을 홱 돌려서 얼굴이 하늘을 보게 하면 될 것 같았다. 그러나 그 것을 실제로 해야 할 때가 왔다. 고개를 도는 순간 골반이 떨어지는 느낌이 들었고, 머릿속 깊숙이 통증이 느껴졌다. 도저히 숨을 쉴 수 없었다. 이 병사들은 프로레슬러 마초맨 시늉을 하면서 사람들을 선동하고 있었다. 그들은 체 게바라처럼 소총을 흔들며 잔인한 시선을 보냈다. 여자들 앞에서 이러면 그들은 이 동네의 영웅이 되어 밤에 재미 좀 볼 것 같았다.

자동차는 3m 높이의 담장에 뚫린 두 문 앞 15m에서 멈추었다. 여기는 지방군 기지 같았다. 그들은 나의 등을 질질 끌며 문으로 다가갔다. 나는 손이 땅에 긁혀 까지는 것을 막기 위해 아치형의 포즈를 취해야 했다. 여 기서도 아직 집단 히스테리 증세를 보이고 있었다. 나는 감정에 상처 입고, 미지의 세계에 대한 두려움을 느끼고 있었다. 이 사람들은 정상적인 수단으로는 통제할 수 없는 사람들 같았다.

끌려 들어가는 내 뒤에서 문이 쾅 하고 닫혔다. 넓은 마당과 몇 채의 건물이 보였다. 마초 시늉은 갑자기 끝났고, 병사들은 내 팔을 붙들고 끌고 갔다. 주위를 잘 살필 시간을 가져야 한다. 만일 힘든 신문을 받을 때 가 슴을 책상에 붙이고 엿 먹으라고 말하면 적들로부터 두들겨 맞는 역효과 를 초래할 뿐이다. 포로가 되었을 때 조용한 태도를 보이면 적들은 원하는 것을 얻었다고 만족할 것이다. 상처를 입은 채로 마을로 갈 것 같았다. 연 약해 보여서 적들이 얻어낼 것이 아무 것도 없는 포로인 것처럼 보여야 한 다. 불필요한 행동을 가급적 줄여 이동이나 탈출을 준비할 때의 에너지를 보존하는 것이야말로 극히 기본적인 사항이다.

이제 큰 시험은 통과한 것 같았다. 나는 완벽히 딴 세상에 있었고, 이전 의 일은 다 끝났다. 이상하게 들리지만 나는 매우 안전함을 느꼈다. 이제 주민들은 나를 건드리지 않았다. 주민들은 병사들보다도 더 나쁜 존재로 여겨졌다. 나는 과장되게 절뚝거리고 몸을 떨며 기침을 했다. 그러나 나는 아직 살아 있었고, 앞으로 더 힘든 길을 걸어가야 했다. 내 정신은 생생했고, 그것이야말로 걱정하고 적으로부터 숨겨야 할 것이었다.

몇 분 동안 내 주위에는 한 무리의 경비병들이 서 있었다. 건물을 보니 자갈길이 90m가량 뻗어 있었다. 오른쪽에는 막사 건물이 담을 따라 서 있었고, 작은 나무 덤불이 서 있었다.

그때 풀밭 위에 어떤 불쌍한 남자가 배를 땅에 대고 쓰러져 있었다. 그의 발목과 손목은 묶여 있었다. 그는 손에 힘을 주기 위해 다리를 들어 올리려고 하고 있었다. 그는 심하게 난타당한 것이 분명했다. 그의 머리는 축구공처럼 부풀어 있었고, 복장은 찢어지고 피범벅이 되어 있었다. 그의 머리색과 옷의 색이 어떤지는 보지 못했다. 그러나 그가 머리를 들었을 때 우리는 눈이 마주쳤고, 나는 그가 딩거임을 알았다.

눈은 많은 것을 말해 준다. 취했는지 허세를 부리는지, 화가 나 있는지 행복한지 알 수 있다. 눈은 마음의 창인 것이다. 딩거의 눈은 이렇게 말하고 있었다.

'난 괜찮아.'

나는 그에게서 약간의 미소도 볼 수 있었다. 나도 웃어 주었다. 그 또한 난처한 상황이었으므로 나는 그로 인해 가혹한 취급을 받을 것이었지만, 그를 보고 서로의 상태에 대해서 공감할 수 있어 좋았다. 나는 이기적이게도 나만이 포로가 아니라는 것이 기뻤다. 그렇지 않으면 헤리퍼드에 돌아갔을 때 사람들의 험담 때문에 견디기 힘들 것이다.

한편으로는 내가 곧 그처럼 될 것이라고 생각하니 부담스러웠다. 그는 분명히 좋지 않아 보였고, 나보다도 더욱 힘들어 보였다. 내가 저렇게 된 다면 해가 지기 전에 죽을지도 몰랐다. 만약 그렇다면 갈 데까지 가는 수밖에.

무기를 든 두 병사가 딩거 곁의 나무에서 어슬렁대며 담배를 피우고 있었다. 두 명의 장교와 그를 따르는 몇 명의 병사들이 사무실에서 나와서 길의 중간쯤까지 걸어와 나를 만났을 때까지도 그들은 담배를 피우고 있었다. 나는 거기 서서 다친 부위를 점검하고 혹시나 해서 몸을 움직여 보았다. 장교들이 다가오자 나는 이를 악물고 무릎을 모아 내 불알을 보호하려고 했다.

이 지방군에는 많은 사상자가 발생한 듯했다. 그것은 저 잘 차려입은 장교들을 봐도 알 수 있었는데, DPM을 입은 특수부대 장교들과 녹색 단색 군복을 입은 일반 부대 장교들이 섞여 있었다. 그들의 어깨에서는 별들이 번쩍거리고 있었으나 하나도 멋있지 않았다. 내 머리가 땅에 박히고, 그들 중 한 명이 일격을 가했다. 나는 눈을 감고 다음 타격에 대비했으나 아무 일도 일어나지 않았다.

다른 장교가 칼을 꺼내 휘둘렀다. 나는 한쪽 눈으로 샛눈을 떴다. 날 때린 녀석은 지금 손에 칼을 들고 있었고, 내게 뭐라고 말을 했다.

"뜨거운 맛 좀 봐라!"

저 놈은 다른 이라크군들에게 자신의 강함을 보여 주려고 쇼를 하는 것 같았다. 그는 대검으로 나의 야전상의를 아래에서 위로 찢었다. 야전상의가 쫙 열렸다.

이라크군들은 내 몸을 수색하라는 명령을 받았으나, 그들은 포로를 어떻게 수색하는지 제대로 알고 있지 못한 것 같았다. 그들은 폭발식 자살병기나 기타 이상한 무기에 대한 이야기를 너무 많이 들은 편집광 같았다.

내 주머니에서 그들이 연필 2개를 찾아내자 그들은 그 속에 폭약이나 로켓 연료라도 들어 있는 양 연필을 자세히 검사했다. 한 병사가 내 인식표를 떼어내서 가져가 버렸다. 그것들이 없으니 갑자기 벌거벗은 느낌이 들었다. 더 심한 것은 나는 이제 이름 없는 사람이 되었다는 것이다. 인식표가 제거됨으로써 나는 이제 세상에 존재하지 않게 된 것이다.

다른 병사 2명은 내 목에 걸려 있던 모르핀 앰플 2개를 떼어 내서 옷소매 속에 감추었다. 아마 잠시 후에 그들은 그걸 먹을 것 같았다. 내 전투복 상의 소매의 연필꽂이 주머니에는 칫솔이 끼워져 있었는데 이라크군들은 그것을 손대기 싫어했다. 아마도 그게 왜 거기 있는지, 어떤 용도로 쓰이는지를 몰랐던 모양이다. 바깥의 군중들의 역겨운 냄새로 미루어 보건대 이라크군들은 칫솔이 뭔지도 모르는 것 같았다. 그들은 내가 그냥 칫솔을 갖고 있도록 내버려두었다.

몸수색은 위에서 아래로 머리에서 발끝까지 솜씨 없게 이루어졌다. 그들은 내 군복도 벗기지 않았다. 그들은 내 군화를 벗기고 단독군장 속의 내용물을 털어갔다. 그들은 벼룩시장에 온 아줌마들처럼 행동했다. 우리는 항상 펜보다는 연필을 사용하는데 비가 올 때도 글을 쓸 수 있기 때문이다. 나는 7.5cm 길이의 연필 2개를 갖고 있었으며, 양쪽을 다 깎아 두어 한쪽이 다 닳으면 반대쪽으로 쓸 수 있게 했다. 나는 어디를 가건 그 연필들을 갖고 다녔으나, 이제는 그것들도 전리품으로 노획되었다. 낙하산 끈에 묶어 주머니 속에 두었던 스위스 칼과 나침반도 노획되었다. 모든 장비는 대원의 몸에 철저히 결속되어 있어야 했다. 그들은 공책도 발견했으나 내용은 하나도 없었다. 첫 번째 은거지에서 내가 모든 내용을 폐기했기 때문이었다. 낙하산 끈으로 묶어 주머니에 두었던 미제 레이션 세트의 흰색 플라스틱 숟가락도 노획되었다. 내 시계는 빛을 발하는 물건이었으므로 손목

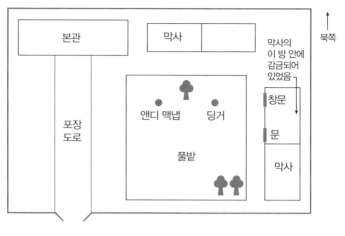

특수부대 병영

에 차는 대신 목에 낙하산 끈으로 묶어 걸고 다니면서 정찰 시 사용했는데 그것 역시 노획되었다. 심지어 그들은 정찰 시 똥을 담으려고 가져갔던 비닐백도 노획했다.

그러나 5cm 너비의 내 허리띠야말로 오늘의 초 인기 상품이었다. 자그만치 1,700파운드짜리 허리띠였기 때문이었다. 우리 모두에게는 탈출 자금으로 금화 20개씩이 지급되는데 나는 그 돈을 허리띠 뒤편에 마스킹테이프로 붙여 두었다. 그리고 이것으로 인해 대소동이 벌어졌다. 이라크군들은 펄쩍 뛰며 아마 다음과 같은 뜻이 아닐까 싶은 이라크 말을 내뱉었다.

"이 사람 얼른 풀어줍시다! 곧 폭발할 거예요!"

이라크군 대위 1명이 나타났다. 그는 177cm 정도의 키였으나, 몸무게는 한 82kg 쯤 나가 보였다. 그는 삶은 달걀 같은 체형을 하고 있었다. 그는 공격적이고 빠르고 무뚝뚝하게 유창한 영어를 내뱉었다.

"이봐, 자네 이름은 뭐지?"

"'앤디'입니다."

"알았어, 앤디. 나는 자네가 내게 정보를 주었으면 해. 만약 안 주면 이 병사들은 자네를 쏴 버릴 거야."

나는 주변을 돌아보았다. 병사들은 촘촘한 열을 지어 서 있었다. 만약 그들이 사격을 하면 서로를 쏴 버리는 꼴이 될 것이다.

그는 허리띠 뒤에 테이프로 포장해 놓은 것을 가리키며 물었다.

"이 장비는 무엇인가?"

"금입니다."

금이라는 말은 청바지, 펩시콜라만큼이나 국제적이다. 또한 전 세계의 모든 군인들이 갖고 싶어 하는 것이기도 하다. 금만 보면 이라크군을 포함한 모든 사람들은 눈이 뒤집어진다. 지금은 그들의 1년 연봉보다도 더 많은 액수를 한꺼번에 벌 수 있는 기회인 것이다. 나는 휴가계획을 세우고 새 차를 구입할 궁리를 하는 그들의 표정을 읽을 수 있었다. 갑자기 파나마를 침공했던 한 미군 병사가 내게 해 준 이야기가 생각났다. 그는 파나마 대통령 노리에가의 집무실에서 미화 300만 달러를 발견했다. 그는 이 사실을 즉시 무전으로 보고했고, 그 돈은 연대본부로 이송되었다. 그 후로 그 돈의 행방을 아는 사람은 없었고, 내게 그 얘기를 해 준 병사는 넝쿨째 굴러 들어온 호박을 차 버린 것 같아 너무나 원통해 잠을 이룰 수 없었다고 했다.

이 장교들도 기회를 놓치고 싶지 않은 것 같았다. 그들은 나를 다른 사무실로 끌고 가 벨트를 테이블 위에 내려놓으라고 말했다.

그 뚱땡이가 물었다.

"왜 자네는 금을 갖고 있지?"

"식량이 떨어졌을 때 사람들에게서 먹을 것을 구입하기 위해서입니다. 도둑질은 나쁜 거잖아요."

"열어 봐."

그들은 내 좌우편에 한 명씩의 병사를 배치시켰는데, 내가 그들을 속여 소이탄 같은 자살 무기를 폭발시킬지도 모른다는 생각이 들었던 모양이다. 내가 첫 번째 금화를 꺼내자 그들의 눈은 뒤집어졌다. 그들은 두 병사에게 나가라고 지시한 후 자기들끼리 금화를 배분했다. 그들은 매우 공식적이고 엄숙하게 일을 진행하는 것처럼 보이려고 노력했으나, 그건 분명히 추잡한 일이었다.

그들은 금에 욕심을 낸 나머지 나의 실크로 된 탈출용 지도와 소형 나침반을 발견하지 못했다. 그것들은 모두 내 옷 속에 숨겨져 있었고, 몸수색에서도 발견되지 않았다. 나는 그것들을 계속 숨겨 두고 있었다. 그것은 아주 환상적인 느낌이었지만, 이 글을 읽고 계신 분들은 아마 그런 느낌을 모를 것이다. 아무튼 나는 지도와 나침반을 가지고 있었다. 탈출에 제일 적합한 순간은 체포 직후이다. 그 후에는 쇠사슬에 묶일 것이고, 탈출하기는 어려워진다. 경비 시스템이 더욱더 철저해질 것이기 때문이다. 전방 부대에서는 포로 취급 말고도 할 일이 많다. 그러나 후방으로 보내지면 더 철저한 포로 처리를 받게 되고, 군복도 벗긴다. 이제 나는 서쪽이 어디인지 알 수 있다. 도망칠 기회가 생긴다면 이것들이 내게 꼭 필요한 물품이 될 것이다.

나는 눈이 가려진 채로 다른 방으로 끌려갔다. 크고 텅 빈 방 같았다. 몇 사람이 이야기하고 있었다. 방 안의 분위기는 가라앉아 있었다. 이곳은 마치 큰 창고 같았다. 이상한 느낌이었다. 나는 미친 군중과 격리되어 있었지만, 왠지 위험을 느꼈으며 뭔가 벌어질 것 같은 느낌을 받았다. 그때 나는 이 사람들은 군중들보다 훨씬 조직적이며 때릴 때도 더욱 프로답게 때릴 것임을 알았다.

커피, 지땅(프랑스제 담배), 싸구려 애프터셰이브 로션 냄새가 풀풀 풍겼다. 나는 쿠션과 높은 등받이가 달린 의자에 앉혀졌다. 내 마음 속 한 구석에서는 여기를 탈출해서 다른 곳으로 가는 환상에 빠져 있었으나, 꿈에 불과했다. 나는 살면서 이런 일을 한 번도 생각해 본 적이 없었다. 차를 운전하다가 아이를 친 것처럼 완벽히 믿을 수 없는 것이었다. 나는 귀로 소리를 듣고 있었으나, 나만의 작은 세계에 갇혀 있었다. 적의 요구를 수락하여 그들로부터 동정이나 커피, 음식을 얻어낼 수도 있다. 그러나 나는 그런 것들을 요구하지 않을 것이다. 그들이 아무리 내게 잘 해 준대도 나는 물러설 수 없다.

나는 근육을 긴장시키고 고개를 숙이고 다리를 모았다. 나는 우선 그들이 전술적인 질문부터 할 것이라고 생각했다. 그들은 나를 좌절시키려고 할 것이다. 그들은 서로 뭐라고 수군거렸다.

도대체 어떻게 될까? 잔혹한 고문을 당할까?

아니면 그들이 내게 비역질이라도 할까?

사람들이 내 주위를 돌아다니며 뭐라고 귓속말을 했다. 집중해서 들으면 아무리 작은 소리라도 엄청나게 크게 들린다. 의자가 끌리는 소리가 들렸다. 누군가가 일어서서 내게 다가오고 있었다.

나는 긴장했다. 누군가가 다가오고 있다. 나는 떨고 있는 척했다. 나는 이 사람들이 내게 미안한 감정을 갖게 하고 싶었다.

2초가 2시간 정도 되는 것으로 느껴졌다. 뭐가 어떻게 되는지 보지 못하면 믿을 수 없을 만큼 강한 좌절감이 느껴진다. 나는 다시 떨며 상처받은 가련한 사람 행세를 했다. 나는 아무것도 모른다. 뭔가 해서 정보를 얻어낼 가치가 없는 사람이다. 그러나 나는 결심을 단단히 했다. 고개를 숙이고 그 사람이 다가올 때 아무 반응을 보이지 않으려 했다.

강한 커피 냄새가 났다. 페캄(Peckham)의 로즈 카페에서 큰 거품 커피를 먹던 생각이 났다. 어린 시절 토요일마다 우리는 카페에 가서 소시지와 과자에 소금과 식초를 뿌리고, 거품 커피를 먹곤 했다. 카페 주인 로스는 그리스인이었는데, 우리가 오전 내내 카페에 있어도 별 상관하지 않았다. 우리는 많아야 8~9명 정도의 인원이었다. 우리 어머니는 항상 나에게 돈을 주면서 로스의 카페에서 저녁을 먹으라고 했다. 겨울철에는 거기에 가서 아주 강한 커피 냄새를 맡았다. 그곳은 아주 아늑하고 편안한 쉼터였다. 그 짧은 순간에 커피 향기가 엄마에게 울던 어린 시절로 나를 인도했다.

딩거가 자기 이야기를 털어놓아서는 안 되었다. 그가 말할 수 있는 것은 이름, 군번, 계급, 생년월일뿐이었다. 그들은 더 많은 정보를 원할 것이기 때문에 나를 많이 구타할 것이다. 나는 그들이 내게 지금 질문하지 않고 나중에 질문하기를 바랐다. 그들은 아마도 여기서는 나를 긴장시키는 정도로 끝날지도 모른다. 그들은 아마 영어를 못할지도 모른다! 누군가가 가까이 다가올수록 내 마음은 엄청난 속도로 달려갔으며, 그는 내 몇 cm 앞에서 멈추었다.

그는 내 머리를 붙잡고 내 얼굴에 강편치를 가했다. 나는 뒤로 쓰러져 옆으로 굴렀으나 그들은 나를 둘러싸고 있었으며 나는 다시 일으켜졌다. 얻어맞을 것을 예상하고 있더라도 정작 맞으면 충격을 받는다. 나는 쓰러진 채로 다음 타격에 대비하고 생각할 시간을 벌고 싶어 했다.

모두가 다 여기에 있었다. 다른 사람을 무찌른 승자의 웃음소리가 넘쳐흘렀다. 나는 술 취한 듯한 기분이었다. 무슨 일이 벌어졌고 어떻게 되어가는지 알고는 있으나, 아무것도 손 쓸 수 없었다. 현실과 자신이 분리된 느낌이 들 것이다. 무슨 일이 있어도 당신의 마음은 그 일에 대해 될 대로 되라 해야 한다. 이것은 나하고는 상관없는 일이라고 생각하며 서서히 의식불명 상태로 빠져든다. 무슨 일이 생겼는지 느끼기는 하지만, 이미 의식은 헤매고 있다. 나는 얻어맞아 반혼수상태에 빠졌다.

나는 최소한 얼굴이라도 보호하려고 바닥에 쓰러졌다. 나는 무릎을 모았다. 주먹과 발길질이 빗발쳤고, 나는 비명을 지르며 신음했다. 충격은 약간만 느껴졌으며, 대부분은 느껴지지 않았다.

갑자기 누군가 신호라도 한 듯 구타가 멈췄다.

나는 조롱 소리를 들었다.

"불쌍한 앤디..."

나는 무릎을 꿇고 앉아 내 머리를 그 사람에게 흔들었다. 나는 그에게 적대심을 표시하여야 했다. 코가 피와 진흙으로 막혔기 때문에 내 숨소리는 거칠고 탁했다. 나는 다시 마룻바닥에 쓰러졌다. 나는 그가 나를 일으켜 주기를 바랐다. 시간이 있었다. 나는 이것을 그들 작전의 일부라고 생각했다. 그들이 정신을 차려 내가 가련한 바보요 노력을 기울일 필요가 없는 자라고 여기고 나를 떠나가기를 바랐다.

나는 다시 의자에 앉혀졌고, 누군가가 무릎을 걷어찼다. 설령 상대가 어린 학생이라고 할지라도 나는 누군가의 무릎을 걷어차기는 싫었다. 정말 잔인한 구타였다. 다시 사방팔방에서 군홧발 세례가 날아왔고, 나는 다시 뻗었다.

이럴 때는 연약한 모습을 드러내어 보임으로써 그들의 자비를 얻어내는 것이 감정상 옳을 것이다. 그러나 나는 화가 났고 절대 그들에게 굴복하지 않으리라고 다시 한 번 다짐했다. 그들은 마음대로 할 수 있었고, 저항은 역효과를 초래할 뿐이라는 것은 나도 잘 알고 있었다. 내가 끙끙대면 그들은 더욱 기뻐할 것이다. 내가 그들을 괴롭힐 수 있는 방법은 오직 정신력뿐이었다. 가능한 한 조용히 하면 작은 전투에서는 이길 수 있었다. 아무리 조그마한 승리라도 1,000배로 증폭된다. 나는 이기고 있다고 생각했다. 우스꽝스럽게도 나는 내 사기가 높아짐을 느꼈다. 나는 속으로 생각했다. 엿먹어라, 이 새끼들아, 나는 너희들이 차 마시러 집에 가면서 만족감에 들떠 너희 친구들에게 "이봐 그놈 우리에게 제발 그만 하라고 빌더라니까." 따위의 말을 하지 못하게 할 것이다.

그들은 멈추지 않았다. 내 입술과 얼굴, 정강이로 군홧발이 날아들었다. 그들은 뚜렷한 목적이 없었고, 모두가 마초 흉내를 내고 있었다. 나는 그들이 빨리 싫증내기를 바랄 뿐이었다.

그들 중 2명이 영어로 말을 하기 시작하여 부시 대통령과 대처 수상을 비난했다. 그들 모두가 그렇게 생각하고 있을 것이었다. 나는 손을 집어넣고 몸을 추슬렀다. 온몸이 조각나 떨어지는 것 같았다. 숨쉬기조차 힘들었다. 나는 이미 눈도 가려 있었고, 모든 것이 크게 부풀어 고동치고 있었다. 내 오감이 굳어가고 있었다. 가슴과 심장이 뼈개지는 것 같았다.

나는 내가 지르는 비명과 고통스런 신음소리를 들을 수 있었다.

누군가가 내 얼굴 앞 몇 cm 거리에서 소리 지르며 미친 듯이 웃고는 물러났다.

"하하하하!"

나는 거기 누워 고통을 느끼며 그들의 조소와 웃음소리를 들었다.

"오, 저놈에게 축복을. 그를 혼자 내버려둬."

그러나 나는 그냥 거기 누워서 듣기만 했다.

그중 한 명이 말했다.

"앤디, 자네는 부시의 앞잡이에 불과해. 그러나 자네 목숨도 얼마 남지 않았다. 우리가 자네를 죽일 거니까."

나는 심각한 위협을 받고 있었다. 그는 내게 최악의 공포를 심어 주었다. 그들은 우리를 신나게 때린 다음 끌고 가서 죽일지도 모른다.

뭐 괜찮아. 차라리 죽는 게 낫지.

그들은 나를 다시 끌고 갔다. 내 얼굴 가죽에서 난 상처의 피가 얼굴로 흐르고 있었다. 눈과 입으로 피가 새어들고 있었다. 입술도 마비되어서 마치 치과의사에게 마취를 받은 것 같았다. 나는 고개를 숙여 피의 방향을 바꾸고, 누구와도 눈을 마주치지 않으려고 했다. 나는 이 후레자식들이 내 생각을 알기를 원하지 않았다.

그 후로도 약 15분간 그놈들은 구타를 계속했고, 심지어는 의자에 앉혀 놓은 상태에서도 때렸다. 나는 가급적 작게 내 몸을 웅크렸다. 그놈들은 양손으로 내 발을 잡고 방을 가로질러 나를 더 잘 걷어찰 수 있는 곳으로 끌고 갔다. 이제 모든 것은 나의 통제를 벗어났다. 하지만 나는 이 게임에서 잘 빠져나올 것이다.

난장판 속에서 눈가리개가 벗겨져 나갔다. 나는 많은 것을 보고 싶어 하지 않았다. 내 눈에 보이는 것은 내 무릎과 밝은 크림색의 리놀륨 바닥뿐이었다. 바닥은 광나게 잘 닦여 있었으나 내 피와 진흙으로 더럽혀져 있었다. 숨을 들이쉬기가 너무나도 힘들었다. 내 온몸이 쪼개지는 것 같았다. 난 여기서 죽을 수도 있다. 좋은 것이 그나마 하나 있다면 내가 그놈들의 방바닥을 어지럽히고 있는 것뿐이었다.

목구멍에서 덜걱덜걱 소리가 났다. 나는 피를 토했다. 약 20분 동안 나는 생각했다. 우리는 심각한 타격을 입었다. 내가 탈출할 기회는 점점 줄어들고 있었다.

결국 그들이 먼저 게임을 포기했다. 나는 똥자루인 것이었고, 그들은 내게 원하던 것을 아주 조금밖에 얻지 못한 듯했다.

나는 마룻바닥 위에 쓰러져 내가 흘린 피에 젖어 있었다. 어느 곳이나 오물과 마른 피로 흥건했다. 발에서도 피가 나와 내 카키색 양말을 빨갛게 적시고 있었다.

나는 눈을 잠깐 떠서 옆구리에 지퍼가 달린 갈색 첼시 부츠와 청나팔바지를 보았다. 신발에는 번드르르한 싸구려 플라스틱제 굽이 달려 있었는데 마치 주말 장터에서 만든 것 같았다. 청바지도 더러웠고 물이 빠져 있었고 끝단이 해져 있었다. 누군가 제복 밑에 데이비드 캐시디(미국 가수 겸 영화배우) 티셔츠를 입은 사람이 있는 것 같았다. 나는 신속하게 그들 모두가 장교임을 알아보았다. 그들은 머리 손질도 깨끗하게 되어 있었고, 지저분한 머리칼은 일체 없었다. 모두가 콧수염을 사담 후세인처럼 단정하게 기르고 있었다.

나는 벽에 등을 기대고 구석에 누워 자신을 보호하려고 했다. 내 3면에 모두 적들이 있었다. 그들은 나를 째려보고 있었다. 한 놈이 내게 담뱃재를 떨어뜨렸다. 나는 처량한 표정으로 그를 올려다보았으나 그는 담뱃재를 또 떨어뜨렸다.

더 많은 사람들이 방 안에 들어왔다. 나는 끌어올려져 의자에 앉혀진 후 다시 눈가리개가 씌워졌다. 제발 쌩쌩한 놈들이 여기 원래 있던 놈들과 임무를 교대하는 것이 아니기를 바랐다.

새로 온 사람이 유창한 영어로 물었다.

"너의 이름은 뭐지?"

"'앤디'입니다."

나는 내 이름 전체를 다 밝히지 않았다. 나는 가급적 오래 그렇게 할 것이다. 내 성을 계속 의문 속에 남겨 두는 잔꾀로서 시간을 벌 수 있었다. 그러나 동시에 도움이 필요하기도 했다.

"몇 살이지, 앤디? 자네 생년월일은 언제인가?"

그의 말은 매우 정확했고 문법실력도 나보다 나아 보였다. 중동 사투리는 아주 조금 느껴질 뿐이었다.

나는 내 생년월일을 대답했다. 그러자 그는 또 질문했다.

"자네의 종교는 무엇인가?"

제네바 협정에 의한다면 그는 이런 질문을 할 자격이 없다. 이런 질문에 대한 정답은 "그런 질문에는 대답할 수 없소."이다. 그러나 나는 대답했다.

"영국 국교회입니다."

이것은 그들이 가져간 내 인식표에도 기록되어 있는 것이었다. 그들이 이미 갖고 있는 정보를 또 제공할 필요가 있는지는 모르겠으나, 나는 그럼으로써 내가 저들이 생각하는 텔 아비브가 아닌, 영국에서 왔다는 것을 증명하고 싶었다.

그러나 그들은 영국 국교회가 뭔지도 모르는 것 같았다.

"자네는 유대인인가?"

"아니오, 개신교도입니다."

"개신교는 뭐지?"

"일종의 기독교입니다. 나는 기독교인이오."

그들에게 이슬람교도나 유대교도가 아닌 다른 사람들은 모두 기독교도였다. 기독교도에는 트래피스트회의 승려로부터 통일교도까지 모두가 다 들어간다.

"아냐, 앤디. 자네는 유대인이야. 우리는 그걸 증명하고야 말겠어. 내 영어가 괜찮은가?"

"네, 듣기 좋군요."

나는 토론을 할 입장은 아니었다. 그의 영어는 케이트 에이디(BBC 뉴스

특파원)보다도 더 나았다.

나는 고개를 숙이고 여기저기 기웃거리며 보고 들으려고 노력했다. 내가 뭔가를 생각하는 척 하는 동안 긴 침묵이 이어졌다. 나는 말을 고르면서 상처 난 곳을 생각하고 시간을 끌었다.

신문관이 내 오른뺨 쪽으로 다가오면서 말했다.

"물론 내 영어는 훌륭하지. 나는 런던에서 일한 적도 있어. 넌 나를 바보로 보는 거야? 우린 바보가 아니야."

그는 약 3m 떨어진 곳에서 질문을 시작한 것 같았고, 그와 나 사이에는 책상이 있는 것 같았다. 그러나 지금은 그가 일어나서는 내 주위를 빙글빙글 돌며 이라크는 이성적이고 멋진 나라이며 그 국민들 역시 극히 문명화된 사람들이라고 설교하고 있었다. 그는 목소리를 높여 말하기 시작했고, 내 얼굴에 침이 튀었다. 담배와 싸구려 향수 냄새가 났다. 그의 공격적이고 빠른 말들은 나를 다시 주눅들게 했다. 나는 이를 악물었다. 나는 반응을 조절함으로서 여기서 싸워 이겨야 했다. 내가 정말 좋은 나라에 있다고 그가 믿게 하고 싶지는 않았다. 내가 그렇게 생각하게 된다면 이 사람들은 눈에 불을 켜고 덤벼들 것이었다.

그는 다시 한 번 강조했다.

"우리나라는 매우 발전된 나라야. 너네도 그 사실을 곧 깨닫게 될 거야."

나는 방금 야단맞은 어린아이 같은 느낌이 잠시나마 들었다. 고개를 숙이고 야단맞으며 몸을 떨고 있는 아이 같은 느낌 말이다.

그는 런던에 대해서도 언급했으며 나는 런던이 모든 면에서 여기보다 낫다고 생각했다. 그럼, 한 번 런던에 대해서도 언급해 보자. 나는 이렇게 말했다.

"나는 런던을 좋아해요. 지금이라도 런던에 돌아갔으면 좋겠어요. 난 여기 있기 싫어요. 나는 여기서 내가 뭐 하는지도 모르겠어요. 나는 단지 군인일 뿐입니다."

우리는 다시 이름부터 묻는 것으로 돌아갔다. 내 마음 속에서는 이제껏 말한 것과 앞으로 말할 것을 비교해 보고 있었다. 많은 사람들이 글을 쓰는 소리가 들렸다. 종이를 구겨서 발치로 집어던지는 소리도 들렸다.

신문관은 좀 물러나서 자리에 앉았다. 그의 목소리는 좀 더 진지해지고 친근하게 바뀌었다.

"물론 나는 네가 군인이라는 것을 알고 있지. 그러나 나 또한 군인이야. 문명인답게 질문에 응답해 주었으면 좋겠어. 여기는 문명 국가야. 나는 다만 너에게서 정보를 얻어내기를 바랄 뿐이야. 앤디, 제발 말해 줘. 자네는 도구에 불과해. 그 놈들이 자네를 이용해 먹은 거야."

뭐가 벌어지고 있는지 너무나도 명백했다. 그들에게 그들의 수단이 먹혀 들어가고 있는 것처럼 보이게 해야 할 것 같았다. 나는 입을 열었다.

"네, 나는 무척 혼란스럽습니다. 나도 진심으로 당신을 돕고 싶습니다. 하지만 나는 뭐가 어떻게 돌아가는지 모르겠습니다. 저 밖에 있는 나의 친구가 걱정됩니다."

"좋아. 자네가 어느 부대 소속인지 말해 줘. 그것만 말하면 자네는 더 이상 고통을 받지 않아도 돼. 어떤가?"

"죄송하지만, 그 질문에는 답할 수 없습니다."

모든 것이 또 다시 시작되었다.

새로운 사람들이 들어왔을 때 그 중 한 명이 내 바로 뒤에 섰던 모양이다. 내가 허튼 대답을 하자 그는 총 개머리판으로 내 얼굴 옆 부분을 강타했다. 나는 곧장 바닥에 쓰러졌다.

싸우는 중이라면 심장은 빠르게 뛰고 있으며 타격에 대비하고 있으므로 막상 타격을 받아도 그리 큰 충격은 없다. 그러나 타격에 대해 예상하지 못하고 있다면 고통은 훨씬 커진다. 개머리판의 힘은 가공할 만한 것이었다. 그 강한 타격력으로 인해 나는 순식간에 고통이 없는 딴 세상으로 날아갔다.

바닥에 쓰러지면서 나는 내 호흡과 맥박이 극히 느려짐을 알았다. 모든 것이 느려지고 있었다. 모든 것이 곤두박질치고 있었으나, 내가 어찌 해 볼 도리는 없었다. 모든 것이 흐려졌다.

나는 또 개머리판에 얻어맞았다. 눈에서 불이 번쩍하더니 모든 것이 어두워졌다.

그들이 나를 부축해 의자에 올려놓자 나는 차츰 정신이 들기 시작했다.

"이것 봐, 앤디. 우리는 단지 몇 가지만을 알고 싶을 뿐이야. 나는 단지 내 일을 하고 있을 뿐이고, 우리도 이렇게까지 하고 싶지는 않다. 우리는 모두 군인이야. 군인은 명예로운 직업이라고."

그의 목소리는 매우 낮고 부드럽고 친근했다. 마치 '다 잊어버리고 친구가 되자.'라는 식의 목소리였다.

"우리는 자네를 사막에 집어던져서 들짐승들에게 뜯어 먹히게 할 수도 있어, 앤디. 자네 가족을 제외하고 자네를 걱정해 주는 사람은 없어. 그러나 자네는 그들을 안심시킬 수 있어. 쓸데없이 만용을 부리지 마. 자네는 자네를 여기 보낸 사람들의 꼭두각시에 불과해. 그 놈들은 자네와 나 같은 사람들이 죽어라고 싸우고 있는 지금도 잘 처먹고 잘 살고 있다고. 앤디, 우리가 왜 전쟁을 해야 하나?"

나는 고개를 끄덕이며 그의 말에 전적으로 동의했다. 한편으로 내가 그에게 타격을 주었다는 생각이 들어 기분이 좋았다. 그는 내가 고개를 끄덕이는 것을 보았을지는 모르겠으나, 내 마음속의 태도는 그것과는 완벽히 달랐다. 나는 포로가 된 이후 처음으로 기분이 좋아지기 시작했다. 그는 이런 꼼수를 의지하고 있음이 틀림없었다. 그는 또다시 떠들고 있고, 나는 그에 동의하고 있다. 나는 이 토론에서 우위를 점하고 있고, 그는 그것을 느끼지 못하고 있다. 나는 그를 압도하기 시작했다. 이것은 좋은 우호관계의 시작이 될 수도 있었다.

나는 이기고 있었다.

"제발 말해 봐, 앤디. 그러면 우리는 자네를 영국으로 돌려보내 주겠어. 자네의 소속 부대는 어디인가?"

그는 자가용 비행기를 불러 나를 브라이즈 노튼 공수교육대로 데려다 줄 힘이라도 있는 것처럼 이야기했다.

"죄송합니다만 그런 질문에는 대답할 수 없어요."

그러자 적들은 내 머리를 걷어찼다. 귀에서 웅 하는 소리가 나고 나는 이를 악물었다. 뼈가 삐걱거리는 소리가 났고 귀에서 피가 나와 얼굴에 흘렀다. 걱정되기 시작했다. 귀에서 피가 나는 것은 좋은 징조가 아니다. 어쩜 가는귀가 먹을지도 모른다. 젠장, 나는 아직 30대 초반인데.

"자네의 소속부대는 어디인가?"

나는 절망적으로 그가 화제를 바꾸기를 원했으나 그는 그러지 않았다.

나는 침묵을 지켰다.

"앤디, 이러면 득 될 게 없단 말이야."

기묘하게도 그의 목소리는 여전히 부드럽고 친근했다.

"앤디, 내가 어쩔 수 없이 이래야 한다는 것을 이해해 줘야 해. 우리는 지금 멀리 떨어져 있는 것도 아니잖아? 문제 될 건 전혀 없어. 제발 말해 줘."

나는 계속 침묵했다.

더 많은 발길질과 주먹이 날아들었고 나는 비명을 질렀다.

"우리는 이미 그 정보를 자네 친구로부터 들었어. 우리는 자네에게도 정보를 얻고 싶을 뿐이야."

그것은 거짓말이었다. 그는 딩거로부터도 아무 이야기를 듣지 못했을 것이다. 딩거는 나보다 강하다. 그는 아무 말도 하지 않을 것이다. 그는 너무나 심하게 얻어맞았기 때문에 그가 이놈들에게 말할 것은 엿이나 처먹으라는 말뿐일 것이다. 나는 이렇게 말했다.

"당신은 나 또한 군인이라는 것을 이해해야 해요. 당신도 군인이잖아요. 나는 그런 대답을 할 수 없다는 것을 이해해 주세요."

나는 그들에게 동정을 얻으려고 억지로 울며 가련한 태도를 보였다. 그들은 전통적으로 체면이 깎이는 것을 두려워하는데, 나는 거기에 희망을 걸었다.

나는 울먹이며 소리쳤다.

"우리 가족들은 나 때문에 평생토록 부끄러워 할 거예요. 그들은 그들의 신뢰를 저버린 나를 불명예스럽게 느낄 거예요. 나는 절대 당신들에게 이야기할 수 없어요. 절대로!"

그는 여전히 내게 조언을 주는 절친한 친구처럼 이야기했다.

"이봐, 앤디. 이건 큰 문제야. 자네는 우리가 원하는 대답을 하지 않고 있어. 그건 현재 상황에도, 자네 자신을 위해서도 전혀 도움이 안 되는 거야. 이런 식으로 하면 자네는 금방 죽어. 그게 자네에게 무슨 의미가 있겠나? 난 자네를 돕고 싶어. 그러나 내 윗사람들은 자네를 돕기 싫어해. 자네는 이스라엘군이야. 그렇지? 인정할 건 인정해."

나는 흐느꼈다.

"나는 이스라엘군이 아니에요. 보세요. 내 옷이 어디가 이스라엘군 같다는 말인가요? 이건 영국 군복이에요. 그리고 당신은 내 인식표도 봤잖아요. 나는 영국인이고 내 옷은 영국 군복이에요. 나는 당신이 내게 무엇을 원하는지도 모르겠어요. 제발 부탁이니 나 좀 도와주세요. 당신 때문에 나는 혼란스러워요. 나는 다쳤단 말이에요."

"이런 바보 같으니."

"당신은 내 인식표를 갖고 있잖아요? 거기에는 내가 영국인이라고 적혀 있어요. 당신 말 때문에 나는 괴로워요."

그의 목소리가 돌연 바뀌었다.

"그래, 우리는 자네 인식표를 갖고 있는데 자네에겐 인식표가 없지."

그는 분노를 터뜨렸다.

"네가 누군지는 우리가 정해. 그리고 누가 뭐래든 너는 이스라엘인이야! 만약 아니라면 넌 시리아 국경 근처에 왜 있었던 거지? 넌 거기서 뭐 했어? 말해 봐! 도대체 거기서 한 일이 뭐야?"

내가 대답을 하려고 해도 그는 내게 말할 기회를 주지 않았다. 그는 질문과 분노의 표시를 폭포수같이 해 대며 나를 몰아붙였다.

"넌 우리에게 아무 쓸모가 없어! 아무짝에도 쓸모없단 말이야!"

그래도 저 사람은 집에서는 행복했을 것이다. 저 사람 자식들은 그가 어디로 출퇴근하는지도 모를 것이다.

나는 자문해 보았다. 나는 무엇을 해야 하나?

이스라엘 건으로 돌아가야겠다.

갑자기 보브 생각이 났다. 보브의 머리는 짧고 곱슬거리는 검은 머리였고 코가 컸다. 그가 체포되었거나 전사해 시신이 발견되었다면 그는 유대인으로 취급받았을 것이다.

"나는 영국인이에요."

"아냐, 아냐, 넌 이스라엘인이야. 너는 특수부대원 옷을 입었잖아."

"모든 영국 육군 군인들은 이런 옷을 입어요."

"앤디, 이런 간단한 질문에도 제대로 대답 안 하는 바보짓을 하면 자네는 죽어."

"난 이스라엘인이 아니에요."

이제 내가 말해야 할 것과 말해서는 안 될 것을 결정할 때가 왔다. 이것들이 기록되고 있기 때문이다. 적는 소리도 들린다. 앞으로 여러 번 험한 꼴을 당해야 할 것이다.

이스라엘 건을 물고 늘어지자. 아마 만약 이놈들이 내게 계속 말을 하게 한다면 우리는 좋은 상호관계를 유지할 수 있을 것이다. 그는 나를 신문하고 있는 것이다. 그는 나를 동정할지도 모른다.

나는 다시 힘주어 말했다.

"나는 기독교도이고 영국인이에요. 나는 여기가 이라크 어디쯤인지도 몰라요. 내가 시리아 국경 근처에 있었든 말든 무슨 상관이에요? 나는 여기 있기 싫어요. 날 봐요. 나는 다쳤단 말이에요."

"앤디, 우리는 자네가 이스라엘인이라는 것을 이미 알고 있어. 우리는 자네 입으로 그 이야기를 듣고 싶을 뿐이야. 자네 친구도 이미 우리에게 불었어."

딩거도 짧고 구불구불한 금발머리로 인해 약간은 유대인같이 보였다.

"넌 특수부대원이지?"

이스라엘군이나 이라크군에서는 오직 특수부대원들만 위장복을 입는다.

"아니에요! 우리는 정규군 병사일 뿐입니다."

"이런 바보짓을 하면 자네는 곧 죽게 돼. 우리는 자네에게 간단한 대답을 원해. 나는 자네를 돕고 싶지만, 이 사람들은 자네를 죽이고 싶어 해. 나는 자네를 구하려고 하는 중이야. 만약 자네가 날 돕지 않으면 내가 뭘 할 수 있겠나? 우리는 자네가 질문에 대답만 해 주었으면 좋겠어. 우리는 자네의 이야기를 듣고 싶어. 자네도 우리를 돕고 싶지. 그렇지 않은가?"

나는 다시 흐느끼며 말했다.

"네, 저도 당신들을 돕고 싶어요. 그러나 아는 게 없어서 당신들을 도울 수 없어요."

그의 목소리는 여전히 공격적이었지만 약간의 온정을 섞어 말했다.

"자넨 바보야. 왜 우리를 돕지 않지? 이봐. 나는 자네를 돕고 싶어. 나도 자네만큼이나 자네가 여기 있는 것을 원치 않아."

"난 당신을 돕고 싶지만, 난 이스라엘인이 아니에요."

"우리한테 말만 하면 그만이야. 이봐. 왜 바보짓을 자초하지? 도대체 무엇 때문에 그래? 우리는 문명인들이야. 다만 나는 자네가 이스라엘인이라는 소리를 듣고 싶어. 만약 그렇지 않다면 왜 시리아 국경에 있었는지 말해 줄 수 있나?"

"난 내가 어디 있었는지 몰라요."

"자네는 시리아 근처에 있었어. 그렇지? 그것만 말해 봐. 이 사람들은 자네를 죽일 거야. 자네 친구는 무사해. 자네 친구는 우리에게 이야기했어. 그는 살아남을 거야. 하지만 자네는 죽어. 바보짓을 했기 때문이지. 왜 죽으려고 해? 자넨 바보야."

그의 의자가 바닥을 긁는 소리가 들렸다. 눈이 보이지 않는 가운데서도 나는 무슨 일이 일어나고 있는지 알아채려고 했다. 나의 몸은 박살났다. 나는 이 사람에게서 약간의 인간성이라도 찾아내고 싶었다. 빌어먹을, 나는 항상 이모와 말싸움을 하면 이기고 과자를 받아먹곤 했다. 이 사람들은 도대체 어디가 잘못된 것인가?

아마 나는 의문의 여지없이 오스카 연기대상을 탈 것이다. 그러나 내가 하고 있는 것은 연기가 아닌 실제 상황이었고, 나는 진짜로 너무나 아팠다. 만약 이 상황이 극으로 표현된다면 나는 더 잘 할 수 있을 것이다. 이스라엘 건을 계속 물고 늘어지면 그들이 다른 질문을 하는 걸 막을 수 있다.

"저는 당신을 도울 수 없어요. 정말입니다."

나는 그의 큰 한숨 소리를 들었다. 마치 그가 세상에서 나와 가장 절친한 친구이며, 그가 나를 도울 수 있는 방법이 전혀 없다는 투의 한숨 소리였다. 그러나 그 속에는 '이건 나와 너와의 싸움이다. 난 누구라도 궁지에 몰아넣을 수 있다.'라는 그의 본심이 깔려 있었다.

"그럼, 나도 자네를 도울 수 없어. 앤디."

다른 의자가 바닥에 끌리며 나를 향해 다가오는 발자국 소리를 들은 것 같았다. 애프터셰이브 로션 냄새가 났을 때 나는 총 개머리판을 쥔 놈이 나를 또 때리려는 것을 알았다.

그는 나의 사주팔자를 제멋대로 조종하고 있었다.

눈가리개를 하고 있었기 때문에 내 청각과 후각은 더욱 예민해져 있었다. 나는 여기 있는 사람들을 냄새로 구분할 수 있었다. 소총 개머리판을 쥔 놈은 새로 세탁한 옷을 입고 있었다. 다른 한 놈은 피스타치오 땅콩을 좋아하는 듯했다. 그는 땅콩을 입에 넣고 씹다가 내 얼굴에 껍질을 뱉었다. 유창한 영어를 하는 놈은 끊임없이 담배를 피우고 몸에서는 커피 냄새와 오래 묵은 담배 냄새가 났다. 그가 말을 쏟아낼 때면 내 얼굴에 침이 다 튀었다. 그에게서는 지급품 애프터셰이브 로션 냄새도 풍겼다.

그의 의자가 바닥을 긁었고 나는 그가 주위를 돌아다니고 있음을 느꼈다. 그는 개틀링 기관총처럼 말을 쏟아대었고, 멋진 놈처럼 보이기 위해 '모든 것이 잘 될 거야'식의 말을 계속 해 대었다.

그는 매우 점잖게 말했고, 나는 그가 내 얼굴 바로 앞까지 다가와서 말할 때까지 그의 말을 듣고 있었다. 그러다가 별안간 그는 내 귀에 소리를 질러 댔다.

"제대로 된 게 뭐가 있어. 앤디? 우리는 다른 방식으로 일을 처리해야겠어!"

이보다 더 나쁠 수 있단 말인가? 우리에게는 이라크 신문소와 대량학살에 대한 정보보고서가 있다. 제기랄, 좋을 대로 해 봐라. 나는 전기고문실에서 불알에 전선이 연결된 내 모습을 상상했다.

두 놈이 나를 소총 개머리판으로 가격했다.

턱의 이빨 부분에 정확한 개머리판 타격이 가해졌다. 내 두 어금니와 개머리판 사이에는 뺨의 살밖에는 없었다. 이빨이 부서진 것을 알았고 통증이 느껴졌다. 나는 쓰러져서 방이 떠나가라고 비명을 질렀다. 나는 이의 파편을 뱉어 내려고 했으나, 내 입이 부어터져서 감각이 없었다. 그렇다고 그것을 빨아들일 수도 없었다. 혀가 이의 뿌리에 닿았다.

나는 바닥 위에 쓰러져 있었고, 눈가리개는 벗겨져 있었다. 나는 내 입에서 흘러나온 피가 크림색 바닥 위에 웅덩이를 만든 것을 보았다. 나는 자신이 바보 같은 쓸모없는 놈으로 느껴졌다. 수갑만 풀려 있다면 일어나서 저놈들을 작살낼 수도 있을 텐데.

그들은 또 개머리판으로 내 머리, 다리, 배를 때리기 시작했다. 도무지 코로 숨을 쉴 수 없었다. 나는 비명을 지르면서 입으로 숨을 쉬려고 해 보았다. 그러나 바람이 내 부러진 치아 신경을 건드리자 나는 또 비명을 질러야만 했다. 점점 미칠 지경이었다.

그들은 나를 일으켜 세워 의자에 앉혔다. 그들은 다시 눈가리개를 씌우지는 않았으나, 나는 줄곧 고개를 숙이고 있었다. 눈을 마주치면 또 얻어맞을지 몰랐다. 이것만으로도 충분히 고통스러웠다. 나는 한마디로 만신창이가 되어 울며 의자에 앉아 있었다. 내 꼬락서니는 아주 볼 만했다. 나는 더 이상 오금도 똑바로 펴지 못했다. 난 딩거의 두 배 가량은 더 맞은 것 같았다.

긴 침묵이 이어졌다.

모두가 주위를 돌아다녔다. 나를 버려두고 내 운명을 결정 짓기 위한 것 같았다. 나는 얼마나 오래 더 견딜 수 있을까? 죽을 때까지 얻어맞거나 다른 꼴을 당하게 될까?

더 많은 한숨소리와 웅성거림이 이어졌다.

"자네 이러는 이유가 뭔가, 앤디? 자네의 조국을 위해서인가? 자네 나라는 자네에 대해 알려고 하지 않을 뿐더러 신경조차 쓰지 않는다네. 진심으로 자네를 걱정해 주는 사람은 자네 부모님과 가족들뿐이지. 우리는 전쟁을 하고 싶지 않다네, 부시, 미테랑, 대처, 메이저 같은 놈들이나 전쟁을 하고 싶을 뿐이야. 그런데 그 놈들은 뒷전에 빠져서 아무 짓도 안 하고 있고, 자네만 여기 와 있어. 손해 보는 건 그들이 아닌 자네야. 그놈들은 자네 걱정을 안 해."

"우리는 오랫동안 전쟁을 했어. 우리 가족 모두가 고통당하고 있어. 우리는 야만인들이 아니야. 진짜 야만인들은 전쟁을 일으킨 너네 나라야. 이건 자네에게 명백히 재수 없는 상황이야. 왜 우리를 돕지 않는 것인가? 왜 자네는 고통을 자초하고 있지? 왜 우리는 이런 일을 해야 하지?"

나는 대답하지 않고 고개를 숙이고 있었다. 나의 계획은 이런 인적사항으로 가는 것이 아니었다. 이놈들이 나를 잡아두고 있기 때문이다. 나는 내가 '4가지' 이외에는 아무것도 진술하지 않는 것처럼 보이게 할 것이다. 여왕과 국가에 대한 것도 포함해서, 나는 내 인적사항을 캐묻는 엄청난 양의 전술적 질문을 받을 것이다.

그들은 그들끼리 낮은 톤의 교양 있는 아랍어로 나를 어떡할지 이야기하고 있었다. 몇몇 사람은 열심히 뭔가를 기록하고 있었다.

기록은 좋은 현상이었다. 이것은 그들이 격양되어 있지 않다는 것을 의미하고, 그들이 나에게서 무엇을 얻어낼 수 있을지 따지고 있는 것을 의미한다. 그리고 그들이 나를 쏴 버릴 이유가 없는 것도 의미한다. 우리를 살려두라는 명령이 내려온 것일까? 이것으로 인해 나는 안정감을 얻었고, 뭔가 가닥이 잡혀 가는 느낌이었다. 그러나 한편으로 여기 오래 묶여 있으면 있을수록 탈출 기회는 그만큼 줄어든다. 도망칠 기회가 와도 알아채서 준비하기 힘들다. 빌어먹을! 탈출한 순간을 잡아야 하지만 오래 감금되어 있을수록 그러기가 힘들다.

나는 딩거 생각을 했다. 나는 그가 자신이 텔 아비브에서 왔다고 자백하지는 않을 것이라고 생각했다. 그는 가능한 한 오랫동안 버틸 것이고, 너무 지쳤거나 맞아 죽을 위기에 처하게 되면 화제를 탐색구조작전으로 바꿀 것이다.

내 주변 환경을 바꿀 수 있게 되자 나는 한결 기분이 좋아졌다. 나는 고개를 들어 눈을 떴다. 베니스식 슬라이드가 쳐져 있었으나 두 줄기 빛이 새어 들어오고 있었다. 모든 것이 희미한 빛에 싸여 있었다.

이 방은 정말 컸다. 약 12×6m 규모는 되어 보였다. 나는 직사각형 방의 모서리에 앉아 있었다. 그러나 문은 보이지 않았다. 문이 내 등 뒤에 있는 것 같았다. 장교들은 방의 저쪽 끝에서 나를 보고 있었다. 인원수는 8~9명 정도로 모두가 담배를 피웠다. 천장에는 담배연기가 자욱했고, 그 틈으로 새어 들어오는 빛줄기가 보였다.

방 중앙의 내 오른편에 큰 책상이 있었다. 그 위에는 전화기 2대와 서류, 책 등이 흩어져 있었다. 큰 가죽제 회전의자는 비어 있었다. 그 뒤에는 세상에서 가장 큰 것이 아닐까 싶은 사담 후세인의 초상화가 걸려 있었다. 그는 베레모를 쓰고 훈장을 가슴 가득 달고 만면에 미소를 지으며 액자 속에 서 있었다. 이 방은 지방군 사령관의 사무실 같았다.

벽에는 각종 인계 사항이 걸려 있었다. 바닥 한가운데에서 책상 밑까지 큰 페르시아 양탄자가 깔려 있었고, 책상 건너편에는 가정용 긴 의자가 놓여 있었다. 남은 벽의 공간에는 쌓아서 보관할 수 있는 플라스틱 의자들이 줄지어 서 있었다. 내가 앉아 있는 의자는 접대용으로서 플라스틱 쿠션이 달린 만찬용이었다.

더 많은 혀 차는 소리와 한숨 소리가 들렸다. 사람들은 내가 여기 없고, 오늘이 극히 평범한 근무일이라도 되는 양 자기들끼리 이야기했다. 나는 머리를 돌렸고, 피와 콧물이 턱으로 떨어졌다. 내 입 속의 통증을 얼마나 더 오랫동안 견딜 수 있을지 알 수 없었다.

나는 다른 수를 쓰기로 했다. 만약 이 놈들이 나를 또 때리기 시작한다면 나는 오늘 오후를 넘기지 못하고 죽을 것이다. 기초적인 것에 대해서 이야기를 할 시간이 왔다. 나는 그들에게 준비할 시간을 주고 나서 시작할 것이다.

내가 그들 질문에 대답을 거부했을 때 나는 애국심과 용기로 충만한 상태가 아니었다. 그런 것은 전쟁 영화의 선전 문구에 불과하다. 그러나 이것은 현실이었다. 나는 간단히 무너질 수 없었다. 그들은 내게서 억지로 정보를 얻어낸 것처럼 보여야 했다. 그것은 용기가 아닌 자기보호본능이었다. 상황이 요구하기 때문에 영웅적 행동을 하기도 하지만, 결국 영웅 같은 것은 없다. 만용을 부리는 놈들은 바보이거나 상황판단을 못하는 놈들이다. 나는 지금 적에게 최소한의 정보를 줌으로써 내 목숨을 구해야 했다.

"앤디, 거기 앉아 있게. 우리는 자네에게 우호적으로 대하고 싶어. 그러나 우리는 정보를 얻어야 해. 앤디, 어쩔 수 없는 일이야. 자네 친구는 밖에 있어. 그는 우리를 도와 줬고, 그는 무사해. 그는 저 풀밭에서 햇볕을 쪼이고 있고 물론 살아 있지. 자네는 반면 여기 어둠 속에 있어. 이래 봤자 자네와 우리에게 도움 될 건 없어. 오직 시간만 낭비할 뿐이지."

"우리가 원하는 것만 이야기해 주면 모든 것이 다 끝나. 자네는 무사할 거야. 이 전쟁이 끝날 때까지 우리가 자네를 돌봐 줄 거야. 어쩌면 우리가 자네를 곧장 자네 집과 가족에게 돌려보내 줄 수도 있어. 자네가 우리를 돕기만 한다면 아무런 문제가 없어. 꽤 상태가 안 좋아 보이는군. 어디 아픈가? 의사를 불러야 할 것 같아. 우리가 자네를 도와 주겠어."

그건 나도 원하는 바였다.

나는 작은 목 쉰 소리로 입을 열었다.

"좋아요. 나도 더 이상은 견딜 수 없어요. 당신들을 돕겠습니다."

모든 사람들이 나를 바라보았다.

"나는 탐색구조대의 일원이오. 격추당한 조종사를 구출하지요."

신문관은 주위의 다른 사람들을 둘러보았다. 그들은 책상 앞으로 몸을 기울이고 있었다. 내가 하는 말을 알아들으려면 통역이 필요했다.

"앤디, 또 말해 봐. 자네가 탐색구조활동에 대해 알고 있는 모든 것을 말해 보게."

그의 목소리는 매우 멋지고 조용했다. 그는 자신이 드디어 나를 굴복시켰다고 믿고 있음이 틀림없었다. 그것이야말로 내가 그에게 원하던 바였다.

나는 계속 대답했다.

"우리는 영국 육군의 전 부대에서 지원을 받습니다. 그리고 의학 실력 덕에 전쟁이 터지면 어디라도 가요. 나는 나와 같이 있던 사람들이 누구인지 몰라요. 그냥 함께 나왔을 뿐입니다. 나는 의학 기술이 있어요. 나는 전투병이 아닙니다. 나는 이 전쟁에 끌려왔고, 나는 여기 오기도 싫었어요. 나는 영국에서 행복하게 환자들을 간호하고 있었는데 갑자기 그놈들이 탐색 구조대에 나를 끼워 넣은 거예요. 나는 이래야 되는 이유를 전혀 몰라요. 나는 의무병에 불과합니다."

잘 먹혀 드는 것 같았다. 그들은 자기들끼리 이 일에 대해 이야기했다. 아마도 딩거의 진술 내용과 비교해 보는 것 같았다.

이야기에 뭔가 이가 안 맞게 되면 문제가 생기므로 처음 이야기를 계속 밀고 나가야 한다. 너무 자세히 이야기하면 다른 포로들이 괴로워질 수도 있다. 진술은 가급적 그럴싸하고도 단순하게 해야 한다. 그래야 나중에 기억하기가 쉽다. 그러지 못할 경우 너무 신체 조건이 나빠서 기억나지 않는다고 둘러대면 된다. 하지만 자신의 말을 수정해서는 안 된다. 나는 단지 분대원, 앞잡이에 불과하며 중요한 것은 아무것도 알지 못한다. 심지어 탔던 헬기의 기종도 모른다. 나는 마음속에서 앞으로 말할 이야기를 분주히 생각해 내고 있었다.

그들은 내가 상사라는 것을 알고 있었고, 나도 그것을 이야기했다. 이라크군에서도 상사는 꽤 높은 계급이고 생각하는 일까지 포함해 장교가 하는 일은 뭐든 한다.

"너희 부대의 인원은 몇 명이냐?"

"몰라요. 갑자기 헬리콥터가 하강하는 소리가 들리더니 폭발 위험성이 있으니 도망치라는 명령을 받았습니다. 그러더니 그들은 우리를 버리고 이륙해 버리더군요."

나는 혼란스럽고 부상당한 채로 버려진 병사처럼 연기했다.

"나는 오직 응급처치만을 했습니다. 나는 이렇게 되는 것을 전혀 원하지 않았어요. 난 이런 상황에 처해 본 적도 없어요. 내가 하는 일은 오직 부상당한 조종사에게 붕대를 감는 일 뿐이었죠."

그는 다시 물었다.

"그 비행기에는 몇 명이나 타고 있었지?"

"정확히는 모릅니다. 밤이었으니까요."

"앤디, 도대체 왜 이러나? 우리는 지금 자네에게 기회를 주는 거야. 우리가 바보인줄 아나? 지난 며칠 동안 많은 사람들이 죽었어. 우리는 무슨 일이 벌어졌는지 알고 싶어."

그들이 처음으로 사상자에 대해 거론했다. 이럴 것을 예상하기는 했으나, 별로 듣고 싶지는 않았다.

"무슨 말인지 모르겠습니다."

"우리는 누가 사람들을 죽였는지 알고 싶어. 자네가 죽였나?"

"저는 아닙니다. 저는 무슨 일이 있었는지도 몰라요."

"자네도 우리에게 기회를 줘야 돼. 우리가 자네를 도우려고 얼마만큼 노력을 하고 있는지 보란 말이야. 자네 부모님 성함을 말해 주면 우리는 그들에게 자네가 살아 있다는 것을 알려 주겠네. 자네가 편지를 쓰고 겉봉에 주소를 적으면 우리가 배달해 주겠네."

이런 것도 규정을 위반한 것이다. 어떤 것이든 서명할 필요가 없다. 베트남 전쟁 때 포로들에게 자신의 무죄를 주장하는 서류에 서명하게 하고 그 서류의 내용을 아이들을 학살하고 마을을 폭격한 것을 시인하는 내용으로 바꿔치기한 적이 있었다.

나는 그들이 구라를 치고 있는 것을 알았다. 그들이 페캄에 실제로 편지를 보낼 방법이 없었다. 거기는 좋은 곳이지만, 욕먹으면서 돌아가기는 싫었다. 이 위기를 모면해야 했다. 나는 이렇게 둘러대었다.

"우리 아버지는 몇 년 전 돌아가셨어요. 어머니는 런던에서 일하던 미국놈하고 함께 떠나버렸죠. 어머니는 지금 미국 어딘가에 있을 거예요. 나에겐 결국 부모님이 없어요. 그래서 저는 육군에 입대한 거고요. 그 외에 다른 가족도 없어요."

"그 미국인은 런던 어디서 일했나?"

"윔블던입니다."

역시 고전적인 것이지만, 그들은 내 마음을 들여다보고 모든 것을 까발리려 한다. 나는 이미 도피 및 탈출 훈련과 포로취급훈련에서 이런 것을 다 배웠다.

"그 사람의 직업은 뭔가?"

"몰라요. 나는 그때 집에서 안 살았어요. 가정문제가 심각했거든요."

"다른 형제자매는 없는가?"

"없어요."

나는 사실에 기초한 거짓말을 하고 싶었다. 그렇게 하면 더욱 기억해 내기가 쉽다. 적들은 내가 한 말을 점검하고 사실인지 아닌지 확인하면 더 깊이 파고 들지는 않는다. 나는 내가 말한 것과 비슷한 가정상황에 처했던 친구를 알고 있었다. 그가 13세 때 아버지가 죽었고, 어머니는 한 미국인을 만난 후 아들을 버리고 미국으로 떠났다. 나하고는 상관없을 수록 적들에게는 더욱 그럴싸하게 들릴 것이다.

나는 시간을 끌었다. 내 말 속도가 느려지기 시작했다. 아직도 피가 나오고 있었다. 제대로 말하기는 힘들었다.

"자네 아픈가 앤디? 우리를 도와주면 모든 게 나아질 거야. 우리는 자네를 치료해 주겠어. 어서 더 말해 보게."

"저는 더 이상 아는 게 없어요."

그는 교범대로 그의 일을 수행하는 것이 틀림없었다.

"그냥 여기 사인만 하면 된다네, 앤디. 우리는 다만 자네 식구들에게 자네가 무사하다는 것을 알리고 싶을 뿐이야. 미국의 자네 어머니를 찾으려고도 노력할 거야. 우리는 거기에 아는 사람이 있어. 우리 모두는 자네가 사인함으로써 자네 어머니가 자네가 살아 있음을 알기를 원해. 그리고 우리는 적십자사에도 자네가 사막에서 죽어서 짐승들에게 먹히지 않고 아직 살아 있음을 알릴 거야. 생각해 봐, 앤디. 만약 자네가 이 서류에 사인해서 적십자사에 보내면 우리는 자네를 죽일 수 없어."

나는 그들이 말한 대로 행동할 것이라고는 절대 믿지 않았다. 게다가 나는 그럴 권한도 없었다.

"나는 우리 집 주소를 몰라요. 가족도 없고요."

물론 가공의 주소를 댈 수도 있고, 그들이 점검해 볼 경우를 대비해 실존하는 주소를 댈 수도 있었다. 그러나 아카시아 8가에 사는 밀스 부인이 어느 날 아침 현관문을 열었다가 폭탄 소포에 폭사당한다면? 주소를 알려준 후 무슨 일이 생길 지 알 수가 없다.

"앤디. 왜 자네는 우리 일을 방해하는가? 왜 자네는 자기 생각을 할 줄 모르지? 이 사람들은 내 상관들이야. 그들은 자네가 원하는 답변을 하지 않으니까 내가 자네를 돕는 걸 싫어해. 나도 자네가 더 이상 자네를 돕지 못할까봐 두려워. 앤디, 자네가 나를 돕지 않으면 나도 자네를 도울 수 없네."

그는 걸어가 버렸다. 나는 다음에 무슨 일이 벌어질지 예상할 수 없었다.

나는 고개를 숙이고 그들이 내게 가까이 오는 소리를 들었다. 나는 이를 악물고 기다렸다. 이번에는 그들은 소총을 갖고 있지 않았다. 그들은 주먹으로 내 얼굴을 때렸다. 그들이 내 부러진 이를 때릴 때마다 나는 비명을 질러 댔다.

나는 도저히 제대로 처신할 수 없었다. 그들은 내 고개를 젖혀 더 정확히 조준한 후 그 자리에서 몇 대를 더 때렸다. 그들의 주먹질로 나는 의자에서 굴러 떨어졌다. 그러나 저번처럼 심하지는 않았다. 아마도 그들은 나를 충분히 때렸다고 믿는 것 같았다. 나는 약간의 동기부여가 필요했다. 구타는 1분 이상 계속되지 않았다.

나는 의자에 다시 앉아 숨을 거칠게 몰아쉬었다. 얼굴에서는 피가 흐르고 있었다.

"이봐 앤디. 우리는 자네를 돕고 싶어 해. 자네는 우리를 돕고 싶지 않은가?"

"물론 돕고 싶죠. 그러나 난 아무것도 몰라요. 나는 최대한 당신을 돕고 있는 거예요."

"자네 부모님은 어디에 계신가?"

나는 했던 이야기를 또 반복했다.

"하지만 왜 자네는 어머니가 미국 어디에 계신지 모르지?"

"어머니와 함께 있지 않았기 때문에 모르는 것이 당연해요. 어머니는 내가 필요 없어요. 그래서 어머니는 미국으로 가고 나는 육군에 입대한 겁니다."

"자네는 언제 군에 입대했는가?"

"16세 때였어요."

"왜 입대했지?"

"나는 항상 사람들을 돕고 싶어 했어요. 그래서 의무병이 된 거죠. 나는 싸우고 싶지 않아요. 나는 항상 전투를 싫어했어요."

식구에 대한 것이야말로 핵심을 찌르는 것이었다. 그가 이런 질문을 통해 내 자존심을 무너뜨리려 한다고 해도 나는 모르는 일이었다.

"이봐, 앤디. 이래 갖고서는 아무것도 못해."

구타가 다시 시작되었다.

인체는 극히 순간적으로 반응한다. 인간의 마음은 두 가지로 작용하는데, 한편에서는 이것은 현실이 아니라고 하고 있고, 다른 한편은 더욱더 완벽히 현실에서 이탈되어 있다. 마치 자다가 오줌을 싸는 것과도 비슷하다. 마음은 혼란스럽고 마음속에서는 다시는 안 할 것이라고 다짐한다. 이때 나는 완벽히 게임에서 물러나 있었다. 적들은 나를 잘 걷어찼다. 나는 그 후에 있던 일들을 기억하지 못한다. 나는 엄청나게 얻어맞고 의식불명에 빠졌다.

한 놈이 담뱃불로 목을 지져서 나를 깨웠다. 나는 암흑 속에서 눈이 가려지고 손이 묶인 채로 풀밭에 고개를 처박고 누워 있었다. 머리가 엄청나게 아팠다. 귀도 타는 듯이 아팠다.

나는 내 얼굴에 비치는 햇빛을 느꼈다. 내 의식은 혼미했으나 내가 그 방에서 끌려 나와 밖에 내팽개쳐진 것을 알았다. 나는 목을 가누고 싶었지만, 얼굴이 부풀어서 그렇게는 안 되었다. 부풀지 않은 얼굴 부위에는 또 다른 상처가 나 있었다.

내 뒤에서 딩거의 목소리가 들렸다. 그들은 딩거도 담뱃불로 지지고 있었다. 비록 고통스러워하는 목소리였지만, 그의 목소리를 들으니 좋았다. 내 얼굴은 그와 다른 방향을 향하고 있으므로 그를 보거나 만질 수는 없었으나, 그가 그 자리에 있는 것은 알 수 있었다. 나는 일말의 안도감을 느꼈다.

3~4명의 경비병이 우리를 재떨이로 써 먹고 있는 것이 틀림없었다. 그들은 우리 때문에 지난 며칠간 고생스러웠을 것이고, 명백히 그들만의 시간을 즐기고 있었다.

다른 경비병들이 우리를 보러 와서 우리를 툭툭 걷어차 보았다. 그들은 우리에게 뭐라고 말하며 웃었다. 한 놈이 불 붙은 담배를 내 귀에 끼워 그것이 타들어가는 모습을 감상했다. 그의 친구들은 그 짓을 매우 좋아했다.

눈가리개가 씌워졌지만, 나는 고개를 숙이고 아픈 척했다. 나는 딩거를 보고 싶었다. 그를 실제로 만져 보고 느끼고 싶었다. 나는 그와 접촉해 보고 싶었다.

귀에 꽂힌 담배가 타들어오자 나는 눈가리개를 벗기 위해 얼굴을 찡그렸다. 결국 나는 햇빛을 보고야 말았다. 눈가리개가 씌워져 있으면 자신이 약하다는 생각이 들어 극심한 불안감이 든다.

나는 자신에게 이야기했다. 여기서 죽는다면 보고 싶은 것은 마음껏 다 보고 죽자. 하늘은 너무나도 맑았다. 우리는 한 과일나무 아래 있었고, 그 위에서 새가 노래를 불렀다. 20m 거리에서 차가 시동을 걸었다. 모든 것이 수수하고 아름다웠다. 담장 한쪽에서는 마을 사람들이 일하는 소리가 들렸다. 사람들의 말소리와 차의 큰 엔진 소리가 들렸다. 45m 거리에서 정문이 열렸다가 닫히며 차들이 들락날락 거렸다. 마치 다른 시대의 담장 속의 정원 같았다.

나는 생각해 보았다. 가급적 많이 보아야 했다. 무슨 일이 벌어진다면 그것은 지금이다. 나는 질리와 케이트 생각을 많이 해 주지 못했다. 나는 그런 생각들은 그냥 흘려보냈다. 내가 그들을 위해 해 줄 수 있는 것이 거의 없기 때문이다. 지금은 그들을 걱정할 때가 아니었다. 내가 그들을 위해 할 수 있는 것은 재정적 지원을 해 주는 것이었다. 나는 이미 그들에게 보낼 편지를 준비해 두었고, 내가 죽게 되면 그들은 내가 그들을 사랑했음을 알게 될 것이다. 나 또한 그들이 날 사랑함을 알았다. 아무 문제없다. 그들이 내가 죽었다는 소리를 듣게 되면 그걸로 끝날 것이다.

나는 지금 다른 것에 정신을 집중하고 싶었다. 보어 전쟁을 그린 〈브레이커 모란트(Breaker Morant)〉라는 영화에서는 주인공들이 사형장으로 끌려가는 장면이 나온다. 그들은 거기 가서 손을 흔들었는데, 나는 지금 진심으로 원하는 것이 딩거의 손을 잡는 것인지 뭔가 말하려는 것인지 알 수 없었다. 나는 마지막 순간에 그와 뭔가 교류를 나누고 싶었다.

더 많은 경비병들이 와서 우리를 툭툭 쳤다. 그들은 땅바닥에 쓰러진 가련한 우리 두 사람을 내려다보았고, 뭐라고 내뱉으며 욕을 하고, 어린애들처럼 떠들어 댔다. 그러나 이전만큼 상황이 나쁜 것 같지는 않았다. 그들이 나를 진부하게 여기고 있거나, 내가 그들에게 익숙해졌거나 둘 중 하나일 것이다. 나는 고개를 처박고 이를 악물었다. 우리 둘 다 발로 차이며 신음소리를 내뱉고 있었다. 그러나 이전만큼 구타의 강도가 심하지는 않았다. 그들은 미테랑과 부시를 비난했고, 내 눈가리개가 벗겨진 것을 보자 목을 긋는 시늉을 하며 권총을 꺼내 우리에게 쏘는 시늉을 했다. 이것이 '계획'의 일부였다면 나는 진짜 총을 맞았겠지만 저들은 우리를 노리갯감으로 여기고 있었다.

차량들이 출발하고 운전수들이 엔진 출력을 높였다. 우리 뒤의 건물에서는 명령을 내리는 많은 고함 소리가 들려왔다. 끔찍한 절망적인 느낌이 들었다. 우리는 또 어디론가 가고 있었다. 왜 하필이면 이 시각일까? 햇빛

밑에 있는 것이 한결 나았다. 우리는 한결 조용한 시기를 보내고 있었다.

나는 이라크 장교들이 우리를 또 두들겨 패라고 명령하지 않기만을 바랐다. 장교들은 목적을 갖고 행동하는 것을 느낄 수 있었다. 장교들과는 이야기를 할 수 있었으나, 병들은 우리를 걷어차고 때릴 뿐이었다.

차문이 쾅 하고 열리고 큰 웅성거리는 소음이 들렸다. 뭔가 분명히 벌어지고 있었다. 좋은 것이건 나쁜 것이건 뭔가 터질 것이므로 나는 긴장했다. 나는 딩거에게 뭐라고 말해야 할지 몰랐다. "신이여! 여왕을 보호하소서!" 따위의 말은 도저히 할 것이 못 되었다.

누군가가 내 발목을 묶고 있던 줄을 풀었으나, 눈가리개와 수갑은 아직도 채워져 있었다. 양편에서 이라크군들이 나를 잡고 위로 거칠게 끌고 갔다. 내 몸은 오랜만에 움직이는 탓에 다시 아프기 시작했다. 타박상을 입은 자리가 다시 아파왔고 베인 자리도 내가 이리저리 떠밀리면서 다시 벌어졌다. 나는 혼자 설 수 없었으므로 끌려 다녀야 했다.

나는 픽업 트럭의 뒷칸에 내던져졌고, 한 놈이 앞에서 나를 잡았다. 그들은 짐칸 위에 나를 눕혔고, 다른 이라크군이 내 곁에 섰다. 나는 총살당하러 가는 것이라고 짐작했다. 마지막 순간에 나는 아무것도 보거나 듣지 못하게 될까? 딩거에게 뭔가를 말하려던 내 위대한 계획은 엉망진창이 되어 버렸고, 나는 내 자신에게 짜증이 났다.

그들이 내 눈가리개를 벗기자 눈부신 햇살에 눈이 부셨다. 우리 앞에는 아무것도 없었다. 그들이 내 자세를 바꾸지 않았으므로 뒤에 딩거가 있어도 이야기할 수 없었다. 이라크 놈들은 허공에다 총을 쏘아 대었다. 금속이 맞부딪치는 기분 좋은 소음이 가득했다.

한 장교가 내게 와서 이야기했다.

"우리는 지금 국민들을 만나러 간다네."

나는 내 눈의 초점을 맞추려 했으며, 소음과 태양으로 인해 멍했다. 우리는 5~6대의 신형 토요타, 랜드크루저로 이루어진 호송 대열 속에 있는 것 같았다. 일부는 시트의 비닐도 벗겨내지 않았다. 차에는 사막의 먼지가 덮여 있었다. 그들은 운전병의 시야를 보호하기 위해 내 뒤의 바람막이에 붙은 먼지를 긁어내야 했다.

차들이 기지를 나가려면 큰 대문을 열어야 했고, 우리는 나가자마자 파도치는 함성의 환영을 받았다. 마치 웸블리(Wembley) 축구장에서 컵 파이널 대회가 열리기라도 한 것 같았다. 우리 앞에는 무수한 군중들이 서 있었다. 지팡이를 짚은 여자, 총이나 돌을 든 남자, 모두가 그들의 전통의상을 걸치고 손에 사담 후세인 사진을 들고 흔들고 있었다. 일부 사람들은 기쁨에 못 이겨 이리저리 뛰어다니고 있었다. 또 구호를 외치며 손가락질하고 돌을 던지는 사람도 있었다. 이라크군들도 돌을 맞았기 때문에 그들은 민간인 군중들을 제지했다.

우리가 문밖으로 나가자마자 이런 광경이 펼쳐진 것이었다. 나는 우리가 총살당하지는 않을 것이라고 생각했다. 우리는 동네를 한 바퀴 돌았다. 그들은 선전용 영화를 찍고 있었고 그들 일을 하고 있었다.

우리는 우회전하여 큰 길에 들어섰다. 그러자 군중들은 우리를 둘러쌌다. 우리는 즉시 멈춰야 했다. 병사들은 시민들을 차에서 떼어 내느라 여념이 없었고, 운전병은 계속 경적을 울려 댔다. 우리는 극히 느리게 전진하여 군중들 사이로 길을 냈다.

"부시를 무찌르자! 부시를 무찌르자!"

그들은 외쳐 대었고, 나는 카 퍼레이드 선두에 선 대통령처럼 멍하니 서 있기만 했다.

병사들은 더럽게 서툴렀다. 그들은 하늘에다 대고 사격을 가했다. 10명쯤은 한꺼번에 쓰러뜨릴 만한 화력이었다. 나는 그중 1발은 내게 맞을 것이란 생각밖에는 들지 않았다. 또한 대단히 더운 날이었다.

나는 이제 또 다시 몽둥이와 돌멩이의 위협을 받았다. 내 양편의 이라크 군들은 기쁨에 들떠 이리 뛰고 저리 뛰었다. 내 발에는 양말만 신겨 있었는데, 그들은 내 발을 군화로 밟았다. 나는 자신의 연약함을 느꼈고, 짐칸 위에 몸을 구부리고 싶었으나, 그들은 내 머리를 잡아당겨 모든 사람들이 나를 볼 수 있게 했다.

딩거는 내 오른편에 있었다. 그도 토요타 픽업을 타고 있었다. 우리는 서로 똑같은 높이에서 눈을 마주치고 미소를 나눴다. 하루 종일 최고의 일만 일어나고 있었다. 딩거도 내 마음을 읽고 있었다. 그는 잘 나갈 때는 최고의 용사였으나, 내가 본 지금의 그는 한마디로 엉망이었다. 나는 그가 지금보다 더 나빠질 수 있는지 알 수 없었다. 지금이 포로가 된 이후 제일 행복한 시간이라는 것은 의심의 여지가 없었다. 윙크와 약간의 미소야말로 내가 원하던 것 전부였기 때문이다. 그것은 개인의 신뢰성을 나타내 주는 징조였다. 만약 그가 이 상황에서도 웃을 수 있다면, 나도 할 수 있다. 나는 그에게 믿을 수 없을 만큼 감동받았고, 그가 나를 위해 그렇게 해 주었기를 바랐다. 이것이 나의 전우를 마지막으로 보는 것일지도 모르기 때문이다.

우리는 이 시끄러운 카니발 행렬을 가로질러 마을의 대로를 달렸다. 군중들은 구호를 외치며 주먹을 흔들었다. 그들의 목소리로 세상이 떠나갈 지경이었다. 그들은 우리가 누구인지도 잘 모르는 것 같았다. 그들은 우리를 우주비행사로 생각할 수도 있고, 그냥 나쁜 놈으로 생각할 수도 있다.

몇몇 병사들도 그들을 따라 소리 질렀다. 하지만 다른 병사들은 달려 나가 군중들을 통제하려 했다. 그들 모두는 우리에게 몽둥이와 지팡이가 날아오는 것을 제지했다. 총의 사격음이 온 사방에서 울렸다. 우리와 함께 있는 이라크군들 또한 하늘에 총을 쏴 대었다.

"부시를 무찌르자! 부시를 무찌르자!"

사람들은 작은 아랍 상점의 울타리로 들락거렸다. 코란에서는 '남의 것을 훔치지 말라'고 가르친다. 그러나 그 계율을 어기는 이슬람 교인들을 막기 위해 모든 아랍 상점 정문에는 울타리가 쳐져 있다. 모두가 사담 후세인의 사진을 갖고 다니며, 그 사진을 가리키며 사진에 키스하고 알라신의 이름을 외친다.

우리의 이동 속도는 걷는 속도 수준이었으며 그나마 사람들의 이동에 막혀 자주 멈추곤 했다. 여전히 나는 내 발로 일어설 수 없었다. 나는 딩거 쪽을 넘겨다보았다. 그의 입은 양 귀에 걸려 있었다. 나는 도대체 그가 왜 웃는지 궁금했다. 내 생각에 그는 정신착란을 일으킨 것 같았다. 그때 나는 이런 생각이 들었다. 그는 저놈들을 비웃고 있는 것이구나! 우리는 여기서 죽어가고 있다. 누가 원숭이인가? 나는 내 자신부터 시작했다. 빌어먹을! 갑자기 나는 자신이 똥덩어리가 아니라고 느끼기 시작했다. 나는 내가 잘났다는 것을 확신해야 했다. 나는 군중들과 눈을 마주치며 웃었다. 경비병 중 하나가 내 웃음을 보고 정의의 용사 흉내를 내고 싶어 내게 주먹을 날리기 시작했다. 나는 딩거를 바라보았다. 그리고 우리는 슈퍼마켓을 개업한 레슬리 그랜덤처럼 웃었다. 우리 손만 결박되어 있지 않았더라면 대통령처럼 손을 흔들며 다녔을 것이다.

우리의 행동으로 그들은 충격을 받았다. 일부 사람들은 우리 행동을 잘 받아들였으나, 대부분은 그렇지 못했다. 그들은 열 받기 시작했다. 우리는 잘못한 것이었고, 완전히 역효과를 초래한 모양이었다. 경비병들은 군중들을 달래기 위해 우리를 또 때렸다. 왼편에 크고 하얀 미국제 세단이 다가

왔다. 그 속에 타고 있던 두 장교가 일어나서 우리를 가리키더니 웃었다. 그들은 이 상황이 어찌되건 기분이 좋았던 모양이다. 나는 그들에게 대통령처럼 미소지어 보였다. 이라크 장교들은 아주 좋아했으나 경비병들은 더화가 나 우리를 마구 때렸다.

우리는 마을 저편으로 갈 때까지 이라크인들을 비웃은 대가를 톡톡히 치렀다. 무수한 군중들이 우리를 기다리고 있었고, 병사들의 저지선을 뛰어넘으려고 했다. 그들은 우리에게 오고 싶었기 때문에 병사들과 말싸움을 거듭했다. 그들은 이리저리 뛰었고, 병사들의 경계선이 무너지거나 강제로 사라질 것이 거의 명백했다. 이제 나는 딩거 걱정을 하지 않았고, 내가총 맞을 것을 걱정하고 있었다.

나는 차 밖으로 끌려나왔다. 나는 딩거를 절망적으로 찾았다. 나는 그가 필요했다. 그는 내가 살아 있음을 느끼게 해 주는 유일한 존재였다.

그때 내게 일어난 일이 그에게도 일어나고 있음을 보았고, 이제 어디서나 여기 같은 일은 벌어지지 않을 것이라고 생각했다.

나는 지금까지 죽는다는 것에 대해 심각하게 고민해 본 적이 없었다. 다만 마크처럼 빠르고 깨끗하게 죽었으면 좋겠다.

질리도 내가 죽은 것을 알게 될까? 그녀는 내가 실종된 것을 알고나 있을까? 모든 것이 유물론적 잣대로 재어졌다. 내가 그녀를 위해 해 줄 수 있는 것은 없다. 그러나 마음으로 해 줄 수 있는 것은 있을 것이다. 그녀에게 이별을 전할 수도...

도대체 나는 어디로 가는 건가.

제기랄!

마을의 악취는 나를 압도했다. 그들은 원시적이었고, 동굴에서 요리하는 냄새, 타는 냄새, 케케묵은 오줌 냄새, 썩어 가는 쓰레기 냄새, 디젤엔진 배기가스 냄새 등이 뒤섞여 풍기고 있었다.

그 마을은 중세와 현대의 잡동사니의 혼합물이었다. 마을의 대로는 타머캐덤으로 깨끗이 포장되어 있었으나, 나머지 부분은 먼지와 모래로 뒤덮여 있었다. 전시장에서 막 굴러 나온 랜드크루저들과 거기 타고 있는 서양식 군복과 광나는 군화를 착용한 이라크군들, 그리고 냄새나는 누더기를 걸친 맨발의 군중들은 좋은 대조를 이루고 있었다. 나는 단숨에 지면에 쓰러졌으며, 내 눈 오른쪽을 보니 잘라진 소시지처럼 뻗어나온 큰 발가락이 보였다. 세월의 먼지로 지저분해진 발가락이었다. 눈부시도록 깨끗한 장교들과 건장한 병사들, 그리고 입 안에 치아가 몇 개 남지 않았는 데다가 그나마도 다 검게 썩어 있었고, 상처 난 얼굴과 목욕, 수분 부족으로 딱지투성이의 하얀 다리, 먼지투성이의 윤기 없는 머리칼을 하고 있는 니그로 아랍계 주민들이 같은 공간에 있었다.

건물들은 진흙과 돌로 지어졌으며 평평한 지붕을 한 직사각형이었다. 한 200년은 묵은 듯해 보였으며, 벽에는 펩시콜라의 최신 포스터가 붙어 있었다. 늙어 가죽만 남은 더러운 개들이 그늘에 웅크려 쓰레기를 뒤지며 오줌을 싸고 있었다. 어디에나 녹슨 양철깡통들이 산더미처럼 쌓여 있었다.

큰 길의 중앙을 기점으로 해 우리 반대편에는 어린이 놀이터가 있었다. 놀이터에는 낡고 바랜 청색과 황색의 철봉과 그네가 설치되어 있었다. 영국의 주택지에서도 이런 광경은 흔히 볼 수 있었으나, 이런 곳에 놀이터가 있는 것은 무척 기묘해 보였다. 이라크인들은 여러 해에 걸쳐 전쟁을 해 왔고, 그 결과로 이렇게 가난하고 궁핍한 생활을 하게 된 것이다. 이 곳이야말로 가히 아랍의 티드워스라고 할 만했다. 똥내 나는 엉덩이 같으니라고.

우리는 길가에 서서 죽기를 기다리고 있었다. 이라크군들이 우리를 붙잡고 있었으나 나는 다리조차 제대로 가누지 못해 휘청거렸다. 그들은 날 어디로 가게 하려면 끌고 가야 했다. 그들은 우리가 무슨 트로피라도 되는 듯이 우리를 사람들 앞에 보였으며, 우리의 고개를 세워 더 잘 보이게끔 했다.

나는 이번에는 웃지 않았다. 나는 딩거를 찾고 있었다. 군중 속에서 그를 잃어 나는 기분이 상했다. 나는 그를 내 곁에 두고 싶었다. 나는 나만큼 소리치는 그의 목소리를 들을 수 있었다. 그리고 간간이 나는 그를 곁눈질로 쳐다보았다. 좋지 않은 시기였다.

군중이 상황을 지배했다. 우리가 차에게 끌려 나왔을 때 나는 지금 다친 상태였다. 그들은 싸움에 나서는 아메리칸 인디언들처럼 소리를 질러댔다. 우리는 과연 이 군중들 사이를 빠져나갈 수 있을 것인가? 그들이 우리를 갈라놓을 것인가? 늙은 여자들이 다가와 내 머리와 수염을 잡아당기고, 지팡이와 주먹으로 나를 때렸다. 남자들도 나를 찌르기 시작하더니 곧 때리기 시작했다. 난 바닥에 쓰러졌고, 모두가 나를 에워쌌다. 그들은 내 얼굴 앞에 사담 후세인의 사진을 들이대고 억지로 키스하게 했다.

나는 이 사람들이 지금 전쟁 중이라는 사실을 알고나 있을지 의심스러웠다. 수백 년 동안이나 문화와 종교에 의해 압제받아 온 여자들에게는 지금이 다 큰 남자를 때릴 수 있는 유일한 기회인 것 같았다.

시간이 지날수록 나는 그들이 나를 쏴 죽이지 않을 것이라고 생각하게 되었다. 지금 벌어지는 일을 한번 보란 말이다. 아마도 이것은 그들이 포로를 취급하는 절차인 것 같았다. 확실히 이라크군들은 군중을 마음대로 통제하고 있었다. 그들은 시민들이 우리를 죽이는 것을 바라지 않는 것이 분명했다. 그들이 권총이나 소총을 든 시민이 우리에게 접근하는 것을 막는 것을 보았기 때문이다. 아마도 이 퍼레이드는 시민들의 사기를 높이고, 그들이 좌절하지 않게 하려는 선전 활동인 것 같았다.

여자들은 내 피부에 상처를 내었다. 그들은 내 얼굴에 그리스(grease)와 음식 찌꺼기를 붓고, 머리의 상처에는 요강을 비웠다. 내 마음 속에서는 베트남 전쟁에 대해서 찍은 낡은 뉴스 필름이 돌아갔다. 나는 격추당한 미군 조종사들이 그들이 폭격한 마을 한가운데로 끌려가며 구타당하고 조롱당하는 모습을 기억해 냈다. 정확히 내 상황하고 똑같았다.

나는 오직 딩거와 만났으면, 기왕이면 이야기도 해 봤으면 하고 바랄 뿐이었다. 나는 그가 구타당하며 지르는 비명소리를 들었으나, 그를 볼 수 없어 한스러웠다. 그는 이 세상에서 나의 유일한 친구였다. 그 사람이 죽게 놔 둘 수는 없었다.

나는 더 이상 움직일 수 없었다. 나는 한 이라크 병사의 몸 위로 쓰러지며 그를 끌어안았다. 다른 이라크군이 와서 그 병사가 나를 업는 것을 도와주었다. 그들이 나를 끌고 다닐 수록 내 발가락 끝이 까졌다. 우리는 멈춰야 했으나, 60살 정도 먹은 노인이 다가와서 내 배에 주먹을 갈겼다. 제대로 한 방 먹었다. 나는 도저히 아무것도 신경을 쓸 수 없었다.

시간이 얼마나 지났는지는 알 수 없었으나 평생처럼 길게 느껴졌다. 좀 떨어진 데서 총성이 울렸고, 장교들이 병사들을 지휘해 달려와 군중들을 통제했다. 1시간 전까지만 해도 내 목에 담배를 비벼 끄던 놈들의 보호를 받게 되다니 어이가 없었다. 그때는 후레자식들이었지만 지금은 구세주였다.

나는 딩거가 복수하는 소리를 들었다. 나는 우리가 무용지물 행세만 하면 될 뿐 그 이상의 것은 신경 쓰지 않아도 된다는 것을 알았다. 그러나 우리는 이 상황을 바꾸려 했다. 우리는 당할 만큼 당했으므로 뭔가 보복해 줘야 했다. 드디어 보복의 시간이 왔다.

내가 할머니들을 악마 같은 시선으로 쏘아보자 그들은 다시 나를 공격했다. 나는 아래쪽으로 몸을 굽혀 날아오는 주먹과 손톱을 피했다. 두 병사가 나를 데리러 왔다. 나는 아직도 무릎을 꿇고 있었으며 민간인 중 한 명을 보며 소리 질렀다.

"에잇! 이 개 같은 새끼들아!"

그들이 내가 말하는 내용을 알아챈 것 같았다. 별로 좋은 반응을 보이지는 않았다. 이라크군들이 나를 부축해 꺼내 갔다. 나는 그들을 치고는 다시 한 번 욕을 퍼부었다.

"개 같은 새끼들아! 지옥에나 떨어져라!"

그들이 뭐라 하건 나는 무릎 꿇을 수 없었다. 이러든지 저러든지 나는 망가졌다. 그러나 그들의 체면을 깎아내리고 자존심을 세우기 위해 자신에게 좋은 이야기를 들려줄 정도는 되었다.

나는 헤리퍼드를 떠나오기 전 우리에게 강연했던 한 미국인 전쟁 포로를 기억해 냈다. 베트남 전쟁에 그는 해병대 조종사로 참전했다. 해병대 훈련에서는 포로가 되었을 때 강하고 공격적으로 나올수록, 적들이 나를 더 일찍 혼자 내버려둘 것이라고 가르쳤다. 그는 우리 앞에 서서 헤리퍼드 기지에 대한 냉소를 보내다가 자신이 베트콩에게 5년 동안이나 포로로 잡혀 있었다고 이야기하면서 울었다.

"정말 개 같았어요. 저는 해병대에서 교육받은 내용을 믿고 그대로 따랐다가 엄청난 고통을 당했지요."

그리고 나는 그가 우리에게 말한 일이 실제로 일어나리라고는 믿지 않았다. 그러나 어쩔 수 없이 나의 자존심과 진실은 만신창이가 되었다. 나는 엄청난 긍지와 자부심을 잃었다. 그리고 더 이상 잃을 것은 없었다. 나는 나의 행동이 역효과를 초래할 것을 알고 있었다. 나는 이것으로 이득을 볼 수는 없었으나, 신은 나의 행동을 좋아하실 것이다. 몇 분의 1초 내에 나는 순식간에 최고의 자리로 복귀했다. 나는 물건도 쓰레기도 아니라 '앤디 맥냅'이었다.

우리가 기지로 돌아오는 중에 병사들은 킬킬 웃었다. 그들은 내 손과 무릎을 묶어 픽업 한 구석에 처박아 두고 멋진 하루를 즐겼다. 나는 피를 흘리고 그들의 담배연기에 숨이 막히면서도 전투에서 살아남은 용사처럼 웃었다. 나는 내가 총을 맞지 않고 살아 돌아온 것이 기뻤다.

우리가 기지 정문으로 돌아왔을 때는 밤이었고, 그들은 나를 1층 막사로 끌고 가면서 눈가리개를 다시 씌우는 것 말고는 별 신경 쓰지 않았다.

방 가에는 5개의 침대가 있었다. 여기에는 옷장이나 개인사물함 같은 것은 하나도 없는 것 같았다. 오직 침대만 있었다. 침대 위에는 호랑이와 기묘하고 아름다운 문양이 수놓아진 사제 보풀 이불이 덮여 있었다. 이불 위에는 그들의 단독군장이 놓여 있었다. 이곳은 아무래도 반영구적인 막사라기보다는 그냥 임시 기지인 것 같았다.

방 가운데의 파라핀 히터에서 유일한 빛이 나오고 있었다. 그것이 깜박거릴 때마다 방에는 그림자가 너울쳤다. 너무나 따뜻하여 곧 쓰러져 잠이 올 것 같았다. 그것은 나도 인정하는 바였으며, 방안의 그림자도 매우 친근했다. 멋지고 편안하고 안락한 느낌이 나를 휘감았다. 나는 캣포드에 사는 숙모 넬을 떠올렸다. 어렸을 때 나는 그 집에 가기를 좋아했다. 숙모의 집은 마치 민박집처럼 침실 3개짜리의 넓고 큰 집이었으며, 내 집에 비하면 마치 호텔 같았다. 밤에 넬 숙모는 내 방을 덥히기 위해 파라핀 히터를 틀어 놓았다. 당시 9살이었던 나는 침대에 누워 벽지에서 춤추는 그림자를 보면서 너무나 기뻐하고 내일 식사로는 뭐가 나올까 생각했다. 넬 숙모는 뜨거운 물 대신 우유에 탄 시리얼, 그리고 카네이션(영국의 인스턴트 식품)을 내게 주셨으며, 민박 손님들에게는 베스타 카레를 해 주셨다. 삼촌이 나더러 착한 아이라고 칭찬해 주시면 나도 카레를 먹을 수 있었다.

조지 삼촌은 멋진 정원사였다. 그는 큰 정원과 내가 놀기 좋은 헛간을 갖고 있었다. 그는 교활한 늙은이였다. 그는 내게 이렇게 말했다.

"앤디야, 여기 와서 땅을 파면 땅 속에 있는 벌레들의 수를 알 수 있단다. 여기 흙의 품질을 알려면 흙 속의 벌레의 수를 알아야만 해."

나는 임무를 받고 땅을 파기 시작했고, 그는 의자에 앉아 차를 마시며 고개를 젖혀 웃었다. 나는 그쪽은 돌아보지도 않고 조지 삼촌을 위해 벌레를 세 주는 내 일이 대단하다고 생각했다.

나는 약 20분간 혼자 생각하며 있었다. 내 한 손은 벽의 철제 걸이에 묶여 있었다. 나는 편안하게 있으려고 했으나, 수갑이 자꾸 살을 파고들었다. 내가 허튼 짓을 할수록 그들은 나를 더욱 단단하게 묶을 것이다. 나는 반쯤 누운 상태였으며, 내 팔은 45도 각도로 위로 들려 있었다.

나는 내 몸에 입은 피해를 따지기 시작했다. 온몸이 아파왔고 나는 뼈가 부러졌을지도 모른다고 걱정했다. 다리가 제일 심하게 다쳤고 이 다리로는 어디도 갈 수 없었다. 나는 발부터 시작해서 부러진 곳이 없는지, 잘 움직이는지 뼈를 하나하나 점검해 보았다. 모두가 멀쩡한 것 같았다. 부러진 뼈가 없다는 것은 좋은 일이었다.

숨을 쉴 때마다 바람이 피딱지와 먼지, 콧물 사이로 다녔고, 매번 나는 피를 흘려 댔다. 나는 심하게 얼굴이 부어올랐고, 입술은 터졌으며, 그 외에 옷 밖으로 드러난 살은 다 해졌다. 이제 나는 숨을 쉬고 생각하는 것 외에는 할 수 있는 것이 없었다. 온몸이 쑤셔 오기 시작했다. 베인 곳보다는 긁힌 곳이 훨씬 더 아팠다. 그러나 골격은 무사했다. 단지 살만 베이고 타박상을 입었을 뿐이었다. 나는 약해지고 탈진한 상태였으나, 도망칠 기회가 오면 언제라도 튀어 달아나고 싶었다.

나는 자신의 위치를 알기 위해 많은 정보를 모으려 했다. 나는 내가 본 것을 토대로 내가 어디에 있는지 알려고 했다. 그 이상의 일을 할 수 없었으므로 나는 짜증이 났다. 나는 얻어맞을 때마다 고개를 너무 많이 숙였다. 만약 내가 탈출하여 정문을 통과한다면 어디로 가야 하나? 좌회전, 우회전, 혹은 직진? 서쪽은 어디일까? 돌아간다면 어떤 일이 벌어질까? 마을은 기지에서 어느 정도 거리일까? 나는 가급적 시가지에서 떨어져 다녀야 했다. 우리가 나갈 때 정문에서 검문을 했던 것 같다. 그러나 나는 군중들에 의해 착란현상을 일으켰다. 나는 프로정신이 부족한 내 자신을 경멸했다.

나는 계획을 짜 보았다. 작전 기획 단계에는 사실과 환상이 뒤섞여 있었다. 사실은 어떻게 나갈 것인가를 평가하는 것이었고, 환상은 여기 나가서 오른편으로 돌면 무엇이 나올까 하고 상상하는 것이었다. 나는 탈출하고 싶어 했다.

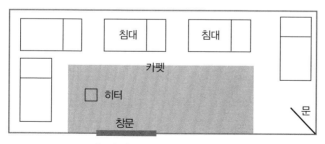

지붕이 씌워진 베란다 모양의 통로

특수부대 본부 막사

나는 방을 둘러보았다. 내 위에는 창문이 있었고, 유리 한 장만 깨끗했을 뿐 나머지 유리들은 모두 깨졌거나 햇빛이 들어오는 것을 막으려는지 판자가 덮여 있었다. 밖에서 병사들이 어슬렁거리는 소리를 들을 수 있었다. 중간 거리에서는 병사들의 고함 소리도 들렸다. 창문 바로 밖에서 들려오는 목소리는 낮고 조용한 중얼거림이었다. 베란다에서 불과 6~9m 거리밖에 되지 않는 것 같았다. 그들이 거기서 이야기하는 것은 나를 겁먹게 하려는 것인지도 몰랐다.

카펫 위에 있는 것이 더 나았으므로 나는 딩거도 나와 동일한 대접을 받기를 바랐다. 카펫은 갖고 싶을 만큼 마음에 들었다. 나는 어둠 속에서 파라핀 히터의 불빛과 친근한 냄새를 맡자 행복해졌다. 여기는 싸움이 없었다. 오직 손을 벽에 묶인 나의 고독만이 있을 뿐이었다. 정말 특별한 시간이었다.

나는 내 부하들에 대해 생각해 보았다. 나머지 대원들은 체포되었을까? 아니면 전사했을까? 딩거는 그들에 대해 알고 있을까? 딩거와 말해 볼 기회가 있을까?

나는 가급적 오랫동안 버티고 싶었다. 내 심장은 느리게 뛰고 있었고, 몸은 딱딱하게 굳고 아파왔다. 움직이면 아팠다. 나는 편안한 곳을 찾아 거기 머물고 싶었다. 베인 상처 일부는 내 군복에 엉겨 붙어 내가 움직이면 다시 벌어졌다. 양말은 피로 떡이 되었다.

나는 방랑자처럼 보일 것이었다. 목욕한 지 1주나 되어 내 살은 시커멨다. 머리칼은 도피 및 탈출 과정에서 윤기를 잃었고, 마른 피와 진흙이 엉겨 붙어 있었다. 내 위장복도 피, 그리스, 때로 얼룩져 이미 위장효과를 잃었다. 내 바지는 마치 자전거꾼의 청바지 같았다.

왜 우리는 기지로 돌아왔을까? 어떤 단서도 없었다. 아직까지는 명백히 전술적 질문 단계였다. 나는 뭔가를 기다렸다. 심호흡을 하고 탈출 수단을 생각해 내었다. 나는 곧 내가 아직 탈출용 지도와 나침반을 가지고 있다는 것을 생각해 내었다. 그것들이 내 바지 재봉선에 매어져 있는 것을 느낄 수 있었다. 아직도 내가 뭔가 갖고 있어 너무나 좋은 느낌이 들었다. 나는 그것들로 위안을 삼았다.

나는 질리와의 행복한 추억을 떠올렸다. 휴일마다 우리는 함께했고, 나는 그녀 얼굴에 아이스크림을 처발랐다. 내 마음속의 것들로 나는 그녀와 함께 웃을 수 있었다. 모두 바보 같고 미숙한 어린아이 장난이었다. 나는 그녀의 모습을 떠올리려고 노력했다. 걸프로 떠나기 두 주일 전 나는 내 마음속에 기념사진 한 장을 각인해 두었다. 주말에 케이트도 우리와 함께 있었고, 그 아이는 나와 함께 바닥에 누워 비디오로 로빈 후드를 보았다. 리틀 존이 영화에서 춤을 추자 나도 일어나 케이트와 함께 춤을 추었다. 우리는 발을 높게 차며 카펫 바닥에 쓰러질 때까지 춤을 추었다. 우리는 어지러워하면서도 웃었다.

나는 케이트와 지낸 첫 번째 크리스마스를 떠올렸다. 나는 케이트가 태어나던 2월에 집을 떠나 있었고, 케이트의 생후 6주에야 그 아이를 처음 보았다. 그리고 그 후 3개월까지만 케이트와 지낼 수 있었다. 그 해 크리스마스에는 나는 일이 없었고, 우리는 영국 남해안에 있는 친구 집에서 머물렀다. 케이트는 잠을 편히 자지 못했다. 그때 그것을 알아차린 건 내가 봐도 대단했다. 그때가 우리가 함께 여행한 첫 번째 기회였기 때문이었다. 나는 밤중에 유모차를 끌고 나와 케이트를 잘 싸서 태우고, 오전 6시까지 해안도로를 거닐었다. 케이트는 30분 만에 잠이 들었고, 나는 아기의 예쁘고 작은 얼굴을 보며 쿡쿡댔다. 우리가 돌아왔을 때 케이트는 또 일어났고, 나는 그 아이를 차에 태우고 드라이브를 나갔다. 나는 어깨너머로 케이트가 괜찮은지 살펴보는 것을 잊지 않았다. 아기는 담요와 모자를 덮어쓰고 놀란 큰 파란 눈으로 나를 쳐다보았다. 그때야말로 정말 특별한 시간이었다. 그 이후 얼마 안 되어 나는 또 떠나야 했고, 그 후로 2년간 내가 딸을 본 날 수는 불과 84일이었다.

밖에서는 소음이 났다. 내 작은 꿈의 세계가 침입당한 것이다. 나는 몸을 웅크렸다. 그들이 나를 또 괴롭히러 오는 것일까? 고요해지니 갑자기 무서워졌고 걱정되었으며, 세계 전체가 무너질 것 같았다. 나는 고개를 숙이고 굳어 버린 아픈 근육을 긴장시켰다. 개새끼들, 왜 나를 혼자 내버려 두지 않지?

문이 열리면서 바닥에 끌렸다. 나는 얼굴에 빛을 받고 방 한복판에 선 인물을 보았다. 그는 50대 중반으로 160cm 정도의 키였다. 그리고 중년 남자답게 톡 튀어나온 배를 하고 그 위에 옷을 걸치고 있었다. 그의 수염은 잘 정돈되어 있었으며, 새까만 머리칼도 뒤로 잘 넘겨져 있었다. 손톱도 잘 정돈되어 있었고, 이는 스스로 빛을 발하는 양 번쩍거렸다. 그는 내게 아랍어로 뭐라고 마구 떠들었다. 그 사람과 같이 온 두 경비병은 침대에 앉아 담배를 피우면서 이야기했으나, 경계의 시선을 늦추지 않았다.

그 사람의 벨트에는 권총이 있었지만, 여기는 모든 사람은 물론 개들도 무장하고 있는 곳이라 신경 쓰지 않았다. 그는 파라핀 히터 위로 올라가서 격렬한 몸짓을 해 보이며 소리 질렀다. 3중턱을 비추는 히터의 불빛으로 덕분에 그는 마치 할로윈 괴물처럼 보였다.

그는 내게 와서 내 얼굴을 잡았다. 그는 손으로 내 턱을 잡았는데, 그러자 부러진 이가 아파왔다. 나는 끙끙대며 눈을 감았다. 나는 무슨 일이 벌어지는지 알고 싶지도 않았다. 그는 여전히 내 곁에 있었다. 그의 숨결에서 음식용 향료 냄새가 났다. 그는 내 눈을 엄지와 검지손가락으로 억지로 비집어 뜨게 했다. 이놈 뭔 지랄을 하는 거야?

그는 곧 경비병들과 매우 빠르고 공격적으로 교대했다. 경비병들은 내 얼굴을 여러 번 때렸다. 나는 그가 뭔 짓을 하는지 알 수 없었다. 그는 내 뒤로 걸어가서 마카로프 권총을 뽑았다. 그래, 그 편이 차라리 낫다. 그 다음은 어떻게 될까? 그는 내게 권총을 겨누었으나 총을 장전하지는 않았다.

허세일까? 아니면 뭘까?

그 러시아제 권총은 장전을 하면 공이치기가 후퇴하며 1발이 약실에 장전된다. 그 상태에서 방아쇠를 당기면 탄이 발사되며 자동적으로 재장전이 이루어지고 다시 공이치가 후퇴한다. 총을 그만 쏘고 싶으면 안전장치를 안전 위치로 돌려놓으면 되는데, 그러면 공이치기가 자동적으로 전진하고 안전장치가 작동되면서 빗장이 걸려 공이치기가 공이에 닿는 것을 막는다. 어떤 자동권총은 이것과는 달리 안전장치를 작동시켜도 공이치기가 후퇴한 채로 머무르는 것도 있다.

나는 공이치기가 후퇴되었는지를 살펴보았다. 만약 그렇다면 저 놈은 허세를 부리는 것이 아니다. 게다가 저 놈이 신경질적이라면 실수로 방아쇠를 당겨 나를 쏴 버릴지도 모른다. 나는 그의 얼굴을 살폈다. 그의 표정은 매우 심각했고, 눈을 부라리고 있었다. 나는 그의 눈에서 눈물을 보았다. 우리 눈이 마주친 순간 그는 소리를 지르며 권총을 마구 휘둘렀다.

왜 경비병들은 저 사람이 그들의 멋진 막사에서 난동을 부리게 내버려 두는가? 그의 눈은 완전히 맛이 갔다. 그는 방아쇠를 당기려고 하는 것이 분명했다. 이건 아무래도 공식적인 일이 아닌 것 같았다. 공식적인 일이라면 수갑부터 벗겨야 할 것이다. 그러나 저 친구는 화를 내고 있었다. 이게 공식적인 일이 아니라면 도대체 뭘까? 그는 어떻게든 날 죽일 수 있었다.

나는 여기서 어떤 결정이 아닌 감정에 의해 죽을 판이었다. 그 사람은 진짜 방아쇠를 당길 것 같았고, 그를 저지할 방법은 아무것도 없었다.

그래, 개 같은 놈. 차라리 여기서 죽여 줘.

경비병들이 뭔가 낌새를 채고 일어선 것 같았다. 그들은 벌떡 튀어 일어나 격노해 소리를 지르며 무기를 잡았다. 그들은 그 사람의 권총을 압수했다.

이러한 그들의 행동은 체포당한 후 내게 가장 엄청난 정보를 주었다. 저 사람이 이 막사에 와도 되는지 안 되는지는 별 문제로 치더라도 저들은 우리를 살려두라는 명령을 받고 있었다.

한 경비병이 다가와서 내 뺨을 움켜잡으며 말했다.

"아들, 아들, 탕! 탕! 탕!"

우리 중 누군가가 저 사람의 아들을 죽인 모양이었다. 하긴 내가 저 사람 입장이었어도 똑같이 했을 것이다. 불행하게도 그가 권총으로 난동을 부린 상대는 나였다.

나는 바닥에 가부좌를 틀고 벽에 매달린 한 손을 하늘로 쳐들고 앉아 있었다. 나는 고개를 숙이고 다리를 쪼그려 내 불알을 보호하려고 했다. 나는 벽에 등을 바싹 붙이고 있었고, 이제 내게 남은 무기는 약한 척 하는 것뿐이었다. 웃기는 일이었다. 그는 무기로 나를 죽이려 했으나, 이제는 나를 구타하려 했다. 그는 나를 걷어찼으나 가죽 샌들 덕에 타격은 적었다. 주먹으로 때려도 몸무게가 실려 있지 않았다. 그는 엄청나게 화가 나 있었지만, 나를 어쩌지는 못했다. 그는 저돌성과 힘이 부족했고 나는 기뻤다.

나는 엄살을 부렸다. 그가 나를 무릎으로 찍고 때리고 침을 뱉을 때마다 비명을 질렀다. 만약 내 아들이 죽었는데 그 가해자와 내가 한방에 있다면 그 가해자도 질질 짰을 것이다. 한편으로 나는 그에게 미안한 마음도 들었다. 너무나 멋있고 신사적이었던 그의 아들이 죽었으니 말이다. 어쨌건 그는 내게 방아쇠를 당기지 못했다.

경비병들은 화를 내기 시작했다. 아마도 건물 내에 튄 내 피를 청소해야 하기 때문이 아니었을까? 그들은 그 남자를 침묵시키고 밖으로 끌고 나갔다. 그들은 돌아와서 침대에 앉아 더 많은 담배를 피워 댔다.

그중 1명이 말했다.

"부시, 나빠."

나도 고개를 끄덕이며 동의했다.

"맞아, 부시는 나쁜 놈이야."

그는 "메이저도." 하고 말하며 돼지 울음소리를 냈다.

"맞아, 메이저는 돼지새끼야."

나도 대답하며 돼지 울음소리를 냈다.

그들은 이것을 엄청난 발전으로 여겼을 것이다.

"너는."

그는 이렇게 말하며 나를 가리키고는 크게 당나귀 울음소리를 냈다.

"그래, 난 당나귀야. 이히히힝!"

그들은 너무 웃긴 나머지 서로 끌어안고 데굴데굴 굴렀다.

그들은 다가와서 나를 건드렸다. 나는 그들이 내게 무엇을 원하는지 알 수 없었다. 그래서 또 당나귀 울음소리를 크게 내었더니 그들은 아주 좋아했다. 만약 그들이 내가 고통스러워하는 것을 보고 좋아했다면 나는 이런 짓을 하지 않았을 것이다. 하지만 지금은 별 일 없었다. 그저 웃길 따름이었다. 게다가 지금은 구타당하고 있지도 않았다. 그것은 지나간 일이었고 지금은 아주 즐거웠다.

약 15분 정도가 지났다. 그들은 잠시 동안 침묵을 지키더니 그중 누군가가 일어나서 날 또 건드렸다. 나는 또 다시 이히힝 소리를 냈고, 그들은 뒤집어졌다. 바보새끼들 같으니라구.

나는 이렇게 분위기가 좋을 때 수갑을 풀고 싶었다. 난 45도 각도로 앉아 있었고, 내 손은 하늘로 들려 있었다. 중력으로 인해 내 손은 수갑에 끼어 있었고, 손목은 심하게 부어올라 아팠다. 나는 그들이 내 손을 좀 더 낮게 매어 줬으면 좋겠다고 생각했다.

나는 내 손을 가리키며 말했다.

"이것 봐, 상처 나고 아파. 아~~"

그들은 나를 보더니 다시 건드렸다. 또 당나귀 울음소리를 내자 그들은 뒤집어졌다. 나는 내 손이 아프다고 이야기하려 했으나 통하지 않았다. 그들은 웃기만 했다. 그러다가 그들은 갑자기 심각해졌다. 그들은 이제 자신들의 권위를 내세워야 되겠다고 생각한 모양이었다. 그들이 자신들의 개인적인 질문을 내게 한다면 나는 그들을 단순한 경비병이 아닌 신문관들로 여길 것이라고 생각한 모양이었다.

"누구야? 누구야?"

그들의 말을 알아듣기는 힘들었다.

"뭐야? 난 알아들을 수가 없어."

나는 계속 내 손목을 가리키고 있었으나 먹히지 않았다. 그들은 내게 몇 가지 질문을 더 했으며, 그들의 얼굴 밑에서 히터 불빛이 밝혀져 무섭게 보였다. 그러나 나는 그들의 말을 이해할 수가 없었다.

그중 1명이 아랍어로 뭐라고 하자, 다른 사람이 영어로 통역했다. 그는 정확한 영어를 구사했다. 다른 경비병들이 그에게 뭐라고 이야기를 했지만, 나는 그들이 뭔 짓거리를 할지 알 수가 없었다.

"자네 이름은 뭔가?"

"앤디야."

"앤디, 자네 특수부대원이지? 텔 아비브에서 왔어?"

"영국에서 왔어."

"영국이라고? 가스코인? 러쉬? 축구?"

그는 크게 미소 지으며 오른발로 공을 차는 시늉을 해 보였다.

나를 포함한 모든 사람의 얼굴이 밝아졌다. 나는 축구를 별로 좋아하지 않았지만 말이다. 내가 어릴 때 우리 동네 지역 축구단 이름은 '밀월'이었다. 그러나 나는 그들은 보러 간 적이 3~4번밖에 없었다. 나는 멍청히 테라스에 앉아서 '뭔 일이 있나' 정도로 축구경기를 바라봤다. 나는 너무 키가 작았기 때문에 경기를 제대로 보지 못했고, 내가 축구에 대해 아는 것이라면 구장에 가는 데 엄청난 돈이 든다는 것뿐이었다. 어느 수요일 밤 나는 축구장에 갔다가 너무 추워서 중간에 돌아왔다. 거기까지가 내 축구 지식의 한계였고, 모든 축구는 내게 젖고, 춥고 바람 부는 테라스 정도의 기억으로밖에 남아 있지 않다. 나는 축구광인 이라크군의 포로가 된 지금까지도 축구에 별 흥미가 없다. 그리고 앞으로도 그럴 것 같다.

그가 외쳤다.

"리버풀!"

나도 말했다.

"첼시!"

"맨체스터 유나이티드!"

"노팅햄 포레스트!"

그들은 웃어 댔고 나도 끼어들었다. 마치 접착제로 서로를 붙여 놓은 것 같았다. 아주 즐겁고 교과서적인 장면이었으나, 나는 이것을 계속 유지할 수는 없었다. 내 지식이 다 바닥났기 때문이었다. 나는 그들에게 물었다.

"난 여기 얼마나 더 있어야 돼? 너희들은 혹시 알아? 나한테 음식 갖다 줄 수 있어?"

"문제없지, 보비 무어!"

나는 이제 다른 작전을 구사해야겠다고 생각했다.

"마이? 마이?"

나는 물을 달라고 아랍어로 말했다. 나는 마른기침을 하며 늙은 개가 먹이를 바라보는 듯한 태도를 취했다.

한 이라크군이 밖으로 나가더니 물이 든 컵을 들고 돌아왔다. 나는 금세 그것을 다 마셔 버리고 더 달라고 했다. 이런 행동으로 나는 그들에게 거듭 감사를 표했고, 잠시 조용한 시간을 갖게 되었다.

그들은 모두 10대 후반으로 수염이 처음 나고 있었다. 그들은 다른 나라 군대의 젊은 병사들과 전혀 다를 바가 없었다. 그러나 그들의 군복과 무기의 정비 상태를 보고 나는 놀랐다. 나는 항상 쓰레기 같은 이라크군들은 모조리 군기 빠진 오합지졸들로서 장비도 매우 더럽고 초라할 줄 알았다. 그러나 내 앞의 이라크군들의 복장은 잘 세탁되어 깨끗이 다려져 있었고, 군화도 번쩍번쩍 빛이 났다. 무기들도 잘 정비되어 제대로 작동하고 있었다. 건물 역시 잘 보수되어 완전무결하게 정돈되어 있었다. 한마디로 아주 좋았다. 나는 그들이 한편으로는 나를 보호하도록 훈련되어 있음을 알았다. 그들은 명령받은 것 이외의 행동은 하지 않았다. 그들이 단순한 미친놈들로서 뛰어와서 날 죽일 의도가 없는 것을 알게 되니 다소 기분이 좋아졌다. 몇몇 사람은 한쪽에서 총기를 정비하고 있었고, 또 몇몇 사람은 군화를 닦고, 방안을 청소하고 있었다.

게다가 우리 사이에는 명백히 유대관계가 생기고 있었고, 후일 그것 때문에 도움을 받을 수도 있었다. 내 예상과는 달리 그들은 나는 나쁜 놈이고 자신들은 좋다는 식의 흑백논리를 갖고 있지 않았다. 서로의 공통관심사를 탐색하다 보니 이곳은 중립지대가 된 것이었다. 우리는 축구에 대해 공통적인 관심을 갖고 있었다. 우리는 계속 축구 이야기를 했다. 그것은 장광설, 비난, 전술적 질문이 아니었다. 유대관계란 아무리 미미하더라도 언제 어디서나 생길 수 있고, 이 상황에서 유대관계는 무조건 좋은 것이었다. 나는 기계가 기름을 먹듯 물을 마셔댔고, 그 보답으로 나는 이야기를 이끌어냈다. 좋다, 긍정적인 생각을 해서 나쁠 것은 없겠군.

모든 신문 과정이 다 끝났기 때문에 이들이 이토록 우호적으로 나오는 것이 아닌가 하는 생각이 들었다. 나는 모든 것을 긍정적으로 보려고 했다. 그러나 뭐가 어찌 될지 알 수 없으므로 항상 최악의 상황을 고려해 봐야 한다. 그들은 단순히 젊은 친구들이고, 딩거와 나는 그들이 찾아 헤매던 새로운 하얀 눈의 장난감에 불과할 수도 있다. 그들은 딩거와 나에게 다소의 두려움을 느끼고 있고, 먼 훗날 손주들에게 우리 이야기들을 해 줄지도 모른다. 그들은 우리를 보고 우리와 이야기하고, 우리를 놀리고, 피곤해하고 있었다. 그들은 피곤해 보이기 시작했다. 아마도 히터의 열과 오늘 있었던 여러 가지 일 때문이었을 것이다. 그들은 무기를 침대 밑에 던져 넣고 꾸벅꾸벅 졸기 시작했다.

나는 다시 탈출을 꿈꾸기 시작했다. 하지만 나는 아직 수갑을 벗지 못했다. 설령 수갑을 풀었더라도 무엇을 어떻게 해야 할 것인가? 이들 모두를 죽이고 달아날 수 있을까? 일은 생각대로만 되어 주지 않는다. 다섯 번째 놈에게 들키지 않게 첫 번째 놈을 죽이는 것은 영화에서나 나오는 일이다.

내 손은 벽에 묶여 있었다. 아무 데도 가지 못했다. 내 손이 닿는 범위 내에는 아무것도 없었다. 나는 다음 기회가 오거나 상황이 달라질 때까지 기다려야 했다.

나는 현재의 내 상황에 대해 엄청난 편안함을 느꼈다. 나는 포로가 되었다. 나는 첫 관문은 통과했고, 나를 걷어차고 괴롭히지 않는 사람들과 함께 따뜻한 방에 있다. 이 방에 영원히 있을 수는 없다. 그러나 내 손목의 통증만 제외한다면 모두 멋지고 편안했다. 이 사람들은 나를 때리고 싶어 하지 않았다. 그들은 가자와 보비 찰튼 이야기를 하고 싶어 할 뿐이었다. 나는 희망적인 생각을 했다. 그들이 내게 더 이상 정보를 얻을 수 없다고 생각하더라도 이 상태대로라면 나를 잘 먹여서 사담 후세인의 인간방패로 써먹을 것이라는 생각이 들었다.

*　　　　*　　　　*

밤이 되어 왔다. 내 손과 팔은 무지하게 아파오기 시작했다. 나는 탈출 시나리오를 생각하고 내 자신의 상황을 평가하며 고통을 잊으려 했다.

창문 밖 맨 위에서 내게 별빛이 쏟아지고 있었다. 맑고 아름다운 밤이었다. 나는 잠자는 이라크 군들을 바라보았다.

만약 내가 도망치게 된다면 딩거를 데려갈 수 있을까? 그는 어디에 있을까? 나는 그가 이 기지 어디엔가는 있을 것이라고 생각했다. 그러나 바로 옆방에 있을까? 나는 아무 소리도 듣지 못했다. 그는 베란다에 있을까? 결국 나는 도망칠 기회가 오더라도 딩거를 찾아 보지 않고 도망칠 수는 없다는 결론을 얻었다. 나는 다른 대원들처럼 그 역시 나와 같은 생각을 하고 있을 것이라는 걸 알았다. 하지만 우리가 다시 만날 때까지 기다려야 할 가치가 있을까? 아니었다. 나는 어떤 기회든 즉시 포착했다. 그러나 우선 해야 할 일은 무엇인가? 어떻게 딩거를 찾을 수 있단 말인가? 창문을 들여다봐야 하나, 아님 소리를 질러야 하나? 경비병이 깨면 어떻게 하나?

평시 계획과 유사시 계획을 다 세워야 한다. 망설이는 것은 치명적이다. 나는 명백한 위협은 피해야 한다. 할리우드 영화에서는 주인공이 가까이 오는 다수의 적군들을 오리 사냥 하듯이 한 번에 다 해치워 버리지만, 실제 상황에서는 그런 경우 적들이 떼거지로 몰려와 주인공을 박살 낼 것이다. 모든 것은 가급적 조용해야 했다. 여기서 빠져나가 무기를 얻고 딩거를 구출하여 차를 탈취해야 한다. 쉽군! 여기는 병사들이 있는 꽉 막힌 기지이다. 총과 30발들이 탄창 1개만 있으면 된다.

우리는 여기서 빠져나가 서쪽으로 가야 한다. 도보로 가야 할까? 아님 차량을 이용해야 할까? 크로스컨트리를 할까? 아님 마을을 지나치며 나가야 할까? 예전에 도랑에서 여기까지 오는 거리는 매우 짧았다. 그러므로 우리는 아직 시리아 근처에 있는 것이다. 우리는 국경보다는 더욱 안전한 곳으로 나아가야 한다.

나는 졸다가 아파서 깨어났다. 내 머리와 몸은 아프고 상처 났다. 내 코 속의 피와 콧물도 뽑아내야 했다.

나는 좀 떨어진 곳에서 나는 사람 소리와 자동차 소리를 들었다. 큰 골판 철문이 걸어 채여 열렸다. 아직도 어두웠다. 사람들이 베란다 밖으로 손전등을 들고 나와 뭐라고 이야기했다. 나는 갑자기 걱정되었다. 도대체 무슨 일일까? 나는 심호흡을 하고 자신을 조용히 추슬렀다. 한 경비병이 일어나 다른 2명을 발로 걸어찼다.

5~6명의 낯선 사람들이 방에 들어왔다. 나는 무력감을 느꼈다. 마치 상대편들에게 코너에 몰린 어린아이 같았다. 그들은 어둠 속에서 나를 높이 둘러싸고 있었다.

벽에서 내 수갑을 풀자 손목에 온통 바늘이 꽂힌 것 같았다. 손목은 퉁퉁 부어 감각이 없었다. 두 놈이 나를 양편에서 부축하여 끌고 갔다. 누군가가 내 군화를 가져왔으나, 발이 너무 부어 신을 수가 없었다. 나는 할머니가 핸드백을 들고 다니듯 그들에게 끌려갔다. 나는 그 상태를 계속 유지하고 싶었다. 평생 동안 신발도 못 신고 살기는 싫었다.

끌려 나오는 동안 나는 계속 끙끙대며 아픈 시늉을 했다. 나는 완전히 만신창이가 된 것처럼 보였을 것이었다. 경비병들이 측은한지 혀를 찼다. 한 놈이 꾸민 듯한 표정을 지으며 얼굴을 들이대고 말했다.

"우리는 진심으로 자네를 걱정하고 있다네."

차가운 바람이 나를 때리니 상쾌하고도 긴장된 기분이 들었으나, 나는 저 따뜻한 방에 있는 것이 더 좋았다. 나는 떨기 시작했다. 정말 너무나 맑고 아름다운 밤하늘이었다. 만약 탈출한다면 저 하늘을 보고 너무나도 쉽게 방향을 잡을 수 있었을 것이다.

아무도 우리가 어디로 가는지 말하지 않았다. 그들은 나를 끌고 갔고, 내 발이 내 몸을 제대로 지탱하지 못하므로 나는 바보같이 작은 걸음을 걸어야 했다. 우리는 랜드크루저 앞에서 멈췄고, 그들은 나를 차 뒤로 밀어 붙였으며, 내 무릎 위에 군화를 올려놓았다. 그들은 내 수갑과 눈가리개를 심하게 조였다.

나는 내 손에 가해지는 압력을 줄이기 위해 몸을 굽혀 머리를 앞좌석에 대려고 했으나, 이라크군들은 내 얼굴에 손을 대어 뒤로 밀쳤다. 눈가리개 사이로 실내등 불빛이 보였다. 앞좌석에는 두 사람이 있는 것 같았다. 문이 쾅 닫혀 나는 놀라 펄쩍 뛰었다. 나는 이를 악물고 머리에 날아올 주먹질에 대비했다.

나는 차 오른쪽에 앉았다. 왼편에서 발자국 소리가 나더니 이런 말이 들려왔다.

"괜찮아, 친구. 괜찮을 거라고."

딩거는 차를 탈 때 머리를 부딪쳐 비명을 질렀다. 아주 좋은 뉴스였다.

나는 곧 행복해졌고 그와 함께 있어 아주 기분이 좋았다.

그는 내 편을 보고 앉았다.

나는 깜깜한 암흑 속에 말했다.

"내 손목 좀 풀어 주시면 안 돼요?"

그러자 나는 뒤통수를 한 대 얻어맞았으나 견딜 만했다. 이것으로 딩거가 나의 존재를 알게 된 것이고, 내 뒤에 보초병이 있으며, 그들이 업무 중이라는 것을 알게 된 것이다.

운전사가 장교처럼 이야기했다.

"자네 이야기하지 마, 탕탕!"

모든 행동은 경비병으로부터 제지받았으나, 나는 내 손이 너무 아파서 끙끙거릴 수밖에 없었다.

이 차에서도 흔한 담배와 싸구려 향수 냄새가 났다. 나는 현상황을 평가해 보았다. 지금 이동하는 것은 전술적 질문 단계가 끝났음을 의미하는 것 같았다. 그러면 우리는 더 심한 경비를 받게 될 것이다. 상황이 더 좋아질지 나빠질지는 알 수 없었다. 긍정적인 면으로는 이런 생각이 들었다.

'별 거 아냐. 단지 감옥에 가는 것일 뿐이야.'

전문적으로 따져 보면 이런 생각도 들었다.

'기다려 봐, 뭐가 어떻게 되는지 알 수 없잖아.'

나는 내 행동 방침을 고수하는 데 정신을 집중했다. 우리 차는 기지 문을 나서서 왼편으로 회전했다. 지금 가는 곳은 서쪽이 아닌 동쪽이었고, 시리아 방향이 아니었다. 운전사는 바보같이 차를 몰았다. 생각 있는 사람이라면 운전 중 충돌사고가 얼마나 빈번한지 알고 있을 것이지만, 그는 충돌사고가 날 경우 우리 모두가 다 죽을 정도의 속도로 차를 몰았다.

나는 후디니(탈출 곡예사)가 자기 등 뒤로 손을 묶은 것을 자기 몸 앞으로 돌리는 모습을 담은 필름을 본 적이 있다. 부상당한 상태에서도 그럴 수 있는지 궁금했다. 그때 이런 생각이 들었다.

'난 살면서 그렇게 한 번도 해 본적이 없어. 그리고 지금 내 상황이 어떤데? 그러나 도망칠 수만 있다면 난 고무줄로라도 변신하고 싶어. 내겐 오직 탈출 기회만이 필요해.'

나는 꽉 찬 담배연기와 히터의 열 때문에 너무나 피곤했지만, 손이 아파서 계속 깨어 있었다. 우리가 졸지 못하게 하려는 듯 카스테레오에서는 아랍 음악이 울려 퍼졌다. 그 소리가 너무 커서 폭탄이 떨어졌을 때 폭발음을 들을 수도 없었다.

제9장

450kg 폭탄이 틀림없었다. 몇 번의 폭발음이 들렸고 그때마다 이 지역은 부서졌다. 충격파가 우리가 탄 차를 강타했다. 경비병들이 욕을 퍼부었다.

차가 멈추었다. 나는 전형적인 재앙의 소리를 듣고 있었다. 브레이크의 제동음, 고통에 찬 비명소리, 혼란과 분노에 찬 아우성, 고통 받는 여인네의 울음, 아이의 흐느낌, 돌이 긁히는 소리 등등... 운전사와 경비병들은 차밖으로 튀어나갔고, 차가운 공기가 들어왔다. 좋은 기회가 될 수 있었다. 이라크군들은 도망가 버렸고, 차 문은 열려 있다. 하지만 나는 들을 수는 있는데 볼 수가 없다. 믿을 수 없을 만큼 절망적이었다. 오직 청각에만 의존해 상황을 판단해야 했다. 길이 폭격당했는가? 앞에 장애물이 있는가? 누군가를 돕기 위해 멈춘 것인가? 그리고 좀 더 생각해 보면 이라크인들이 몰려와 우리를 구타할지도 모른다. 그들은 방금 폭격을 당한 데다 우리는 백인들이었던 것이다. 생각이 꼬리를 물고 내 머릿속을 스쳐 지나갔으나 내가 딩거에게 말을 꺼내기도 전에 이라크군들이 차에 돌아왔고 우리는 다시 움직였다.

우리는 약 1시간 반 정도를 달렸다. 우리가 기지를 떠나 좌회전하자마자 내 방향감각은 완전히 상실되었고, 우리가 지금 어디 있는지 어떤 단서도 잡을 수 없었다. 나는 내 자신을 다시 저주했다. 마지막으로 정차했을 때 어쩌면 팀북투에 있을지도 모른다.

그들은 우리를 차에서 끌어내렸다. 그들이 우리를 끌고 간 방은 전에 있던 곳과 비슷했다. 이라크 병사들도 아직 침대에 누워 있는 것 같았다. 누군가가 나를 바닥에 앉히고, 손목을 침대 같은 것에 묶었다. 아주아주 편안했다. 나는 차 뒤편에 찌그러져 있지도 않았고, 귀에 무릎을 대고 있지도 않았으며, 손을 하늘 높이 묶여 매달려 있지도 않았다. 나는 바닥에 가부좌를 틀고 앉아 자신을 추슬러 정신을 차리려 노력했다. 나는 지금 벽을 보고 앉아 있는 것 같았다. 나는 고개를 뒤로 젖혀 코의 틈새로 주위를 보려 했다. 파라핀 히터의 불빛 말고는 아무것도 보이지 않았다.

나는 거기에 약 1시간 정도 앉아 있었다. 여러 가지 시나리오가 내 머릿속을 스쳐 지나갔다. 폭탄이 떨어질 때 우리는 확실히 민간인 거주지역을 통과하고 있었다. 그곳은 바그다드일까? 그렇다면 왜 우리를 바그다드로 데려가려고 했을까? 민간인들에게 보이기 위해? 인간 방패로 써먹기 위해? 다국적군은 포로가 있는 곳에도 폭격을 가할까? 유감스럽지만 그럴 것이다. 딩거와 앤디가 레이더 기지에 있다고, 슈왈츠코프가 전쟁을 중단할 턱이 없었다. 우리를 인수해 갈 사람은 누구인가? 우리를 갖고 영화를 찍는 것은 아닐까? 별 상관은 없었다. 나는 사람들에게 내가 아직도 살아 있음을 알리고 싶었다.

나는 두 사람이 느리고 정상적으로 숨 쉬는 소리를 들었다. 그들이 자는지 알아보려고 나는 몸을 앞으로 굽혀 고개를 침대에 대었다. 아무 일도 일어나지 않았다. 나는 오른편으로 내 몸을 굽혀 카펫에 고개를 대고 누웠다. 여전히 아무 일 없었다. 나는 카펫에 얼굴을 비벼 눈가리개를 벗으려고 했다. 나는 정말 똑같은 방에 돌아와 있었다.

나는 나머지 대원들에게 무슨 일이 생겼는지 생각해 보았다. 우리 둘만 살아남은 것일까? 아니면 나머지 사람들은 모두 국경을 넘은 것일까? 어떤 답도 나오지 않았으나 좋은 정신수련이었다. 머리를 많이 굴려야 했다. 나는 이미 포로생활이 너무 길어질 것에 대비하고 있었다. 전쟁이 끝나는 대로 내가 석방된다면 더할 나위 없이 좋겠지만, 현 상황에서는 그런 것을 기대하기가 힘들었다. 이 상황이 지나가도 최소한 2년간 이라크에 인질로 억류되어 있을지도 모른다.

나는 한 미군 포로를 떠올렸다. 그는 몇 년 동안 혼자서 지내야 했으며, 본국에 있는 모든 사람들은 그가 죽었다고 생각했다. 그가 고국으로 돌아온 후에야 그가 살아 있음을 알 수가 있었다. 그는 미 해군 수병으로서 베트콩에게 잡혀 머리를 빡빡 깎이고 청소 같은 허드렛일을 했다. 그가 명단에서 삭제될 이유는 하나도 없었으므로 그는 석방되었다. 전형적인 중립자였다. 실제로 그 사람은 200명이 넘는 다른 포로들의 이름과 계급을 다 외우고 있었다. 그가 돌아왔을 때 그는 자신이 외운 것을 다 말해 보였다. 우리 전쟁포로는 명단에 기록되며, 그것을 확인하는 것은 가족들에게 가슴 아픈 일이다. 나는 내 경험을 그 사람의 것과 연관 지어 보았으나, 그렇게 간단히 비교할 수는 없는 일이었다. 1년이건 그 이상이건 포로생활은 지옥 같았다. 나는 오직 2가지만 생각했다.

우선 양손이 너무 아팠다. 수갑을 풀어 보려 했지만, 쓸데없는 짓이었다. 손목이 너무 부어 있었다. 나는 경비병들을 깨워 잠시 동안만 수갑을 풀어 달라고 해 볼까 생각했으나, 그들은 열쇠를 갖고 있지 않은 듯했고, 게다가 귀찮은 일도 싫어할 것이다.

그 다음으로 나는 질리 생각을 했다. 지금 그녀가 무엇을 할까 상상해 보았다.

2시간 후에 경비병들이 손전등을 들고 왔다. 그 직전에 그들은 내 수갑을 풀고 일으켜 세워 차가운 바깥으로 끌고 나갔다. 아주 상쾌한 느낌이었다. 나는 이제 긴 크로스컨트리나 스키 코스를 밟게 될 것이라고 스스로에게 이야기했다.

아무도 말을 하지 않았다. 나는 딩거도 따라오기를 빌고 또 빌었으나, 그의 소리는 들리지 않았다. 나는 차 뒤 오른편에 또 돌아와 무릎을 머리에 대고 의자 밑에 앉았다. 그리고 등을 굽혀 그 뒤에 손을 대고 있으라는 주의를 받았다. 그래야 쓸데없이 움직이다가 머리통을 얻어맞지 않았다.

운전수가 말했다.

"이야기하면 쏴 버릴 거야."

"알았어요."

"넵, 좋아요, 친구."

딩거가 내 곁에서 말하는 소리가 들렸다. 목소리 톤으로 보건대 내가 딩거의 목소리를 듣고 싶어하는 것을 알고 딩거가 내게 목소리를 들려준 것 같았다. 그러나 기대는 잠시였다. 누군가가 차 안으로 몸을 굽히고 이야기했다.

"알라께서 함께하시길 비네."

그 말이 나를 위축되게 하려는 의도였는지는 몰랐다. 그러나 그랬다면 매우 성공적이었다.

이전처럼 운전 실력은 형편없었고, 곧 우리 몸은 이리저리 기우뚱대기 시작했다. 이제 음악은 나오지 않고 앞좌석의 이라크군들끼리 이야기하는 소리만 났다. 가끔씩 창문을 열고 코를 푸는 소리나 어둠 속에서 누군가를 환영하는 듯한 외침 소리도 났다.

운전사가 길 위에서 누군가와 긴 이야기를 할 때마다 우리는 멈추었다. 나는 그가 우리를 사람들에게 보이려 하고 있다는 느낌을 받았다. 나는 차 밖에서 두세 사람의 킥킥대는 소리를 들었다. 그들은 차 안으로 손을 집어넣어 수염을 당겨 보고 얼굴을 툭툭 쳤다. 나는 이를 악물었다. 걷어차는 것보다 더 심한 모욕이었다. 전술적 질문을 받을 때에는 나는 그 뒤에 숨은 이유를 이해할 수 있었으나, 이 녀석들은 나의 반응만을 보고 즐거워하고 있었다.

우리는 침묵 속에 달렸다. 가면 갈수록 국경에서는 멀어지고 있었으나 이미 지나간 일이었다. 나는 내 양손만 걱정했다. 내 양손은 평소 크기의 2배로 부풀어 올랐고, 왼손가락에는 감각이 없었다. 손목까지는 감각이 있었다. 수갑은 피가 날 정도로 손목을 죄고 있었다. 고통은 갈수록 참기 힘들었다. 이렇게 되다간 양손을 영원히 못 쓰게 되지 않을까 걱정스러웠다.

나는 긍정적으로 생각하려고 했다. 최소한 나는 아직 죽지는 않았다. 체포된 지 12시간 정도 지난 듯했고 나는 아직 살아 있다.

나는 다시 정찰대에 대해 생각하기 시작했다. 이라크군은 우리에 대해 무엇을 알고 있을까? 아마 그들은 주보급로 전투가 우리 짓이라고 생각할지도 모른다. 그들은 배낭 8개를 발견하여 그것으로부터 우리 인원수를 알아맞혔을지도 모른다. 그렇다면 그들은 은거지와 식량, 식수 저장소까지 찾아내었을지도 모른다.

그들은 배낭 안에서 무엇을 발견했을까? 예규에 의하면 우리 임무에 대한 것은 아무것도 글로 써 남기지 말아야 한다. 하지만 장비들은 어떡할까? 폭발물, 시한장치, 뇌관에 대해서는 뭐라고 이야기할까? 나는 그것들이 지역 방어용 장비라고 말할 것이다. 그들은 클레이모어 지뢰를 발견했을 것이다. 그러면 내 이야기에 그만큼 신빙성이 더해질 것이다. 아마도 그들은 시한장치가 뭔지도 모를 수도 있다. 그리고 이라크군들이 배낭에서 나온 전리품을 착복한 탓에 그 내용물들은 모두 사라져 버릴 수도 있다. 그들이 어둠 속에서 배낭에 총을 겨누는 장면이나 똥을 담은 비닐백을 손가락으로 찔러 보는 장면들을 상상하니 너무나 우스웠다.

한 가지 확신할 수 있는 것은 작전에 해를 끼칠 수 있는 것은 남겨 두고 오지 않았다는 것이다. 우리는 사용한 지도를 언제나 잘 접어 간수했고, 그 지도 위에 어떠한 표기도 하지 않았다.

나는 그들이 우리 장비에 대한 지식이 부족하다는 데서 자신감을 얻었다. 그들이 의외로 많은 것을 알고 있다고 한다면 우리는 횡설수설을 연발하며 그들에게 자비를 구해야 할 것이다. 유일한 문제는 우리가 일반적인 탐색구조대처럼 보이지는 않는다는 것이었다. 그러나 이 시점에서 솔직히 우리 몰골은 비렁뱅이나 다를 바가 없었다.

차가 멈추었고 우리를 환영하는 듯한 소리가 났다. 나는 차 안에 있으니 안전하다고 생각하기 시작했다. 밖으로 나가면 또 처음부터 다시 시작될 것이었다.

낮은 웅성거림이 들렸다. 아마도 지금이 이른 아침이기 때문이었을 것이다. 차의 뒷문이 열리자 찬바람이 스며들었다. 우리는 밖으로 끌려 나와 빠른 걸음으로 마당을 가로질렀다. 돌로 덮인 길을 밟으니 아팠다. 상처가 다시 벌어졌다. 내 발은 곧 피로 미끄러워졌다. 나는 비틀대다 쓰러졌으나, 이라크군들이 나를 붙잡아 계속 가게 했다. 우리는 한달음에 베란다를 따라 우회전하여 어느 문 앞에 닿았다. 나는 발이 문지방에 닿자 비명을 질렀으나, 그들은 반응이 없었다. 그들은 매우 전문적이었고, 잘 훈련되어 있는 듯했다.

우리는 계속 앞으로 나아갔다. 익숙한 파라핀 냄새와 램프의 쉭쉭 소리가 났다. 마치 집에 온 느낌이었다. 그들은 나를 바닥에 쓰러뜨린 후 가부좌를 틀고 고개를 숙이고 손을 등 뒤로 가게 해서 앉게 했다. 그들이 어떻게 하든 내버려두었다. 저항은 무의미했다. 나는 뭔가 터질 것을 대비하고 이를 악물었다. 그들은 눈가리개를 잘라 내었다. 광대뼈와 코에 천에 긁힌 상처가 났다. 나는 고통에 멈칫하며 얼굴로 떨어지는 뜨거운 피의 감촉을 느꼈다.

딩거를 보니 곧 아픔은 잊혀졌다. 나는 차를 나온 이후로 그의 소리를 듣지 못했으며, 나 혼자라는 무서운 느낌이 들었던 것이다. 그들은 딩거의 눈에서 눈가리개를 벗겼다. 딩거는 나와 눈이 마주치자 윙크를 했다. 나는 체포된 이후 신문관과 눈이 마주치는 것을 피하고 있었다. 사람과 다시 접촉하는 것은 환상적인 느낌이었다. 잠깐의 윙크로도 충분했다.

우리는 중세풍의 어두침침한 방에 있었다. 벽은 돌로 되어 있었고, 습기로 번쩍거렸다. 차가웠고 진흙 냄새가 났다. 창문은 막혀 있었다. 콘크리트 바닥은 움푹 파여 있었고 고르지 않았다.

나는 고개를 조금 들어 목을 풀려 했으나, 내가 알아채지 못했던 내 뒤의 경비병이 고개를 눌러 숙이게 했다. 내가 본 그의 군복은 여태껏 익숙했던 특수부대용 DPM 위장복이 아닌 초록색 단색 군복이었다.

우리 앞에 2m짜리 길이의 접는 책상 1개와 접는 의자 2개가 놓여 있는 것이 보였다. 모든 것이 무미건조했다. 이라크군들은 설탕 탄 커피, 블랙 티 등을 주스 컵에 담아 마시고 있었다. 책상 위에 두세 컵의 음료수가 있었는데, 김이 나지 않는 것으로 봐서는 따라 놓은 지 오래된 것 같았다. 재떨이 2개에는 담배꽁초가 가득 채워져 있었다. 책상 위에는 그들의 무기도 올려져 있었다.

문가에서 인기척이 났고 나는 눈을 치켜떴다. 두 사람이 들어왔다. 그중 한 사람은 녹색 비행복 위에 민간용 가죽점퍼를 입고. 큰 굽과 고무 소재로 된 옆창을 가진 첼시 부츠를 신고 있었다. 그는 복고풍 패션을 추구하는 사람 같았다. 나는 그의 면면을 뜯어 보고는 웃음이 나올 뻔 했다. 그는 키가 컸으나 배가 비행복이 터져나갈 만큼 빵빵했다. 그러나 그는 자신의 허리둘레가 30인치인 것으로 착각하고 있는 듯 했다. 그는 완벽하게 차려입고 자신이 매우 멋있다고 생각할지 모르나 실제로는 우스꽝스럽게 보였다.

다른 사람은 그보다는 키가 훨씬 작고 왜소했다. 매우 마르고 광대뼈가 튀어나왔으며, 너무 큰 사복을 입고 있었다.

경비병들이 우리의 단독군장과 총기를 가져와서 책상 위에 내려놓았다. 내가 단독군장 속에 무엇을 넣어 두었더라? 그들은 우리 배낭도 여기 가져올까?

비행복 차림의 남자가 마른 사람에게 큰 갈색 바인더를 들려주었다. 뒷면에는 고무도장으로 찍은 9망성들이 잔뜩 있었고, 앞면에는 아랍어로 뭐라고 쓰여 있었다. 확실한 인수인계였다. 우리가 특수부대에서 군 정보기관으로 이송되었는지, 아니면 군 정보기관에서 민간 경찰로 이송되었는지는 알 수 없었다. 아무튼 이제 감시가 더 엄중해질 것이고, 그만큼 탈출은 힘들어질 것이다.

아무도 우리에게 말을 하지 않았다. 우리가 방에 있지도 않은 것처럼 일이 이루어졌고 우리 방향으로 시선이 오거나 고갯짓을 하지 않는 것으로 봐서 우리에게 어떤 귀띔은 없는 것 같았다. 우리는 경련을 일으키며 다리를 뻗어 보았지만, 경비병들이 다가와서 다리를 밀어 넣었다. 나는 그들이 우리를 보러 몸을 굽힐 때 그들의 손목시계를 보고 시간을 알려고 했다. 그러나 쓸데없는 짓이었다. 아무도 시계를 차고 있지 않았던 것이다. 불길할 정도로 전문적인 놈들이었다. 하지만 이들은 우리에게 인수인계하는 모습을 다 보여 주고 있었는데, 이상한 일이었다.

비행복 사나이는 방을 나갔고, 곧 자동차가 부르릉거리며 떠나는 소리가 들렸다.

그렇게 되어 우리는 새로운 주인과 함께 있게 되었다.

나는 걱정되기 시작했다. 군인은 사복을 입지 않는다. 그럼 이놈은 누구인가? 병사들이 함께 있으면 내가 어디 있는지, 일이 어떻게 돌아가는지 알 수 있다. 하지만 이제 우리는 민간인들에게 인계된 것이었다. 나는 이란-이라크 전쟁에서 벌어진 끔찍한 이야기를 들었다. 나는 감옥에서의 전기고문과 갈고리 이야기도 알고 있다. 이놈들은 그 짓을 몇 년간 전문적으로 해 왔을 것이다. 아주 능숙하게 처리할 것이다. 우리는 그들에게 전혀 새롭지 않았다. 우리는 그들의 10년간의 게임에서 고작 새로운 두 제물에 불과했다. 나는 무서웠으나 실질적으로 내가 할 수 있는 것은 없었다. 이 결과에 승복해야 했다. 유일한 희망은 그들이 우리가 너무 큰 손해를 입지 않기를 원하는 것뿐이었다. 그들은 선전영화 촬영을 위해 우리를 보기 좋은 상태로 유지하려고 할 것이다. 아마도 그들은 이전보다는 덜 폭력적일지도 모른다. 그러나 난 솔직히 그조차도 의심스러웠다.

말라깽이의 셔츠는 더러웠고 칼라도 그에게 너무 큰 4호짜리였다. 그는 큰 넥타이를 매고 있었고, 바지 아랫단을 접어 올려 입고 다녔다. 마치 스탠의 옷을 빌려 입은 것 같았다. 그는 경비병들에게 낮은 억양 없는 목소리로 뭐라고 지시를 내렸다. 우리가 눈인사를 나눌 시간도 없이 그들은 딩거를 끌고 갔다.

그들은 떠났고 나는 서너 명의 경비병과 함께 어슴푸레한 어둠에 둘러싸여 있었다. 일부는 녹색 단색 전투복을 입고 있었다. 이라크군 하사관들은 미군식으로 칼라에 계급장을 달았다. 경비병 중 1명은 별 2개를 단 1등 준위였다. 그는 정확한 영어를 구사했다.

그가 으르렁거렸다.

"너! 고개를 들어라."

정말 대단했다. 이제 나는 마음대로 주위를 둘러볼 수 있다. 나는 얼굴에 가련함과 그의 권위에 복종하는 태도를 나타내려고 애를 썼다.

그는 군복 입은 두 놈과 아랍 전통의상을 입은 한 놈을 데리고 내 앞에 서 있었다. 그의 머리에는 아무것도 쓰고 있지 않고, 천으로 된 신발을 신고 있었다.

"너의 이름은 뭐냐?"

"나의 이름은 앤디입니다."

"미국인인가?"

"아뇨. 나는 영국인입니다."

"너는 미국인이냐?"

"아뇨. 나는 영국인입니다."

"거짓말! 거짓말이야!"

그는 내 얼굴을 강타했고 나는 돌면서 쓰러졌다.

"일어나 앉아라. 너는 영국인이냐?"

"맞아요. 나는 영국인입니다."

"거짓말이야! 넌 이스라엘인이야!"

이것은 도저히 신문이라고 볼 수 없었다. 그는 단지 이 상황을 즐기고 있었다.

"오늘 밤에도 너네 나라가 우리 아이들을 폭격했기 때문에 많은 사람들이 죽었어. 우리 아이들은 학교에서 폭탄을 맞고 죽어가고 있지. 너네 나라는 매일 밤마다 수천 명의 사람들을 죽이고 있어. 그리고 지금은 네가 죽을 차례야."

나는 그가 맞다는 것을 수긍하며 내가 난감한 상황에 빠졌음을 실감했다. 그러나 이것은 그가 원래 하는 일이 아니었다. 이것은 진짜 신문이 아니라 이 녀석이 제멋대로 지껄이는 것이다.

"무슨 생각 하고 있나?"

"넵, 나는 죽기 싫습니다."

"하지만 너희들은 수천 명의 사람들을 죽였어. 너희들은 사람을 죽이지만 우리는 그렇지 않아. 우리는 전쟁을 원하지 않아."

"나는 그런 건 몰라요. 나는 단지 군인에 불과합니다. 나는 왜 우리가 전쟁에 참전했는지도 몰라요. 나는 이 전쟁에 참전하고 싶지도 않았어요. 나는 그저 영국에서 일하고 있었는데 그놈들이 날 군대에 처넣은 거라고요."

나는 이 늙은 새끼에게 떠들어 댐으로써 내가 혼란에 빠졌고, 현재 상황에 대해 아무것도 모른다는 것을 보이려 했다. 나는 그들로부터 동정과 이해를 얻으려 했으나, 상황은 명백히 아니었다.

"미테랑은 돼지야. 부시도 돼지고 대처도 돼지야. 그 돼지년은 아이들을 굶겨 죽이고 있어."

"난 그런 거 몰라요. 나는 단지 군인에 불과합니다."

난 머리에 또 주먹을 얻어맞고 쓰러졌다.

다른 두 놈이 다가와서 즐겼다. 한 놈은 내 위로 올라갔다 내려갔다 했다. 그 놈은 내게 얼굴을 가까이 대고 소리를 지르더니 계속 올라갔다 내려갔다 하면서 내 머리를 밟아 댔다.

그 준위가 말했다.

"얘들은 널 죽이고 싶어 해. 얘들한테 널 죽이라고 말할까 생각 중이야."

이들은 절망감을 떨쳐 내고 있었다. 일이 잘 되면 이들은 결국 지겨워할 것이었다. 그리 큰 문제는 아니었다.

나는 우리 단독군장이 사라진 것을 알았다. 딩거를 데려갈 때 같이 가져간 것 같았다. 나는 생각해 보았다. 우리가 헤어진 것이 과연 좋을까? 나는 그를 다시 볼 수 없게 되지 않을까? 절망적인 생각이었다. 죽기 직전에 딩거를 보게 된다면 참 좋을 텐데.

그들은 더욱 자신감을 얻기 시작했다. 그들은 나를 철썩 때리고 온갖 짓을 다 해 댔다. 그리고 지금 그들은 알고 있는 모든 선전 구호를 다 떠들어 대고 있었다. 중동에서 서구 제국주의자들을 완전히 추방하는 그날, 꿈꿔왔던 모든 행복한 일들이 일어날 것이라는 식이었다.

"미국인들과 유럽인들은 우리의 석유를 수탈하고 있어. 여기는 우리의 나라야. 하지만 유럽인들은 우리나라를 분단시켜 놨어. 중동은 아랍인의 것이야. 여기는 우리나라고 석유도 우리 거야. 너희들이 너희 문화를 가져와서 모든 걸 망쳐 놓고 있어."

나는 아무것도 모른다고 말했다. 나는 단지 병사일 뿐이고, 내 의지에 반해서 여기 왔다고 말이다.

그들은 내 머리를 때리기 시작했다. 한 놈이 등 뒤에서 다가와서 등과 옆구리를 걷어찼다. 나는 쓰러져 몸을 공처럼 말고 무릎을 턱에 붙였다. 나는 눈을 감고 이를 악물고 뭔가를 기다렸다. 그러나 그들은 나를 일으켜 똑바로 세웠다. 그들은 다시 물었다.

"왜 너희들은 여기서 우리 아이들을 죽이는 거야?"

그것은 근거 있는 소리였다. 분명히 그들의 아이들은 폭격으로 죽어가고 있었다. 이 사람들은 정말로 화가 나 있었고, 이들의 발길질 또한 마음속에서 우러나온 것이었다.

"왜 너희들은 우리 아이들을 죽이는 거야?"

"난 사람을 구하러 왔어요."

그렇게 대답하기는 했으나, 우리의 지난 며칠간의 행적과 비교해 보면 그 말은 사실과 동떨어져 있었다.

"난 죽이러 온 게 아니에요."

지난 상처가 다시 벌어지면서 피가 나왔다. 코는 피로 꽉 찼고 입은 다시 부어올랐다. 그리고 나는 아직 약간이나마 이 상황의 통제권을 쥐고 있다고 생각했다. 저 놈들 중의 한 명이 "이 정도면 충분해." 하고 말하면 그들은 그만한다. 그들은 분명히 지나치게 심하게 때리지 말라고 교육받았다. 그들은 우리를 최소한 말은 할 수 있는 상태로 놔두고 싶어 했다. 그리고 그것은 모든 것이 엉망진창이 될 것이라는 뜻밖에는 없었다.

"우리는 몇 년간 전쟁을 하고 있어. 알고 있지?"

"아니오. 몰라요. 난 그런 거 아는 바 없어요. 난 지금 너무 헷갈려요."

"그래, 친구. 우리는 아주 오랫동안 전쟁을 해 오고 있고 어떻게 하면 정보를 얻는가도 알고 있다네. 우리들은 사람들의 입을 여는 방법을 알고 있으니까. 그리고 앤디 자네도 곧 이야기를 하게 될 거야."

그는 상체를 부르르 떨면서 기관지 속에 낀 뭔가를 세차게 뱉었다. 그리고 나는 그 다음에 뭐가 날아올지 알고 있었다. 나는 얼굴에 대량의 녹색 가래를 얻어맞았다. 주먹으로 맞는 것보다도 더욱 참기 힘든 일이었다. 가래가 얼굴 전체에 묻어 있었지만, 나는 그것을 닦아내지도 못했다. 나는 폐결핵 판정을 받거나 기타 여러 증세를 상상했다. 그것은 내 운수에 달린 일이었다. 내가 이 신문과 투옥을 이기고 영국으로 돌아간 후 불치성 이라크 매독에 걸린 사실을 알게 될지도 모른다.

나머지 이라크군들도 그것을 아주 좋아한 모양이었다. 그래서 그들은 내 얼굴을 세워 표적의 넓이를 넓힌 다음 침을 뱉기 시작했다. 그들이 소리 질렀다.

"돼지 새끼!"

그들은 나를 바닥에 쓰러뜨리고 더 침을 뱉어댔다.

아무런 대항수단이 없다면 차라리 구타가 더 참을 만하다. 그러나 이것은 너무 괴로웠다. 그들의 속에서 나온 물질이 내 얼굴에 범벅이 되어 있었고, 입에까지 스며드는 것이었다. 너무 역겨웠다. 그들은 그 짓을 10분이나 계속했다. 아마도 그때는 그들이 보급품을 모두 토해 내는 시간인 것 같았다.

그들은 나를 방 한구석으로 옮겨 벽을 보고 고개를 숙이게 했다. 나는 가부좌를 틀고 있었고 여전히 손은 등 뒤에 묶여 있었다. 그들은 내 눈을 다시 가렸다.

나는 그 자세로 45분가량 있었고, 그동안 그들은 내게 아무 말도 하지 않았다. 나는 그들이 주위를 돌아다니며 낮은 목소리로 이야기하는 것을 들었다. 손 램프가 방 저편에서 쉭쉭거렸다. 매우 추웠고 나는 다시 떨기 시작했다. 상처에서 나온 피가 굳기 시작했다. 아주 이상한 느낌이었다. 피가 나면 아주 좋고 따뜻한 느낌이 든다. 그러나 피가 식고 굳기 시작하면 아주 끈적거리고 불쾌한 느낌을 준다. 특히 머리카락이나 턱수염 같은 부위는 더욱 그렇다.

코는 굳은 피로 꽉 막혀 있었고, 나는 내 입으로 숨을 쉬어야 했다. 차가운 바람이 부러진 이의 법랑질과 신경에 닿으니 죽을 맛이었다. 차라리 나를 좀 더 따뜻한 곳으로 데려가 신문을 하는 편이 낫다는 생각마저 들었다.

나는 지금 상황에 대해 아는 것이 하나도 없었다. 내가 아는 것이라고는 우리가 자기 덩치보다 5배는 더 큰 버튼 양복을 입은 자에게 인계되었고, 그가 대장인 것 같다는 것뿐이었다. 나는 내 자신에게 도망칠 수 있으며 어떻게 상황이 돌아가는지 기다려 보자고 이야기했다. 딩거가 걱정되었다. 그들은 딩거를 어디로, 왜 끌고 갔을까? 그 난쟁이 같은 놈도 그와 함께 나갔다. 그들은 그를 어떻게 했을까? 그가 돌아왔을 때 나는 얻어터지고 피 흘리는 딩거의 모습을 보면서 내 모습을 떠올리게 되지는 않을까? 나는 그렇게 되기를 원치 않았다. 걷어차여 엉망이 된 딩거를 보지 않고 어디론가 끌려가 버리는 편이 더 나았다.

문이 열리고 경비병들이 다시 돌아왔다. 방 안에 있는 놈들의 근무 교대 시간이었나 보다. 그들은 내 얼굴에 묻은 침을 보며 만족스러운 웃음을 지었다. 그들은 나를 일으켜 세워 밖으로 끌고 갔다. 우리는 문을 나서자마자 오른쪽으로 돌았다. 거기서 길을 따라 나아가서 길 끝에서 좌로 90도 돌았다. 나는 제대로 걸어 다닐 수 없었으므로 그들이 내 겨드랑이를 받치고 나를 부축해야 했다. 매우 추웠다. 돌로 포장된 길 위를 더 많이 걸었다. 그리고 나는 너무나 아팠다. 내 발가락 끝부분은 이미 마을에서 다 까져 버렸다. 그래서 나는 발뒤꿈치와 새끼발가락으로 몸을 지탱하여 더 이상 까지는 것을 막아야 했다.

우리는 약 5~10m 정도 움직였다. 갑자기 열이 내 몸을 덮쳤다. 너무너무 따뜻했고 향기로 가득한 방에 들어간 것이었다. 파라핀 타는 냄새, 담배 냄새, 신선한 커피 냄새가 났다. 그들은 나를 바닥에 쓰러뜨려 무릎을 꿇리고 앉게 했다. 아직 눈가리개와 수갑이 채워져 있었다. 나는 내 자신을 지키고자 고개를 숙이고 본능적으로 이를 악물고 온몸을 긴장시켰다.

사람들이 내 주위를 걸어 다니고 있었다. 눈가리개 틈새로 밝은 빛이 들어왔다. 이곳은 잘 꾸며진 방으로서 내가 나온 너절한 곳과는 달라 보였다. 카펫도 앉아 있기 편했다. 내 옆에 따뜻한 기운이 있는 것 같았다. 아까보다는 훨씬 나았다.

나는 종이를 넘기는 소리, 딱딱한 곳에 유리잔을 놓는 소리, 바닥을 가로질러 의자가 굴러가는 소리를 들었다. 경비병들에게 구두로 무언가를 지시하는 소리는 나지 않았다. 나는 앉아서 기다렸다.

약 15초 후에 눈가리개가 벗겨졌다. 나는 여전히 바닥을 보고 있었다. 아주 유쾌한 목소리가 들려왔다.

"고개를 들게, 앤디. 괜찮아. 고개를 들어도 돼."

나는 고개를 느리게 들어 내가 진짜로 멋지고 잘 꾸며진 가정적인 방에 있다는 것을 알았다. 벽의 길이는 6m도 안 되어 보였다.

나는 한구석, 문간에 있었다. 나는 내가 저 끝의 아주 큰 목재 사무용 책상을 뚫어져라 보고 있음을 알았다. 그 책상 너머에 있는 사람은 정말 고급 장교처럼 보였다. 그는 1.8m의 장대한 기골을 갖추었고, 머리와 수염은 회색이었다. 그의 책상에는 3단 트레이가 있었고, 사무실에서 볼 만한 이런저런 잡동사니로 어질러져 있었다. 커피를 마실 때 쓰는 유리컵도 있었다.

그는 내 얼굴을 살펴보았다. 그 사람 뒤에는 군복을 완벽히 차려 입은 사담 후세인의 멋진 사진이 있었다. 책상 한쪽에서부터 내가 있는 쪽으로 벽을 따라 팔걸이 없는 라운지 의자들이 죽 줄지어 있었다. 그렇게 해서 긴 의자처럼 보이게 하려는 것 같았다. 색도 오렌지색, 노란색, 자주색 등

요란했다. 그중 3~4개는 앞에 커피 탁자가 놓여 있었다.

그는 대령이었는데 녹색 전투복을 입고 있었다. 내 왼편을 돌아보니 역시 빳빳하게 다려진 녹색 전투복과 구두를 착용한 소령이 있었다. 참모직을 수행하는 군인들은 어느 나라 군인이건 다 티가 나는 법이다.

그 소령은 내게 전혀 신경을 쓰지 않았고, 인계받은 서류를 뒤적거리며 여백에 만년필로 무언가를 기록하고 있었다. 그는 마치 뉴스 아나운서 같은 유창한 영어로 말하기 시작했다.

"어떤가, 앤디. 괜찮은가?"

그는 나를 보지 않고 서류에만 시선을 집중했다. 그는 30대 중반으로 보였으며, 반달 모양의 안경을 끼고 있었고, 서류를 보기 위해 고개를 굽혔다. 그의 콧수염은 사담 후세인 같았고 손톱도 잘 정돈되어 있었다.

"나는 의사에게서 치료를 받아야 해요."

"얘기만 해 준다면 치료해 주겠네. 왜 자네는 이라크에 왔는가?"

"우선 우리는 탐색구조대라는 걸 말해 두고 싶어요. 우리가 탄 헬기가 강하하더니 다 내리라는 명령을 받았어요. 그러더니 그들은 우리를 버리고 이륙했어요. 우리는 버려졌단 말이에요."

"헬리콥터에는 몇 명이나 타고 있었는지 기억할 수 있는가? 뭐 모른다고 해도 상관은 없네. 자네의 발언 내용이 어떻건 간에 어떠한 제재도 가해지지 않을 것이네."

"모르겠어요. 헬기 내에서 갑자기 비상벨이 울렸습니다. 나가라는 명령을 받았고 모든 것이 혼란스러웠어요. 헬기 내에 몇 명이 있었고 몇 명이 내렸는지 확신할 수는 없어요."

"알았네, 그때 헬리콥터에는 몇 명이나 타고 있었는가?"

마치 학생의 말이 다 거짓말이라는 것을 알고 있는 학교 선생 같은 말투였다. 그러나 그는 학생이 사실을 말하기 전에 버벅대기를 바랐다.

"잘 모르겠어요. 너무 어두웠기 때문이에요. 어떤 때는 4명이 탑승한 적도 있고 20명이 탑승한 적도 있어요. 헬기에 탑승할 때와 내릴 때에만 명령을 받습니다. 모든 것이 너무 빠르게 이루어져요. 우리가 어디 가서 무엇을 할 것인지 나는 모릅니다. 솔직히 말해서 나는 그런 것에 관심 없어요. 별로 크게 신경을 써 본 적도 없지요. 그놈들은 우리를 개똥 취급했어요. 우리는 단지 군인에 불과했어요."

"좋아, 자네의 임무는 뭐지, 앤디? 작전 목표는 항상 2번 반복되어 낭독되니까 자네는 자네 작전 목표를 알아야만 해."

영국 육군의 예규에 의하면 작전 명령은 2회에 걸쳐 낭독된다. 이런 것까지 그가 알고 있는 것을 보고 나는 놀랐다. 만약 그가 이러한 영국군의 규정을 알고 있다면 그는 영국에서 군사 훈련을 받은 사람이 틀림없다.

"나는 임무에 대해서는 정말 아무것도 모릅니다. 이리 가라, 저리 가라, 이걸 해라, 저걸 해라 하는 식이었습니다. 나는 우리가 임무를 잘 알고 있다고 착각했습니다. 그러나 우리는 임무에 대해 반밖에 듣지 못했습니다. 정말로 완벽한 혼란이었습니다."

내 머리는 제대로 돌아가 한꺼번에 여러 가지 것을 생각해 내려고 하고 있었다. 나는 이 사람의 말을 들으면서 내가 이전에 무엇을 말했고, 앞으로 무엇을 말해야 하는지를 생각했다. 그러나 내가 너무 많이 얻어터졌고, 배고프고, 목마르다는 것이 문제였다. 저기 저놈이 앉아서 헛소리를 해대는 곳은 그에 비하면 모두 풍족하고 편안해 보였다. 내가 신체에 손상을 입었으므로 그는 확실히 나보다 우월한 위치에 있었다.

"좋아, 헬기에 타기 이전에는 무엇을 했는가?"

"우리들은 서로 다른 연대에서 선발되어 구조대를 구성합니다. 우리는

다 다른 곳에서 왔기 때문에 오랫동안 같이 있지 못했어요. 우리는 팀 단위로 세분화되어 있지 않습니다. 우리는 여기에 인명을 구하러 왔지 죽이러 온 게 아니에요. 우리는 그 따위 부류의 사람들이 아니란 말이에요."

"음!"

대령은 눈가리개가 벗겨진 다음부터 내게 시선을 떼지 않고 있다가 그럭저럭 들을 만한 영어를 시작했다.

"자네를 지휘하는 장교는 어디 있지?"

이 질문을 받으니 행복했다. 이라크군에서는 최하급부대라도 지휘관은 반드시 장교였다. 그들이 장거리 수색대를 지휘하는 장교가 없다는 것을 불가사의하게 여기는 것은 다행이었다. 나는 내 자신을 혼란에 빠진 갑갑한 인물로 묘사했고, 그들이 나를 데려간 것으로 주장했다. 이제 이들은 장교를 찾고 있다. 내가 장교의 위치를 알려 줄 것이라고 생각하는 것이다. 나는 버려진 병사 연기를 계속하기로 결정했다.

"모릅니다. 그때는 어두웠어요. 그놈은 1분 정도 거기 있다 가 버렸죠. 그는 아마 헬리콥터를 타고 날아가 버렸을 거예요. 헬기가 다시 이륙한다는 것을 그가 알았다면 굳이 번거롭게 우리와 함께 나가고 싶지 않았겠죠. 그는 우리를 버렸어요."

"자네는 자네 부대 인원이 8명이라고 생각하는가?"

이런 질문은 그들이 주보급로 전투와 우리를 연관시키려 하고 있는 것을 의미한다. 그들이 아직 그 연관점을 찾아내지 못했을 수도 있지만, 내가 보기에 그것은 단지 시간문제인 것 같았다.

"모릅니다. 내 주위 사방팔방에서 사람들이 튀어 다니고 있었어요. 우리는 그런 상황에서 어떻게 대처하는지 훈련받지 못했어요. 우리는 오직 응급처치를 하라고만 훈련받았는데 갑자기 이라크 한복판에 떨어져 버린 거예요. 어쩌면 당신 말대로 인원이 8명일 수도 있죠. 하지만 근거는 없어요. 나는 너무 당황해서 마구 달리기만 했어요."

"헬기가 착륙한 위치는 어디지?"

"정확히 알지는 못해요. 그들은 우리를 내려놓기만 했으니까 거기가 어딘지 알지는 못하죠. 나는 비행기 안에서 지도를 본 적도 없어요. 모든 것은 조종사의 소관이에요."

이놈들이 이런 개똥같은 말을 믿을까? 마치 죽은 말에 채찍질을 하는 느낌이 들었으나 지금으로서는 선택의 여지가 없었다. 나는 이미 길을 건넜고 옳건 그르건 계속 나아가야 했다. 이들이 낌새를 챘는지 안 챘는지도 알 수 없었다. 나는 단지 게임을 해야만 할 뿐이었다. 포로가 되면 누구라도 이렇게 해야 할 것이다. 적에게 패닉을 일으킬 필요는 없다. 아직까지는 이야기가 잘 풀려 나가고 있었다.

"자네의 장비에 대해서 한 번 말해 보게, 앤디. 자네 장비를 보니 뭔가 이상한 게 느껴지는군."

나는 그가 우리가 버린 배낭에 대해서 이야기하는지, 아니면 단독군장에 대해 이야기하는지 알 수 없었다. 그는 우리가 8인조 정찰팀인 것처럼 이야기했고, 나는 우리가 탐색구조대인 것처럼 이야기했다.

"아주 표준적인 보급품입니다. 물, 탄약, 응급처치장비, 기타 개인장비들이죠."

"아니, 자네가 갖고 있던 폭탄에 대해서 말해 보게."

이런, 아직까지는 그들이 내가 정찰대라는 것을 확실히 눈치 채지는 못한 것 같았다.

"무슨 말씀 하시는지 모르겠어요."

"이봐, 앤디. 잘 보라고. 아무 문제없어. 거기 편히 앉아 있게. 오늘 밤이면 다 끝나. 자네는 여기 폭탄을 가져왔어, 앤디. 우리는 자네가 처음 발견된 다음부터 자네의 행적을 추적해 왔네. 우리는 자네와 자네 친구들이 누구인지 알고 있네. 우리는 자네들의 흔적을 추적했지."

"죄송합니다만 지금 무슨 말씀 하고 계시는 겁니까?"

"이봐, 사람은 솔직해야지. 그렇지, 앤디? 대량의 플라스틱 폭탄이 나왔어. 자네는 뭔가 폭파시키러 왔지?"

그의 목소리는 여전히 점잖고 유쾌했으나 핵심을 찌르고 있었다. 그러나 아직 끝난 것은 아니었다. 훈련에서는 언제 어디서든 할 수 있는 한 상대방을 이용하라고 가르친다. 언제 다시 기회가 돌아올지 모르기 때문이다. 뭔가 먹을 기회가 생기면 언제라도 먹어야 하는 것이 황금률이다. 이놈들은 멋진 사람들처럼 행동하고 가급적 나를 도우려고 하고 있다. 그래서 나는 지금이야말로 현 상황을 이용할 때라고 생각했다.

"가능하다면 뭔가 먹고 싶습니다. 저는 며칠 동안 음식을 먹지 못했거든요. 너무 배고파서 속이 다 쓰립니다. 음식을 주시면 대단히 고맙겠어요."

"물론 자네는 음식을 먹어야 하네, 앤디. 하지만 음식 찾는 건 좀 어렵겠지. 우리 아이들도 거리에서 굶고 있기 때문이네. 하지만 우리는 자네에게 음식을 구해다 주겠네. 우리는 착하고 예절바른 사람들이거든. 우리는 자네를 보살펴 주겠네. 자네가 우리를 돕는 대도 자네 빼고 누가 뭘 알겠나? 자네는 곧 집에 갈 거야. 오직 집만 생각하게, 앤디."

밥은 따뜻했고, 그릇에는 토마토 스튜와 차파티(인도식 빵) 2개가 담겨 있었다. 깨끗한 잔에 든 물은 정신이 번쩍 들 정도로 시원했다.

처음에는 한 경비병이 숟가락을 들고 내게 음식을 먹여 주었다. 내가 말했다.

"가능하다면 내가 스스로 먹을 수 있게 제 한 손을 풀어 주실 수 있겠습니까?"

"안 돼."

소령이 단호하게 말했으나, 대령이 손을 내저으며 내 손을 풀어 주라고 말했다. 수갑이 하나 풀렸고, 속박이 풀리니 너무나도 황홀했다. 하지만 손이 부어서 숟가락을 제대로 잡을 수 없다는 것이 문제였다. 나는 둘째손가락과 셋째손가락 사이에 숟가락을 끼우고 엄지손가락 뿌리 부분에 지렛대처럼 숟가락 반대편을 끼웠다.

대령은 사담 후세인 사진을 가리키며 말했다.

"이 분이 누구신지 알고 있나?"

나는 파티에서 얼굴을 보고 사람 이름을 기억해 내기라도 하듯 머뭇거리다가 이야기했다.

"예, 그 사람은 후세인 대통령이죠. 사담 후세인입니다."

"맞아, 후세인 대통령에 대해 아는 게 있나?"

뭐라고 말해야 좋을까. "그 사람은 아주 멋있는 사람이라고 들었어요. 이란에 가스탄을 발사해서 아이들을 죽일 때도 아주 아주 멋있었다죠."라고 해야 할까?

"아주 힘이 세고, 유능한 지도자라고 알고 있소."

"맞아. 그의 지휘하에서 우리는 곧 너희 서구인들을 추방할 거야. 우리는 너희들에게 투자할 시간이 없어. 우리는 너희들이 필요 없어."

그러나 그의 어조는 연설조가 아니라 여전히 조용히 이야기하는 투였다.

나는 밥을 다 먹고, 토마토 스튜를 먹으려고 했다. 그러나 내 입이 부어 터져서 먹기 힘들었다. 마치 치과의사에게서 발치 수술을 받은 후 차를 마실 때 같았다. 차가 턱을 타고 떨어져도 감각이 없어서 어쩌지 못한다. 나는 시끄럽고 예의 없이 쭉쭉거리며 침을 흘렸고, 토마토 국물이 턱을 타고 흘러내렸다. 하지만 맛은 끝내 주었다. 내 입이 아파서 음식을 제대로 씹지도 못하고 목구멍으로 그냥 삼켜 버리니 음식에게 미안한 감마저 들었다. 빵도 먹기 힘들었지만, 나는 별 문제 없이 큰 빵 덩어리를 씹지도 않고 삼켰다. 나는 이놈들이 게임을 시작하여 먹은 것을 뱉어 내게 하기 전에 가능한 한 많이 먹어 두고 싶었다.

대령은 나를 보면서 오렌지를 깠다. 카펫 위에서 침팬지가 티 파티를 벌이는 듯한 나의 동작과는 대조적으로 그는 교육받은 사람답게 우아한 동작으로 오렌지를 깠다. 작은 칼로 껍질에 4군데 칼집을 낸 후 돌아가며 한 군데씩 벗겨 나갔다. 그는 부분 부분 오렌지를 벗겼다.

그에게 주어진 과일들은 은제 칼, 포크와 함께 장식용 도자기 접시 위에 올려져 있었다. 그들은 군 작전에서 매우 중요한 사람들 같았다. 이라크군 병사들이 그냥 앉아만 있는 대령과 소령을 위해 차 주전자에서 차를 따라 주며 돌아다녔다.

대령은 오렌지 조각을 떼어서 입에 넣고 있었고, 카펫 위에서는 그의 포로가 엉망진창으로 어지르고 있었다. 마치 동화 〈미녀와 야수〉 같았다.

배가 부르니 너무 행복했다. 하지만 단순히 밥 때문만은 아니었다. 내가 음식을 먹는 동안 그들은 내게 질문을 하지 않았고, 나는 생각할 시간을 벌었다.

그 정도면 충분했다. 내가 밥을 다 먹자마자 내 손에는 다시 수갑이 채워졌고, 아까 말 하다 중단된 부분부터 다시 이야기가 시작되었다. 그는 여전히 주보급로 전투 이후 발견된 장비들이 우리 것인 양 이야기했다.

"이봐, 앤디. 장비에 대해서 좀 더 설명해 봐. 자네는 그 외에 무엇을 더 갖고 있었지? 우리는 자네의 도움이 필요해. 결국 우리도 자네를 도울 거고."

"죄송합니다만 너무 혼란스러워서 무슨 말인지 모르겠습니다."

"자네는 폭탄을 가지고 뭘 하려고 했지?"

목소리 톤은 여전히 공격적이지 않았다.

"우리는 아무런 폭탄도 갖고 있지 않습니다. 도대체 무슨 근거로 그런 말씀을 하시는 겁니까?"

"앤디, 자네는 PE-4 고성능 폭탄으로 분명히 뭔가를 부수려 했어. 내가 어떻게 자네의 이야기를 믿을 수 있을 거라고 생각하나?"

그가 사용한 PE-4라는 표현은 그가 영국에서 군사 훈련을 받았다는 또 다른 증거였다. 하지만 나는 계속 부인했다.

"도대체 무슨 말씀을 하고 계신지 모르겠습니다."

"자네 동료 중 일부가 현재 우리 병원에 있다는 걸 알아두게."

이 말을 듣고 나는 충격이나 경악을 드러내 보이지 않으려고 노력했다. 나는 주보급로에서 있었던 일과는 관련이 없는 사람이니까.

"그들은 누구입니까? 그들의 상태는 어떻습니까?"

나는 머리를 마구 굴렸다. 과연 누구일까? 그들은 무엇을 말했을까? 이놈이 단순히 허세부리는 건 아닐까?

"그들은 무사하다네. 무사하고말고."

"그들을 도와주셔서 대단히 감사합니다. 우리 군에서도 이라크군 포로에게 똑같은 대우를 하고 있습니다."

만약 그들이 병원에 포로를 데려다 놓았다면 그것은 그들이 포로를 살려두려고 한다는 것을 의미한다.

그는 무심히 대답했다.

"그래, 우리는 모든 것을 알고 있네. 너희 부대원 중 몇 명이 우리 병원에 있지. 그들은 지금 건강해. 우리는 야만인이 아니야. 우리는 포로들을 잘 보살피고 있다네."

예, 물론이지요. 나는 이란-이라크 전쟁에서 너희들이 포로를 어떻게 대우하는지 다 보았다.

내가 손 쓸 방도는 없었으나 나는 뭔가 대답을 함으로써 그들의 의도를 알아내야 했다. 이것은 아주 큰 게임이다. 어머니나 선생님을 속이는 아이 같은 태도를 취하고, 필요할 때면 언제라도 울어야 한다.

"그들을 도와주셔서 감사합니다. 그러나 도대체 내가 무엇을 말해야 될지 모르겠군요."

"자, 우리는 자네가 그 배낭을 버린 부대의 일원이라고 결론을 내렸어. 그리고 우리는 너희들을 죽 추적해 왔지."

"아니오. 그런 말을 들으니 혼란스러워요. 나는 당신이 그 버려진 배낭 이야기를 하는 걸 이해할 수 없습니다. 우리는 배낭 같은 건 사용하지 않아요. 우리는 당신 나라 한복판에 버려졌단 말입니다. 나는 단순히 군인에 불과합니다. 명령에 따라서만 일하고 전진할 뿐입니다."

"하지만 앤디. 자네는 내게 자네가 뭐 하는 사람인지는 말하지 않았어. 자네에게는 임무가 있어야 하잖아."

"이봐요. 나는 군 조직의 밑바닥에 있어요. 당신도 마찬가지고요. 우리는 필요한 것만 알면 됩니다. 우리는 우리가 알아야 할 이야기만 들을 수 있지요. 나는 아무에게도 명령을 내리지 못할 만큼 계급이 낮기 때문이에요."

빙고! 나의 이 말이 그의 심금을 울린 것 같았다. 명령을 내리는 집단에서는 이렇게 말한다.

"알아야 할 것만 기억하라."

그도 영국에서 그런 교육을 받은 것이 분명하다. 아마도 샌드허스트 참모대학 출신인 것 같았다. 이라크인들도 한때는 몇 년 동안 서구 세계의 좋은 동지였던 적이 있었다.

그 대령은 매우 혼란스러워하는 것 같았고, 소령에게 아랍어로 뭐라고 이야기했다. 그러자 소령이 아주 길게 뭐라고 대답했다. 좋은 예감이 들었다. 나는 자발적으로 그들과의 합의점을 찾아낸 것 같았다. 아마도 그들은 내가 아는 것이 조금밖에 없을 것이라고 믿을지도 모른다. 어쩌면 그들은 나와 자신들을 동일시할 수도 있다. 우리는 모두 군인들이다. 분명히 그 둘 중 한 명은 소령, 다른 하나는 대령이었으나 그들도 준장이나 장군들에게 명령을 받아야 하는 처지인 것이다. 그들은 나에게 동정심을 표시하는 듯 다들 오랫동안 보았다. 어쩌면 그들은 우리는 모두 징집된 돌대가리들로서 이런 정보 수집에 골머리를 썩일 이유가 더 없다고 생각하는지도 몰랐다.

"좋아, 앤디. 나중에 다시 만나세. 헤어질 시간이로군."

그는 치료의 한 과정을 모두 마친 의사처럼 이야기했다.

"음식을 주셔서 대단히 감사합니다. 나도 진심으로 당신들을 돕고 싶지만, 무엇을 해 드려야 하는지 모르겠군요."

그들은 다시 눈가리개를 씌운 후 놀랍게도 수갑을 풀어 주었다. 나는 손에 피가 통하는 것을 느꼈다. 그들은 나를 부축하여 밖으로 끌고 나갔다. 냉기가 나를 덮쳤다. 사무실 안에는 온기와 맛있는 토마토, 빵, 밥이 있었는데.

나는 또 다른 큰 장애물을 넘고, 그들로부터 음식까지 받아내어 정말로 행복했다. 그들이 나를 대한 태도는 잘 보이려는 겉치레에 불과했지만, 그래도 신문받을 때 한결 기분은 나아졌다. 나는 거짓말을 계속 해 나가는 데 자신감을 느꼈다. 내게 주어진 배역은 그렇게 행복한 것이 아니었지만 말이다. 날은 저물고 있었고, 그들이 나를 아무리 오래 잡아 놓고 무시해도 그것은 내게 정말 별 것이 아니었다. 그러면 그럴수록 내가 제공할 수 있는 정보는 점점 낡아져 효용가치가 떨어질 것이기 때문이다.

*　　　　*　　　　*

나는 아직까지 군화를 신을 수 없었고, 맨발로도 제대로 걸을 수 없었다. 그러나 마음만은 건강했다. 그들이 원한다면 내 뼈를 분지를 수 있지만, 내 마음은 꺾을 수 없었다.

나는 길고 차갑고 축축한 리놀륨 바닥이 깔린 복도를 걸었다. 그들은 복도 끝에서 나를 앉혔다. 완벽히 어두웠으며, 눈가리개 사이로 일말의 빛도 들어오지 않았다. 시간이 지날수록 다른 복도를 걷고, 이곳을 가로지르는 발소리의 메아리가 들렸다. 이곳은 사무실이 많은 곳 같았다.

1시간 후 또 발자국 소리가 들렸으나, 훨씬 불규칙적이었고 자주 발을 끌었다. 일이라도 하듯이 헉헉대는 숨소리도 들려왔다. 한 경비병이 내 눈가리개를 벗기고 걸어가 버렸다. 이 복도는 2.5m 너비로 4.5m마다 문이나 있었고, 벽에는 타일이 덮여 있었다. 오른쪽으로 꺾어지는 복도 두 군데가 있었고, 그 길이는 30~36m 정도인 것 같았다. 어두웠다. 건물 한쪽 끝에서는 작은 램프가 너울거리고 있었다.

왼쪽을 보니 딩거가 보였다. 그는 얼굴 가득히 미소를 지었다.

"상사님, 여기 자주 와 봤어요?"

경비병이 우리 군화를 갖고 오더니 몇 m 떨어진 그의 친구들과 어울리러 가며 우리에게 눈을 흘겼다.

그중 한 사람이 우리에게 이렇게 물었다.

"이슬람 교도인가? 아님 기독교도? 유대교도?"

내가 대답했다.

"우리는 기독교도다. 영국인들이지."

"유대교도가 아니야?"

"아냐. 기독교도야."

"텔 아비브에서 왔어?"

"아니, 영국에서 왔어. 대영 제국."

그는 고개를 끄덕이고 친구들에게 뭐라고 말했다. 그러다가 다시 우리에게 입을 열었다.

"여기는 내 친구들이야. 이 친구도 기독교도지. 이라크에서는 이슬람교도와 기독교도는 괜찮아. 우리는 함께 살 수 있지. 그러나 유대교도는 안 돼. 유대교도들은 나빠. 그리고 넌 유대교도야."

"아냐, 난 기독교도야."

"아냐. 넌 텔 아비브에서 온 유대인이야. 텔 아비브는 나빠. 우리는 유대인이 필요 없어. 우리는 유대인을 죽일 거야. 왜 넌 우리나라에 온 거야? 우리는 전쟁을 하고 싶지 않아. 전쟁은 너희들이나 신경 쓸 문제야."

그는 사실에 입각해서 말했고 매우 감정적으로 말했다. 실제로 이라크에는 기독교도가 많았다. 특히 바스라 항구 근처에 많이 있었다.

나는 다시 한 번 힘주어 말했다.

"우리는 유대인이 아니라 기독교도야."

"너희들 비행기 승무원이야?"

"아니. 구조대원이야."

만약 그가 우리를 이슬람교도나 제3월 교회 신도로 개종시키려 했다면 우리는 그렇게 해야 했을 것이다. 나는 유대인처럼 보이지 않으려고 뭐든지 고개를 끄덕거리며 동의했다. 시각은 이른 아침이었고 우리는 경비병들의 태도를 알 수 있었다.

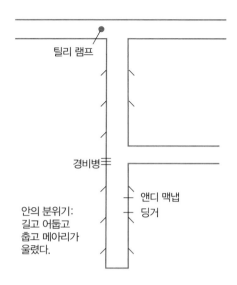

특수부대를 떠나 옮겨진, 비밀경찰 내지는 정보부로 추정되는 곳의 약도

"우리는 너희들을 보살펴 주어야 해. 서로 문제 일으키지 말고 잘 해 보자고."

특수부대를 떠나 옮겨진, 비밀경찰 내지는 정보부로 추정되는 곳의 약도

딩거는 자신의 발을 문질렀다.

내가 경비병들에게 물었다.

"내가 이 사람을 도와줘도 돼?"

그들은 끄덕거리며 말했다.

"좋아, 원하는 대로 해."

딩거와 나는 그의 발을 점검하려 앞으로 몸을 굽혔다.

나는 그의 귀에 속삭였다.

"보브는 어찌 되었나?"

"모르겠습니다."

"렉스는?"

"아마 죽었을 겁니다. 마크는 어떻게 되었습니까?"

"죽었어. 자네는 언제 체포되었나?"

"오전 중이었습니다. 오후에 상사님이 잡혀 오는 소리가 들려오더군요."

"자네 괜찮은가?"

하지만 나 자신도 내가 이런 바보 같은 질문을 하리라고는 생각하지 못했다.

딩거 역시 내게 시선을 보내며 속으로 이렇게 말했을 것이다.

'바보 새끼!'

경비병들이 우리가 이야기하는 것을 눈치 채고, 그중 한 명이 다가와서 대화를 중지시켰다. 딩거는 그에게 담배를 달라고 했다. 그 경비병은 영어를 잘 했으나 딩거는 달에서 온 외계인 마냥 "다암배애 조옴 줘어요오."라고 말하면서 담배 피는 시늉을 했다. 다른 곳에서는 그가 그러는 모습을 본 적이 없었다.

우리는 이제 둘 다 상황에 대해 조금은 더 잘 알게 되었다. 나는 렉스가 죽었을지도 모른다는 것을 알게 되었으나 보브는 어찌 되었는지 알지 못했다. 우리는 거기 1시간 동안 앉아 있었으나 더 이상 이야기를 할 수는 없었다.

내 온몸이 아파 왔고, 나는 졸기 시작했다. 얻어맞으면 정신을 바짝 차리게 되지만, 조용할 때면 걱정할 것이 없기 때문에 작은 통증도 크게 느낀다. 학생 시절 때의 느낌이었다. 어렸을 적에 싸울 때는 처음에는 맞아도 아프지 않았다. 2시간 정도 지나서야 통증이 몰려 왔다. 입술에서는 아직도 피가 나왔다. 내 입은 얻어맞아 여기저기 터져 있었다. 상처가 아물려고 했지만, 조금만 움직여도 다시 벌어졌다. 내 엉덩이와 등 아래짝은 딱딱한 콘크리트에 하루 종일 앉아 있었던 탓에 쑤셨다. 상처들로 인해 나는 더욱 더 피곤했고, 나는 고개를 숙이고 자려고 했다. 나는 고개를 저었다. 어깨 위에서 내 고개가 덜렁대고 있었다. 그러다 1~2분 후에 누군가가 나를 흔들어 깨웠다. 약 30분이 지난 것 같았다. 딩거와 나는 서로를 바라보며 졸고 있었다.

문이 쾅하고 열리는 소리와 이야기 소리를 듣고 나는 깨어났다. 램프 불빛이 복도 아래에서 일렁이고 있었고, 더욱더 커지고 있었다. 램프가 나왔을 때 그 뒤에는 많은 사람들이 있었다. 또다시 떠날 시간이었다.

다시 수갑과 눈가리개가 씌워졌으나 그 동작은 거칠지 않고 무관심했다. 우리는 일어서서 복도를 따라 나가 바깥으로 갔다. 랜드크루저 1대가 엔진을 켠 채로 대기하고 있었다.

차에 타자 눈가리개가 벗겨졌지만, 그 이유는 알 수 없었다. 이제부터는 이야기를 해도 된다는 것 같았다. 차 앞에는 2명, 뒤에는 1명의 경비병이 탔다.

딩거가 친근하게 물었다.

"바그다드로 가는 거야?"

운전수가 확실히 이야기했다.

"그래, 바그다드야."

우리는 붐비는 거리를 약 10분간 주행했다. 자동차의 헤드라이트가 빛났다. 경비병들은 우리가 도로 표지판, 거리 이름을 보는 것을 굳이 방해하지는 않았다. 그러나 단 하나의 글도 읽을 수가 없었다. 나중에 기억할 만한 큰 건물도 없었다. 집의 지붕은 모두 평평했다. 이곳은 도시의 슬럼가 같았다. 폭격당한 흔적이 없으므로 이곳은 주거지역 같았다. 이곳에는 전혀 전화가 미치지 않은 것 같았다. 도로는 타머캐덤 포장이 되어 있었으나 구멍이 도처에 나 있었고, 인도에는 먼지가 앉아 있었다. 길가에 낡은 차들이 버려져 있었고, 개들이 그 차에다 오줌을 싸고 있었다.

우리는 한 쌍의 큰 나무판자로 된 문 앞에 섰다. 차가 멈추자마자 안에서 문이 열렸다. 우리는 랜드크루저의 선회반경만한 마당 안으로 들어갔다. 병사들이 우리를 기다리고 있었고 나는 긴장감에 내 위가 쪼그라드는 것을 느꼈다. 나와 딩거는 무표정한 얼굴로 서로를 쳐다보았다.

나는 차 밖으로 끌려 나오면서 위를 보고 싶었지만, 누구에게도 적대감을 표시하지 않기 위해 고개를 숙였다. 아주 깜깜했고, 나는 매 순간마다 처음에는 주먹질이 날아올 것이라고 생각했다. 우리는 한 건물 안으로 끌려 들어가 내 어깨넓이보다 아주 조금 더 넓은 복도를 지났다. 너무나 어두워서 이라크군은 등을 사용해야 했다. 우리는 12개 정도의 문이 다닥다닥 있는 곳에서 멈추었다. 이라크군은 그중 하나를 열고 나를 그 속에 밀어 넣더니 수갑을 풀고 문을 닫았다. 빗장과 자물쇠가 채워지는 소리가 들렸다.

어디에도 불빛은 없었다. 내 눈앞의 내 손도 볼 수 없을 만큼 어두웠다. 숨 막히는 똥냄새가 났다. 나는 손과 무릎으로 주위를 더듬었으나, 잡히는 것이 아무것도 없었다. 방이 너무 좁았다. 그리고 도자기로 된 발판 2개와 그 사이의 20cm 정도 너비의 구멍을 찾아내는 것은 오래 걸리지 않았다. 내 새 침실의 냄새도 곧 익숙해졌다. 여기는 아랍식 화장실이었다.

어떤 상황이건 이용해야 한다. 그리고 여기서는 내가 그렇게도 원하던 잠을 잘 수 있다. 나는 생각하는 데 시간을 낭비하지 않았다. 몸을 쭉 펼 만큼 방이 넓지 않았으므로 나는 구멍 주위에 몸을 둥글게 말고 누

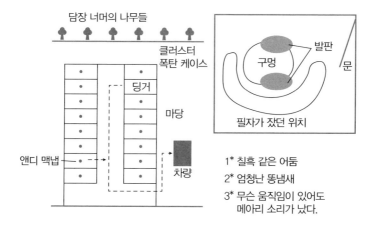

화장실과 마당

왔다. 환기시설도 없었고 똥냄새는 지독했지만, 최소한 얻어맞는 것보다는 나았다.

나는 곧 잠이 들었다.

제10장

나는 약이라도 먹은 듯한 기분으로 잠에서 깨어났다. 복도 속의 문들이 시끄럽게 열리고 뭔가 이야기 소리가 들렸으나 너무 어지러워서 제대로 알아들을 수 없었다. 지금은 도대체 몇 시인지 궁금했다. 내 생체 시계는 이미 작동하지 않았고, 지금이 밤인지 낮인지조차 분간할 수 없었다. 시각과 일자를 알아 두는 것은 아주 중요하다. 우선 그래야 자기 자신의 기분이 좀 더 나아지고, 또한 자신의 정신을 날카롭게 유지시킬 수 있기 때문이다. 지금의 날짜를 모르게 되면 주, 달이 지나가는 것도 모르게 된다. 시간의 흐름은 점점 무의미해지고, 그러면 현실감을 잃게 된다. 그러므로 하루하루를 놓치지 말아야 한다. 가능한 한 주변 사람들의 시계를 훔쳐보면서 일자를 알아야 한다. 하지만 아랍제 시계에는 일자판이 없는 것 같았다. 게다가 경비병 중 시계를 찬 사람은 하나도 없었다. 그들에게는 너무 비싼 물건일까? 그러나 나는 망가졌고 이런 생각은 현 상황에서 쓸모없는 것이었다. 어떻게 해야 살아남을지에 더욱 신경을 써야 했다.

경비병들이 내 방 문 앞에 와 있을 때까지도 나는 멍청히 거기 있었다.

한 경비병이 마치 휴일 캠프라도 온 듯 밝고 경쾌한 목소리로 소리쳤다.

"앤디! 앤디! 지금 괜찮나?"

나는 행복하고 공손하게 말하려고 했다.

"그래! 난 괜찮아."

내 근육은 경직되어 있었다. 내 몸은 판자처럼 굳어 있었다. 나는 온 힘을 다해 일어서려고 했다. 그들이 일어서려는 노력도 하지 않고 누워 있는 나를 보면 나를 때릴 것 같았다. 그러나 움직일 수 없었다.

문이 열리자 햇빛이 보였다. 나는 내 팔을 위로 쭉 뻗쳐 꼼짝 못하는 내 신세를 표현해 보였다.

나는 이렇게 말했다.

"움직일 수 없어, 몸이 너무 뻣뻣해."

그는 다른 경비병을 불렀다. 나는 또 얻어맞을 것에 대비해 쑤셔 오는 근육을 긴장시켰다.

그들은 화장실 안으로 들어와서 몸을 굽혀 나를 보았다.

"일어서, 일어서, 자~~"

그중 한 명이 말했다. 목소리는 멋지고 점잖았다. 그들은 나를 업고 일으켜 세웠다. 그들은 나를 동정하고 있는 것 같았다. 그들이 실제로 하는 일이 내게는 믿어지지 않았다.

그들이 나를 마당으로 끌고 가면서 문의 빗장이 열리고 "잘 잤어? 잘 잤나?" 하는 외침이 메아리 쳐 왔다.

빛은 너무 눈부셨다. 화장실이 너무 어두웠던 탓도 있을 것이다. 나는 곁눈질로 해를 바라보았다. 해는 정말로 낮게 떠 있었고, 8시 정도 되었을 것 같았다. 파란 하늘은 정말 아름다웠고 구름 한 점 없었다. 바람은 차갑고 상쾌했으며, 오히려 너무 추워서 입김이 보일 정도였다. 정말 영국의 봄 날씨 같았고 일하러 집을 나선 것 같은 느낌이었다.

우리 바로 앞에 차 1대가 있었고, 그 뒤에 1층 건물이 있었다. 소음은 낮았다. 차는 먼 거리에 있었고, 기지 전체에 떠나갈 듯한 구령 소리가 들렸다. 한쪽 벽 너머에서는 도시의 소음이 들렸다. 내 왼편에서 새의 울음소리가 들렸다. 나는 고개를 돌려 위를 보았다. 담장 위로 뻗어 나가는 나무가 있었고, 새는 그 위에서 아름다운 노래를 부르고 있었다.

그 아래에서는 화장실이 담장과 맞닿아 있었고, 큰 금속 파편 무더기가 있었다. 비행기에서 클러스터 폭탄을 투하하면 그 폭탄은 일정 고도에서 폭발하여 작은 자탄을 쏟아 놓는다. 큰 외부 케이스는 그냥 땅으로 떨어지게 되는데 그건 분명히 누가 수집해 갈 것이다. 그 케이스에는 영어로 뭐라고 씌어 있었다. 우리나라에서 온 것을 보니 기분이 좋았다. 나를 볼 수 있건 없건 하늘에는 우리 아군이 있는 것이다. 그러나 그들은 사람들을 죽이기 위해 하늘을 날고 있었다.

차는 바깥을 향해 출발 준비 태세를 갖추고 있었고, 우리가 가까이 다가가자 엔진 시동을 걸었다. 나는 경비병 2명과 함께 차에 탔다. 그중 한 명은 내가 본 첫 번째 이라크 흑인 병사였다. 그 사람을 보니 내가 보병대대에 있던 시절이 생각났다. 1980년대 초반 대대에 들어온 우리 흑인 동료들은 타이즈를 사서 그것으로 은행강도들이 쓰는 것 같은 마스크를 만들어 쓰고 잤다. 그렇게 하면 아침에는 그들의 머리카락이 머리에 착 달라붙기 때문에 베레모를 써도 굽어진 머리카락이 모자를 찔러 우스꽝스럽게 보이지 않았다. 그들은 근무가 끝나면 다시 머리를 빗질하고 지지기 시작했다.

이 친구도 최고의 더벅머리여서 베레모의 헤드밴드 주변에도 머리카락이 둥글게 말려들어가 있었고, 나머지 것들은 다 빠져 나와 있었다. 분명히 그는 밤에 머리를 제대로 펴지 못한 것 같았다. 그래서 나는 그에게 패선에 대해 조언을 해주고 싶었다. 그러자 대대 시절이 생각나서 웃음이 났다. 그 시절은 한 70년은 더 지난 이전처럼 느껴졌다.

딩거는 좋지 않은 상황을 맞이했고, 늙은이처럼 한 발로 절룩거리며 두 경비병의 부축을 받아 움직이고 있었다. 딩거가 한 발로 절룩거리는 것을 보니 정말 우스웠다. 마치 늙은 재소자를 돕는 보이스카웃 같았다.

그에게 밝은 빛이 비치자 그는 흡혈귀처럼 떨며 고개를 숙여 눈을 보호했다. 우리는 눈이 가려진 채로 어둠 속에 너무 오래 있었으며, 갑자기 서치라이트 불빛을 받은 박쥐들 마냥 최고 수준의 빛을 받은 것이었다.

나는 경비병들이 다시 특수부대원으로 바뀐 것을 알았다. 그들이 DPM 차림에 AK-47 소총을 들고 있었기 때문이다. 딩거는 발에 상처가 났음에도 불구하고 군화를 신지 않았다. 그것은 나도 마찬가지여서 양말의 피가 말라붙은 곳에 큰 붉은 딱지가 앉아 있었다. 그의 머리칼은 먼지 앉은 구리색이 아니라 무광의 어두운 밤색이 되어 있었다. 그의 얼굴은 1주일 동안 자란 수염과 진흙, 피딱지로 범벅이 되어 있었다.

그도 경비의 도움을 받아 차에 탔다. 그는 내게 손을 뻗었고, 나는 그 손을 잡아당겼다.

내가 물었다.

"이봐, 괜찮나?"

"예, 물론입니다."

나는 미소를 지었다. 이 집은 폭격을 당한 것 같았으나 다락방에서는 아직도 불빛이 나오고 있었다.

이것은 또 다른 대승리였다. 우리는 신체 접촉을 하고 이야기를 나눈 것이다. 그것은 나의 사기를 크게 높여 주었고, 딩거에게도 똑같은 효과가 있기를 바랐다.

경비병들이 다시 눈가리개를 씌웠다. 내 코의 피딱지가 벗겨지고, 내 눈에 통증이 오자 눈사태를 만난 것 같았다. 탈출 마법사 후디니의 비결은 사람들이 그를 묶을 때 근육을 최대한 긴장시키고, 탈출할 때는 근육을 이완시키는 것이었다. 그들이 눈가리개를 씌울 때도 나는 내 볼 근육을 최대한 긴장시키고 나중에 풀었다. 그러자 눈가리개는 느슨해졌다.

그들은 다시 수갑을 잘 채웠다. 내 손의 고통은 참을 수 없었다. 나는 숨을 깊게 쉬고 이를 꽉 물어 그들이 무슨 짓을 해도 괜찮은 것처럼 보이게 했다. 나는 내 통증의 정도에 맞게 행동할 것이고, 지금은 통증을 보이지 않음으로써 다시 역효과를 초래하고 있었다.

우리는 앉아서 기다렸다. 엔진 소리가 커지는 것이 들렸다. 나는 우리가 어디로 가는지 궁금했다. 그들에게 우리가 단순한 고깃덩이가 아닌 힘 있는 사람임을 증명해 보인 걸까? 우리는 남은 전쟁 기간 동안 아주 편안하게 지낼 다른 감옥으로 이송되는 것일까?

이런 내 생각은 한 경비병에 의해 깨졌다. 운전수는 발을 클러치에 올려놓고 1단 기어를 넣으며 창 밖으로 고개를 내밀고 조용히 말했다.

"자네가 믿는 신이 누구이건 간에 그 신의 도움이 곧 필요할 거야."

나는 그가 동정심에 그런 말을 하는 것이지 알 수 없었다. 어쩌면 잔혹하고 억압적인 말로 우리를 겁먹게 하려는지도 몰랐다. 그러나 그 말은 나를 슬프게 했다. 마치 아버지가 죽었다는 말을 들은 것처럼 내 온몸에서 힘이 빠졌다. 엄청난 충격이었다. 다른 것들은 모두 잊어버리고 "신의 도움이 곧 필요할 거야."라는 말만 남아서 웅웅거렸다.

그의 목소리에 실린 무게로 인해 나는 정신을 바짝 차렸다. 만약 그렇다면 상황은 더 나빠질 것이다. 마치 경비병의 목소리가 신의 음성이라도 되는 양 무서웠다. 우리를 지금 구해 줄 수 있는 것은 하나님뿐인 것 같았다.

이 말은 우리가 곧 사형을 당한다는 뜻일까? 만약 그렇다면 이 사실이 공표되어 집에 있는 사람들이 그 뉴스를 접할 수 있기를 바랐다. 고문은 어떨까? 우리는 이란-이라크 전쟁 중에 벌어진 끔찍한 이야기를 많이 들었고, 거기에 대한 생각이 내 마음속을 마구 스쳐갔다. 불알을 잘라내는 것은 시작에 불과하고, 그 다음에는 천천히 깨끗하게 귀, 손가락, 발가락을 잘라낼 것이다. 그러나 내 속의 낙관론도 싸우면서 아니라고 소리치고 있었다. 그들은 그런 짓을 하고 싶어 하지 않아. 그들은 자신들이 전쟁에서 졌다는 것을 깨닫고 있어. 그들은 뉘른베르크 전범 재판을 받고 싶어 하지 않아.

요망효과는 그저 사람을 화나게 할 뿐이라는 말이 있는데, 그때의 나한테는 상당히 들어맞는 이야기였다. 딩거에게도 똑같은 효과가 있었다. 랜드크루저가 마당을 덜컹거리며 나아갈 때 그는 이렇게 중얼거렸다.

"웅, 적어도 그들이 우리를 임신시키지는 않겠죠."

난 킥킥댔다.

"그건 그래."

뒷좌석에 앉아 있던 이라크군이 우리 쪽으로 몸을 돌리며 화를 내며 소리쳤다.

"이야기하지 마! 말하면 안 돼!"

그들은 우리를 임신시킬 수는 없지만, 우리하고 비역질을 할 수는 있다. 정말 환장할 일이었으나 적에게 강제당하면 어쩔 수 없었다. 죽는 것보다 그것이 더욱 걱정스러웠다.

생각은 꼬리에 꼬리를 물어 크리스와 함께 전방작전기지 뒤에서 나누었던 이야기가 떠올랐다. 크리스는 이런 농담을 했다.

"포로가 되면 상사님 궁뎅이 뒤에서 자지 여섯 개가 으르렁 댈 걸 제일 먼저 걱정하십시오."

우리는 눈부신 햇살 아래에서 15분간 주행했다. 우리가 마을을 빠져나오는 길인지는 알 수 없었다. 계속 꼬리를 무는 교차로를 돌아가고 있었고, 사람들의 소리도 멈출 줄 몰랐기 때문이다. 거리의 사람들은 계속 소리를 지르고 있었고, 운전사들은 경적을 계속 울려 대었다.

앞좌석의 한 놈이 방귀를 뀌었다. 정말 더러운 후레자식이었다. 하지만 최소한 누군가의 똥을 먹는 것보다는 나았다.

이라크군들은 그것을 아주 즐겁게 여긴 모양이었다. 그리고 뒷좌석에 앉은 놈이 우리에게 물었다.

"어때? 좋지?"

딩거는 마치 야마우스 해안의 공기를 마시듯 깊이 빨아들여 음미하고는 말했다.

"음~ 음, 음. 아주 좋아. 환상적이군."

냄새가 너무 지독해서 코가 마비될 지경이었으나, 우리가 그들에게 신경 쓰지 않는다는 것을 보여 주는 것이 중요했다. 잠시 후 한 놈이 유리를 열어 환기를 시켜야 할 정도로 냄새가 지독했다.

찬바람이 살에 와 닿는 느낌은 환상적이었다. 나는 얼굴이 따끔거릴 때까지 바람 부는 쪽으로 얼굴을 돌리고 있었다. 그러자 손 생각을 잊을 수 있었다. 나는 몸을 앞으로 굽혀 등을 곧게 펴서 내 손목에 가해지는 압력을 최소화하는 데 완벽히 숙달되었다. 그러나 그들은 내가 움직일 때마다 탈출을 기도하려는 줄 알고 쿡쿡 찔러 대었다. 그러나 이 즐거운 15분간의 여행 끝에 무엇이 기다리고 있을까?

운전사가 웃음을 멈추자 나는 우리가 목적지에 닿았음을 알았다. 문이 열리고 우리는 낯선 곳을 약 200m 정도 달려 나갔다. 랜드크루저는 성난 목소리에 둘러싸였다. 또 환영 시간이었다.

차가 멈추자마자 문이 열렸다. 손들이 내 머리와 얼굴을 붙잡고 나를 밖으로 잡아 끌어 땅에 내동댕이쳤다. 그 후 우리는 우리가 당한 것 중 가장 지독한 구타를 당했다. 때리고 머리카락을 잡아당기고 갖가지 괴롭힘을 당했다. 그러나 이것은 아주 큰, 큰 충격이었다. 사람들은 웃어 대며 소리 질렀다. 나는 고개를 숙이고 온몸을 경직시켜 그들이 뭘 하든 내버려두었다. 이것은 그들의 파티였다.

2~3분 후 나는 질질 끌려가고 있었다. 내 다리는 움직이지 않았고, 나는 발을 헛디디며 비틀거렸다. 그들은 아주 빨리, 숙련된 자세로 도살당한 가축을 끌고 가는 인부처럼 나를 끌고 갔다. 주변의 사람들이 외치는 소리가 들려왔으나, 나는 딩거의 소리를 들으려 귀를 기울였다. 나는 주위의 소리 외에는 아무것도 들을 수 없었다.

나는 내 발을 들어 더 이상 질질 끌려 다니지 않으려고 했다. 우리는 계단을 두 단 올라갔으나, 나는 거기가 어딘지 몰랐다. 나는 내 발가락을 어디엔가 부딪치고는 소리를 지르며 굴러 떨어졌으나, 그들은 다시 나를 끌고 가며 소리를 지르고 때렸다. 우리는 복도를 지났다. 무섭고 추잡한 소리가 메아리쳤다. 매우 더웠으나 갑자기 춥고 습기 차고 진흙 느낌이 났다. 이 건물은 못 쓰는 건물 같았다.

감방 문은 이미 열려져 있었던 것이 분명했다. 그들은 한 모퉁이를 돌아 나를 바닥 위에 쓰러뜨렸다. 나는 다리를 위로 하고 어깨를 뒤로 접히고 손을 뒤로 묶인 채로 앉았다. 아무 것도 말할 수 없었고, 움직일 수도 없었다. 오직 바닥을 기기만 할 수 있었다. 그들은 몇 대 정도 나를 더 때리고 걷어찬 다음, 문을 쾅 닫았다. 소리를 들어 보니 문은 골조에 부착된 철판

구조인 것 같았지만, 너무 세게 닫아서 골조가 휘어 버린 것이 틀림없었다. 그리고 그 쾅 소리와 삐그덕 거리는 소리는 엄청난 공포심을 유발했다.

넌 혼자야. 너는 자신이 혼자라고 생각해. 넌 무슨 일이 벌어지는지 몰라. 넌 갈 길을 몰라. 넌 두려워하고 있어. 넌 엄청나게 두려워하고 있어. 네가 생각하는 것은 어서 빨리 여기서 벗어나고 싶다는 것뿐이지. 방 안에 아무도 없다고 확신할 수가 없어. 어쩌면 그놈들은 모두 떠나지 않고 누군가가 여기 남아서 너의 행동을 감시할지 몰라. 고개를 숙이고 최대한 이를 악물고 무릎을 세워서 언제 날아올지 모르는 주먹과 발길질에 대비해.

나는 다른 문이 쾅당거리는 소리를 들었다. 그 속에 딩거가 갇혀 있는 것 같았다. 그러자 같은 배를 탔다는 약간의 동질감이 생겼다.

거기 조용히 앉아 있는 것 외에 내가 할 수 있는 것은 그리 많지 않았다. 나는 깊이 숨을 들이쉬고 아주 천천히 내쉬면서 현재 상황을 분석하고 무슨 일이 벌어지고 있는지 생각해 보고 분명히 불쾌한 일이라는 명백한 결론에 도달했다. 우리는 뭔가 잘 정비된 모처에 도착했다. 오자마자 시끄러운 환영식이 있었고, 날카로운 충격이 있었다. 그들은 점수를 땄다. 그들은 분명히 그들이 어디서 뭘 하는지 알고 있었다. 그러나 우리는 이 감옥에 계속 머무를 것인가? 아니면 단순히 이동 중인데 저놈들이 월권을 행사한 것인가? 나는 영원히 눈가리개와 수갑을 찬 채로 지내야 하나? 그렇다면 너무 절망적이다. 이대로 내 시력이 퇴화되지는 않을까? 내 손은 어떻게 될까?

나는 새로운 환경에 적응하기 위해 자신을 진정시켰다. 마치 이전에 가 본 적이 없는 집에 가는 것과도 비슷했다. 처음에는 낯설지만, 두어 시간쯤 지나면 좀 더 친숙한 느낌을 받을 것이고, 집에 온 것 같은 느낌을 받을 것이다. 나는 눈가리개가 벗겨진 지 오랜 시간이 지난 후 무슨 일이 벌어질지 알았다. 나는 아직도 탈출용 지도와 나침반을 안전하게 간수하고 있었다. 최소한 그것만큼은 내가 아직 이용할 수 있는 것들이었다.

추웠고 습기 찼다. 황량한 기분을 주는 추위였다. 바닥도 습기 찼다. 나는 축축한 진흙과 똥 속에 앉아 있었다. 내 손이 벽에 닿는 것을 느낄 수 있었다. 벽은 이리저리 튀어나오고 들어간 회반죽 재질이었고, 벽과 바닥이 만나는 곳에는 다소의 틈이 있었다. 콘크리트 바닥은 매우 거칠고 평평치 못했다. 엉덩이에 가해지는 압력과 고통 때문에 나는 자세를 바꾸려고 했다. 나는 다리를 쭉 펴려고 했으나 다리는 움직이지 않았다. 그래서 나는 다리를 접은 채로 한 편에 누우려고 했으나, 어떻게 해도 내 손은 너무나 아팠다. 나는 절대 편안해질 수 없었다.

나는 밖에서 사람들의 말소리와 왔다 갔다 하는 소리를 들었다. 분명히 문에 틈이 있거나 창문이 있는 것 같았다. 그리고 나는 놈들이 나를 보고 있는 것도 느꼈다. 그들은 푹 꺼진 빛나는 눈으로 새 물건의 상태가 어떤지 보고 있을 것이다. 그런 생각이 드니 여기서 나가면 다시는 동물원에 가지 않을 것이라고 결심했다.

수갑과 피곤한 자세에서 오는 고통은 엄청난 것이었다. 내가 감시당하건 아니건 간에 누워서 압력을 줄이는 것 외에 다른 선택은 없었다. 더 이상 잃을 것도 없었다. 시도해 보기 전에는 모른다. 나는 내 몸 옆구리로 이동했고, 곧 압력이 줄어들었다. 그러자 곧 외침 소리가 들려왔다. 그들이 내게 다가오고 있었다. 내 몸 전체가 소리 질렀다.

"안 돼! 안 돼! 더 이상은 안 돼!"

나는 내 몸을 잡아 늘여 벽에 체중을 실었다. 그러나 내겐 시간이 없었다. 빗장이 풀리고, 경비병들이 휘어진 문을 열려고 악전고투 중이었다. 그들이 분노에 가득차 문을 걷어찰 때마다 문은 차고 문처럼 덜거덕 거렸고, 결국 홱 열렸다. 마치 문은 벼락처럼 쾅 소리를 내며 열렸다. 그것은 내가 들은 것 중 가장 무서운 소리였다.

그들은 곧장 들어와서 내 머리카락을 잡아당기고 걷어차고 때렸다. 그들의 의도는 명확했다. 그들은 날 다시 힘든 자세를 취하게 하고, 감방을 나가며 문을 쾅 닫았다. 빗장이 채워지고 그들의 발자국 메아리 소리가 멀어져 갔다.

여기는 처음부터 감옥으로 지어진, 그것도 매우 잘 지어진 건물이다. 나는 저들의 완벽한 통제 속에 있다. 도대체 무슨 일이 벌어질까? 도망칠 기회가 없다. 이대로 계속 있으면 영원히 도망칠 수 없다.

이놈들은 자신들의 행위가 모두 옳다고 믿고 있었다. 그들의 반응은 숙련되고 조직적인 것이었다. 그러자 이 생활이 영원히 지속될 것 같은 느낌이 들었다. 희망은 없었다. 이 이상 더 나쁘고 고독하고 버려지고 길을 잃은 것 같은 느낌이 든 적은 없었다.

내 마음은 길을 잃고 헤매고 있었다. 질리가 내가 작전 중 실종되었다거나 사망한 것으로 추정된다는 소식을 들었을지 궁금했다. 나는 그녀가 그 소식을 듣기를 바랐다. 나는 누군가가 국경을 넘었거나 이라크인들이 내 소식을 적십자에 통보했기를 바랐다. 어쩌면 나는 곧 텔레비전에 나올지도 모른다. 그 편이 훨씬 나았다. 그러나 그 다음은? 그 다음은 이미 충분히 알고 있었다. 지금은 전쟁 중이기 때문이다. 질리는 항상 내 일을 좋아했다. 그녀는 자신을 해칠지도 모르는 것을 보았다. 그녀는 어떻게든 그것을 자기 마음속에서 지워 버릴 수 있다. 그러나 지금 내가 어디 있는지는 분명했고 내 부모님에게도 소식이 갈 것이었다.

나는 아무도 내 죽음을 알지 못하게 되는 것이 두려울 뿐이었다. 나는 내 가족들이 내 시신도 찾지 못하고 분노하며, 아무것도 제대로 모르는 채 평생을 살아가기를 바라지 않았다.

하지만 이라크군 사령부는 이 시점에서 우리가 죽기를 원하지 않는 것이 분명했다. 만약 사람들이 자신들의 장비를 두고 떠나고 우리가 오랫동안 갇혀 있다면 말이다. 그들이 우리를 살려 둔다면 뭔가 목적이 있을 것이다. 우리를 선전용으로 써먹거나 아니면 자신들의 패배를 인정하고 포로들을 죽여 봤자 득 될 것이 없다는 생각일 것이다.

현 상황을 인정하고 그 상황에서 최선을 다해야 한다. 내가 다른 사람들을 집에 보낼 능력은 없다. 나는 그래서 포기했다. 내가 그날 밤 국경을 넘었다면? 그것만이 내게 주어졌던 유일한 기회였다. 그러나 이미 지나가 버린 일이었다. 나는 이미 지난 주 쿠폰을 다 써 버린 신세였다.

나는 다친 채로 헤매고 있었다. 나는 지금이 어느 요일인지도 알 수 없었다. 뭔가를 붙잡아야 한다는 것은 알고 있었다. 목적의식을 상실시키는 것은 포로를 붕괴시키는 첫 단계였고 나도 그것을 알고 있었다. 그러나 나는 시계를 보기 전까지는 마음을 둘 곳이 없었다.

신문관들은 2가지 장애물들을 준비한다. 우선 포로를 신체적으로 붕괴시키는 것이다. 그 다음은 더 고난이도의 것으로서 포로의 정신을 붕괴시키는 것이다. 그들은 나의 정신 상태, 약점, 내면의 강인함을 모른다. 일부 사람들은 첫날에 깨지기도 하고, 끝까지 포기하지 않는 사람도 있다. 그리고 나머지 인원들은 그 양자에 모두 영향을 받는다. 신문관들이 자신의 목적이 이루어졌는지 확신하기는 힘들다. 그 근거는 알아채기 힘들다. 포로들은 자신의 통증을 과장하는 경향이 있으므로 그들의 신체 상태를 정확히 알기는 힘들다. 그러나 그들은 포로의 눈은 거짓말을 하지 않는다고 생각한다. 그러므로 적과 눈이 마주치지 않을 필요가 있다. 자기 자신을 감추어야 한다. 적들이 해러즈(Harrod's: 영국을 대표하는 백화점)의 상점 주인이 아닌 미숙한 여배우를 보고 있다고 생각하게 해야 한다.

나는 보다 생산적인 방향으로 마음을 먹으려고 했다. 나는 옛날에 했던 이야기를 기억해 내려고 했고, 딩거도 우리와 똑같은 상황이기를 바랐다. 저들의 목표는 우리를 가급적 오랫동안 붙잡아 두어 전방작전기지에서 피해 평가를 내리도록 하려는 것이 분명했다. 우리 사령부는 아마 이렇게 질문할 것이다. 브라보 투 제로 대원들은 무엇을 알고 있을까? 하지만 우리는 우리 임무에 대한 것 이외에는 아무것도 모른다는 결론에 도달할 것이다. 오늘이나 내일이나 아무것도 양보할 것이 없었다. 우리가 아는 것들은 다른 작전을 수정 및 취소시킬 수도 있다.

우리의 정체에 대해 계속 입을 다물어야 했다. 후퇴란 있을 수 없다.

나는 1시간, 어쩌면 10분간 피곤한 자세로 앉아 있었다. 사람들이 왔다 갔다 하면서 방 안을 들여다보고 뭐라고 수군거렸다.

내 몸의 상태를 보건대 그것이 전쟁의 법칙이었다. 내가 얻어맞은 것도 누구를 탓할 수 없었다. 지금은 어떤 물리적인 일도 내게는 일어나지 않고 있으나, 허기와 갈증이 문제였다. 나는 음식은 그다지 크게 신경 쓰지 않았다. 걷어차인 내 배는 음식을 제대로 섭취할 수 없을 것이다. 그보다도 물이 더 중요했다. 나는 너무 목말라 구역질이 났다.

나는 그들이 자물쇠를 열고 빗장을 여는 소리를 들었다. 그들은 문을 걷어차 열었고 철문이 삐걱삐걱거렸다. 그들이 내게 다가왔다. 갈증은 사라지고 공포가 엄습했다.

그들은 말도 없이 들어와서 나를 들어 올렸다. 그들을 볼 수는 없었으나, 냄새를 맡을 수는 없었다. 나는 부상에도 불구하고 그들에게 뭔가 더 제대로 해 보려 했지만, 그것은 정말 어리석은 일임을 깨달았다. 연기를 할 단계는 지났다. 나는 일어설 수 없었다. 내 다리는 말을 듣지 않았다.

그들은 나를 감방에서 끌어내어 오른편으로 돌아 복도를 향했다. 내 발은 그들에게 끌려갔다. 발가락 끄트머리가 바닥에 긁혔다. 나는 눈가리개 밑으로 약간의 시야를 확보했다. 나는 돌로 포장된 길과 핏자국을 보았다. 나는 내게 발길질이 날아오는 것을 보았으나 내 현실을 인정하기 위해서 그냥 넘어갔다. 나는 더 이상 벌 받기가 싫었다.

햇빛이 비쳐 따스한 온기가 내 얼굴에 닿았다. 우리는 골목길을 지나 작은 덤불을 넘었다. 한 계단을 올라가니 다시 어둠이었다. 아주 길고 어둡고 차갑고 축축한 통로였다. 나는 사무실 소음과 리놀륨, 혹은 타일을 밟는 발자국 소리를 들었다. 우리는 오른쪽으로 돌아 한 방에 들어갔다. 차갑고 습기 찼지만, 그 중간에 따뜻한 곳도 지나쳤다. 그곳은 멋지고 안락한 넬리 숙모의 집 같은 따뜻함이 느껴졌다.

그들은 나를 딱딱한 의자에 앉혔다. 여기도 익숙한 파라핀과 담배 냄새가 났다. 그리고 이번에는 톡 쏘는 사람 냄새도 났다. 아마 이 방에 있는 사람이나 먼저 온 포로 냄새일 것이다. 확신할 수는 없었다. 나는 내 몸을 앞으로 굽히려 했지만, 그들이 나를 잡고 내 몸을 뒤로 밀쳤다.

거기에는 많은 사람들이 부산하게 돌아다니며 기침을 하고 뭔가 이야기를 하고 있었다. 그들은 방 한쪽에 정렬해 있는 듯했다. 램프 소리가 났다. 이 방에 창이 없는 것인지 커튼이 있는 것인지는 모르겠으나 확실히 빛과 차단되어 있었다.

나는 온몸을 긴장시키고 기다렸다. 1분 동안 침묵이 이어졌다. 나는 걱정스러웠다. 여기는 꽤 심각한 장소인 것 같았다. 여기는 진짜 신문실이고 이 사람들도 바보는 아닐 것이다.

방 위쪽에서 한 목소리가 나를 불렀다. 마치 할아버지의 목소리같이, 늙은이의 그르렁 거리면서도 유쾌한 목소리였다.

"앤디, 자네 어떤가?"

"너무 아프군요."

그의 영어는 유창했으나 악센트에는 개선의 여지가 있었다.

"꽤 큰 부상을 입은 것 같군. 아마 일을 다 마칠 때 쯤이면 우리는 합의를 얻어 낼 수 있을 것이네. 우리는 자네에게 치료를 해 줄 수도 있다네."

"만약 그래 주신다면 너무 좋을 겁니다. 매우 감사하군요. 제 친구에게도 그렇게 해 주실 겁니까?"

우리는 지금 새로운 환경에 새로운 사람들과 있다. 이렇게 해서 내가 잘 보일 수만 있다면 아마도 음식을 먹을 수도 있을 것이고, 아마도 딩거와 함께 의사의 진료도 받을 수 있을 것이다. 나는 약간의 정보를 얻을 수도 있다. 아마도 그들은 내 눈가리개와 수갑을 벗겨 줄지도 모른다. 아마도, 아마도, 아마도... 불과 10분간만 벗겨 준대도 주먹질을 당하는 것보다는 낫다. 이놈들이 뭔가 약속을 하면 한 번 시도해 보고 약속을 잘 지키는지 확인해 볼 필요가 있다. 할 수 있을 때 해야 하는 것이다. 좋아. 한번 해 보자.

"우리가 자네에 대해서 알고 싶은 건 앤디, 자네가 우리나라에 무엇을 하러 왔는가 하는 것뿐이네."

나는 했던 이야기를 다시 되풀이했다. 나는 상처받은 비천한 자처럼 보이려고 애를 썼다.

"나는 탐색구조대의 일원으로서 헬리콥터에 타고 있었어요. 나는 의무병이에요. 나는 사람을 죽이러 온 게 아니에요. 헬리콥터가 하강했어요. 뭔가 비상사태가 발생했던 모양이에요. 우리는 헬기에서 최대한 빨리 탈출하라는 명령을 받았어요. 그러고 나서 헬기는 이륙해 버렸어요. 나는 몇 명이 비행기를 탈출해서 땅에 내려서 달리고 있었는지 몰라요. 믿어 주셔야 해요. 완벽한 혼란이었으니까. 시간은 밤이었고 장교가 어디 있는지 아는 사람은 없었어요. 내 생각에 그는 우리를 버리고 헬기로 탈출한 것 같아요. 나는 내가 어디 있었는지, 어디로 가야 하는지도 몰랐어요. 나는 다만 아프고 혼란스러워서 뛰기만 했어요. 이상입니다."

긴 침묵이 흘렀다.

"알겠네, 앤디. 자네는 전쟁 포로야. 그럼 전쟁 포로에게 무엇이 요구되는지도 알고 있겠지?"

"넵, 압니다. 그리고 가능한 한 당신들을 돕겠습니다."

"자네가 몇몇 서류에 사인을 해 주었으면 좋겠네. 우리는 자네의 사인을 얻어 적십자사에 보내려고 해. 그것은 자네 가족에게 자네가 여기 있음을 알리는 계획의 일부야."

"죄송하지만, 저는 제네바 조약에 의거하여 어떤 것에도 사인할 수 없습니다. 왜 내가 사인해야 하는지 정말로 이해가 안 가는군요. 우리는 그런 건 할 필요가 없다고 교육받았습니다."

상대의 목소리는 점점 할아버지처럼 들렸다.

"앤디, 우리는 서로 도와야 해. 자네가 우리의 요청을 거절하면 어떻게 일이 잘 풀릴 수 있겠나?"

"물론입니다. 그러나 저는 아무것도 모릅니다. 방금 말씀드린 게 전부입니다."

"우리는 정말 서로를 도와야 해. 그렇지 않으면 아주 괴로워질 거야. 자네는 내가 말하는 것이 무슨 뜻인지 알 거라고 생각하는데, 그렇잖은가. 앤디?"

"무슨 말씀을 하시는지 잘 압니다. 그러나 무엇을 원하시는지 정말 모르겠군요. 저는 이미 제가 알고 있는 모든 것을 말씀드렸습니다. 저는 더 이상 아는 것이 없습니다."

잘 나가는 세일즈맨이 물건을 사도록 하는 데에는 원칙이 있다. 그것은 '생산적인 침묵'이라고 불리운다. 빅터 키암(Victor Kiam)은 자신의 책에서 그것을 이렇게 설명한다. 물건을 한참 열심히 선전하다가 갑자기 멈추고 침묵하는 것이다. 그러면 적극적으로 물건을 사고자 하는 사람들은 그 공백을 메꾸고자 세일즈맨과 뭔가 이야기를 하지 않을 수 없다. 키암은 이렇게 해야 물건을 잘 팔 수 있다는 것을 알고 있었다. 소비자들은 키암이 뭐라고 계속 말할 걸로 기대했기 때문이다. 그러면 그들은 물건을 사게 되는 것이다.

나는 침묵을 지키며 혼란스러운 시선을 보였다.

"정말 조용하고 불쌍해 보이는군. 앤디 자네는 의학적 치료가 필요한가?"

"예, 물론이지요."

"좋아, 앤디. 하지만 그러려면 그 대가를 지불해야 해. 우리가 원하는 것을 해 주면 치료해 주겠네. 자네가 내 등을 긁어 주면 나도 자네 등을 긁어 주겠네! 오래된 영국 속담이지. 안 그런가?"

그는 분명히 주위 사람들의 시선을 한몸에 받고 있었을 것이다. 그가 이 말을 꺼내자마자 나머지 사람들이 모두 왁자지껄하게 웃었기 때문이다. 솔직히 웃음의 강도가 좀 심하다는 느낌마저 들었다. 마치 회의에서 의장이 썰렁한 농담을 하면 마지못해 웃는 것 같았다. 아마 이 방에 있는 사람들 가운데 반가량은 이 사람이 한 말의 뜻도 제대로 모를 것이 분명했다. 나는 대답했다.

"나는 도움을 드리겠습니다. 나는 가능한 한 여러분을 도우려고 노력할 것입니다. 그러니 제발 나와 내 친구에게 물과 식량을 주십시오. 우리들은 오랫동안 아무것도 먹지 못했습니다. 나는 너무 목마르고 몸이 쇠약해져 있습니다."

"만약 자네가 협조적이라면 우리는 자네가 말한 사항 중에 일부에 동의할 수 있네. 그러나 내게 그럴 권한이 있다고는 생각지 말게. 알아 들었는가, 앤디?"

"예, 알겠습니다. 그러나 나는 당신이 내게 무엇을 바라는지 정말로 모르겠습니다. 나는 당신에게 내가 아는 모든 것을 다 가르쳐 주었습니다. 우리들은 단순히 군인에 불과합니다. 그냥 비행기에 타라는 명령을 받고 가기만 한 겁니다. 우리는 뭐가 어떻게 되어가는지도 몰랐습니다. 군대는 우리를 쓰레기 취급했어요."

"자네는 곧 다른 곳보다 이곳의 대우가 훨씬 좋다는 것을 느끼게 될 걸세. 나는 자네와 자네 친구에게 음식과 물을 주고, 치료도 해 주고 싶어. 앤디, 그러나 공정한 거래를 해야지. 우리는 다른 사람들의 이름을 알고 싶어. 그래야 우리가 이라크 적십자사에 그 사실을 알릴 수 있거든."

이 늙은 개 같은 놈에게는 말이 통하지 않았으나, 나는 실제로 주는 것 없이 최대한 순종적으로 보여야 했다. 나는 이 신문을 가능한 한 멋지게 유지시키고 싶었다. 그는 공손하고 성실하고 점잖고 부드럽고 사려 깊어 보였다. 나는 언제건 그들을 나쁜 놈으로 돌변시키고 싶지는 않았다. 나는 이렇게 대답했다.

"제가 아는 유일한 사람 이름은 제 친구 딩거의 이름뿐입니다."

아마 딩거는 제네바 조약에 의거하여 자신의 성명, 군번, 계급, 생년월일을 진술했을 것이다. 나는 딩거의 성과 이름을 다 대었다.

"그와는 별도로 나는 누가 여기 있고 여기 없는지 모릅니다. 너무 어두웠고 모두가 사방팔방으로 뛰어다니고 있는 혼란 상태였기 때문이죠. 딩거의 이름을 아는 것은 내가 그를 보았기 때문입니다."

내가 지어냈던 이야기가 효과가 없어지는 것 같은 느낌이 들었다. 솔직히 내가 봐도 그리 신뢰 가는 이야기는 아니었다. 슬슬 구멍이 나고 있었다. 아주 확실한 거짓말이 아니라면 어느 거짓말이나 다 그렇다. 거짓말은 그저 시간을 벌기 위한 수단일 뿐이었다. 나는 이 시점에서 그들이 무슨 생각을 하는지 알 수 없었다. 마치 쥐와 고양이 같았다. 그가 어떤 질문을 하면 나는 꽤 준비된 답변을 하는 것이었다. 그것이 먹히면 그는 내가 이미 말한 것에 대해 더 이상 묻지 않고 다음으로 넘어가는 것이다.

상대가 나를 고집쟁이로 여기고 있는 것이 틀림없었다. 자신들이 원하는 것을 내놓을 수 있는 인물이 아니라고 여긴 것 같았다. 그럼에도 불구하고 불상사는 생기지 않았다. 그러나 그들은 또 시도할 것이 확실했다.

나는 정신적으로는 건강했다. 인간의 정신 상태는 약물에 의해서도 바뀔 수 있다. 나는 오직 그들이 더 고등한 전술을 쓰지 않고, 이런 동굴인간 수준의 전술을 계속 구사하기를 바랐다. 신문관이 신체적 학대를 가해 봤자 일정 수준 이상의 효과를 얻을 수는 없다. 그 한계까지 넘어가서 계속 신체적 학대를 가해 봤자 더 이상 소용이 없다. 물론 포로를 때림으로서 포로의 신체적 상태를 악화시킬 수는 있다. 그들은 포로의 정신 상태를 정확히 점검하기는 어렵다. 그러려면 그들은 포로의 각성도를 측정해 봐야 할 것이고, 그 유일한 증거는 포로의 눈이다. 어떤 포로들은 신문관이 포로의 자지 크기를 보고 웃는다든가 그들을 동성연애자로 의심한다든가, 그들의 어머니가 창녀라고 말하면 완전히 무너진다. 무너진 포로들은 정신적으로 탈진하게 되고, 이는 나타내고 싶지 않더라도 드러나게 되어 있다. 누구라도 약점이 있으며 그것을 찾아내는 것이 신문관의 일이다. 그것만 해내면 성공인 것이다.

우리는 그러한 상황에 대처할 수 있게 훈련받았다. SAS 생활은 언제나 정신적으로 힘든 생활이기 때문이다. 개인적인 모욕을 당하며 매일의 과업이 이루어진다. 그것 자체가 일종의 전투이다.

만약 육체적, 정신적으로 탈진한 상태라면 무엇을 이야기해야 할지 생각할 힘도 없이 그저 조건반사적으로 움직일 것이다. 신문관이 자지 길이를 보고 웃거나 아내가 좋아하는 섹스 체위를 묻는다면 허세도 오래 가지 못한다. 탈진했고 모든 것이 나를 괴롭히고 알고 있는 모든 것을 다 말해 버리고 집에 가고 싶을 때를 대비해 싸워야 한다. 그래도 우리가 뭔가 이용할 수 있는 점이 있다면 이라크군에서는 고참 하사관도 별 볼 일 없는 존재라는 것이다. 이라크군은 장교들을 위해, 장교들에 의해 운영되며, 다른 계급들은 그저 부속품에 불과하다. 그래서 그들은 내 마음을 이해하지 못하며 앞으로도 못할 것이다. 그럼으로써 그들은 나를 바보 같은 시골뜨기로 간주하고 괴롭힐 가치조차 없다고 여길 것이다.

나는 수갑과 눈가리개를 풀어 달라고 했다.

"도저히 생각을 똑바로 할 수 없어요. 손은 마비되고 눈이 아파요. 머리가 아프다고요."

그 목소리가 대답했다.

"그야 자네의 안전을 위해서지."

"맞아요. 알았어요. 쓸데없는 얘기해서 죄송합니다."

내 안전이 아닌 그들의 안전을 위함이었다. 그들은 내가 그들을 알아보는 것을 원하지 않았다. 나는 계속 주절거렸다.

"나는 여러분들을 돕고 싶어요. 그러나 나는 상사에 불과해요. 난 아무것도 모르고 할 줄 아는 것도 없어요. 그리고 특별히 하고 싶은 일도 없고요. 만약 내가 더 많은 걸 알고 있다면 즉각 이야기했을 겁니다. 나는 여기 있기 싫어요. 나를 여기 보낸 건 우리 정부예요. 나는 헬리콥터에 탄 것 말고는 한 것도 없어요. 나는 우리가 당신네 나라에 내렸는지도 몰랐어요."

"잘 알겠네, 앤디. 하지만 자네는 우리가 몇 가지를 확실히 짚고 넘어가야 한다는 걸 알아야 해. 그리고 우리가 자네를 돕는다는 건 자네도 우리를 도와야 한다는 것을 의미하지. 이미 이야기했으니 알아듣겠지?"

"넵, 잘 알겠습니다만, 죄송하게도 이게 내가 아는 전부입니다."

게임은 1시간이나 진행되었다. 매우 점잖은 분위기였으며 학대는 전혀 없었다. 그러나 그들도 내가 거짓말을 하고 있는 것을 느끼는 듯했다. 내 자신이 유일한 문제였다. 그보다 2걸음 앞서서 나가는 데 실패한다면 나는 모순된 발언을 할 수도 있다.

나는 두 번이나 그 말을 거듭했다.

"앤디, 지금 우리에게 거짓말하는 건가?"

"나는 혼란스럽습니다. 생각할 시간도 주지 않았잖아요. 나는 집에 혼자 돌아가는 게 두려웠어요. 나는 이 전쟁에 참전하고 싶지 않았어요. 난 지금 너무너무 힘들어요."

"그러면 생각할 시간을 줘야지, 앤디. 그러나 잘 생각해야 하네. 자네가 우리를 돕지 않으면 우리도 자네를 도울 수 없거든."

그들은 내 가족과 교육 수준에 대해 묻기 시작했다.

"자네는 학위가 있는가?"

학위? 난 CSE(중등교육 이수 증명자격시험)도 안 봤다.

"아뇨, 나는 학위가 없습니다. 그래서 군인이 된 거죠. 대처 여사가 지배하는 영국에서는 교육 못 받은 사람은 아무것도 못합니다. 나는 밑바닥의 노동자 계급이었죠. 아무것도 할 줄 아는 일이 없어서 저는 육군에 입대했어요. 영국 생활에는 돈이 너무 많이 들어요. 세금도 많이 내야 하고요. 군에 안 갔다면 나는 굶어 죽었을 거예요."

"자네는 형제자매가 있는가?"

"아니오. 나는 독자라서 형제자매도 없어요."

"우리는 자네 부모님의 주소를 안 후 그들이 자네의 생존 소식을 알 수 있게 소식을 보내고자 하네. 그분들은 자네를 무척이나 걱정하고 계시네. 앤디 자네도 그분들에게 드리고 싶은 말씀이 있을 거야. 그래야 자네 기분도 한결 나아지지 않겠나? 우리는 자네가 우리를 돕는 만큼 자네를 도울 거야. 자네가 자네 부모님의 주소를 적어 주면 우리가 그분들에게 편지를 써 주겠네."

나는 아버지가 심장마비로 죽었고, 어머니는 미국으로 도망쳤다고 이야기했다. 나는 어머니를 몇 년 동안 보지 못했고 따라서 나는 가족이 없는 셈이었다.

"자네의 소재를 알고 싶어 하는 영국 친구들도 있을 텐데?"

"나는 혼자입니다. 나는 군대밖에 갈 곳이 없었고 친구는 없습니다."

나는 그가 나를 믿지 않는다는 것을 알고 있었으나, 아무 대답도 하지 않는 것보다는 나았다. 결과는 똑같았다.

"앤디, 왜 서구 군대가 여기 와 있다고 생각하나?"

"잘은 모릅니다. 부시는 쿠웨이트의 석유가 필요하다고 말했고, 영국도 부시에 찬성했죠. 그러니 우리는 부시의 졸개인 셈이죠. 나는 영국 신임 수상 존 메이저의 졸개이고요. 나는 정말 이 전쟁이 왜 일어나야 하는지 이해할 수 없어요. 내가 아는 거라곤 나는 의무병의 임무를 수행해야 한다는 것뿐이에요. 나는 전쟁에 전혀 관심이 없을 뿐더러 참전하고 싶지도 않았어요. 나는 다만 그 놈들 대신 더러운 일을 해주기 위해 끌려왔을 따름입니다. 대처와 메이저는 지금쯤 자기 집에서 진이나 토닉을 마시고 있을 거고 부시는 데이비드 기지 근처를 조깅하고 있을 거예요. 그런데 난 여기서 도저히 이해할 수 없는 상황에 처해 있어요. 제발 내 말을 믿어 주세요. 나는 여기 있기 싫어요. 그리고 당신들을 돕고 싶고요."

"좋아, 곧 다시 만나게 될 거야. 이만 물러가 봐도 좋네."

내 뒤에 있던 경비병들이 나를 붙들고 끌고 갔다. 나는 도저히 그들 속도에 내 발걸음을 맞출 수가 없었다. 그들은 나를 복도, 샛길을 거쳐 계단 아래로 끌고 갔고 돌로 포장된 길을 거쳐 다시 감옥에 집어넣었다. 그들은 나를 방구석에 몰아넣고 피곤한 포즈를 취하게 했다.

문이 쾅 하고 닫히자 나는 안도감에 한숨을 쉬었다. 나는 내 자신을 다시 추스르기 시작했다.

2분 후 다시 문이 꽝 하고 열리더니 한 경비병이 들어왔다. 그는 내 눈가리개를 벗겼으나 나는 위를 보지 않았다. 나는 또 얻어맞을 것이라고 생각했으나, 그는 그냥 밖으로 걸어나갔다. 나는 최초로 내 주위를 돌아다 볼 기회를 얻었다.

바닥은 정말 팍 삭은 콘크리트였고 작은 구덩이가 여기저기 나 있었으며 매우 습기 찼다. 문 오른쪽에 작고 가느다란 창문이 나 있었다. 위를 쳐다보니 내 시선이 감방 가운데 걸려 있는 커다란 갈고리에 못박혔다. 내 가슴이 쿵쾅거리기 시작했다. 나는 거기 매달려 있는 내 모습을 상상할 수 있었다.

벽은 원래 크림색이었지만 지금은 오물로 더럽혀져 있었다. 표면은 부스러져 있었고, 아랍어로 뭐라고 잔뜩 쓰여 있었다. 나치의 갈고리 십자가 마크도 2개나 그려져 있었고, 뒤를 돌아다보니 하늘을 나는 비둘기 모습이 A4용지 만하게 그려져 있었다. 비둘기의 발목에는 쇠고랑이 채워져 땅에

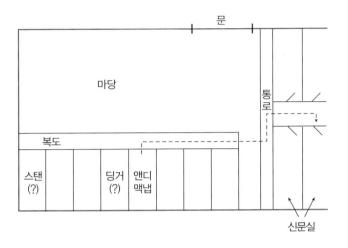

신문 구역

연결되어 있었다. 아랍어들 사이에 영어도 섞여 있었다. 그 내용은 이랬다.

"한 번만이라도 내 유일한 희망인 아들 조셉을 만나 볼 수 있을까?"

정말 멋진 그림이었다. 나는 이것들을 그린 사람이 누구이며 그 이후에 어떤 일이 벌어졌을지 궁금했다. 이것은 그 사람의 마지막 일이 아니었을까?

벽에 큰 핏자국이 2개나 있었다. 핏자국마다 피가 1~1.5리터 정도는 발라져 벽 위에서 굳은 것 같았다. 그중의 하나는 마분지로 문질러져 있었다. 나는 그것을 잠시 동안 응시했다. 갑자기 내 엉덩이에 뭔가 촉감이 느껴졌고 나는 그것을 집어 들고 보았다. 그 물체는 자양강장제 상자의 잔해였다. 거기에는 이 음료를 마시면 어떤 일이 일어나는지 적혀 있었다.

"활기와 에너지를 당신에게!"

나는 그 내용을 더 읽어 보고는 심장마비에 걸릴 뻔 했다. 그 물건은 미들섹스의 브렌트포드에서 만들어진 것이기 때문이었다. 그곳은 내 딸 케이트의 어머니의 친정이었다. 나도 물론 그곳에 대해서 잘 알고 있었고 이 음료수 제조공장의 위치도 알고 있다. 케이트는 아직도 거기 살고 있다. 그러자 내 딸 생각에 의기소침해졌다. 난 여기 얼마나 더 오래 있어야 하나? 이전쟁은 도대체 무슨 의미가 있나? 내가 죽을 때까지 전쟁이 계속될까? 나는 여기서 적들의 가혹행위로 죽게 되지 않을까?

나는 가능한 시나리오를 상상하며 방어전략을 세우기 시작했다. 우리이외에도 더 많은 생존자가 있지 않을까? 이라크 놈들이 우리와 주보급로 전투와의 연관성을 찾아내지 않았을까? 어쩌면 그들은 그 사건의 증인들을 이미 확보했고, 다만 우리를 갖고 노는 것이 아닐까? 내가 자신 있게 단언할 수 있는 것은 나와 딩거가 그들에게 잡혀 있다는 것뿐이었다.

약 15분 후에 복도에서 소곤거리는 목소리가 들렸다. 내 맥박이 마구 뛰었다. 그들이 가까이 다가왔고, 나는 크게 숨을 들이켰다. 그러나 그들은 다른 감방 문을 열었다. 아마 딩거를 신문하려 끌어내는 것일 게다.

약 1시간 후 나는 그의 방문이 꽝 소리를 내며 닫히고 잠기는 소리를 들었다. 해가 기울어 가고 있었다. 문 밑으로 빛이나 그림자가 들어오지 않는 것으로 봐서는 복도도 매우 어두운 것 같았다. 나는 사람들이 문간에서 이야기하며 복도 끝으로 걸어가는 소리를 들었다. 그리고 복도의 문도 잠겼다. 우리가 온 후 그 문은 처음 잠기는 것이었다. 그것은 우리가 여기서 자야 한다는 뜻인가? 나는 그러기를 바랐다. 생각해 볼 것이 많으니까 말이다.

어두워지면 볼 수 없으므로 자신의 안전을 지키는 데 특별한 감각이 필요하다. 게다가 춥고 이런저런 생각을 해 보니 무서워졌다. 난 바닥에 머리를 박고 잠이 들기 시작했다. 하지만 옆으로 누워 바닥에 뺨을 대고 자는 것이 더 좋았다. 다만 문제라면 엉덩이가 아파 온다는 것뿐이었다. 그래서 나는 몇 분마다 뒤척이며 잠을 이루지 못했다.

틸리 램프의 불빛이 문 아래 틈새로 너울거리고 발자국 소리와 열쇠의 쩔그렁 소리가 들려왔다. 빗장이 철그럭거렸고, 그들은 문을 발로 차기 시작했다. 낮보다도 더욱 시끄럽게 들렸다. 딩거의 방에서도 똑같은 일이 일어나고 있었다. 이것은 일종의 협박이었다. 그들은 힘과 램프를 가지고 있고, 나는 구석에 찌그러진 포로라는 것이다.

걷어차인 문이 열렸다. 나는 일어나 앉았다. 나는 무릎 사이에 내 머리를 처박고 예기치 않은 구타에 대비했다. 그들은 내게 다가와 나를 끌고 복도로 나갔다. 발이 아파왔고 나는 발에 가해지는 무게를 줄이기 위해 몸을 웅크렸다. 그들은 나를 몇 미터 끌고 가서 멈추었다. 그들은 나를 다른 감방에 넣었다. 나는 무슨 일이 일어나건 대처할 수 없었다. 여기는 고문실일까? 아님 화장실? 새로운 신문실?

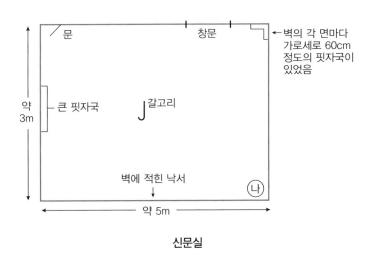

신문실

그들은 나를 바닥에 앉히고 수갑을 풀었다. 그러나 다시 왼손목에만 수갑을 채웠다. 내 오른손은 자유로웠으나 왼손은 다시 결박되었다.

그중 1명이 말했다.

"여기 머물러 있게."

그들은 방을 나가고 문을 걸어 잠갔다. 복도를 따라 그들의 발자국 소리가 멀어져 갔다.

나는 내 오른손을 이용하여 내가 무엇에 묶여 있는지 알아보았고, 곧 그것이 다른 사람의 팔이라는 것을 알았다.

"딩거!"

"상사님?"

도저히 믿어지지 않았다.

우리는 다시 만나 정말 믿기지 않을 만큼 반가웠다. 몇 분 동안 우리는 놀라워하며 서로를 끌어안고 기쁨을 나누며 앉아 있었다. 너무나도 환상적이었다. 갑자기 복도에서 발자국 소리가 들리더니 경비병들이 들어오려고 문을 걸어찼다. 나는 딩거를 바라보았다. 그의 얼굴에서는 나와 마찬가지로 실망감이 느껴졌다. 나는 그들이 들어오면 "잘 왔어요. 친구들."이라고 말할 작정이었다. 그러나 그들은 우리가 덮을 담요를 가져왔다. 오늘은 사담 후세인의 생일이라도 되나?

나는 딩거의 귀에 대고 "손은 어떤가?" 하고 속삭였다. 방에 벌레가 너무 많아서 우리가 계속 지낼 수 있을지 확신은 없었다.

"완전히 개판됐어요."

그 말을 들으니 기뻤다. 내 손이 그의 손보다 더 상태가 나빴다면 욕 나올 뻔 했다.

"난 아직도 지도와 나침반을 갖고 있다네."

"그래요? 저도 마찬가지입니다. 믿을 수 없네요."

"금은 어찌 되었나?"

"민간인들이 가져가 버렸어요. 상사님 건요?"

"장교들이 가져가 버렸지."

"개새끼들. 그럴 줄 알았어요."

그 후 30분간 우리는 애들처럼 서로의 부상을 견주어 보았다. 우리는 경비병들을 욕하며 열을 냈다. 우리는 엉덩이와 등에 담요를 깔고 어깨에도 걸쳤다. 우리가 편안해지려고 움직이는 동안 수갑은 자꾸자꾸 조여들었다.

딩거와 함께 어둠 속에 있으면서 나는 우리가 헤어진 후 딩거, 렉스, 보브에게 어떤 일이 일어났는지 알게 되었다.

그들이 잡목선을 따라 정찰하던 도중 딩거가 이상한 소리를 듣고 멈추었다. 딩거의 뒤에는 렉스와 보브가 따르고 있었다. 그러나 앞의 대원에게 구두로 경고를 할 수 없는 상황이었으므로 그들의 정찰은 멈추었다.

소리는 사그러들었다. 그들은 10분간 기다렸으나 되돌아가지는 않았다. 그들은 참을성 있게 움직였다. 그들은 불과 180m를 움직였을 뿐이고, 15m 앞에는 적이 기다리고 있었다. 갑자기 근접사격 2발이 날아오더니 무수한 총탄이 빗발치듯 날아왔다. 이 전투 중에 보브가 나머지 2명을 남겨놓고 사라져 버렸다.

딩거와 렉스는 강으로 후퇴하며 기동간 사격을 했다. 135m 거리에서 적이 섬멸작전을 벌이는 무수한 사격음과 고함소리가 들려왔다. 이라크군들은 점점 포위망을 좁히며 다가오고 있었다.

딩거와 렉스에게는 미니미 탄띠 30발과 M16 탄창 1개분의 탄이 남아 있었다. 그 정도 탄약으로 적을 돌파해서 나아가기는 불가능했다. 강을 건너는 것이 유일한 방법이었다. 그들은 물가로 가서 작은 배를 발견했다. 그들은 배를 묶은 줄을 끊어 보려 했으나 재수 없게도 그 줄은 총을 쏴야만 끊을 수 있을 듯했다. 그렇다면 한 가지 방법밖에는 없었다.

강의 폭은 한 90m 정도 되어 보였고, 느리게 흐르고 있었다. 물은 딩거가 숨이 막힐 정도로 차가웠다. 그러나 간신히 물을 건너 물가에 도달하고 보니 그들이 건넌 것은 지류에 불과했다. 그들은 강 중간의 섬에 도달한 것이었다. 그들이 떠나온 강둑에서는 사격음과 고함소리가 들렸고 횃불이 강물을 비추고 있었다. 그들은 은폐물을 찾아보았다.

그 섬은 약 250미터 떨어진 부교 위의 검문소에서도 보였다. 숨을 곳이 없었다. 둘 다 너무 추워서 몸을 부르르 떨었다. 렉스는 주위를 살펴보고 어떻게 도망칠 수 있을지 연구했다. 그때까지도 계속 전투 소음이 들려왔다. 갑자기 미니미 경기관총의 매우 긴 연사 소음이 들려왔다. 보브가 쏜 것이었다. 그러나 그도 곧 침묵했다.

렉스는 폴리스틸렌으로 된 상자를 하나 발견했다. 그들은 그 상자를 부순 후 그 파편 위에 야전상의를 감아서 부구로 사용했다. 유일한 탈출로는 다리로 막혀 있었고, 그 다리에는 많은 적이 있었다. 헤엄쳐 강의 주류를 건너는 것이 유일한 기회였다.

그들은 기회를 잡기 위해 1시간 동안 엎드렸다. 그들의 젖은 전투복은 얼어서 딱딱해졌다. 움직여야 했다. 딩거가 먼저 도망치기 시작했다. 그는 이 상황을 견뎌 낼 만큼 강했다. 하지만 그가 자신의 수영실력으로 과연 주류를 건널 수 있을지는 미지수였다. 렉스가 그의 등을 떠밀었다. 물이 허리까지 차자 그들은 수영을 시작했다. 강폭은 480m 정도였다. 물살은 빨랐다. 딩거는 곧 지치기 시작했다. 렉스가 그를 격려했다.

"우린 할 수 있어. 할 수 있다고."

결국 딩거의 발이 지면에 닿았다.

"바닥이다!"

그는 마른 땅 위에 비틀거리며 일어서서 속삭였다. 거의 본능적으로 그는 강가의 적의 움직임을 살폈다.

강 쪽을 돌아보니 물살 때문에 약 1km 정도 하류로 떠내려 온 것을 알 수 있었다. 렉스는 아직도 물속에 있었다. 그는 렉스에게 달려가서 소리를 질렀으나 렉스는 일어서지 못했다.

딩거의 눈에 강둑에서 10m 거리에 있는 작은 펌프장이 보였다. 그는 렉스를 거기로 끌고 가 눕혔다. 딩거는 렉스의 젖은 옷을 벗기는 데 2시간이나 걸릴 만큼 피로했다.

해가 뜨고 있었다. 딩거는 렉스를 햇빛이 비치는 곳으로 옮겼다. 더 이상 다른 방도가 없었다. 렉스의 목숨을 구하는 것이 최우선이었다. 그것이 딩거를 움직이게 했다. 딩거는 이제 얼마 못 가 적에게 발견될 것이라는 것을 잘 알고 있었다. 지상에는 수백 명의 적병이 있었다.

렉스는 죽어가고 있었다. 딩거는 결정을 내려야 했다. 여기 숨어서 렉스가 죽는 꼴을 볼 것인지, 아니면 적에게 발각되더라도 렉스가 치료를 받을 수 있게 해 주어야 할지를 말이다. 생각하는 데는 그리 오랜 시간이 필요치 않았다. 렉스는 펌프장 밖으로 나가 한 농부가 그를 발견할 때까지 서 있었다.

딩거는 안으로 도망쳐서 문을 닫았다. 농부도 뛰어가서 적들에게 이 사실을 알렸다. 바깥은 적들의 목소리로 시끄러워졌다. 딩거는 이미 펌프장 뒤로 도망칠 길을 알아두고 있었다. 렉스는 발전기 옆에 누워 있었다. 그의 숨결은 거칠었다. 딩거는 렉스에게 자기가 뭘 하고 있는지 설명해 주고 도망쳤다. 딩거는 렉스가 자신의 말을 알아들었는지는 알 수 없었지만, 제발 그렇기만을 바랐다.

그는 한 민간인에게 발견될 때까지 와디 바닥을 달리고 있었다. 곧 20~30명의 적이 와디 가에서 그를 에워쌌다. 그들은 사격을 개시했다. 딩거는 곧 잡힐 것이라고 생각했으나 계속 달렸다. 원래 딩거는 그 지역 주민처럼 보이기 위해 머리에 터번을 두르고 있었다. 결국 딩거를 포위한 적들은 그를 쓰러뜨리고, 그의 터번으로 딩거의 양손을 등 뒤로 묶었다. 딩거가 위를 보니 그중 한 명이 칼을 꺼내 딩거의 귀를 자르려고 하는 것이었다.

딩거는 자기 벨트 속의 금화를 꺼내야겠다고 생각했다. 주민들에게 그것은 최고의 크리스마스 선물이었다. 주민들은 금을 더 많이 가지려고 저희들끼리 싸우기 시작했다. 그들은 금의 분배를 마치고 딩거를 그들 마을로 끌고 갔다.

주민들은 딩거의 사지를 절단하려고 했다. 몇 발의 총성이 울렸다. 이젠 죽었구나 싶었다. 그러나 총을 쏜 것은 주민들이 아닌 이라크군이었다. 이라크군은 주민들 사이를 헤치고 딩거를 끌고 갔다. 그들은 포로를 산 채로 데려오라는 명령을 받은 것이 분명했다.

그는 호송차량에 태워져 강을 건너 이라크군 기지로 갔다. 모두가 아주 놀랐다. 딩거는 그들이 잡은 첫 번째 백인이었다.

딩거는 이라크군 장교들이 있는 방에 수갑이 채워진 채로 앉혀졌다. 그들은 유창한 영어로 딩거에게 4가지 질문사항을 물었다. 그러고 나서 그들은 또 물었다.

"자네의 임무는 무엇인가?"

딩거의 대답은 뻔했다.

"그런 질문에는 대답할 수 없어요."

그러자 그들은 질문에 대답하지 않으면 아주 안 좋아질 것이라고 말했다. 이건 전쟁이니까. 그들은 딩거에게 또 질문했고 딩거는 또 말했다.

"그런 질문에는 대답할 수 없어요."

그러자 그들은 격분하여 딩거를 걷어차 때려눕히고 마구 구타했다. 마치 누가 더 많이 때리는지 경쟁이라도 붙은 것 같았다. 적의 기세는 하늘을 찌를 듯했다. 딩거는 걱정되기 시작했다.

구타는 30분간이나 지속되었고, 더 이상의 질문은 없었다. 갑자기 한 장교가 방을 뛰쳐나갔고 다른 장교가 말했다.

"곧 후회하게 해 주지."

뛰어나갔던 장교는 1.2m 길이에 7.5cm 굵기의 목제 몽둥이를 들고 돌아왔다. 그는 그것으로 딩거를 패기 시작했다.

몽둥이에 맞은 시간은 90초밖에 안 되었으나 이대로 가다간 죽을 것이 뻔했다. 그래서 딩거는 탐색구조대 이야기를 꺼냈다.

그러자 그들은 탐색구조대의 인원은 몇 명인지 질문했다. 딩거는 말했다.

"그런 질문에는 답할 수 없소."

그들은 딩거를 또 막대기로 때리기 시작했다.

그들은 M-72 로켓탄과 M-16 소총을 들고 와서 그 사용법을 물어 보았다. 딩거는 거기에도 대답하지 않았다. 딩거는 그래서 또 매를 벌었다. 그때 딩거는 이런 생각이 들었다. 저건 무기잖아. 예수님이 비밀을 말하지 말라고 그러셨지. 정 궁금하면《제인연감》보고 배우라고 그래.

딩거는 그들에게 조종사 구조 작전에 대해 설명했다. 잘 먹혀들어가는 것 같았다. 그러나 그것은 전초전에 불과했다. 그는 일이 더욱더 꼬여 갈 것이라는 걸 알았다.

우리는 나머지 정찰대원의 생사여부가 궁금했다. 딩거가 마지막으로 본 렉스는 미동도 하지 않고 쭉 뻗고 누워 있었다. 렉스는 죽은 것이 확실했다. 보브에 대해서는 알 수 없었다. 딩거는 그가 나와 마크와 함께 있었다고 말했고, 나는 보브가 딩거와 함께 있는 줄 알았다. 딩거는 우리가 바그다드로 갈 때 심하게 불탄 보브의 장비 일부를 보았다. 그렇다면 보브는 살아 있을 확률이 적었다. 내가 체포 직후 신문을 받는 동안 딩거는 적이 우리로부터 입수한 모든 장비와 함께 갇혀 있었다.

"그들은 우리 무기를 노획했지만, 이라크놈들은 M-203 유탄발사기에 대해서는 완전히 문외한이었습니다. 저는 유탄발사기를 주물럭거리던 그놈들에게 빨리 총을 내려놓으라고 했어요. 아직 M-203 유탄발사기에 탄 1발이 들어 있었기 때문이었죠. 하지만 그놈들은 내 뺨을 때리고 나서, 계속 유탄발사기를 만지다가 격발을 해 버렸죠."

딩거에게는 다행스럽게도 40mm 유탄은 18m 이상 비행해야 내부의 관성 안전장치가 해제되어 폭발 가능상태가 된다. 이라크군이 쏜 유탄은 감방 천정에 맞고 튕겨나갔다. 딩거에게 알라신의 은총이 임한 것이다. 만약 유탄이 폭발했다면 방 안의 모든 사람이 몰살당했을 것이다.

"정말 대단했어요. 그것 때문에 또 얻어맞기는 했지만."

우리는 M-16 소총 때문에 웃지 않을 수 없었다. 하지만 웃음소리를 죽이느라 고생했다. 딩거의 목소리를 들으니 나의 고통이 가셔오는 것 같았다. 딩거의 이야기는 계속되었다.

"이라크군 원사가 내 나침반을 노획했지만, 그 멍청이들은 그 원사가 그걸 들고 뭐 하는지도 모르더군요. 원사는 그 물건이 나침반이라는 것까지는 알았지만 어떻게 사용하는지도 몰랐어요. 그래도 그 원사는 체면 잃지 않으려고 그 물건을 쓸 줄 아는 것처럼 행동했어요. 그 꼴을 보니 정말 행복했죠. 그 원사는 나침반 뚜껑도 열 줄 몰랐어요. 그걸 보니 정말 웃을 수밖에 없더군요. 그들은 우리 장비의 일부분도 마치 우리 장비의 핵심 요소라도 되는 듯 취급했고, 모두 폭탄이라도 되는 양 다루었어요. 그들은 우리 장비들이 자기들 얼굴 앞에서 폭발할 줄 알았나 봐요."

우리는 스탠과 빈스의 생존 여부에 대해서도 심각한 이야기를 나누었다. 내 생각에는 스탠은 죽은 것 같았다. 도피 및 탈출의 첫날밤 이후 그의 생각이 더 이상 나지 않았다. 나는 갑자기 외쳤다.

"후레자식 같으니! 그놈에게 내 모자를 줬는데!"

그가 내 모자를 가지고 있다가 전사했고, 그에게는 더 이상 내 모자가 필요 없다고 생각하니 정말 화가 났다.

딩거가 계속 말했다.

"그 후레자식은 어딜 가나 다른 사람의 장비를 다 챙겨가지고 다녔죠. 그놈은 천국에 가서 하나님의 외투도 훔쳤을 거예요."

빈스와 크리스가 어찌 되었는지 확신하지는 못한다. 아직 우리 대원 중에 살아남은 사람이 있다면 그들은 우리와 함께 있어야 한다. 그렇지 않다면 지금도 도망치는 중이거나 아마 전사했을 것이다.

왜 저들이 우리를 함께 감금했는지의 이유는 알 수 없었다. 도대체 무엇 때문일까? 저놈들은 우리의 주장을 믿는 것일까? 저놈들은 우리가 서로 떠들게 해 놓고서 그것을 도청하려는 것일까? 그런 것을 신경 쓸 힘과 시간이 없다는 것이 해답이라면 해답이었다. 우리는 함께 있음으로서 우위를 점해야 했다.

복도에서 울려 퍼지는 빗장 풀리는 소리에 우리의 신경이 곤두섰다. 타일 바닥에 발자국 소리가 들려오더니 손전등 불빛이 감방 안에 비쳤다. 그들은 군홧발로 문을 걷어차 열었다. 우~ 안 돼. 그들이 우리를 또 갈라놓을 것이라는 생각이 들었다.

두 경비병들이 나타났다. 첫 번째 사람은 우리에게 물통 하나를 주었다. 두 번째 사람은 김이 모락모락 나는 밥그릇을 가져왔다.

담요, 물, 수프... 마치 고급 호텔에 온 것 같았다. 너무나 기뻤다. 실컷 먹여 주는 룸서비스라니! 먹다 탈이 나지 않을까 걱정될 지경이었다.

우리는 난민들처럼 어깨에 담요를 두르고 그들을 바라보며 미소 지었다. 그들이 물었다.

"너희들 미국인이야?"

"아니, 영국인이야."

"텔 아비브에서 왔지?"

"아니, 영국 런던에서 왔어."

"아! 런던! 축구, 맨체스터 유나이티드, 축구 좋지."

"맞아, 리버풀도 있어."

"아! 리버풀, 보비 무어! 좋아!"

우리는 문이 닫힐 때까지 우리끼리 이야기하지 않았다. 문이 닫히자 나는 딩거를 보았다. 우리는 동시에 "멍청이들!" 하고 말하고선 킥킥거렸다.

그릇에는 이상한 양파맛이 나는 더운 국물이 들어 있었다. 물통에는 물 2리터 정도가 들어 있었고, 포도 샴페인보다도 맛있었다. 이론상으로는 맛을 음미하면서 천천히 먹어야 하겠으나 실제로는 저 후레자식들이 언제 쳐들어와서 음식을 우리 코앞에서 뺏어 가 버릴지 모르기 때문에 정신없이 먹어치워야 한다. 그러면 음식이 목구멍에서 출렁거리고, 배가 너무 빵빵해질 수도 있는 큰 위험이 있다.

우리는 앉으려고 해 보았으나 수갑 때문에 그냥 등을 대고 누웠다. 우리는 담요를 덮었고, 나는 천장을 응시했다. 내 코가 벌름거렸다. 딩거 냄새였다. 그의 몸 냄새는 정말 심했다. 내가 한마디 했다.

"자네 마누라 불쌍하군. 매일같이 이렇게 지독한 냄새 나는 자네와 같이 자야 하다니. 커다란 곰이랑 같이 자는 거와 비슷하겠어."

1~2분 후 나는 갑자기 너무 급했다. 양파 탓이었다.

"딩거, 응가 좀 해야겠어."

딩거는 인색하게도 반쯤 누운 자세에서 손만 허공에 들어 내가 그와 최대한 멀리 떨어지게 했다.

나는 바지도 벗지 못한 채 똥을 싸지 않으려고 정신없이 내 바지를 벗었다. 딩거가 투덜거렸다.

"이런, 대가리 박아야겠네."

결국 나는 자세를 잡고 똥을 싸는 데 성공했다. 온 사방에 생똥이 넓게 퍼졌다. 딩거가 짜증난다는 듯이 말했다.

"으~쒸. 여기는 내 집이에요. 상사님은 상사님 댁에서도 이러세요?"

나는 내 자신을 변호하기 힘들었지만 대강 둘러 댔다.

"문제될 거 없어. 난 이거 때문에 너무 힘들었어. 자네가 사람들을 초청해 음식을 먹이면 그들이 자네에게 무슨 수로 보답하겠나? 자네의 멋진 카펫 위에 똥을 싸질러 놓는 것 외에는 방법이 없다네."

나는 이 말을 해 놓고서 혼자 자지러지게 웃었다. 이제 바지를 올리고 눕는 것 외에는 할 것이 없었다. 최고의 환경은 아니었으나 적어도 3가지 위안거리가 있었다. 나는 내 감방이 아닌 그의 감방에 똥을 쌌으며 내 다리는 따뜻했다. 그리고 다음은 그의 차례였다.

우리는 우리 밑에 담요를 깔고 서로 끌어안아 체온을 유지했다.

밤 동안 경비병들이 들락날락하는 소리와 문을 쾅쾅대는 소리를 들었다. 그때마다 나는 그들이 오는 것이 아닌가 싶어 무서웠으나, 그들은 항상 그냥 우리를 지나쳐 버렸다.

한번은 우리 근처의 문이 걷어차여 열리더니 구타당하는 사람의 괴로운 비명 소리가 들렸다. 아무리 열심히 들으려고 해도 한계가 있는 법이다. 누군가가 고통스러워하는 소리를 듣는 것은 무서운 일이었다. 그가 누구이건 간에 별 상관하지 않는다. 누구인지 모른다면 아예 신경 쓰지 않을 수도 있다. 그러나 그건 너무 맥 빠지는 일이다. 나는 무력한 상태이고 다음 차례가 될 수도 있기 때문이다.

우리는 이런 소리를 들었다.

"이런 싸가지 없는 놈! 나쁜 새끼야!"

그러더니 판자가 허공을 가르며 날아가 벽에 부딪치는 소리가 들렸다.

저 사람은 스탠일까? 우리는 최대의 노력을 기울여 소리를 들었으나 소음은 가라앉았다. 우리는 최소한 누군가가 우리와 비슷한 상황에 처해 있다는 것을 알았다. 그 사람이 우리 대원인지는 알 수 없지만 말이다. 그러나 그가 누구이건 간에 그는 우리에게 위협이 될 수 있다. 이 경우, 현장에 다른 사람이 있었다고 하면, 딩거와 내가 그동안 꾸며낸 이야기를 계속 유지할 수 있다. 그러나 우리와 이야기할 수 없는 다른 사람은 우리 발밑에서 양탄자를 걷어 갈 수도 있다. 행복감이 사라지는 느낌이었다. 아직은 내 몸이 말을 들어 주고, 딩거와 함께 있는 것이 내 유일한 생각이었다.

갑자기 내 정신을 맑게 하려고 하듯이 1.6km 거리에서 폭격기들의 반가운 소리가 들렸다. 나는 갑자기 엄청난 희망을 느꼈다. 저들이 여기를 폭격하면 탈출할 수 있기 때문이었다.

우리는 밤새 함께 있었다. 문이 쾅쾅 여닫히는 소리를 들을 때마다 우리는 그놈들이 우리를 갈라놓으려는 줄 알고 작별인사를 했다. 결국 아침이 되어서야 문이 걷어차 열렸다. 나는 수갑과 눈가리개가 채워진 채 끌려 나왔다.

나는 또 다른 신문을 받으러 가는 것 같았다. 그 경로도 잘 알고 있었다. 문을 나서서 오른편으로 돌아서 복도를 건너 좌회전, 돌로 포장된 길을 지나 계단을 올라 샛길을 지나 숲을 건너 방으로 들어갔다. 어제 왔던 곳 같았다.

그들은 나를 의자에 앉히고 거기에 묶었다.

예의 목소리가 물었다.

"잘 잤나, 앤디? 오늘 아침은 좀 어떤가?"

"좋습니다. 담요를 주셔서 감사합니다. 밤에는 너무 춥더군요."

"그래, 되게 추웠지. 보다시피 우리는 자네에게 편의를 제공하고 있다네. 앤디, 우리는 우리를 돕는 사람을 돕는다네. 그리고 자네도 우리를 돕게 될 거야. 그렇잖은가 앤디?"

"예, 이미 말씀드렸다시피 할 수 있는 모든 것을 다 해드리겠습니다."

"오늘 아침에는 몇 가지 확실히 해 두고 싶은 게 있다네. 앤디, 보다시피 우리는 자네가 유대인인지 아닌지를 판단하기 매우 어렵다네. 그러려면 증거가 필요해. 솔직히 말해야 자네의 모든 불편과 고통이 사라질 거야. 자네의 종교는 무엇인가?"

"영국 국교회입니다."

"영국 국교회는 뭐지?"

"일종의 기독교입니다."

"자네가 믿는 신은 누구인가?"

"하나님입니다."

"알았네, 그럼 예수님은 누구인가?"

나는 예수님에 대해 설명했다.

"성모 마리아는 누구인가?"

나는 마리아에 대해서도 설명했다.

"앤디, 자네와 내가 같은 하나님을 믿고 있다는 것을 이해할 수 있나? 나는 이슬람교도야. 나는 자네와 똑같은 신을 믿는다네."

"옙, 알겠습니다."

"자네는 신앙심이 깊은가, 앤디?"

"예, 그렇습니다. 나는 독실한 신도이죠."

"기독교인들은 어떻게 기도하는지 이야기해 주게."

"우리는 무릎을 꿇고 기도하기도 하고 일어서서 기도하기도 합니다. 기도하는 자세는 상관없습니다. 극히 개인적인 문제이니까요."

내가 숀클리프에서 신병 시절 때 매월 4번째 일요일마다 대대 예배 행군이 있었다. 최고 수준의 군복과 군화를 착용하고 막사에서 교회까지 정확히 열을 맞춰 걸어가야 한다. 소년병 시절 한 주중 자유로운 날은 일요일뿐이므로 그건 구속적인 일이었다. 그나마도 금요일 아침의 크로스컨트리 구보에서 중대장을 능가하는 실력을 보여 주어야 허용되었고, 그렇지 못하면 일요일에도 뛰어야 했다. 오전 9시부터 오후 8시까지의 외출증을 받지 않는 한 집에 갈 길은 없었다. 그래서 나는 예배 행군을 기뻐하지 않았고, 뭐가 어찌되건 크게 신경 쓰지 않았다. 그러나 지금 나는 빌리 그레이엄(Billy Graham: 미국인 목사) 이래 가장 경건한 기독교도가 되려고 머리를 쥐어짜내며 애쓰고 있다.

"기독교인들은 언제 금식하는가?"

금식도 했나? 난 그런 거 모르는데.

"우리는 금식하지 않습니다."

"거짓말이야, 앤디! 우리는 기독교인들이 금식한다고 알고 있어."

그는 사순절 이야기를 했다. 이래서 사람은 항상 배워야 한다. 나는 가톨릭교도들이 금식한다는 이야기는 금시초문이었다.

"나는 개신교도입니다. 가톨릭교도들과는 다릅니다."

그는 다시 조용해진 것 같았다.

"음, 그럼 축제 때 자네는 어떤 음식을 먹고 어떤 음식은 먹지 않는가?"

나는 지난 추수감사절과 부활절에 내가 뭘 했는지 기억하려고 머리를 쥐어짰다.

"개신교도들은 모든 음식을 다 먹습니다. 우리는 우리가 언제 어디서든지 먹는 것은 무엇이건 신의 은총으로 여깁니다. 개신교는 매우 자유로운 종교입니다."

"그럼 돼지고기를 먹어도 되는가?"

"물론이죠."

"이봐, 앤디, 자네가 유대인이면 지금 당장 얘기해. 우리가 원하는 건 그뿐이야. 거짓말하면 혼내 주겠어."

내 오른편에 있던 놈이 끼어들었다. 그 또한 유창한 영어를 구사했다. 그는 자신이 영국 샌드허스트 육군사관학교 출신이라고 했다.

"세인트 조지의 날은 언제인가?"

전혀 몰랐다.

"세인트 스위턴의 날은?"

역시 알 턱이 없었다.

"자네들의 장례 절차는 어떠한가? 애도할 때는 어떻게 하지? 장례 기간은 얼마나 되나?"

나는 두 시간 동안 골치가 아팠다.

결국 그 목소리가 말했다.

"앤디, 자네가 뭐라고 말하건 나는 자네가 유대인이며 우리가 그 사실을 증명했다고 할 것이네."

"실수하는 거예요. 난 유대인이 아니오."

"넌 유대인이야! 우리에게 유대 사상에 대해서 말해 봐."

"당신은 긴 생머리를 하고 돼지고기를 먹지 않는 정통파 유대교도를 본 적이나 있어요? 그걸로 끝이에요. 우리는 유대인들과 어울리지 않아요."

"좋아, 그럼 자네는 단 한 명의 유대인 여자 친구도 만난 적이 없나? 영국에 사는 유대인들을 한 명도 모르는가? 그들의 이름과 주소를 한 번 대 보시지. 그들이 유대인이라면 자네는 그걸 어떻게 알고 있지?"

"나는 유대인 여자와는 아무 일도 한 적이 없소."

"왜? 자네가 동성연애자라서?"

"아뇨. 나는 동성연애자가 아니에요. 그러나 영국은 다인종 국가이고 각 인종들끼리는 많이 교류하지 않아요. 특히 유대인들은 철저히 자기들끼리 삽니다. 그들이 고립되어 있기 때문에 그들과 만나볼 기회는 많지 않아요."

"영국의 유대인 사회의 규모는 어느 정도인가?"

"그건 몰라요. 우리는 정말 서로 교류하지 않아요."

질문은 계속되었고 대답하면 할수록 나는 지식의 한계로 인해 궁지에 몰렸다. 그때 갑자기 좋은 생각이 떠올랐다. 좀 더 빨리 생각해 냈으면 좋았을 걸 싶을 정도였다.

"내가 유대인이 아니라는 걸 증명할 수 있어요."

"어떻게?"

"나는 포피가 있으니까요."

"포피가 뭔데?"

그들은 아랍어로 뭔가 열심히 떠들었다. 그리고 책장을 넘기는 소리도 났다. 사전을 찾아보는 것 같았다. 나는 협조적으로 이야기했다.

"내 손을 풀어 주면 포피가 뭔지 보여 줄 수 있어요."

그러나 그때까지도 그들은 내가 무슨 소리를 하는지 이해하지 못했다.

"'포피'라는 말의 철자가 어떻게 되는가?"

이라크 놈들이 뭐라고 열심히 설명하는 소리가 들렸다. 두 병사가 내 양 옆에 서서 내 어깨에 손을 얹었고 누군가가 내 수갑을 풀어 주었다.

"뭘 할 건가, 앤디? 뭐 할지 말해 주어야 하네."

"넵, 저는 바지를 벗고 제 자지를 꺼내 보이려고 합니다. 그러면 여러분들은 제 포피를 볼 수 있겠죠."

나는 일어서서 내 자지를 꺼내 보았다. 나는 내 포피를 잡고 있는 대로 잡아당겨 보았다.

"봐요. 난 포피가 있어요! 유대인들은 종교 관례에 따라 포경수술을 하므로 그들은 포피가 없어요."

방은 이라크군들의 웃음소리로 떠들썩했다. 그들은 데굴데굴 굴렀다. 내가 바지를 다시 잠그자 나는 의자에 다시 앉혀져 수갑이 채워졌다.

그들은 이 포피 사건 때문에 엄청나게 웃으며 아랍어로 뭐라고 떠들어 댔다. 가끔씩 '포피'라는 영어도 나왔다.

"음식을 먹고 싶은가, 앤디?"

"예, 감사합니다. 뭘 좀 먹었으면 좋겠군요. 그리고 마실 것도 있었으면 좋겠습니다."

분위기는 매우 좋았다. 한 손이 내 입에 대추야자 열매를 넣어 주었다.

그들은 여전히 내가 그 자리에 없는 듯이 떠들고 웃었으며, 나도 일이 잘 풀려나가고 있는 것 같아 기뻤다. 하지만 음료수는 먹지 못했다. 나는 거기 앉아 열매의 씨를 입에 물고 이것으로 뭘 할 수 있을까 생각했다. 너무 딱 딱해서 먹을 수는 없었고 그렇다고 뱉기도 뭐했다. 샌드허스트 출신 장교 가 내 문제를 알아채고 병사들에게 뭐라고 지시하자 병사들은 내 턱 밑에 손을 갖다 대었고, 나는 그 손 위에 공손하게 씨를 뱉었다.

방은 여전히 포피 문제 때문에 시끄러웠다.

갑자기 한 가지 생각이 떠올랐다. 나는 우리 대원들의 포피 상태까지는 다 알지 못했다. 보브는 피부가 검고 지중해인처럼 보였다. 만약 이라크군 이 보브의 시신을 갖고 있다면 그들은 보브를 유대인으로 간주할 수도 있 는 것이다. 그러면 우리는 결과적으로 좋지 않은 소식을 듣게 되는 것이다. 그래서 나는 몇 마디 덧붙였다.

"물론 기독교인들도 의학적 이유로 유대인들처럼 포경수술을 하기도 합 니다. 일부 부모들은 아이가 태어나자마자 포경수술을 하기는 하지만, 그렇 다고 그들이 유대인인 건 아닙니다."

"더 말해 봐, 앤디, 자네는 유대인들이 태어나자마자 포경수술을 받는다 고 했지? 지금은 기독교인들도 태어나자마자 포경수술을 받는다고 하는 군. 좀 이해하기 힘드네. 혹시 거짓말은 아니겠지?"

"물론 아닙니다. 그건 부모 마음에 달린 거니까요. 포경수술을 하면 더 위생적이라고 생각하는 사람도 있습니다."

그들은 이것을 무척 재미있게 여긴 모양이었다. 나는 바보가 되었고, 그 들은 계속 웃어 댔다. 나는 어떻게 하면 현 상황을 계속 유지시킬 수 있을 지 생각했다.

"곧 다시 만날 걸세, 앤디."

나는 다시 질질 끌려가 내 옛 감방에 넣어졌다. 나는 다시 수갑이 채워진 채로 혼자가 되었다.

나는 딩거가 잠시 후 그의 방으로 들어가는 소리를 들었다. 그러고 나서는 침묵이 이어졌다. 우리는 몇 시간 동안 그렇게 있었다.

오후 늦게 그들은 나를 또 불러내어 신문했다.

예의 그 목소리가 내가 앉자마자 이야기했다.

"내게 헬리콥터에 대해서 말해 보게. 헬기의 기종은 뭔가?"

"치누크였습니다."

"어떻게 알았지?"

"잘은 모르지만 항상 그것만 탔으니까요."

"모릅니다. 그때는 밤이었어요. 우리는 의무병들이지 항법사가 아닙니다. 우리는 그냥 헬기 뒤에 앉아 있기만 했어요."

"자네는 헬기가 다시 이륙할 줄 알고 있었나?"

"무슨 일이 벌어질지 종잡을 수 없었어요."

"만약 자네가 헬기의 착륙지점만 안다면 우리는 그 위치에 가서 자네의 나머지 친구들을 찾아 볼 수도 있다네."

그는 잠시 말을 끊었다가 다시 말했다.

"이봐, 앤디. 우리는 아직까지 어떤 헬기도 발견하지 못했어. 그 헬기가 정말로 자네를 내리고 도망쳤거나 아니면 자네가 거짓말을 하고 있든지 둘 중 하나겠지."

"아뇨. 내 말은 거짓말이 아닙니다."

나는 여태까지 한 이야기를 또 반복했다. 나의 발언은 질문 때문에 자주 끊겼다.

"앤디, 다시 한 번 묻겠네. 착륙한 곳이 어디인가?"

"저는 전혀 몰라요. 이미 말했잖아요. 더 이상 아는 게 없어요. 나는 더이상 아무것도 몰라요. 왜 계속 똑같은 질문을 하는 거예요? 나는 정말 몰라요. 나는 도움이 필요해요. 내가 원하는 건 오직 영국으로 돌아가는 것뿐이에요."

그의 목소리가 좀 더 근엄해졌다.

"그 헬기에 들어가는 연료량은 얼마인가?"

"전혀 모릅니다. 나는 오직 헬기에 타기만 할 뿐 헬기 자체에는 아는 게 없어요."

그것은 정말 사실이었다. 나는 알 필요가 없는 것은 배운 적이 없다. 무기에 대해서도 내가 알아야 하는 것은 무기의 작동 원리, 사용 탄종, 비상시 응급처치 요령 정도였다. 나는 총구 초속이라든가 기타 자질구레한 지식들은 별로 외우고 싶지 않았다. 오직 조준해서 방아쇠를 당겨 탄을 발사할 줄만 알면 된다. 그것은 헬리콥터나 기타 장비에도 다 쓰이는 원칙이었다. 프로 군인들이라면 다 그렇듯이, 나 역시 모든 통계 수치를 다 외우고 다니는 사람들을 경계했다. 가끔씩 사람들은 자신의 무능함을 감추기 위해 그런 통계 수치에 의존하기도 한다. 그들은 모든 이론을 다 알 수도 있겠지만, 이론과 실제는 별문제이다.

그들은 질문을 마구 해 대었다. 그들도 《제인연감》을 보면 그런 지식을 알 수 있다. 시간이 많이 걸리기는 했지만, 최소한 얻어맞지는 않으니까 나았다. 나는 거기 앉아서 혼란스럽고 천박한 사람처럼 연기했다. 하지만 그들은 점점 심각해지면서 내가 자신들을 돕고 있지 않다고 의심했다. 그러나 나는 진짜인 것처럼 행동했다. 나는 정말 아는 것이 없었으니까.

"헬기 후문은 어떻게 열리나?"

"버튼을 누르면 됩니다."

"그 버튼은 어디 있는데?"

"잘 모르겠어요."

그들은 포기하고 나를 감방에 돌려보냈다. 날은 어두워졌고 내 눈가리개도 벗겨졌으나 수갑은 그냥 채워져 있었다. 내 손과 손가락의 감각은 사라진 지 오래였다. 내 손목은 팔찌처럼 부풀어 있었고, 손도 풍선처럼 부풀어 있었다.

나는 그들이 딩거에게도 똑같은 질문을 하는 소리를 들었으며, 그들은 또 나를 불렀다. 24시간 동안 3번의 신문을 받은 것 같았다. 이번은 제일 가혹했다. 그들이 나를 완벽한 어둠 속에 두었기 때문이다.

그 목소리는 우선 헬리콥터 건에 대해 묻다가 갑자기 큰 전쟁 계획으로 화제를 옮겼다.

"슈와츠코프와 다국적군은 어떤 방식으로 침공할 계획인가?"

"몰라요."

"그들은 이라크도 침공할 것인가?"

"몰라요."

"이라크 공격 준비 중인 시리아 병사는 모두 몇 명인가?"

"몰라요."

"시리아에서 이라크를 침공하는 것이 좋다고 보는가?"

"몰라요."

"이스라엘도 이라크를 공격할 것인가?"

"모른다니까요."

"그럼 여기 온 영국 군인은 모두 몇 명인가?"

"그건 압니다. 신문을 보니 4~5만 명이라고 하더군요. 그걸 보니 흥미롭기는커녕 너무 무서웠어요."

"쿠웨이트 및 이라크 공격에 사용될 탱크는 몇 대인가?"

"몰라요."

"비행기는?"

"몰라요."

"부시는 자기가 우리 애들과 여자들을 죽이고 있다는 걸 알고나 있나?"

웃기는 일이었지만 최소한 얻어맞지는 않았고 그들이 전투에서 많은 인원을 상실했다는 소리를 꺼내지 않았으므로 좋았다.

다시 여러 번의 침묵이 이어지더니 말이 또 나왔다.

"앤디, 자네는 우리에게 도움이 안 돼. 최소한 다국적군의 비행기 숫자 정도는 알아야 할 것 아닌가!"

나는 정말 너무 피곤했다. 그러나 잠을 자기는 불가능했다. 너무 배고프고 목말랐기 때문이다.

나는 물을 달라고 했다.

날이 밝자 시끄러워졌다. 경비병들이 문을 걷어차 열고는 내게 물통을 주었다. 하수구에서 퍼오기라도 한 듯 더러운 물이었으나 그런 것에 신경 쓸 수는 없었다. 아무튼 물이었으니까. 그것을 먹고 병이 난다고 해도 최소한 수분 보충은 된다.

그들은 물통을 반납받아야 했다. 그들은 첫 신문 이후 최초로 내가 물을 마실 수 있게 내 눈가리개와 수갑을 벗겨 주고 바닥에 앉아 양손으로 물통을 움켜쥐고 있는 나를 둘러쌌다.

물을 마시기 시작하자 찬물이 부러진 이의 뿌리에 닿는 바람에 통증이 일어났다. 그들의 다리 사이로 복도를 보는 순간 스탠이 보였다. 193cm의 스탠은 자기 어깨 정도밖에 안 오는 키의 사람들에 의해 끌려가고 있었다. 그의 머리는 피딱지로 범벅이 되었다. 그의 눈은 감겨 있었고, 자기만 알아들을 수 있게 뭐라고 웅얼거리고 있었다. 완전히 맛이 간 상태였다. 그는 몸을 굽히고 절뚝거리고 있었고, 무척 아프고 혼란스러운 듯했다. 그에 비하면 나는 방금 헬스클럽에서 나온 사람 같았다. 전술 비콘으로 제트기를 호출한 이후 스탠을 처음 보았다.

나는 딩거와 내가 경비병들이 누군가에게 일어나라고 소리 질렀던 것을 기억해 냈다.

경비병들은 돌아보고 내가 뭘 보고 있는지 봤다. 그들은 내 물통을 걷어차 버리고 분노하여 나를 걷어차며 소리 질렀다.

"보지 마! 보면 안 돼!"

첫 번째 신문 이후 최초로 당한 구타였고 내가 손 쓸 방법은 없었다. 그들이 의도적으로, 혹은 비의도적으로 문을 열어놓았는지 내가 알 방법은 없었다.

나는 습기 찬 콘크리트 바닥 위에 쓰러졌다. 나는 이가 갈렸으나 그나마 좋은 점도 있었다. 경비병들은 내게 다시 수갑을 채우는 것을 잊어 버렸다.

아팠다. 그러나 참으려고 노력했다. 탈수증을 일으켜서는 안 되었다. 그러나 결국 나는 참지 못하고 구토했다. 마셨던 물을 다 뱉어 내고 말았다.

딩거가 끌려가는 소리가 들렸다. 스탠이 감방으로 돌아오는 소리는 듣지 못했다. 잠시 후 그들은 내게 왔다. 그 다음부터는 상투적인 일이었다. 그들은 내게 눈가리개와 수갑을 채우고 아무 말 없이 나를 끌고 왔다.

내가 의자에 앉아 있는 동안 기나긴 침묵이 이어졌다. 나는 발자국 소리와 펜 소리, 이전과 똑같은 냄새를 느낄 수 있었다.

1시간 동안 아무 일도 일어나지 않다가 갑자기 말소리가 들렸다.

"앤디, 오늘은 자네에게서 진실을 들었으면 하네."

예전의 그 목소리였으나 태도는 달랐다. 지금은 참을성이 없었고 농담하는 투가 아니었다.

"우리는 자네가 거짓말한 것을 알았어. 우리는 자네를 도우려고 했지만, 결국 자네는 우리를 하나도 돕지 않았어. 그래서 우리는 다른 방법을 사용하여 자네에게서 진실을 들었으면 하네. 내가 무슨 말 하고 있는지 알겠나?"

"예, 알겠습니다. 하지만 도대체 무엇을 원하는 겁니까? 저는 알고 있는 모든 것을 다 말했습니다. 여러분들을 도우려고요."

"좋아. 그럼 자네는 왜 이라크에 있는 건가?"

나는 예전에 했던 이야기를 또 했다. 내가 말을 마치기도 전에 그는 일어나 돌아다녔다. 나는 그가 어디 있는지 생각하며 말을 맺었다.

"거기까지가 제가 아는 전부입니다."

그러자 그는 내 얼굴에 대고 소리 질렀다.

"거짓말이야! 우린 네가 거짓말 한다는 걸 다 알고 있어!"

그는 내 얼굴을 잡아당기고 마구 때렸다. 내 양측에서 경비병들이 내 어깨를 붙잡고 있었다.

그는 때리기를 멈추고 내 얼굴에 그의 숨결이 느껴질 만큼 가까이서 소리 질렀다.

"우리가 너의 거짓말을 어떻게 알아냈는지 궁금하지? 우리 병원에 너희 부대 통신병이 포로로 잡혀 있고, 그가 우리에게 모든 것을 다 이야기했기 때문이야."

가능한 일이었다. 렉스가 살아 있고 그가 뭔가 말할 수 있을 정도의 상태라면 말이다. 그러나 그는 렉스가 말했다는 내용을 밝히지 않았다. 일종의 허세일지도 모른다.

"자넨 거짓말 하고 있어. 그렇지 앤디?"

"내 말은 거짓말이 아니에요. 난 더 이상 당신들을 도울 수 없어요. 나는 여러분들을 돕고 싶지만 더 이상 아는 게 없는데 어쩌겠어요."

내 스타일이 구겨졌기 때문에 나는 항변했다. 나는 왜 저들이 저렇게 말하는지 그 이유를 생각해 보았다.

더 많은 주먹질이 날아오고 나는 쓰러졌다. 그들은 나를 일으켜 세워 수갑을 벗겼다. 내가 그 이유를 생각해 내기도 전에 그들은 내 옷을 벗겼다. 순간 나는 그들이 내 자지를 잘라버릴지도 모른다는 생각이 들었다.

그들은 내 전투복 상의를 찢어 버리고 내 바지를 벗겼다. 이놈들은 나랑 비역질하고 싶은 건가?

그러나 그들은 나를 의자에 앉히고 내 고개를 앞으로 향하게 했다. 나는 숨을 깊이 쉬고 충격에 대비했다.

두 사람이 동시에 양손차기나 양발차기 혹은 몽둥이로 때렸을 것이다. 윽! 구타의 충격으로 나는 바보처럼 소리 질렀다. 그들은 내 등과 머리를 집중타격했다. 나는 의식불명에 빠졌다가 바닥에 쓰러지자 깨어났다.

나는 끙끙대기 시작했다. 그들은 나를 일으켜 세워 의자에 앉혔다.

"앤디, 자네는 우리에게 모든 것을 다 말해야 할 거야. 우리는 그걸 원해. 우리는 무슨 일이 있었는지 다 알고 있어. 우리는 너희 통신병을 잡았어. 그는 자기가 너네 부대 통신병이라고 말했어."

그런 말을 할 사람은 통신병 렉스뿐이었다. 그는 지금 병원에 있을까?

나는 계속 부인했다.

그러자 그들은 나를 때리고 또 때리고 등에 몽둥이질을 해 댔다. 그들은 잠시 쉬고 활력을 보충하기라도 하는 듯 5분간 쉬었다.

"앤디, 이러면 자네한테 득 될 게 있나? 우리가 원하는 걸 말해 보시지."

그들은 다시 때리기 시작했다.

나를 처음에 때린 것은 막대기 끝에 달린 금속 공 같았다. 일종의 중세 시대 철퇴 같았다. 그것은 고도로 정확하게 내 팔, 목, 등에 명중했다. 나는 다시 쓰러져 비명을 질렀다. 손을 쓸 수가 없었다. 나는 죽어가고 있었다.

내가 바닥에 쓰러지자 이놈들은 나를 걷어차기 시작했다. 나는 계속 비명을 질러 댔다.

그 목소리가 내 뒤에서 소리쳤다.

"거짓말 하지 마! 사실을 이야기하란 말야!"

구타가 계속되었다. 나는 시간이 얼마나 흘렀는지도 몰랐다. 그들은 나를 걷어차고 일으켜 세워 얼굴을 가격하고 철퇴와 나무 방망이 세례를 가했다. 나는 그들의 거친 숨소리를 들었다.

그 목소리가 소리 지르자 나도 맞서 소리 질렀다.

"지옥에나 떨어져. 나는 아무것도 몰라! 이놈들아!"

그는 부하들에게 아랍어로 뭐라고 말했고, 그들은 다시 또 걷어차기 시작했다.

나는 또 쓰러졌다.

정말 너무나 고통스러웠다.

고통이 끝이 없었다.

그들은 걷어차기를 멈추고, 나를 일으켜 방 밖으로 끌고 나갔다. 내 상반신은 벌거벗었고 내 바지는 발목에 걸려 있었다. 우리가 마당으로 나가자마자 또 환영식이 거행되었다. 사방에서 주먹과 발길질이 날아왔다. 엉덩이에 발길질을 얻어맞자 창자가 끊어지는 듯했다. 내 내면이 붕괴됨을 느꼈다. 나는 쓰러져 돼지처럼 소리 질렀다.

그들은 내게 눈가리개와 수갑을 채우고 벌거벗겨 다시 감옥 속에 처넣고 나갔다. 내가 앉을 만큼 회복되자 나는 뼈가 부러지지 않았는지 살펴보았다. 나는 예전의 미 해병대 조종사의 강연 내용을 생각해 냈다. 베트콩들은 그의 6년간의 수감생활 중 그의 중요한 뼈를 모두 부러뜨렸다. 거기에 비하면 이건 피크닉이었다.

"포로가 되기 전 나는 적들에게 더 크고 강하게 저항할수록, 나를 홀로 내버려 두는 시기도 그만큼 더 빨리 올 거라는 얘기를 들었어요. 하지만 포로가 되고 나니 그게 사실이 아니라는 것을 깨달았어요. 적들은 하고 싶은 건 뭐든지 할 수 있어요. 적들이 무너뜨릴 수 없는 유일한 것은 여러분의 정신입니다. 그걸 무너뜨릴 수 있는 유일한 사람은 여러분 자신뿐입니다. 저는 언제나 정신을 맑게 유지했고, 매일같이 스스로에게 이야기했지요. '그래도 나한테 얻어 낼 게 있으니까 살려두는 거겠지.'"

내 몸은 그에 비하면 매우 양호한 상태였고 내 정신도 맑았다.

날은 어두웠다. 수백 년 동안 누워 있는 것 같았다. 처음에는 한기를 느끼지 못했지만, 한기 때문에 이제 통증은 잘 느껴지지 않고 떨기 시작했다. 이런 것도 아주 오래 하면 숙달될 것이라고 생각해 보았다.

나는 다른 방에서 소리 지르는 것을 들었으나, 나는 고통과 타박상과 부러진 이라는 작은 세계에 갇혀 있어 그런 데 신경 쓸 여유가 없었다.

다른 놈들도 나와 비슷한 상황일 것이다. 그러나 그들과 나는 완전히 딴 세상에 있어 상관없었다. 나는 오직 내 차례를 기다릴 뿐이었다.

그때부터 며칠 동안 계속 매일 매시 나와 다른 2명을 번갈아가며 구타했다. 얻어맞고 추위 속에 쓰러져 있으면서 여태까지 들은 소리 중 최악의 소리인 문이 걷어차 열리는 소리를 기다렸다.

"앤디, 이번이 마지막 기회야. 어서 우리가 원하는 걸 얘기해 보시지."

"난 아무것도 몰라."

그러나 난 한 가지만큼은 알고 있었다. 내가 계속 고문받고 있다는 것은 다른 두 동료가 아직 포기하지 않았음을 의미한다. 이것은 나 혼자만의 싸움이 아니므로 내가 쓰러지면 모두가 쓰러진다. 다른 친구들을 위기에 처하게 할 수는 없다고 나는 자신에게 계속 이야기했다.

어지러웠다. 하루에도 2~3차례씩 신문이 매일 이어졌다. 언제나 똑같이 참아내기 힘들어졌다.

그들은 나를 공격할 새로운 방법을 찾아냈다. 두 놈이 나를 의자에 앉혀 고개를 처박은 뒤 두꺼운 가죽끈으로 나를 매질하는 것이다. 그게 끝나면 몽둥이와 철퇴가 또 날아온다.

신문이 끝나면 벌거벗은 나는 엄청난 고통을 느꼈다. 그 목소리는 내 귀에 조용하고 음흉하게 속삭였다.

"앤디, 우린 이야기하고 싶을 뿐이야. 자네 상태는 매우 나빠. 자네는 곧 죽게 될 거야. 그런데도 자네는 우리를 돕지 않아. 도저히 이해할 수 없는 일이지. 우리는 자네에게서 정보를 얻어낼 거야. 자네도 우리가 어떡할지는 알고 있겠지. 자네 대원 중 한 명은 벌써 우리에게 말했어. 그건 대단한 문제가 아니야. 왜 고생길을 자초하는 거지? 이봐, 우리가 자네에게 얼마나 나쁘게 대할 수 있는 건지 알고 싶은 건가?"

내 넓적다리 안쪽에는 5cm 직경의 상처가 있었다. 거기서는 피가 나왔고 가죽이 벗겨져 있었다. 나는 철그렁 거리는 금속음과 파라핀 히터가 켜지는 소리를 들었다. 여러 손들이 내 어깨를 잡고 나를 의자에 고정시켰다.

그는 내 상처에 뻘겋게 달군 숟가락을 들이댔다. 살이 타는 냄새가 나면서 나는 개처럼 소리 질렀다. 그는 숟가락을 문질러 원을 그리고 안에 십자가까지 그렸다.

나는 경비병들이 제지할 수 없을 만큼 거칠게 튀어올랐다. 나는 너무 아파 비명을 지르고 또 질렀다.

그들은 나를 다시 의자에 앉혔다.

"어떤가, 앤디? 이건 시작에 불과해. 어서 우리가 원하는 걸 이야기하란 말야."

렉스는 그들에게 엿이나 먹으라고 말했을 것이다. 그들은 단지 정보만을 얻으려고 이렇게 고문을 해대지는 않을 것이고, 렉스가 그들에게 말했을지도 모르는 정보가 무엇인지도 밝히지 않았다. 렉스가 버텨 냈다면 나도 할 수 있다.

제11장

언제나 사람들이 감방 안팎으로 들락날락거리고 있었다. 비명과 고함소리, 철문의 끔찍한 꽈당거리는 소리 외에는 들리는 것이 없었다.

이 경비병 놈들은 구타 전문 요원이 분명했다. 2시간마다 쳐들어와서 고함을 질러 대며 우리를 때렸다. 우리는 여전히 수갑과 눈가리개를 차고 있었다.

"앉아! 일어서!"

그들의 지시에 따르려고 하면 주먹과 발길질이 날아왔다. 주먹을 몇 대얻어맞으니 정신이 몽롱해지며 호흡이 거칠어진 적도 있었다. 가끔씩 이놈들은 긴 호스를 가져와서 내 등과 허리에 잔인한 구타를 가했다. 내 몸은점점 고깃덩어리가 되어가고 있었으나 스탠과 딩거의 방에서 나는 비명 소리를 듣기가 제일 괴로웠다. 나는 그들을 도울 방법이 없었고, 어떻게 해볼 방법이 없었다. 그 소리는 너무 크고 끔찍했으며, 그들 차례가 끝나고나면 내 차례였다.

한번은 갑자기 신문이 매우 온화하게 시작된 적이 있었다.

"매우 상태가 나쁜 것 같군. 어떤가 앤디?"

"맞아요. 아주 안 좋습니다."

내 입은 부어 터지고 피딱지로 도배가 되어 있어 말하기도 힘들었다.

"이는 어떤가? 혹시 이가 아프지 않은가?"

"저번에 이가 부러진 적이 있어요."

나는 불쌍한 표정을 지었다. 이 시점에서 나는 도저히 게임을 통제할 능력이 없었다. 내 이의 통증은 경험한 것 중 최고의 수준이었다.

그 목소리는 부드럽게 말했다.

"나는 자네를 간호하려고 치과 의사 한 분을 모셔 왔다네. 이 분은 런던의 개인병원에서 9년간 일한 적도 있어. 최고의 솜씨를 자랑한다고."

내 눈가리개가 벗겨지자 치과 의사가 말하는 것이 보였다.

"안녕하시오, 앤디?"

그는 내 입을 벌리고 조심스럽게 내 입 안을 들여다보았다. 그는 가방에서 수술 도구를 꺼내면서 친근하게 완벽한 영어로 말했다.

"앤디, 다시 한 번 입을 벌려 보시죠. 이런, 너무 심하군. 그러나 곧 치료해 줄게요."

나는 왠지 의심스러웠으나 다른 방법이 없었다. 나는 있는 대로 입을 크게 벌렸다. 그러자 의사는 플라이어로 내 부러진 이 뿌리를 잡아 비틀었다.

나는 비명을 질렀고, 입에서 피가 뿜어져 나왔다. 그 신문관이 재미있다는 듯 웃어 댔다.

"우리가 정말로 너를 도와줄 거라고 생각했나? 너같이 야비하기 짝이 없는 똥 같은 놈을? 우리는 너를 죽게 내버려둘 수 있어. 이미 알고 있겠지만, 너는 우리에게 필요 없거든. 앤디, 너를 도와 줄 사람이 누구라고 생각하나. 영국 정부? 그놈들을 믿으면 안 돼지. 존 메이저는 너 같은 뚱덩어리를 신경 쓰지 않아. 앤디, 너를 도울 사람은 너 자신뿐이야. 왜 이런 고생을 자초하는가? 아무런 이유가 없잖아. 넌 바보, 멍청이, 돌대가리야. 그리고 네 이빨은 하나씩 뽑혀 나갈 거야."

나는 대답할 수 없었다. 그냥 비명만 지를 뿐이었다. 나는 이대로 가다간 죽을 거라는 것을 알고 있었다. 그리고 깨끗이 빨리 죽지 못할 거라는 것도 알고 있었다.

우리는 며칠 간 모든 옷이 다 벗겨진 채로 습기와 추위에 노출되었다. 우리는 감방 안에서 정기적으로 얻어맞고 신문 받을 때마다 정신을 잃어버릴 정도로 고문받았다. 감방 안에서는 수갑과 눈가리개가 채워진 채로 피곤한 자세로 앉아 있어야 했다. 우리 자세가 흐트러지면 그들은 쳐들어와서 우리를 구타했다. 정말로 엄청난 고역이었다.

매일 밤 폭격이 있었고 어떤 때는 매우 가까이에 폭탄이 떨어졌다. 건물이 뿌리부터 덜거덕 거린 적도 있었으며, 그럴 때마다 경비병들은 소리 지르며 뛰어다녔다.

나는 누운 채로 폭격음을 듣다가 나도 모르게 있는 힘껏 소리쳤다.

"나 여기 있다! 여기 폭탄을 떨어뜨려!"

나는 이놈들이 내가 죽을 때까지 나를 괴롭힐 거라고 생각했다. 그러느니 여기서 끝내 고통을 더는 편이 나았다.

무거운 폭탄은 떨어질 때 이상한 소리를 낸다. 나는 폭탄 떨어지는 소리에 집중하며 그 폭탄이 내 감방에 떨어지기를 바랐다. 건물이 덜걱덜걱 대면 폭탄의 폭발 진동을 느낄 수 있었다. 정말 그때 나는 처음으로 죽고 싶었다. 나는 내 인생 최악의 시기를 맞았다.

어느 날 밤 나는 15분간 하나님을 찾아다녔다. 하나님은 감옥의 오른편에 계셨다. 나는 그와 이야기를 했다.

"어서 와서 저를 도와주십시오. 저를 도와주신다면 영원히 최선을 다해 당신을 섬기겠습니다. 거기 계신다면 뭔가 해 주십시오. 우리 모두에게는 당신이 필요합니다. 거기 계시다면 제발 도와주십시오. 그럼 하루에 몇 페니씩 당신께 헌금하겠나이다."

나는 학교에서 배운 주기도문까지 암송했으나 아무 일도 일어나지 않았다. 결국 하나님은 존재하지 않았다.

서서히 죽어가고 있음을 몸으로 느낄 수 있었다. 감방은 내 똥과 오줌 범벅이었고, 그 속에 누워 자는 나 역시 똥오줌 범벅이었다.

가끔씩 그들이 내게 음료수를 주었다.

어느 날 밤에는 경비병들 몇 명이 들어왔다. 그들 중 한 명이 말했다.

"텔 아비브, 텔 아비브."

나는 웅얼거리며 대답했다.

"아냐, 나는 영국인이야."

"그럼 포피 좀 보여 줘 봐."

그는 포피 이야기를 듣고 자기 눈으로 직접 보고 싶어하는 것 같았다.

나는 수갑 때문에 아무것도 할 수 없다는 몸짓을 해 보였고, 그러자 그들은 수갑을 풀어주었다.

여전히 눈가리개가 씌워져 있었다. 나는 통통 붓고 감각 없는 손으로 내 자지를 더듬어 찾았다. 나는 포피를 잡아당겼다. 그러자 그들은 낄낄거리며 웃었다.

두 놈이 내 뒤에서 내 팔을 잡았다. 내 앞의 한 놈은 손에 잡은 뭔가를 탁탁 쳤다. 뭔가 획획거리는 소리가 났다. 나는 무릎을 구부정하게 굽히고

서 있었다. 내 앞에 있던 경비병은 승마용 채찍 같은 것을 하늘 높이 치켜 들더니 내 자지 끝을 내리쳤다. 내가 비명을 지르며 쓰러지자 그들은 소리를 질러 댔다.

그들은 내게 몸을 굽히고 내 불알을 찌르고 톡톡 쳤다. 다시금 이놈들이 내게 비역질을 할 거라는 생각이 들었으나 그건 그놈들이 바라는 바는 아니었다. 그들은 내 불알을 걷어차고는 아파하는 내게 다시 수갑을 채우고 의기양양하게 웃으며 나갔다.

어느 날 또 감방 안에 놈들이 기성을 질러 대며 몰려왔다. 그중 1명은 신문을 갖고 있었다. 그는 내 코앞에 신문 머리기사를 들이대었다. 하루 전에 가해진 다국적군 폭격에 관한 기사였다. 기사 사진 속에서 이라크인들은 폭탄을 맞아 죽은 아이들의 시신을 일렬로 늘어놓았다. 아이들의 시신 앞에서 우는 상심한 어머니들의 사진이 있었다. 경비병들은 분노에 차 나를 때렸다. 마치 내가 그 일에 대해 책임이 있다는 듯이 말이다. 구타는 정상적인 수준으로 높아졌고, 10분간 쉬는 시간을 가진 후 또 때렸다. 내가 완전히 쓰러지자 그들은 나를 떠났다.

나는 정신이 들자 그들이 두고 간 신문을 보았다. 나는 그 위로 기어가 그 신문에 내가 이전의 중동 여행에서 알게 되었던 것들이 적혀 있는지 보았다. 전 페이지에서 영어로 된 것이라곤 기사제목 근처에 쓰여 있는 4라는 숫자뿐이었다.

오늘은 2월 4일이었다.

그것은 그들이 우리를 5일간이나 고문했다는 뜻이었다.

나는 양말과 사우디에 도착했을 때 지급받은 속옷밖에는 입은 것이 없었다. 그것들은 모두 새카맸고 똥오줌에 절어 있었다.

나는 수갑과 눈가리개가 씌워진 채로 콘크리트 바닥 위에 떨며 누워 있었다.

경비병들이 들어와 내가 당나귀 소리를 낼 때까지 나를 소총으로 찔렀다. 내가 당나귀 소리를 내자 그들은 나를 걷어찼다. 그들이 말했다.

"부시는 돼지야. 대처도 돼지고."

나는 그 말을 따라해야 했다. 그들은 웃으며 내게 뭐라고 떠들어 댔다. 어떨 때는 그들이 내게 소리를 지르는 동안 벽을 향해 대가리를 박아야 했던 적도 있었다.

그들의 전술에는 큰 변화가 생겼다. 내 얼굴은 더 이상 건드리지 않는 것이었다. 가볍게 철썩 때리기는 했으나 이전처럼 주먹이나 총 개머리판으로 패지는 않았다.

* * *

나는 또 신문을 받으러 양말과 속옷바람으로 끌려나왔다. 며칠 전부터 나는 남의 도움 없이는 혼자서 설 수도 없었다.

처음에는 아무 일도 일어나지 않고 아주 긴 침묵이 이어졌다.

많은 한숨소리가 들린 후 말이 나왔다.

"오! 이런 도대체 우리는 앤디 자네를 어떻게 해야 좋을까? 자네는 우리에게 아무런 도움이 안 돼. 그렇지?"

나는 웅얼댔다.

"나도 당신들을 돕고 싶어요. 그러나 난 아무것도 몰라요."

나는 여태까지 내가 말했던 것들을 진실이라고 박박 우겨야 했다.

"앤디, 자네 대원 중 한 명이 우리 병원에 있다는 건 알 거야. 그는 이라크인의 피를 1리터나 수혈받았고, 우리 측에 항복한 걸 매우 자랑스럽게 생각하고 있어. 우리는 그에게 우리가 야만인이 아니라는 걸 보여 줬지. 우리는 그를 도와줬어. 그러나 자네는 도울 수 없어. 자네가 우리를 돕지 않기 때문이야."

누군가가 병원에 있을 수도 있었다. 나는 경비병들이 쳐들어와 내 발을 겨누며 '탕탕!' 하고 소리쳤던 것을 기억했다. 그때 나는 그들이 내 발을 쏘려는 것인 줄 알았다. 하지만 그건 명백히 게임으로서 그들이 총을 장전하는 동안 내가 불기를 바라는 것일 수도 있었다. 그러나 실제로 그들이 우리의 발에 진짜 총알을 먹일 수도 있다.

나는 그의 말을 믿어야 할지 말아야 할지 알 수 없었다.

"감사합니다. 그를 구해 주셔서 기쁘군요."

"자네는 우리에게 무슨 일이 일어났는지 말해야 해. 앤디, 왜 자네는 이라크에 있는가? 자네 친구들은 우리에게 모든 것을 다 말했고, 우리는 단지 자네에게서도 똑같은 얘기를 듣고 싶을 뿐이라네. 우리를 도와줄 건가? 우리에겐 이제 더 이상 자네에게 투자할 시간이 없네. 우린 자넬 죽일 거야. 자넨 우리에게 소용이 없잖아. 한 번 잘 생각해 보게."

그들은 나를 감방으로 돌려보냈다.

그 말이 진짜일까? 그들은 진짜로 병원에 우리 대원들을 억류하고 있을까? 렉스일리는 없었다. 그는 저체온증에 걸렸으므로 피를 수혈받을 필요가 없다. 전투에서 누군가 살아남은 것일까? 그럴 확률은 적었다.

그날 스탠과 딩거가 끌려가는 소리를 들었다. 날이 저물기 직전에 그들은 내게 왔다. 이제 말이 필요 없었다. 오직 나무판자를 이용한 구타만이 있었다.

나는 정신이 몽롱해 쓰러졌다. 그 목소리가 이야기했다.

"자네만이 우리를 돕지 않고 있어, 앤디. 우리는 다른 모두에게서 진실을 들었지만 자네만은 우리를 돕고 있지 않아. 우리가 병원에 자네 대원들을 억류하고 있고 그들을 죽일 수도 있다고 이야기했었지."

나는 대답하지 않았다.

"우리는 진짜로 병원에 너희 대원 2명을 데리고 있어, 앤디. 그리고 자네가 우리가 원하는 것을 말해 주지 않으면 우리는 그들을 죽일 거야. 그건 우리하고 상관없는 일이야. 그들이 아직 살아 있는 건 순전히 우리 덕이야. 그러므로 우리는 그들을 죽일 수도 있지. 물론 자네도 죽일 수 있지. 우리가 뭘 하건 문제될 게 없어. 자네가 여기 있다는 것을 아는 사람은 없어. 우리가 자네에게 적십자 서류를 줬는데도 자네는 사인하지 않았잖아. 그래서 우리는 적십자사에 자네를 데리고 있다고 증명할 수 없었어. 그건 자네 잘못이야, 앤디. 모두가 그 종이에 사인을 했어."

나는 그의 말을 믿지 않았다.

"자네가 내가 묻는 말에 대답을 안 하면 우리는 자네 친구들을 죽일 거야. 자네 통신병이 우리 병원에 있는 건 알고 있겠지. 내가 얘기해 줬으니까. 그리고 자네 대원이 피 1리터를 수혈 받은 것도 알 거야. 그런데 자네 잘못 때문에 우리는 그들을 죽일 수밖에 없어. 그리고 너 때문에 나머지 사람도 다 죽을 거야. 자네의 멍청한 고집 덕분에 5명이 죽겠군."

그는 참지 못하고 계속 말했다.

"우리는 자네가 지휘관이라는 걸 알고 있어. 자네가 상사라는 것도 알고 있고, 그 사람들과 함께 진격 중이었지. 우리에게 불지 않으면 너희 부하들은 죽어. 뭔 소린지 알겠지?"

"네, 잘 알겠습니다만, 아는 게 없어 당신들을 도울 수 없어요."

그건 용기하고는 거리가 멀었다. 그저 생각할 시간이 필요했다. 저들은 내가 지휘관인 걸 알고 전술을 바꾼 것이었다. 이제 부하들이 죽고 사는 건 내 손에 달렸다.

"좋아. 그럼 우린 자네에게 아무것도 더 해 줄 수 없어. 그건 자네 잘못 때문이야. 기억해 두게. 자네는 그들의 죽음에 책임을 져야 할 거야."

그들은 나를 감방으로 끌고 갔다. 열려진 문에 도착하자 그들은 나를 벽에 내팽개쳤다. 나는 바닥으로 찌그러졌다. 경비병들이 소리쳤다.

"바보 멍청이, 넌 바보야."

그들은 밤새 날 내버려두었다. 나는 마음속으로 몇 가지 계획을 생각해 보았다. 내 생각대로 우리는 며칠 내에 모두 죽을 것이다. 아마 스탠이 제일 먼저 죽을 것 같았다. 어찌 됐건 지휘관은 나고 이건 내 일이다. 지금은 결정을 내려야 했다.

우리 중 3명이 감옥에 있는 것은 사실이었다. 또한 2명이 병원에 있는 것도 사실로 인정해야만 했다. 딩거는 렉스가 쓰러진 채 끌려가는 것을 보았다. 그 외에도 누군가가 병원에 있을 가능성은 있었다. 아무튼 신문관들이 좋아할 만한 말을 하여 우리 모두의 목숨을 부지해야겠다는 생각이 들었다.

나는 우리가 충분히 오래 버텼다는 결론에 도달했다. 체포 후 8일이 지났고 그 정도면 전방작전기지에서는 충분히 피해 평가를 했을 것이다. 이제는 우리 자신을 생각해야지 작전보안은 더 이상 문제가 못 되었다. 우리는 너무 오래 버텼고 우리 몫은 다 했다.

자존심이 용납치 않는 힘든 결정이었으나 어쩔 수 없었다.

그럼 나는 그들에게 무엇을 이야기해야 할까? 내가 SAS 소속이라는 것은 숨겨 왔다. 그러면 상황이 더 꼬일 수도 있기 때문이다. 저들이 그 사실을 아는 순간 미친 듯이 소리를 지를 거란 것은 의심의 여지가 없었다. 그들도 언론을 통해 곧 지상전이 벌어질 것이라는 정도는 알고 있었다. 그들도 CNN을 보니까.

체포된 이후로 내게 SAS 이야기를 거론한 사람은 없었다. 그리고 그들이 나를 특수부대원으로 생각할 만한 증거도 없다. 나는 그것을 계속 밀고 나가고 싶었다. 그러나 적에게 어떤 이야기를 해 주어야 하는가? 우리는 주보급로 전투에 참전했다는 의혹을 받고 있는 8인조 정찰팀이었다. 나는 그들의 의문에 어느 정도는 답을 주어야 했다. 우리가 거기서 뭘 했는지 말이다.

매 시간마다 스탠과 딩거가 구타당하면서 지르는 비명이 들려왔지만, 나는 혼자 남아 있었다. 두 경비병이 들어와 나를 조롱했지만 때리지는 않았다.

아침 일찍 두 번째 신문 시간이 되었을 때 나는 그들에게 장교를 만나보고 싶다고 했다. 그들은 이해하지 못했고 나는 거듭 이야기했다.

"장교 말예요. 나는 장교를 만나보고 싶어요."

그들은 내가 장교를 만나면, 나는 간부이며 이러한 처우를 불쾌하게 생각한다는 뜻을 전할 것이라고 예상한 모양이다. 그들은 웃어 대고는 감방 안으로 들어와 나를 걷어찼다. 그러나 그들이 곧 차렷 자세를 취하며 경례하는 소리를 들을 수 있었다. 나는 이 사람들에게 이야기해 봤자 소용 없다는 생각이 들었다. 나는 여기를 떠나야 했고 기다렸다.

그날 경비병 한 명이 들어와서 알아 들을 만한 영어로 말을 걸었다.

"앤디, 넌 너무 바보야. 왜 우리를 돕지 않는 거야?"

"난 돕고 싶어. 난 장교와 이야기하고 싶어."

"그럼 만나게 해 줄게."

1시간 후 다른 경비병이 와서 창문을 통해 소리 질렀다.

"원하는 게 뭐지?"

"난 장교와 이야기하고 싶어. 그 사람들이 알고 싶어 하는 걸 알려줄 수도 있다고."

"좋아."

2~3시간 후 나는 경비병들에 의해 다른 방으로 끌려갔다. 그곳은 매우 추웠다. 나는 의자에 앉혀졌고 처음 들어보는 목소리가 말을 걸었다.

"앤디, 무슨 이야기를 하고 싶은가? 왜 이렇게 우리를 오래 기다리게 한 건가? 왜 자네는 바보짓을 해서 자네와 다른 사람들을 고통스럽게 하는 가? 도저히 이해할 수 없네. 왜 그러는 거지?"

"나는 어제 병원에 우리 대원들이 있다는 소리를 들었고, 그들과 우리의 안전이 매우 염려되었습니다. 나는 단지 당신들이 그 사람들을 잘 돌봐 주기를 바랄 뿐입니다."

"물론 그래야지. 자네는 우리가 그들을 죽일 거라고 생각하는가? 어리숙하게 굴면 안 되지. 우리를 돕기만 하면 모든 것이 잘 될 것이네. 처음에도 우리는 자네에게 그걸 분명히 이야기했어. 자네도 그래서 자네 대원들을 구하려고 이러는 게 아닌가?"

"예, 나는 다른 사람들이 죽기를 원하지 않습니다."

"걱정말게 앤디, 자네는 자네와 가족들만 걱정하면 되지 다른 대원들까지 걱정할 필요는 없네. 우리를 돕기만 한다면 자네도 보살펴 주지."

"좋습니다. 나는 병원에 있는 사람들과도 연관이 있습니다. 그들이 죽는 것 또한 나는 원하지 않습니다."

"자네 걱정이나 하라니까 앤디, 그럼 이제 얘기해 봐. 자네들이 우리나라에 온 이유는 무엇인가?"

"나는 COP 대원입니다."

그러자 아랍어로 큰 웅성거림이 일어났다.

"COP가 뭔데?"

"근접 정찰 소대(Close Observation Platoon)의 약자입니다. 모든 보병대대에 하나씩 있죠. 그들은 소속부대를 위해 전방을 정찰합니다. 우리는 주보급로에 강하해 그곳을 통과하는 군용 차량의 수와 방향을 탐지하여 보고하라는 명령을 받고 비행기를 탔습니다."

그들이 이것을 믿건 말건 상관없었다. 내가 말한 것은 적 후방에서 작전한다는 것만 제외하면 완벽한 COP 작전이었다. 그러나 매우 합리적으로 들렸다. 그리고 신문관 중에는 샌드허스트 출신이나 참모대학 출신 장교도 있었다. 이 말이 그들에게 제대로 먹혀 들어가기를 바랄 뿐이었다.

그들은 뭐라고 더 떠들었다. 그러고 나서 사람들이 방을 들락날락 거리는 소리가 들렸다.

"왜 그들은 그러한 정보를 필요로 하는가?"

"낸들 알겠어요? 우리는 우리가 알아야 되는 것만 배웁니다. 당신들도 그럴 것 같지만 우리는 작전 브리핑 때 알아야 할 것만 알 것을 주의받습니다. 우리는 최일선의 병사들이므로 쓸데없는 것은 배우지 않죠."

많은 사람들이 동감하는 소리가 났다.

"자네들은 우리나라에 얼마 동안 머무를 생각이었나?"

나는 그들이 우리의 모든 장비를 소지하고 그것을 뒤져 보았을 것을 염두에 두어야 했다. 없어진 것이 없다면 그들은 레이션의 양을 보고 우리의 체류기간을 짐작할 수 있다.

"14일 이상입니다."

"자네 부대 대원은 몇 명인가?"

이것 또한 버려진 배낭 수만 보면 답이 나온다.

"8명입니다."

"앤디, 자네는 어디에 강하했지?"

"수갑과 눈가리개를 벗겨 주고 지도를 갖다 주시면 대답해 드리겠어요."

그러자 그들끼리 격렬한 토론을 벌이는 소리가 났다.

"좋아. 수갑과 눈가리개를 벗겨 주겠다. 그러나 우리는 자네를 매우 위험한 사람으로 간주하고 있음을 명심하게. 허튼 짓 하면 쏴 버릴 거야. 알아듣겠지 앤디?"

"예, 물론입니다."

설령 무슨 수작을 부리고 싶어도 내게는 이미 힘이 없었다. 그들이 내 눈가리개를 벗기자 내 앞에 녹색 군복을 입은 장교가 앉아 있었다. 방 왼편 구석에는 비행복 위에 위장무늬 방탄복을 입은 장교가 앉아 있었다. 그는 군화 대신 첼시 부츠를 신고 있었다. 여기서는 누구나 다 첼시 부츠를 갖고 있는 모양이었다.

녹색 군복을 입은 사람이 입을 열었다. 나는 이전에 그의 목소리를 들어 본 적이 없었으나, 그는 매우 유창한 영어를 구사했다. 그는 아랍판 리차드 프라이어(미국 코미디언) 같았다. 올백 헤어스타일에 매우 깨끗하고 단정하게 잘 다려진 군복을 입고 있었다. 그 외에도 다른 사람 3~4명이 더 앉아서 작은 컵으로 차를 마시며 담배를 피우고 있었다. 그들의 옷은 매우 싸구려 티가 났으며 몸에 잘 맞지도 않았다.

창문을 내다보니 나무와 담장이 보였다. 햇살이 방 안으로 쏟아져 들어오고 있었다.

내 양편에 경비병이 1명씩 있었다. 그중 1명이 내가 가라데를 한다든지 하는 헛수작을 부릴 경우에 대비해 내 머리에 권총을 겨누고 있었다.

탁자 위에 우리 탈출용 지도가 펼쳐져 있었다.

"의자에서 일어서서 탁자로 가도 됩니까?"

"물론이지."

두 경비병이 나를 부축하여 탁자 옆에 세웠다. 물론 총구는 계속 내 머리를 향하고 있었다.

나는 우리가 강하한 대강의 지점을 가리켰다.

"좋아, 앤디. 정확하군. 우리도 그 정도는 이미 알고 있었다네. 자네들이 강하하는 소리를 듣고 알았지. 자네는 포로가 되기 2일 전에 강하했지. 그렇잖은가? 우리를 도와줘서 매우 고맙군."

내가 저들에게 하는 거짓말 중 일부는 사실에 근거한 것일수록 좋았다. 그것은 단순히 군사훈련만으로 익힌 지혜는 아니었으며 내가 어린 시절부터 익혀 온 것이었다.

"그럼 자네들이 어디에 숨었는지 지적해 보게."

나는 주보급로의 커브길을 가리켰다.

"좋아! 좋아! 우리는 그것도 이미 알고 있었네. 아무튼 좋아. 계속 도와주게. 그런데, 아까 자네 부대 인원이 몇이라고 했지?"

"8명입니다."

"일부라도 좋으니 그들의 이름을 한번 대 보게."

문제없었다. 그들은 우리가 8명이라는 것을 알고 있었다. 만약 그들이 우리 중 5명을 억류하고 있다면 그들은 우리의 이름을 알고 있을 것이다. 우리 모두 인식표를 달고 있기 때문이다. 그리고 그것은 지금 나에게 득이 되는 일이었다. 후일 사태가 내가 손쓸 수 없는 방향으로 굴러가 내가 죽을 때까지 질문에 대답만 해야 할지 모르지만, 현 시점에서는 선택의 여지가 없었다. 그러지 않으면 저놈들이 허세를 부려 나를 또 협박해야 하는 것이 현실이었다.

내가 이름을 대자 그들은 받아 적었다.

"물론 우리는 이것도 알고 있었어."

나는 그들이 우리 모두를 데리고 있는지, 아니면 단순한 허세인지 알 수 없었다. 나는 병원에 있는 대원들을 위해 상처받고 비천한 자처럼 연기할 뿐이었다. 그러나 나는 내심 내가 여태까지 말해온 것과 앞으로 말할 것을 생각해 보았다.

"제발 병원에 있는 저희 동료들을 보살펴 주십시오."

"COP에 대해 더 말해 주게. 그들은 어떤 일을 하는가?"

"우리는 그냥 보고만 합니다."

"그것은 영국군이 이라크를 침공한다는 소리인가?"

"저는 모릅니다. 그런 말은 들어보지 못했어요. 우리는 오직 가서 일하라는 소리만 듣습니다. 그러나 그 이유는 듣지 못합니다. 우리는 그냥 병사에 불과해요."

"COP는 몇 개나 있는가?"

"각 대대당 1개씩 있습니다."

"그럼 대대는 총 몇 개인가?"

"그것도 모릅니다. 저는 그런 거 알기 귀찮습니다. 저하고는 상관없는 일이잖아요. 저는 단지 군인에 불과하니까요."

여기 올 때 차량을 가져오지 않아 기뻤다. 위기에 처했을 때 차량이 없는 것은 불행이었지만 한편으로는 차량이 없어 우리를 SAS와 연관시킬 수 없으니 기뻤다.

현 시점에서 일은 잘 풀려 주고 있었다. 내가 그들에게 이야기해 주니 그들은 매우 행복한 것 같았다. 그들이 이렇게 말하는 것은 분명 중요한 문제였다.

"좋아, 자네의 말을 들으니 자네가 무슨 일을 하는지 알겠군."

그러나 기회가 없었다. 우리가 아무 말도 안 했으면 그들은 어떻게 했을까?

분명히 사람들을 죽였을 것이다. 내가 말을 했으면 그들은 다른 사람들에게서도 정보를 얻어내려고 할 것이다. 나는 모두를 이 시스템에 몰아넣어 죽을 위험에 처하게 한 것일 수도 있다. 그러나 나에게는 정말로 선택의 여지가 없었다.

"우리를 도와주어 매우 고맙네, 앤디. 모든 건 이제부터 좋아질 것이네. 그러나 자네 말이 거짓말인 게 드러나면 그렇지 못할 거야. 하지만 자네가 우리를 도울 줄 아니 매우 기쁘군."

그의 말을 들으니 기분이 더러웠다. 나는 내가 옳은 일을 한 것인지 자문해 보았다. 이대로 계속될 것인가? 나는 이용당하고 있는 것인가? 나는 이라크 텔레비전에 '우리를 도와준 영국인'으로 출연하지 않을까? 난 베트남 전쟁에서 베트콩들에게 조사당하고 집으로 보내진 미군 포로들이 당시 상황을 모르는 자들에게 '배신자'로 낙인찍히는 것을 많이 보았다.

그러나 최소한 여기서는 리차드 프라이어가 우리가 이제 최고로 절친한 친구가 된 것처럼 이야기하고 있고 그건 받아들이기 힘들었다.

"잘 했어, 앤디. 아주 좋아."

나는 내가 그들의 실질적인 협박에 견딜 수 있는 것은 이것뿐이라고 생각했다. 병원에 있는 동료들을 죽게 내버려둘 수는 없다. 그들은 이런 짓을 10년이나 해 오고 있었다.

"담배 필요한가?"

"아뇨, 저는 담배 안 피웁니다. 그러나 저의 친구 딩거는 피우죠."

"그러면 그에게 하루 한 개비씩 담배를 주도록 하겠네."

"혹시 저희들에게 옷도 주시고 더 따뜻한 곳으로 옮겨 주실 수 있습니까? 저희들이 있는 곳은 너무 춥거든요."

"음, 그것도 문제없지. 이제 우리는 친구이니까. 이만 자네 방에 돌아가 봐도 좋네. 앤디. 그리고 모든 건 다 바뀔 거야. 그동안 우리는 자네 진술을 조사해 보겠네."

그들은 내게 눈가리개와 수갑을 채워 내 감방으로 돌려보냈다.

30분 후 그들이 와서 내게 옷을 주고 눈가리개와 수갑을 벗겼다. 그러나 그들은 그들만의 작은 게임을 아직 끝내지 않고 있었다. 내가 옷을 입는 동안 그들은 나를 계속 통제하고 있었다.

나는 과연 옳은 일을 한 것인가 하는 생각이 들어 깨어났다. 나는 이전에 자주 눕던 한 구석에 누워 있었다. 항상 같은 곳을 찾으면 더욱 안전하고 잘 숨을 것 같은 느낌이 든다.

경비병들이 한 원사를 데리고 들어왔다. 그 원사는 유창한 영어를 구사했다. 그는 피스타치오 땅콩을 입에 잔뜩 넣고 먹고 있었다.

"오, 앤디, 앤디. 나의 친구 앤디. 나는 지하드라고 하네."

그는 껍질을 바닥에 뱉었다.

"안녕히 주무셨습니까. 지하드 원사님?"

나는 지하드가 그의 본명이 아닐 것이라고 생각했으나 일단은 그냥 그렇게 부르기로 했다.

"옷을 입으니 보기 좋군. 그리고 자네도 더 기분 좋을 거야. 안 그런가?"

"예, 맞습니다."

"불행하게도 우리는 자네에게 어떤 치료도 해 줄 수 없네. 우리 자신도 치료할 수 없기 때문이지. 자네 나라의 폭격에 아이들이 죽어가고 있어. 우리는 그들부터 치료해 줘야 돼. 알겠나?"

"예, 물론이지요."

"그건 부시, 대처, 메이저의 짓이야. 그놈들은 모든 의료시설을 가동중지 상태로 만들어 버렸다네. 그러나 오늘 아침에는 자네를 위해 음식을 준비했다네. 먹고 싶지?"

"아주 감사합니다. 안 그래도 배고프던 참이었습니다."

그들은 물과 종이에 싸인 16㎤ 크기의 마가린을 주었다. 나는 종이를 열고 먹기 시작했다.

"앤디, 탈출에 대해서 말인데, 자네는 여기 오래 갇혀 있었으니 도망가고 싶은 생각이 간절할 걸세. 하지만 탈출은 너무너무 쓸데없는 짓이야. 우선 자네에게 득 될 게 없어. 여긴 바그다드야. 자네가 갈 곳이 없지. 그리고 이제 우린 친구잖아. 그렇지 앤디?"

나는 고개를 끄덕여 동의했다. 내 입은 기름기로 미끌거렸다.

"탈출하려고 했던 사람들이 어떤 꼴이 되었나 보여 주겠네."

지하드는 바지를 걷고 다리에 난 큰 상처를 보여 주었다.

"내가 젊었을 때 이란 감옥에 6개월간 있었다네. 내 친구와 나는 탈옥하려고 했지. 우리는 도망쳤지만 다음 날 붙잡혔어. 그놈들은 우리를 감옥으로 끌고 가서 본보기로 벌을 가했어. 그들은 우리의 고개를 바닥에 박고 쓰러뜨리고는 두 병사가 착검한 소총으로 우리 무릎 뒤를 찔렀다네. 그 때문에 무릎뼈가 탈골되었지. 앤디, 자네가 탈출하려고 하면 내가 자네에게 똑같은 벌을 가할 거야."

나는 다른 말을 할 수 없어 그냥 서 있을 수밖에는 없었다. 그러다 미소 지으며 말했다.

"하지만 저는 저의 집과 가족들에게 돌아가고 싶습니다."

"감방이 너무 더럽군. 자네도 알겠지만 앤디, 자네 나라 사람들은 이렇게 살지 몰라도 우리 이슬람 교도들은 매우 청결하다네. 방을 좀 치워야겠어."

"어떻게 말입니까?"

"자네 손으로 직접 해야지, 앤디. 여기를 청소하게. 우리는 이런 너절한 곳에서 살지 않는다네."

그는 서서 내가 엎드려 내 똥을 손으로 퍼 한 곳에 쌓아놓는 것을 보았다. 그리고 내게 두 장의 카드보드지를 주며 깔고 앉으라고 했다. 그러고 나서 그들은 나갔다.

나는 감방 벽에 있는 내 핏자국을 보았다. 최소한 나는 감방 분위기를 조금이나마 개선했다.

나는 다시 걱정하기 시작했다. 이제 어떻게 될까? 우리는 다른 곳으로 갈까? 아님 여기 머물러 있을까?

리차드 프라이어가 내게 이렇게 말했다.

"영국은 멋진 곳이지. 나도 15년 전에 거기 살았어. 런던의 대학을 다녔거든. 나는 런던에 대해 잘 안다네. 언젠가 자네도 돌아갈 수 있을 거야."

그래. 언젠가는.

제12장

2월 6일 오후 그들이 감방에 들어와 내게 수갑과 눈가리개를 다시 씌웠다. 그들은 나를 끌고 나갔다. 나는 또 신문을 받으러 나가나 싶었다. 나는 밖으로 나가서 익숙한 길로 갈 줄 알았는데, 이번에는 엉뚱한 곳으로 가고 있었다. 나는 곧 내가 차 뒤편에 탄 것을 알게 되었다.

나는 몸을 앞으로 굽히고 고개를 숙여 손목에 가해지는 압력을 줄였다. 차 안은 너무나 따스했다. 새 소리도 들려왔다. 멋진 날씨였으나 나는 너무 무서웠다.

자동차는 미국제 구식 대형 차량 같았다. 이라크인들에게는 흔한 차종 같았다.

누군가가 말했다.

"네가 도망치려고 하면 우린 나머지 둘을 죽일 거야. 그리고 다른 두 놈이 도망치려고 하면 우린 널 죽일 거야."

그건 딩거와 스탠도 움직이고 있다는 소리인가? 나는 누군가 차에 또 타나 하고 기다려 보았으나, 아무도 더 타지는 않았다. 문이 모두 닫혔고, 차 뒤에는 나밖에 없었다. 차 앞좌석에는 2명이 타고 있었다. 둘 다 유창한 영어를 구사했다. 내가 앉자마자 운전사가 물었다.

"앤디, 지금 우리가 어디 가는 것 같아?"

"몰라, 알 턱이 없지."

"우리는 너를 영국 대사관에 데려가는 중이야. 자네는 곧 집에 가서 자네 가족을 만나게 될 거야. 아무 문제없다고."

"너무너무 고맙군."

그들은 그들끼리 웃어대기 시작했고 나는 바보가 되었다.

"아, 이건 농담에 불과해 앤디. 물론 언젠가는 집에 가야지. 하지만 지금은 아니야. 오래 기다릴 필요는 없을 거야."

우리는 몇 분간 말없이 달렸다. 그중 한 명이 질문했다.

"알리바바 이야기를 들어본 적이 있어?"

"그럼, 매년 크리스마스 때마다 해 주던 오래된 영화 말이지? 항상 알리바바와 40명의 도둑들이 나왔지."

"그래. 바로 여기가 그곳, 알리바바와 40명의 도둑들의 땅인 바그다드라고. 예전에는 아주 아름다운 도시였지. 하지만 지금은 아냐. 모두가 죽어가고 있어. 너네 나라 사람들이 여기에 폭탄을 투하하고 있으니까. 아이들도 죽고 전 가족이 다 죽어가고 있어. 여긴 더 이상 알리바바의 환상적인 땅이 아냐. 다 부서져 버렸어. 그러나 언젠가 우리가 승리하면 다시 알리바바의 환상적인 땅으로 재건할 거야. 문제없어."

나는 고개를 끄덕여 동의했다. 그들은 라디오를 켜고 방송국을 선국했다. 어떤 방송이나 공격적인 구호 아니면 구슬픈 아랍 음악이 나왔다. 그들은 자기들끼리 희희낙락거리며 창을 열어 놓고 달리면서 바깥 풍경에는 신경 쓰지 않았다.

도시의 소음이 들렸다. 신호에 걸려 멈춰서자 사람들의 소리가 들렸고,

상점에서 음악소리가 나왔다. 아주 흔한 도시의 소음이었다. 사람들은 곧 웃고 떠들기 시작했다. 그중 한 사람이 말했다.

"우리는 저 앞의 자네 친구 2명을 보고 있어. 서로 기대서 잠자는군. 아주 좋은 친구들이야."

반가운 소리였다. 그것은 딩거와 스탠이 나와 함께 가고 있다는 것이었다. 아주 환상적인 느낌이었다.

앞좌석의 놈들은 매우 즐거워하며 담배를 피웠다. 우리는 약 30분을 더 달렸다.

"이봐, 우리는 바그다드의 모처로 가는 중이야. 자네도 그곳을 좋아하게 될 거야. 아주 좋은 곳이거든. 우리가 거짓말한 건 대사관 부분밖에는 없어."

그들이 말한 곳은 군교도소였다. 도착하니 사람들이 차 주위로 몰려들었다. 그들은 또 내 머리를 때리고 수염을 잡아당겼으나, 심하지 않았고 매우 친근한 느낌마저 들었다.

차단기가 올라가고 문이 열리는 소리가 들렸다. 우리는 좀 더 전진해서 멈췄다. 그들은 나를 차 밖으로 끌어내고 머리에 담요를 씌웠다. 나는 문을 지나 콘크리트 바닥이 깔린 큰 복도로 끌려갔다. 이야기 소리가 메아리쳤고, 문의 빗장이 여닫히는 소리, 열쇠의 짤랑거리는 소리가 들렸다.

이곳은 습하지는 않았으나 너무너무 추웠다. 그들은 나를 감방으로 안내한 후 바닥에 앉혔다. 그리고 눈가리개와 수갑을 풀었다. 나는 병사들이 녹색 전투복과 빨간 베레모, 새하얀 1937년형 개인장비와 각반을 착용한 것을 보았다. 그들은 헌병이었다. 한 장교와 두 민간인도 보였다. 그들은 문을 닫고 나갔다.

감옥 문은 서방 경찰서의 유치장 문처럼 생겼다. 빗장은 보이지 않게 담요로 덮여 있었다. 형광등이 4.5m 높이 천장 중앙에 하나 있었다. 벽 위에는 작은 철창이 나 있었다. 그 사이로 햇빛이 선을 그리며 들어왔다. 벽의 아래쪽 반은 빨간 페인트칠이 된 태산목 제품이었고 유광처리가 되어 있었다. 방 안에 보이는 것은 그게 전부였다. 벽에는 무수한 아랍어와 쇠고랑을 찬 비둘기, 여자 그림 등이 그려져 있었다.

감방은 3.6×2.7m 규모인 것 같았다.

나는 다른 감방문이 여닫히는 소리에 귀를 기울였다. 나는 딩거와 스탠도 수감되었을 것이라고 생각했다. 최소한 우리는 같은 장소에 있었다. 그리고 신문실에 비하면 여기는 버킹검 궁전이었다.

그들은 이제 우리에게 볼 일이 없어진 것일까? 완전히 확신할 수도 없고, 신경 쓰고 싶지도 않았다. 난 이 곳이 좋았다. 이곳은 멋졌다.

15분 후에 다시 문이 열렸다. 나는 좀 더 친절과 경의를 표해야겠다고 생각했다. 상대를 이용하기 위해서는 뭔가 노력을 하여 상황을 바꾸어야 하며, 저들에게 좀 더 우호적으로 대해야 한다.

내가 느리게 일어서자 상처가 욱신거렸다. 처음 보는 사람이 감방 안에 들어왔다. 그는 사복 위에 DPM 야전상의를 입고 있었다. 그는 158cm 키에 백발이었다. 그는 매우 두꺼운 안경을 쓰고 행복한 미소를 지어 보였다. 그가 물었다.

"자네는 친구들과 함께 있기를 원하는가?"

"예, 물론입니다."

그는 나의 팔을 잡고 3칸 건너 다른 방으로 갔다. 그곳은 비어 있었다.

나는 몇 분간 딩거와 스탠을 다시 볼 생각을 하며 행복해 했다. 나는 바닥에 앉아 내 감정을 드러내지 않으려 했다.

2분 후 문이 열리며 딩거가 들어왔다. 우리는 끌어안고 악수했다. 또 2분 후 스탠이 양쪽에서 경비병들의 부축을 받으며 비틀거리며 들어왔다. 그는 손에 쌀밥이 든 그릇을 들고 있었다. 경비병들은 문을 잠그고 나가서 우리를 믿을 수 없다는 듯이 쳐다보며 뭐라고 떠들었다. 내가 말했다.

"크리스와 빈스는 어찌되었나?"

스탠이 대답했다.

"빈스는 얼어 죽었어요. 나는 크리스와도 헤어졌어요. 그가 어떻게 되었는지는 모릅니다. 나머지 3명은 어떻게 되었습니까?"

나는 마크가 전사했고, 아마 렉스와 보브도 전사했을 것이라고 대답했다. 이라크군들이 뭐라고 말하건 간에 상관없이.

우리는 조용히 음식을 먹기 시작했다. 우리는 복도에서 나는 발자국 소리와 열쇠 소리를 듣고 다시 일어섰다. 문이 열리고 한 소령이 들어왔다. 그는 자기가 이 교도소의 소장이라고 이야기했다. 그는 나보다도 유창한 영어를 구사했다.

"자네들이 어디서 뭘 하다 왔든 나는 신경 쓰지 않네. 나는 오직 자네들의 이곳에서의 생활에 대해서만 책임을 지네. 우리는 자네들에게 음식을 주고 보살펴 줄 것이네. 자네들이 잘 해 주면 우리는 잘 해 줄 것이지만, 문제를 일으키면 응징할 것이네."

167cm의 작은 덩치인 그는 멋지게 옷을 입었고 매력이 풍겼으며 신선한 향기가 났다. 그는 진짜 좋은 사람처럼 보였다. 우리가 정정당당하게 행동한다면 문제를 삼지는 않을 것 같았다. 그러나 그의 등 뒤에 있는 경비병들은 그 사람만큼 친절한 미소를 짓고 있지 않은 것도 확실히 보였다. 그들은 우리가 겪어 온 사람들만큼이나 잔인해 보였다. 그들은 매우 젊었고 우

리에게 뭔가를 보여 줄 것이었다. 물론 우리 역시 그들에게 뭔가를 보여 줄 것이었다. 소령이 사라지고 나면 경비병들은 본색을 드러낼 것이었다.

소령이 돌아간 후 우리는 경험, 훈련, 해병대 전쟁포로의 증언을 토대로 결정을 내렸다.

우리는 항상 중립자로 남아 지나친 반응이나 자신감을 표현하지 않기로 했다. 우리는 아직 숲을 빠져 나온 것이 아니었으며 얼마를 더 가야 할지도 모른다.

우리는 경비병들에게 얼마간 경의를 표하기로 했다. 그 젊은 놈들은 우리가 무례하고 야만스럽게 보이면 반드시 우리를 갈라놓을 것이다. 그들에게 경의를 표함으로써 정보를 얻어 이용할 수도 있고, 장래 목표를 정하여 그들과 유대를 강화할 수도 있다. 어떤 때는 통하고 어떤 때는 통하지 않겠지만, 해 보기 전까지는 몰랐다. 우리는 앞으로 얼마간 더 견뎌야 할 지 몰랐다. 며칠, 몇 주, 몇 년이 될 수도 있다. 우리는 그들과 같은 병사들이므로 우호적으로 지내어 그들이 우리에게 약품, 음식, 그 외 물품들을 가져오게 해야 한다.

우리는 이 시기를 최대한 이용하여 우리 자신을 추슬러 탈출을 준비하고, 육체적, 정신적 컨디션을 조절해야 했다. 나는 아직까지도 탈출용 지도와 나침반을 가지고 있었고, 딩거 또한 그랬다. 양질의 음식이 지급되면 우리의 신체 상태를 좋게 할 수 있다. 그리고 지도를 읽는 데 더 많은 시간을 투자할 수도 있다. 우리는 우리가 바그다드에 있음을 알고 있으므로 언제 찾아올지 모르는 탈출 기회에 대비해 주변 지리에 대해 철저히 익혀 두어야 했다. 이 지도는 도시 내의 거리까지 다 표시할 만큼 자세하지는 않았으나, 강, 염호, 고지대 등 중요한 지리 사항은 다 표기해 놓고 있었다. 우리가 해야 할 일은 바그다드를 탈출하는 것뿐이었다.

우선 첫 번째로 계속해서 해야 할 일은 새로운 환경에 적응하는 것이었고, 어떠한 규칙성을 찾아내는 것이었다. 우리는 모두 함께 있다는 이점을 놓치기 싫었다. 어떤 시스템에 대항하기 보다는 그것을 이용할 줄 알아야 했다.

첫날 밤낮으로 경비병들이 쉴 새 없이 들락날락거렸고, 우리는 그때마다 일어서서 그들을 바라보았다. 그들은 대부분 10대였으며, 그 때문에 더욱 권위주의적이었고 거만했다. 그들은 3명 이하의 집단으로는 우리 앞에 나타나지 않았으며, 항상 권총을 소지하고 있었다. 그들은 우리에게 많은 주의를 기울이고 있었다. 한번은 그들이 우리 군화를 수거해 가더니 대신 끈 없는 하얀 운동화를 주었다.

나는 물을 달라고 했다. 그들은 물통과 컵 한 개를 가져왔으며, 우리가 약간 마신 후에도 그들은 물통이 당연히 거기 있어야 한다는 듯 도로 가져가지 않았다. 그들은 그런 것까지 참견하지 않았다.

스탠이 물었다.

"화장실 갈 때는 어떡해야 돼?"

그들 중 1명이 대답했다.

"우리한테 말하고 가면 돼."

"우리는 설사와 위통 때문에 아파서 쇠약해지고 있어. 급할 때 눌 수 있는 양동이를 가져다주었으면 좋겠어."

그러자 그들은 양동이를 가져다주었다. 이것은 작은 승리였고 우리가 환경을 통제할 수 있다는 신호였다. 감방에서의 첫날밤은 행복하고 유쾌한 분위기였다. 우리는 가까운 거리에서 웅얼대는 소리를 듣고 그들이 다른 포로들이 아닐까 하고 생각했다. 우리는 그들이 우리 옆방에 있다는 것까지는 짐작했으나, 그들의 수까지는 알 수 없었다.

복도 맨 끝에 문이 있었는데, 경비병이 쾅 소리가 나도록 그 문을 닫았다. 아무도 우리에게 말하지 말라고 하지는 않았으나, 그럴 것이라고 가정하고 행동하는 편이 더 유리했다.

우리는 옆방에 있는 사람이 다국적군인지의 여부를 알기 위해 양철 컵으로 벽을 두드렸다. 오직 서구인만이 친구의 집 문을 노크하는 이 친숙한 패턴을 인지하고 대답할 수 있었다.

똑 또옥 똑 똑

답은 똑 똑이었다. 우리는 원하던 답을 얻었다. 이 접촉은 우리의 사기를 올려놓았고, 그들 역시 그랬을 것이다. 첫날밤부터 뭔가 잘 되어 가고 있다는 것은 좋은 느낌이었다.

우리는 현 상황에 대해 추론하기 시작했다. 우리 대원들이 또 여기 있을까? 보초병들의 위치는 어디일까? 우리는 여기 얼마나 더 있어야 할까?

스탠이 말했다.

"우리는 다른 대원들이 어디 갔는지 알 수 없었어요. 빈스는 비행기와 전술 비콘 이야기를 주절대었고, 크리스와 나도 제트기 소리 들은 것은 기억합니다. 우리는 빈스가 우리에게 멈추라고 한 것을 알아내고 나머지 대원들을 만나려고 했어요. 우리는 고지대에 올라가서 야간투시경으로 주위를 살폈지만, 다른 대원들은 온데 간데 없었어요. 우리는 전술 비콘으로 다른 대원들을 호출했지만, 응답이 없었어요. 결국 우리는 서둘러 계속 전진하기로 했죠. 다른 대원들이 침로를 유지해 우리가 만나기를 기대하면서."

*　　　　*　　　　*

그들은 4시간 동안 전진했고, 해가 뜨고 있었다. 크리스와 스탠은 탁 트인 지대에서 적에게 발견되는 것이 두려웠다. 빈스는 명령을 할 수 없는 상태였다. 그는 서서 멍청히 비바람을 맞으며 떨고 있었다. 다른 사람들은 숨을 곳을 찾아다니느라 바빴다.

스탠이 2m 깊이의 전차호를 발견해 냈으며, 거기에서 뻗어 나온 탱크 바퀴자국은 무릎 깊이였다. 그들은 빈스를 탱크 바퀴자국 속으로 끌고 들어가 눕혔다. 밤 동안 크리스와 스탠은 교대로 수면을 취했으나 빈스는 계속 눈을 뜨고 깨어 있었다.

아침이 되자 스탠은 신속히 주위를 둘러보았다. 경악스럽게도 그 전차호는 적으로부터 불과 20m 떨어져 있었다. 적들은 오두막집이나 통신 차량 비슷하게 생긴, 말로 표현하기 힘든 이상한 장비를 가지고 있었다. 그들은 거기에 밤이 될 때까지 숨어 있어야 했다.

눈이 오기 시작했다. 눈은 진눈깨비가 되었고 전차호는 진흙탕이 되기 시작했다. 그들은 물속에 빠져 체온이 떨어졌다. 식량도 조금밖에 남지 않았다. 비스킷 2개를 제외한 다른 식량들은 배낭을 버릴 때 함께 버려졌다.

밤이 되기 시작하자 그들은 호 밖으로 포복전진해서 일어났다. 그들은 20시간이나 차가운 물속에 엎드려 있었다. 스탠은 손발에 감촉이 없었고, 크리스의 관절은 얼어붙었다. 그들은 빈스를 사이에 두고 오리걸음으로 전진했다. 어둠이 깔리고 떠날 시간이 되었다. 너무나 추웠지만, 무기를 양손에 쥐어야 들고 갈 수 있었다.

빈스는 곧 처지기 시작했다. 그는 갑자기 멈춰서 다른 2명을 불렀다. 그는 자기 손에 대해 웅얼거리며 불평했다. 손이 검은색으로 변했다는 것이다. 크리스는 빈스가 검은 가죽장갑을 낀 것을 알고 말했다.

"머니 속에 손을 넣으면 괜찮아질 거예요."

다음 번에 멈추었을 때 빈스는 완전히 인사불성이 되었다. 스탠과 크리스가 그를 끌어안았으나 소용없었다. 전진하든가 얼어죽어야 했다. 그들은 고지대에서 돌과 눈더미를 헤치며 전진했다. 크리스가 나침반을 들고 전방에 섰으나 추위가 그의 몸을 좀먹어 들어가고 있었다. 그는 모든 동작을 슬로모션으로 했다.

세 사람은 각 개인의 속도 차이 때문에 흩어졌다. 스탠은 빈스를 부축하려고 멈추었다. 빈스를 보고 싶었으나, 빈스는 보이지 않았다. 스탠이 이리저리 둘러보아도 빈스는 어디에도 보이지 않았다. 스탠은 크리스를 불러 뒤로 돌아가 보았다. 그들이 눈 위에 찍힌 그들 발자국을 되짚어 가는 동안 가공할 만한 눈 폭풍으로 시계가 불과 몇m로 줄어들었다. 그들은 넓은 돌밭에 도착했다. 끝이 보이지 않았다.

결정을 내려야 했다. 둘 다 저체온증에 걸려 있었다. 서 있는 것은 고통이었다. 다시 움직여야 했다. 결국 그들은 서로를 마주보고 방향을 돌려 능선 반대편으로 갔다.

스탠과 크리스는 밤새 걸어 05:30시에 고지대를 탈출했다. 그들은 1m 깊이 정도의 얕은 와디를 건넜다. 날이 밝자 날씨가 좋아졌다. 해가 뜨고 며칠 만에 그들은 따스한 햇살을 얼굴에 받았다.

14:00시가 되자 염소 소리가 들렸다. 그리고 늙은 염소지기 때문에 들통나게 생겼다. 염소지기는 누더기 트위드 오버코트를 입고 있었다. 스탠은 그 모습을 보니 얼마나 따뜻할까, 염소고기를 먹으면 얼마나 좋을까 하는 생각밖에 들지 않았다.

그 노인은 동쪽을 가리켜 주었다. 매우 우호적으로 보였다. 그는 모래 위에 음식, 집, 자동차 등을 그려 보였다. 크리스는 스탠을 바라보았다. 이 노인을 죽여야 할까? 그건 보안에는 도움이 될 것이다. 그러나 이 노인을 기다리는 사람이 있다면?

스탠은 노인이 그림으로 표현한 자동차에 관심을 가졌다.

"이 사람을 따라가서 자동차를 뺏어 오겠어. 그리고 그걸 타고 가면 오늘 밤 국경에 도착할 수 있을 거야."

그들은 집결지를 정하고 경보체계를 정했다. 그리고 스탠이 노인과 염소들과 함께 동쪽으로 가기로 했다. 그는 의심을 덜 받기 위해 단독군장을 크리스에게 주고 얼굴에 셰마그 두건을 둘렀다.

잠시 동안 그 염소지기는 옆길로 샜으나, 얼마 후 다시 동쪽으로 움직였다. 스탠은 계속 움직였다.

노인이 말한 곳에 정확히 오두막이 있었다. 그러나 차가 1대가 아닌 2대가 주차되어 있었다. 스탠은 20분 정도 감시했다. 아무것도 눈에 띄는 것이 없었다. 차에 열쇠가 꽂혀 있다면 그 차를 타고 내뺄 생각이었고, 그렇지 않다면 오두막에 쳐들어 갈 생각이었다. 문을 걷어차 열고 눈에 띄는 모든 것에 사격을 가할 것이었다.

차량으로 접근하자 한 이라크 병사가 집 밖으로 튀어나왔다. 그도 스탠만큼이나 놀랬다. 그는 첫 번째 차량으로 뛰어가며 총을 쏘려 했으나, 스탠은 그에게 M-16 소총을 갈겨 대었다. 적병은 차량의 운전석에 쓰러졌다. 그가 나온 집은 20m 거리였으며, 그 집의 문이 열리고 6~7명의 병사들이 이리저리 혼란스럽게 뛰어나왔다. 스탠은 그중 3명을 사살했으나, 총이 걸려 나가지 않았다. 응급조치를 실시할 시간이 없었다. 그는 그가 쓰러뜨린 적병이 타고 있는 차로 달려갔다. 그 병사는 아직도 신음하고 있었다. 스탠은 그를 밀쳐 냈으나, 시동 열쇠는 없었다. 스탠은 적병의 주머니를 뒤져 열쇠를 찾았다. 그때 적병의 총구가 스탠의 갈비뼈를 찔렀다.

스탠은 그들을 돌아보았다. 적은 5명으로서 훈련이 덜 된 듯 자기들끼리 소리질러 대고 있었다. 그들은 하늘과 스탠 주위의 지면에 총을 갈겨 대었다. 스탠은 살아남을 것이라는 생각을 할 수 없었다. 그들은 주의깊게 다가와서 그중 한 명이 용감하게 스탠을 총 개머리판으로 때려눕히자 다른 자들도 합세했다.

그들은 스탠을 다른 차에 태워 유프라테스 강 근교의 군 기지로 끌고 갔다. 스탠을 상대로 전술적 질문을 시작했다. 그는 주로 밤에 수갑과 눈가리개가 채워진 채로 신문받았다. 신문관들은 유창한 영어를 구사했는데, 그들 중 일부는 영국에서 훈련받기도 했다. 샌드허스트 출신 소령이 말했다.

"모두가 자네 때문에 슬퍼해. 자네를 죽이고 싶어 했거든."

스탠은 4가지 이외에는 대답하지 않았다. 그러자 그들은 스탠을 의식불명이 되도록 때려댔다. 그러자 스탠은 꾸며낸 거짓 이력을 이야기하기 시작했다. 그는 자신이 오스트레일리아에서 의학 학위를 받고 런던에 갔다고 말했다. 자신의 학위 때문에 코를 꿰어 탐색구조대에 들어갔다고 말이다. 그는 이렇게 말했다.

"어떻게든 협조해 드리겠습니다. 저는 여기 떨어진 의무병에 불과합니다."

그러자 그는 의학기술에 대한 질문을 받았고, 확실히 하기 위해 의사까지 데려왔다. 그것은 잘 먹혔으나 나머지 것들은 이야기가 안 맞기 시작했다. 그들은 스탠이 헬리콥터가 불시착했다고 주장하는 곳을 검사했으나 아무 잔해도 나오지 않았다. 스탠은 "아마도 그 비행기는 다시 날아간 모양이에요." 하고 말했으나, 그들은 의심스런 눈초리로 보았다.

2~3일후 스탠은 취조실로 옮겨졌다. 그들은 스탠에게 환영식으로 몽둥이 찜질을 가했다. 스탠은 신문관들 앞에 무릎을 꿇고 앉아 파이프와 몽둥이로 구타당했다. 한번은 그들이 스탠의 목을 젖히고 빨갛게 달궈진 쇠꼬챙이를 눈에 들이댔는데, 그들은 그 꼬챙이로 스탠의 눈 대신 다른 곳을 찔렀다.

우리는 스탠에게 우리가 겪었던 이야기를 해 주고는 쓰러져 잤다. 나는 밤에 배가 아파서 깨어났다. 우리는 여기 와서 설사를 4~5회나 했다. 우리는 심한 탈수 증세를 보이고 있었으나, 최소한 또 물을 먹을 수는 있었다.

아주 어두웠다. 바닥에 누워 안도감을 느끼며 나는 집 생각을 했다.

좀 떨어진 곳에서 폭격이 있었다. 철창으로 불빛이 비쳤다. 차라리 폭탄이 터지는 것을 보는 게 더 좋았고 안도감이 들었다. 혼자가 아니라는 생각이 들어서였다. 게다가 여기에 폭탄이 떨어지면 우리는 탈출할 수도 있다.

아침이 되자 정문이 열렸다. 쇠사슬의 철그렁 소리와 자물쇠에 열쇠를 끼우는 소리가 났다. 금속성도 들렸다. 우리 벽 한쪽의 주름진 문이 열리며 사람들이 떠들고 걸어 다니는 소리가 들렸다. 우리는 금속 양동이의 바닥이 땅에 닿고 그 손잡이가 옆에 부딪치는 소리를 들었다.

누군가의 이름을 부르는 소리가 났다.

"러셀! 러셀!"

끙끙거리는 대답소리가 났다.

복도로 더 나아가 똑같은 양동이 소리가 났다.

"데이비드! 데이비드!"

이 사람은 분명히 미국인이었다. 그의 이름이 불리는 순간 그가 "요(yo)!"라고 대답했기 때문이었다.

경비병들은 데이비드라는 사람을 부르고 나서 복도를 더 나아가서 우리 감방 앞에 왔다. 문이 열리자 우리는 일어섰지만, 어떻게 될지는 몰랐다. 경비병은 3명이었는데, 그중에 작은 사람이 자신의 이름이 제랄이라고 소개했다. 다른 한 명은 안경을 낀 뚱보였고, 또 한 사람은 금발 곱슬머리를 하고 있었다. 제랄은 양동이를 들고 있었고, 다른 2명은 권총으로 그를 호위하고 있었다. 그들은 우리에게 무척 위압적으로 보이려고 하는 것 같았다.

뚱보가 질문했다.

"너희들 이름은 뭐지?"

딩거가 대답했다.

"딩거, 스탠, 앤디야."

그는 우리에게 작은 플라스틱 그릇을 하나씩 쥐어 주고, 양동이에서 쌀밥과 물로 된 식사를 퍼 주었다. 우리는 머그잔 2개와 낡은 주전자에서 나오는 차가운 블랙 티도 지급받았다. 마치 크리스마스 기분이었다.

그들이 나가자 우리는 대낮에 우리 감방을 처음으로 둘러보게 되었다. 벽 높은 곳에 못이 하나 박혀 있었다. 벽 표면에서 5cm 빠져나와 있었다. 아마 죄수의 손을 결박하는 데 쓰이는 것 같았다. 내 몸이 좀 더 가볍다면 다른 사람 무등을 타고 저걸 빼낼 수도 있을 것 같았다. 딩거는 못을 보고 태양광선이 들어오는 것을 알고는 시간의 흐름을 측정했다.

우리는 앉아서 밥을 싹싹 핥아먹었다. 다음에는 무슨 일이 생길지 예상하며 차를 마셨다. 10분 후 아까 왔던 세 경비병이 소령과 함께 돌아왔다. 그는 예전에 했던 말을 반복했다.

"자네들은 내 감옥에 있다. 나는 자네들이 잘못을 저지르기를 원하지 않아. 자네들이 뭔가 잘못을 저지르면 그에 합당한 대가를 치를 것이네. 어제 장교가 자네들을 함께 수감하라고 명령했기 때문에 자네들은 함께 있는 것이다. 그 사람은 자네들을 위험인물로 간주해야 된다고 말했네. 그러니 자네들이 뭔가 문제를 일으키면 쏴 버릴 거야."

그건 아마도 우리가 COP 대원이라는 말을 듣고, 그들이 취급해 왔던 조종사 출신 포로와는 격이 다르다는 생각에서 하는 말 같았다. 아니면 우리의 수염, 상처, 피딱지를 보고 우리를 꽤 거친 놈으로 생각하는지도 몰랐다. 그의 말은 계속 이어졌다.

"만약 탈출 시도나 명령 불복종을 한다면 우리는 자네들을 쏴 버릴 거야. 아주 쉬운 일이지."

내가 그에게 질문했다.

"우리 양동이를 비워도 됩니까? 우리는 배가 너무 아프고 양동이도 꽉 찼답니다."

그는 경비병 1명한테 뭐라고 말한 후 이야기했다.

"좋아. 양동이를 가져와라."

스탠이 양동이를 들고 경비병을 따라갔다.

소령은 계속 이야기했다.

"자네들에게는 계속 먹을 것이 주어질 거야. 행복한 줄 알라고. 너네 나라 사람들이 우리 애들을 죽이고 있으니까. 시끄러우면 안 돼. 얘기해도 안 되고 소리 질러서도 안 돼. 알아듣겠는가?"

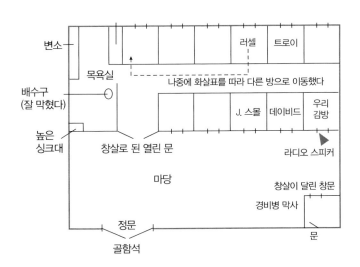

군 교도소

그가 이야기하는 동안 딩거는 그의 셔츠 속에 있는 담뱃갑을 응시했다.

"죄송합니다만 제게 담배 하나만 주실 수 있습니까?"

딩거는 미소를 지었다. 도전하지 않으면 얻는 것도 없다. 우리는 최대한 우호적이고 멋있고 공손하고 예의바르게 대하려고 했다. 그 소령은 호주머니에서 담뱃갑을 꺼냈다. 그는 딩거에게 담배 한 개비를 주었으나 불은 붙여 주지 않았다. 딩거는 엿 먹었다. 그는 그날 하루 종일 생각에 잠겨 담배를 바라보며 그것을 코에 끼워 두었다.

스탠은 가급적 많은 정보를 얻으려고 했다. 그가 알고 있는 것은 많은 감방들이 있으며 그 문들은 담요나 쌀자루 등으로 씌워져 있다는 것이었다. 우스꽝스럽게도 그 쌀자루는 미국 쌀 협회에서 이라크인들에게 보내준 것이었다. 복도 맨 끝에는 문이 있고, 다른 복도는 마당으로 통해 있었다. 그 뒤에는 또 다른 금속제 문이 있었다. 그것은 그가 볼 수 있는 한계를 뛰어넘은 것이었다. 이 모두가 한 부대의 통제하에 있는 것 같았으며, 출입구는 하나 뿐인 것 같았다.

우리는 경비병들과 같은 목욕실을 쓰게 되었다. 그들은 씻을 때면 줄을 지어 씻었으며 한쪽에는 물이 채워진 큰 기름통이 있었다. 4~5개의 배수구가 있는 큰 콘크리트 배수로도 있었고 칸막이가 된 아랍식 화장실도 있었다. 스탠의 말에 의하면 이곳 전체는 매우 악취를 풍긴다고 한다.

1주일이 지났다. 그들은 우리 방에 하루에 3번씩 오기도 했지만, 어떤 때는 2번, 어떤 때는 6~7번씩 오기도 했다. 우리는 병사들이 왔다 갔다 하며 씻고 건들거리는 소리를 들었다.

우리는 불규칙적인 식사를 했다. 어떤 때는 아침에, 어떤 때는 늦은 오후에, 어떤 때는 해질 무렵에 음식 양동이가 왔다. 음식은 언제나 쌀 수프 아니면 쌀밥이었고, 항상 먼지나 진흙이 섞여 있었다. 그들은 언제나 그런 것이라도 먹으니 행운이라고 말하는 것이었다. 한 번은 누군가가 먹다 남은 고기의 뼈다귀를 넣어 준 적도 있었다. 우리들은 그것을 걸신들린 듯이 먹어치웠다.

그들은 수감자들을 라디오로 교화하는 전쟁영화를 본 적이 있는 것 같았다. 아침이 되면 유리창이 깨져라고 우렁찬 라디오 소리가 들려왔기 때문이다. 감방 안에까지 쩌렁쩌렁 울리는 그 소리는 공격적인 어투로 '부시'나 '미국' 같은 영어 단어들을 강조하면서 말했다. 중간에 기도 방송이 나오고 나면 또 선전 방송이 다시 시작되었다. 방송은 해가 저야만 끝났다. 우리는 방송 때문에 미칠 지경이었다.

이곳은 매일 밤 폭격을 당했다. 항상 도시 주변의 대공포 진지에서 산발적인 사격이 가해졌다. 그중의 일부는 우리 교도소에도 주둔하고 있었다. 우리는 천장에서 대공포의 발사 진동과 포수들이 회의하거나 고함지르는 소리를 들을 수 있었다. 그들은 비행기 소리가 나면 이미 비행기가 사정권 밖으로 멀어진다는 것도 모르는 듯했다.

2월 13일 밤 교도소 주위 거리에서 대규모 소화기 사격이 있었다. 20~30분이나 계속되었다.

딩거가 말했다.

"젠장, 뭐지?"

그와 스탠이 나를 철창을 볼 수 있게 받쳐 주었고, 나는 머리를 최대한 세워 지평선을 가로지르는 탄의 궤적을 보았다. 모든 곳에서 탄이 발사되고 있었다.

"아마 혁명이나 쿠데타가 벌어진 모양이야. 대단한 전투로군."

며칠 후 우리는 다른 감방의 사람들과 접촉을 시도해 보기로 했다. 우리는 옆방 사람이 데이비드라는 미국인임을 알고 있었다. 러셀의 국적은 확실히 알지 못했다. 우리는 그들과 접촉해 보기로 했다. 구타당하거나 더 나쁜 교도소로 옮겨질 위험도 있었지만, 해 볼 가치는 충분했다. 그들이 석방되거나 탈출한다면 우리 이름을 보고할 수도 있기 때문이다.

　야간점호를 마치고 나서 경비병들은 모든 임무를 종료하고 복도의 정문을 닫고 마당으로 나갔다. 우리는 이것이 문이 오늘 마지막으로 닫히는 것이라고 생각했다. 그들은 우리 소리를 듣지 못할 것이다. 나는 쌀자루로 덮인 우리 감방문 오른쪽으로 가서 도움을 요청했다. 만약 경비가 응답한다면 나는 우리 모두가 몸이 아프니 도와달라고 할 것이다. 아무 응답이 없었다. 나는 크게 소리 질렀다.

　"데이비드! 데이비드!"

　우리는 뒤척이는 소리를 들었다.

　"응~ 뭐야?"

　"자네 여기 며칠 있었나?"

　"며칠 안 돼."

　그는 자기와 여군 트럭 운전수에 대해 이야기했다. 그들은 국경 근처 전투에 투입되었다가 습격을 당했다. 그는 배에 총상을 입었으나 여군은 어찌되었는지 알 길이 없었다.

　딩거가 물었다.

　"저쪽에는 누가 있나?"

　"러셀이라는 해병대 조종사야."

　"러셀! 러셀!"

　그도 응답했고 우리는 자기 소개를 했다. 나는 그에게 물었다.

"뭐 알고 있는 거 없나?"

러셀 샌본은 쿠웨이트 3,000m 상공에서 지대공 미사일에 격추되었다. 그는 감옥에 온 지 2일밖에 안 되었다. 우리는 여기에는 그 외에는 포로가 더 없음을 알고 다시 이야기하자고 약속했다.

2월 15~16일이었을 게다. 아침이 되자 경비병들이 들어왔고 우리는 언제나처럼 일어서서 미소 지었다. 우리는 상투적인 일을 했다. 우리가 "안녕히 주무셨습니까?" 하면 그들도 "잘 잤나?"했다. 그리고 우리 중 1명이 양동이를 비우러 나간다.

그러나 오늘 아침에는 그들이 웃지를 않았다. 그들은 한 젊은 장교를 데려왔고, 그는 나를 가리키며 말했다.

"너! 나를 따라와라."

그는 손에 들고 있던 하얀 붕대로 내 눈을 가렸다. 내 손도 내 앞에서 결박되었고, 머리에 수건이 싸여졌다. 그 장교는 경비병들의 호위를 받으며, 나를 감옥에서 데리고 나갔다. 그는 담요 속의 내 팔을 잡고 나를 끌고 나갔다. 눈가리개 밑의 틈새로 땅이 보였다. 우리는 문을 통과하며 나아갔다. 장교가 누군가와 말할 때는 멈추기도 했다.

우리는 정말 빨리 움직였다. 장교가 내 얼굴을 가로등에 처박을 때까지는 말이다. 경악스럽게도 코피까지 나왔다. 장교는 꼴 좋다고 생각했을 것이다. 우리는 한 건물 안에 들어갔다. 들어가서 벽에 얼굴을 대고 가부좌를 틀고 앉아 있으라는 명령을 받았다. 문이 닫혔다. 다음에 뭐가 터질지는 모르겠으나 안 좋은 일 같았다. 1분 후 담요와 눈가리개가 제거되고 일어서서 뒤로 돌라는 명령을 받았다.

내가 있던 곳은 한 사무실이었다. 조명은 강하고 밝았다. 벽에 의자가 하나 있고 그쪽으로 비디오 카메라와 막대기에 달린 마이크가 있었다. 왜 그들이 그동안 내 얼굴을 안 때렸는지 알 것 같았다.

나는 교도소장을 대면했다. 그가 내 코를 보고는 젊은 장교에게 욕을 퍼부었다. 나는 어느 모로 보나 엉망이었다. 코피가 안 나와도 마찬가지였다. 그들은 옆방으로 나를 데려가 피를 씻어 주었다. 나는 플란넬로 된 눈가리개를 걸쳤으며, 빗과 거울을 지급받고 머리를 빗으라는 명령을 받았다. 그러나 손쓸 도리가 없었다. 말라붙은 피딱지가 너무 많았다.

전방작전기지를 떠난 후 처음으로 내 얼굴을 보았다. 마치 삽으로 얼굴을 맞은 것 같았다. 턱수염은 더러웠고 얼굴 가죽은 갈라졌다. 입은 피딱지 투성이었다. 저들이 나를 텔레비전에 출연시킨다는 것이 믿어지지 않았다. 나는 그들을 즐겁게 하기 위해 내 몸을 좀 닦았으나 너무 잘 닦지는 않았다. 나는 우리나라 국민들에게 지나치게 건강해 보이고 싶지는 않았다.

나는 비디오 카메라 앞에 앉아 이 촬영이 나의 의지에 반한다는 것을 어떻게 표현할지 적당한 방법을 찾아보았다. 나는 베트남 전쟁 중의 일을 기억해 냈다. 베트남 전후 미국으로 귀국한 미군 포로들은 그들이 자기들의 목숨을 구하려고 뭔가에 사인했거나 무슨 말을 했기 때문에 비난받았다. 그러나 사람들은 곧 그들이 여러 매체에 출연했을 때 비정상적인 행동을 취하거나 왼손으로 사인하여 누구에게나 뭔가 잘못되고 있음을 알리려고 한 사실을 알아냈다.

나는 가급적 오랫동안 내 집게손가락으로 내 눈을 만지는 행위를 반복하기로 했다. 내 눈이 가로등에 받혀 다쳤다는 암시를 주기 위해서였다.

나는 앉아서 기다렸다. 한 이라크군이 차 3잔을 들고 오더니 내게도 한 잔 주었다. 소령이 말했다.

"우리는 자네에게 몇 가지 질문을 하려고 하네. 앤디, 자네가 카메라 앞에서 진실만을 말해 주었으면 좋겠어. 그러면 자네는 곧 집에 갈 수 있을 거야."

"예, 대단히 감사합니다."

그는 이전에 내가 질문받았던 것들을 물어 보았다. 이름, 계급, 군번, 생년월일, 종교, 헬리콥터와 COP 소대에 대한 자세한 내용, 우리의 이라크에서의 활동 등이었다. 카메라 뒤에 선글라스를 쓴 병사가 있었는데, 불빛 뒤에 앉아서 얼굴이 제대로 보이지 않았다. 그는 아랍어로 뭐라고 스피커에서 나오는 소리를 들은 후 영어로 질문하고, 내가 답변하면 그가 아랍어로 통역했다. 나는 손가락으로 눈을 문지르며 카메라를 똑바로 보지 않았다. 나는 계속 졸립고 지리멸렬해 보이도록 애썼다. 그럴 만한 값어치가 있었다. 그대로 계속 밀고 나가든가 그들이 내 따귀를 때리든가였다. 실제로 그들의 반응은 전혀 없었다. 소령이 20분 후에 말했다.

"좋아, 되돌아갈 시간이네."

내가 일어나려는데 선글라스 낀 사람이 말했다.

"너희 편이 절대 이기지 못한다는 걸 알거야. 그렇지 앤디?"

"왜?"

"넌 세련된 것과는 거리가 머니까."

나는 눈가리개를 쓰고 감옥에 들어가 다른 감방에 넣어졌다. 나는 의기소침해졌다. 그들은 영화를 다 찍고 나서 날 평생 동안 혼자 버려둘 것 같았다.

경비병들이 손에 눈가리개를 들고 감방 안에 들어와 딩거에게 말했다.

"다음 차례는 너다."

딩거는 눈가리개에 묻은 피를 보고 소리 질렀다.

"나쁜 놈들!"

그는 내가 살해당했거나 고문이 다시 시작되었다고 믿은 모양이었다. 만약 진짜로 그랬다면 감방 안에서 그랬어야 할 것이다. 스탠의 말로는 약간의 싸움이 벌어졌고, 경비병들이 총을 뽑아 겨누었다고 한다. 그들은 딩거를 끌고 갔고, 스탠은 '다음 차례는 나다.' 하고 생각했다.

카메라 앞에서 딩거는 담배 1개비를 받았다. 담배가 타들어가자 딩거는 매우 거만한 태도를 보이면서 카메라 앞에서 우아하게 담배를 피우며 왼손 가운뎃손가락을 들어보였다. 마치 노엘 코와드(영국의 유명 극작가)의 연기 모습 같았다.

스탠은 계속 손으로 머리를 치며 땅만 바라보기로 결정했다. 그가 인터뷰하는 동안 나는 딩거와 함께 뒤로 가서 우리가 이 비디오를 찍는 이유가 무엇인지를 알려고 했다. 우리는 저들이 이 비디오를 방영하여 가족들이 우리가 살아 있음을 알게 되기를 기도했다.

*   *   *

우리는 경비병들과 그들의 가족에 대해 자주 이야기하곤 했다.

"너는 아이가 모두 몇이야? 보고 싶지? 언제 볼 기회가 있냐?"

나는 제랄과의 만남을 잊지 못한다. 그는 매우 말랐고 젊고 20대 초반이었다. 영어 또한 유창했다. 항상 변명하듯 말하며 어깨를 들썩거렸다. 그는 이렇게 말했다.

"내 원래 직업은 드러머야. 나는 바그다드의 메리디엔 호텔의 밴드 '퀸'에서 연주하지."

그는 보니-M이나 마이클 잭슨 등의 가수를 좋아했으며, 나를 볼 때마다 노래를 불렀다.

"He is crazy like."

그는 어느 날 이런 말을 하기도 했다.

"오, 앤디. 나는 런던에 가고 싶어. 내가 런던에 가면 런던 구경을 시켜 줄 거야? 나는 런던의 호텔에서 연주하고 싶어."

나는 어깨를 들썩거렸다.

"그야 물론이지. 전쟁이 끝나면 우리는 친구가 될 수 있어. 런던에 갈 수도 있고."

그는 내 두눈을 동경하는 눈초리로 바라보았다.

"고마워, 앤디, 사랑해. 너도 나 사랑하지?"

"그럼, 물론이지. 제랄."

그가 떠나자 나머지 2명이 구시렁거렸다. 딩거가 떠들었다.

"런던을 보게 해 준다면 한 달치 봉급을 주겠어."

스탠도 거들었다.

"1년치 연봉을 한꺼번에 준다면 중대에 말하지 않겠어."

제랄은 귀찮은 놈이었으나, 그에게서 추가의 빵과 약간의 정보를 얻어낼 수 있었다. 어떤 때는 크레믈린이 이 전쟁에 영향을 미치고 있는 것 같았다. 제랄은 이렇게 말했다.

"이 전쟁은 곧 끝날 거야. 고르바초프가 모든 것을 조종하거든."

어떨 때는 정말 평화가 찾아왔다. 우리는 거리에서 노랫소리와 소화기 사격음을 들었다. 제랄이 말했다.

"전쟁이 끝났어!"

내가 되물었다.

"어떻게 알아?"

"사담 후세인이 종전협정에 서명했지. 그는 전국에 많은 적을 죽일 수 없다고 했어. 그는 매우 자비로운 사람이야."

그의 거짓말은 금세 탄로났다. 그날 밤에도 폭격이 벌어졌기 때문이다. 실제 제랄이 그 말을 하고 있을 때 걸프 지상전이 시작되었다.

스탠은 영어를 한 마디도 못하는 상사와 잘 지냈다. 둘 사이에는 비슷한 점이 있었고, 스탠은 다른 경비병을 통해 그와 대화했다. 스탠이 상사에게 자식이 몇 명 있냐고 하자 그는 아내 2명과 자식 5명이 있다고 대답했다. 그러자 스탠은 이렇게 말했다.

"자네는 무척 정력이 세군."

그 상사도 그런 말을 좋아했다.

경비병들과 약간의 문제가 생길 때도 있었다. 양동이를 나를 때 얻어맞은 적이 몇 번 있었다. 그들은 우리를 제멋대로 조종하고 싶어 했다. 어떤 때는 딩거에게 마이클 잭슨의 무드 댄스를 추게 한 적도 있었다. 우리는 그들이 시키는 대로 했다. 그러자 그들은 우리를 때리고 걸어차며 웃어 댔다.

어떤 때는 화장실 하수구가 그들의 똥으로 막힌 적도 있었다. 그들은 내 손으로 하수구를 파내라고 시킨 후 내 손가락을 핥게 했다. 그들은 나를 미친놈이라고 생각했다.

어느 날 아침, 스탠은 양동이를 들고 목욕실로 갔다. 그리고 목욕실을 청소할 때 그들은 스탠에게 기름통에서 물을 퍼서 양동이에 채우라고 시켰다. 스탠이 그들의 친절에 감사하며 기름통에 양동이를 넣는 순간 그는 엄청난 전기충격을 받아 벽에 나동그라졌다. 우리는 그의 비명소리와 경비들의 히스테리한 웃음소리를 들었다. 그들은 발전기를 가동시키고 기름통에 전선을 연결했던 것이다.

바그다드는 매일 밤 공습당하고 있었다. 폭탄이 너무 가까이 떨어지거나 경비들의 친구, 친척이 폭격으로 죽으면 그들은 쳐들어와서 우리에게 분풀이를 했다. 그들은 화장실에서 우리를 마구 걸어차다. 우리 3명은 언제나 함께 불려 다녔다. 우리는 제대로 서 있지도 못했다.

어느 날 밤, 우리 건물 근처에 폭탄이 떨어졌다. 처음부터 우리는 건물에 큰 구멍이 뚫릴 사태에 대비하여 거기로 빠져나갈 생각을 하고 있었다. 그러나 폭탄이 너무 가까이 떨어질 경우에 탈출한다면 우리 편 폭탄에 맞아 죽을 수도 있었다.

그날 밤 이라크군에도 사상자가 발생했다. 비명과 고함소리, 충격파, 유리 깨지는 소리가 들려왔다. 알리바바 마을에 좋은 소식이 왔다. 문 밖에서 연병장 언저리로 뭐라고 소리치는 것이 들렸고, 문이 떠밀려 열리는 소리가 났다. 우리는 뭔가 터졌다고 생각했다. 경비병들이 쳐들어오더니 러셀과 데이비드에게 뭔가 일이 생겼다.

그들이 우리 방에 왔을 때 두 놈이 틸리 램프를 흔들며 소리를 질렀다. 그들은 헬멧과 단독군장을 착용하고 있었다. 무기도 멜빵에 꿰어 걸고 있었고, 곤봉도 휴대하고 있었다.

그들이 감방 안에 들어오자 우리는 일어섰다. 그들은 몽둥이로 우리를 때려죽일 수 있었다. 머리 주위를 가격하기만 해도 효과는 충분하다. 영화에서는 주인공이 의식불명이 되도록 얻어맞고도 몇 분 후면 일어나 세계를 구한다. 그러나 실제로는 팔을 뻗어 자기 몸을 지키려고 하면 팔이 부러진다. 우리 눈빛은 그들에게 적의를 전했다. 그들은 발걸음을 멈추고 우리를 바라보았다. 우리도 그들을 쏘아보았다. 그들은 문으로 물러서서 복도로 나가 소리를 지르고, 총기를 장전하는 시늉을 했다. 그리고 그들은 돌아와서 문을 걷어차고 나갔다. 믿을 수 없었다. 다른 친구들의 비명과 신음소리를 듣지 못했다면 우리는 웃었을 것이다.

우리는 똑같은 상황에 처한 적이 또 한 번 있었다. 그때는 폭탄이 문제가 아니라 한 미국인이 문제였다. 미국인들은 설령 그러다 실컷 얻어맞는 한이 있더라도, 자기들끼리 의사소통을 하고 싶어 했다. 이 감옥의 미국인들은 감옥 내에 자기 동포들이 있음을 잘 알고 있었다.

데이비드가 소리 질렀다.

"난 버거킹을 먹기 위해 싸운다!"

욕탕에서 한 경비병이 그 소리를 듣고 달려왔다. 그러나 당한 건 캔을 들고 있던 러셀이었지 데이비드가 아니었다. 러셀의 감옥이 욕탕에서 더 가까웠으므로 그들은 잘못된 판단을 한 것이다. 러셀은 얻어맞고 징벌실로 끌려갔다. 그들은 돌아와서 데이비드의 따귀를 갈긴 후 우리에게 왔다.

그들 3명은 헬멧을 쓰고 몽둥이를 휘둘렀다. 우리는 그들을 째려보며 말했다.

"어서 와 봐. 이놈들아."

그들은 물러서서 소리쳤다.

"너희들을 모두 따로따로 떼어놓겠어."

그건 구타보다 더한 공포스런 협박이었다.

그러나 다행스럽게도 그런 일은 일어나지 않았다. 아마 그들은 자신들의 실수를 숨기기 위해 이 일을 보고하지 않은 것 같았다.

우리는 구경꾼이 되었다. 경비병들은 친구들과 지역 유지들을 데려왔고, 도장을 찍고 무기를 장전해 겨누며 자신들의 권위를 과시했다. 하루는 한 뚱보가 마카로프 권총을 들고 왔다. 그는 총을 장전하여 딩거를 겨눈 후 방아쇠를 당겼으나, 빈 약실을 치는 소리만 났다. 경비병들은 그런 것을 아주 좋아했으며 우리도 끼어들었다. 그때 딩거는 뭔가 얻어내려고 노력하여 담배 1개를 얻어내었다. 그날은 그의 날이었다.

우리는 오후마다 지도를 보며 지형을 익혔다. 만약 우리가 탈출하여 시

가지 밖으로 나갔을 경우 위치를 알 수 있는 지형을 익히려고 노력했다. 나는 우리가 나가자마자 도로 표지판을 볼 수 있고, 즉시 우리의 위치를 알게 될 것이라고 생각했다.

지형을 익히는 데는 많은 시간이 걸렸으나, 쉬는 시간에는 잡담을 했다. 나는 몇 번이나 내가 살아온 이야기를 했다. 모두가 페캄과 내 전 부인 3명에 대해 나만큼 잘 알게 되었다. 스탠은 로디지아에서 가족과 함께 있던 이야기를 했다. 그들은 당나귀를 갖고 있었고, 당나귀 울을 밝은 색으로 칠했다. 그가 해 준 이야기 중에 코끼리 떼가 바람에 과수원에서 떨어진 사과를 먹어치운 것이 있었다. 과일은 썩어 들어갈 만큼 오래된 것이었고, 코끼리들은 설사를 해 대었다. 코끼리들이 자고 있는 동안 원숭이 한 떼가 몰려와 나머지 사과를 먹어치웠다. 그들은 나무들 사이로 몰려가 잔치를 즐겼으나, 그들도 속이 쓰리기 시작했다. 한 원숭이가 나무에서 떨어지면서 다른 두 원숭이에 부딪쳐 같이 떨어졌고, 그들이 떨어진 곳은 코끼리 머리 위였다. 성난 코끼리들은 온 대지를 뒤엎었다.

좀 더 슬픈 이야기도 있었다. 그의 가족은 한 하인과 함께 살고 있었다. 하인은 사유지 내의 오두막에서 살았는데, 어느 날 밤 한 무리의 반군들이 몰려와 백인을 위해 일한다는 죄목으로 그 하인을 쏘아 죽였다. 그들은 시신을 오두막에서 끌어내어 나머지 가족들에 대한 경고의 의미로 집 현관에 두었다. 그 후 스탠은 로디지아 육군에 입대하여 신속대응군의 일원이 되었다. 독립이 선포되자 스탠은 절망감에 고국을 떠났다.

우리는 스탠에게 펑크 음악을 가르치려 했다. 우리는 3일간에 걸쳐 〈Down in the Tube Station at Midnight〉의 전 가사를 기억해 내고, 그것을 스탠에게 가르쳤다. 그러나 그는 곧 포기했다. 그리고 불평을 퍼부었다.

"난 이런 똥 같은 잉글랜드 노래는 못 배우겠어요. 상사님은 롤프 해리스

(Rolf Harris: 호주 가수) 노래 알기나 해요?"

불쌍한 스탠, 그는 배고플지라도 나중을 위해서 음식을 저장하려고 했다. 도망칠 날을 대비해서다. 그는 경비의 감시를 피해 음식을 저장하는 데 엄청난 시간을 투자했고, 우리는 아침에 일어나 음식을 내놓으라고 강요했다. 이런 게 친구 아니던가.

우리는 몸을 움직이고 상처난 곳을 점검하는 데도 시간을 보냈다. 나는 이가 썩을까 염려했다. 항상 경비들이 우리 음식에 침을 뱉고 있었고, 이라크인들의 세균이 내 부러진 이에 침투해 내 모든 이가 도미노처럼 빠지는 광경이 연상되었다.

우리는 계속 시간을 보냈고, 2월 24일에는 특히 우울했다. 내가 영국에 있었으면 어땠을까 하는 생각을 하니 참을 수 없었다. 캐시가 우리와 함께 있을 수도 있고, 그 아이에게 전화를 걸어 생일을 축하한다고 말할 수도 있지 않은가?

월말이 되어가자 소령은 더 자주 나타나기 시작했다. 주로 일몰 전에 모습을 보였다. 그는 우리에게 혁명 이후의 이라크 국민들의 삶이 아주 좋다고 장광설을 늘어놓았다. 충분한 건강유지 시설이 있고, 모두가 은퇴할 나이가 되면 충분한 연금을 받는다고 했다. 사담은 모든 국민에게 대학까지의 교육 기회도 제공했단다. 그는 한 번은 우리에게 〈햄릿〉의 아랍어판을 보여 주며 이렇게 말했다.

"우리 애들도 학교에서 세익스피어를 배운다네. 어젯밤 내가 집에 가는데, 내 등 뒤에서 폭탄이 터졌지. 죽든지 살든지 모두 알라의 뜻이야. 그렇지 않은가?"

우리 중 아무도 대답이 없었고 잠시 후 그는 웅얼거렸다.

"자네들도 알다시피, 자네들은 여기서 좋은 대우를 받고 있지."

그것이야말로 전쟁이 거의 끝나간다는 것을 알 수 있는 좋은 기회였다. 우리는 그의 경비병들이 기립하고 등을 돌려 나갈 때까지 아무 말도 하지 않았다. 말해 봐야 상황을 더욱 나쁘게 만들 뿐이었다.

"나와 함께 있지 않았을 때 일어난 일은 내 책임이 아니네."

그는 거듭해서 말했다. 전쟁이 그들에게 불리하게 돌아가고 있음이 분명했다. 그리고 그는 곧 꽁무니를 감추었다.

어느 날 밤 문이 열리고 끙끙대는 소리를 들었다. 나는 밤에 문이 열리는 소리를 듣기 싫었다. 매우 불안한 느낌이 들기 때문이다. 포로가 하나 끌려와 감옥에 갇히는 소리가 분명했다. 웅얼대는 소리와 함께 큰 함성 소리가 났다. 우리는 그날 밤 그 포로와 접촉해 보았다. 그의 이름은 조셉 스몰이었고, 호출 부호는 에일리 캣이었다. 그는 미 해병 항공대 소령이었다. 그 불쌍한 조종사는 이라크군에게 격추당했으며, 우리에게 오늘이 지상전 마지막 날이라고 말해 주었다. 그는 낙하산으로 탈출했으나, 나무에 낙하산이 걸리고 말아 다리에 개방골절상을 입었다. 그리고 이라크놈들은 그에게 부목을 대어 준 것 외에는 아무 치료도 해 주지 않았다.

뉴스를 들으니 기뻤다. 지상전이 시작되었을 뿐 아니라 거의 끝나가고 있었고, 이라크는 궁지에 몰려 있었다. 그러나 조셉 스몰이 여기 옴으로써 미국인 포로가 늘어났고, 더 많은 이야기가 오갔다. 그들은 주변에 경비가 있는지 없는지 잘 신경 쓰지도 않았다. 그들이 제재를 당하면 우리 모두가 피해를 입게 된다. 나는 그때까지도 경비병 놈들이 우리를 분리 수용할까 봐 걱정되었다.

조셉은 정말 웃겼다. 언제나 담배를 달라고 이라크인들에게 떠들어 댔다. 그러나 그는 여전히 공격적이었고, 그 때문에 불이익을 당하기도 했다. 그러나 딩거는 외교관처럼 예절바르게 행동하여 교도소장에게서 담배를 얻어내기도 했다.

결국 우리는 더 이상 미국인들에게 말을 걸지 않기로 작정했다. 우리는 그들 마음대로 하게 내버려두고 경비병들이 어떻게 반응하는지 기다렸다. 경비병들이 별 반응이 없으면 우리도 끼어들어 가급적 많은 정보를 얻어냈다. "적십자사에 보고된 사람은 누구인가? 다국적군은 우리가 죽었다고 생각하는가? 아니면 우리의 생존 사실을 알고 있는가?" 등의 질문을 했다.

조셉 스몰은 적십자사에서는 우리에 대해 아무것도 보고받지 못했다고 알려주었다. 우리는 아직까지도 작전 중 실종 처리된 것이었다. 부시는 모든 전쟁 포로가 석방되지 못할 경우 다국적군이 바그다드로 진격할 것이라고 공언한 바 있다. 그것은 우리에게 최소한 좋은 느낌을 주었다. 최소한 우리 편은 이기고 있다. 그리고 우리가 석방될 기회도 있다. 그러나 우리가 석방되지 못할 수도 있다. 우리는 이라크가 팔레스타인해방기구(PLO)와 관련되어 있는 것을 알고 있다. 우리의 운명은 도대체 어떻게 될 것인가?

가끔씩 이렇게 재미있는 일도 있었다.
"거기 누구요?"
"해병대의 조셉 스몰 소령입니다."
"저는 해병 대위 러셀 샌본입니다."
"항공대인가?"
"악! 그렇습니다!"
정말 멋진 의기투합이었다. 영화 〈탑건〉의 한 장면 같았다.
조셉 스몰이 들어온 후 트로이 던롭이라는 의무하사관이 척추 부상을 입은 채로 들어왔다. 그는 여자 군의관과 함께 있었는데, 그 여자도 양팔이 부러진 채 포로가 되었다. 그들과 함께 블랙호크 헬기에 탔던 나머지 사람들은 모두 격추당해 전사했다. 예외 없이 이번에도 미국인들이 그에게 말을 걸었다.

"스몰 소령님? 조셉 스몰 소령님? 제기랄, 저는 당신을 찾는 탐색구조활동 중이었단 말입니다!"

우리는 그에게도 우리 이름을 다 알려주었다. 그가 부상 때문에 일찍 석방될 경우를 대비해서이다.

이 시기에 폭격이 멈추어 스몰의 말이 옳다는 것이 증명되었다. 우리는 폭격을 일종의 바로미터라고 생각했다. 폭격이 다시 시작되면 모든 상황이 다시 나빠지는 것이다. 오후에 빠르게 연속해서 2번의 폭발음이 일어나고, 많은 사람들의 고함소리가 들려왔다. 폭발의 메아리 소리와 함께 석방될 희망도 사라져 가고 있었다.

나는 긍정적으로 생각하려고 했다. 이라크군들은 다국적군 지상군에게 엉덩이를 걷어차이고 있다. 스몰의 정보에 의하면 며칠에서 몇 주 내로 전쟁이 끝날 것 같다. 그리고 주간 공습 준비도 잘 되어갈 것이었다. 그러나 나는 대공화기 사격음을 한 번도 듣지 못했다. 제럴은 비행기들이 도시 상공을 초음속으로 날아다닌다고 했지만, 그들이 다국적군기인지 이라크군기인지는 그도 몰랐다.

3월 3일 아침 일찍 마당 바깥의 문과 감옥으로 통하는 문이 열렸다. 열쇠의 소리, 목소리들이 시끄럽게 울렸다. 데이비드의 감방 문이 열렸다. 우리는 뭐가 어떻게 되어 가는지 알려고 귀를 쫑긋 세웠다. 이런 말이 들려왔다.

"자네는 집에 가게 되었네."

우리는 서로를 바라보았다. 그리고 스탠이 말했다.

"젠장, 미치도록 좋네요."

우리 감방 문이 갑자기 열리고, 복도에 명부를 든 채 서 있는 경비병이 보였다.

"스탠, 딩거, 너희들은 집에 가게 되었다. 여기서 기다려라."

그런데 앤디는 해당되지 못했다. 내 인생 최악의 순간이었다. 내 최악의 우려가 현실화 되었다. 저놈들은 나를 인질로 잡아두려는 것인가?

나는 딩거에게 이야기했다.

"집에 가면 반드시 질리에게 내 이야기를 해 주게나."

딩거와 스탠은 떠나기 전에 나와 악수하며 말했다.

"걱정 마십시오."

걱정 말라고? 난 기분이 안 좋아 축 처져 있었다.

나는 감옥 안에 혼자 앉아 2시간 동안 나 자신을 무지하게 원망했다. 전우들이 집에 가니 행복했지만, 그렇다고 버림받은 나의 느낌이 줄어들지도 않았다. 오랫동안 전우애를 나누었는데 갑자기 혼자 버려지니 진짜 얻어맞은 것 같았다. 나는 그래도 다른 방법을 찾아보려 했다. 전쟁은 끝난 것이 틀림없었다. 의심의 여지가 없었다. 우리는 스몰이 마지막 임무 중에 격추당한 것을 알고 있었고, 그것은 며칠 전 일이었다. 그러나 왜 우리 중 3명만이 석방된 것인가? 진짜 석방된 것이 맞기나 한 것인가?

오후에 소령이 측근들을 데리고 들어왔다. 그가 말했다.

"그래 사실이네. 자네 친구 2명은 이미 집으로 떠났네. 그들은 곧 가족들도 만날 것이네. 자네도 1~2일 내로 집에 가게 되겠지만, 정확한 일자는 나도 몰라. 그러나 다른 곳에서 일어난 일은 내 책임이 아니란 것을 명심하게. 여기서 일어난 일만 내 책임이야. 자네는 잘 대접받지 않았는가?"

나는 미친놈처럼 고개를 끄덕였다. 그는 내게 오렌지 2개를 주었다. 그가 나가자마자 나는 그것들을 모두 먹어치웠다. 그러자 기분이 한결 나아졌다.

오후 늦게 나는 마당으로 끌려 나가 햇빛 속으로 나왔다. 나는 5분간 햇빛을 쪼이며 누운 후 팝 차트에 대해 이야기하던 두 경비병들의 대화에 끼어들었다. 그들은 20년이나 흘러간 노래 이야기를 하고 있었지만, 나는 그 사실을 밝히지 않았다. 대신 나는 보니-M과 아바 히트곡들의 좋은 점을 이야기하며, 내 머리가 떨어져 나가라고 고개를 끄덕이며 동의했다. 모두가 훨씬 더 좋게 대해 주었으며, 뭔가 진행 중인 것을 알 수 있었다.

나는 1시간 동안 뼛속까지 햇빛을 쪼였다. 멋진 기분이었다. 해가 지자 그들은 나를 다시 감방으로 돌려보냈으나, 나는 더욱더 희망적인 기분을 느꼈다.

그날 밤 조셉 스몰에게 뭔가 이상한 일이 생겼다. 감방 바닥에 누워 있는데 그의 감방 문이 열리며 사람들이 들어가는 소리가 났다. 웅얼거리는 소리가 나더니 1분 후에 문이 닫히고 조용해졌다. 그날 밤 이라크군들은 우리를 그냥 내버려두었다. 우리 3명은 이야기를 시작했고, 나는 그에게 무슨 일이 있었는지 물어보았다. 그는 이렇게 대답했다.

"한 이라크 병사가 내 감방에 들어왔어. 그는 형편없는 몰골의 전투복을 걸치고 있었고, 턱수염도 덥수룩하게 자라 있었어. 그는 단독군장과 헬멧을 착용하고 있었고, 군화에는 돌가루가 묻어 있었어. 그는 들어와서 나를 보더니 경례를 하고 나갔다고. 앤디, 정말 더럽게 이상했어."

우리는 그가 쿠웨이트에서 퇴각한 병사로서 어떤 이유에서인지 포로를 만나 보기를 원했을 것이라고 짐작했다.

우리는 그 후 30분간 왜 두 사람은 집에 갔는데 우리는 못 간 것인지를 놓고 토론했다. 그러나 답을 얻기는 힘들었다. 그날 밤 나는 잠을 이루지 못했다. 포로가 된 첫날밤에는 너무 피곤했으나, 이제는 다음 날 아침에 무슨 일이 벌어질까 하는 기대감에 흥분되었다.

3월 5일 오전 문이 열리고 나는 뭔가 기대하며 튀어 일어났다.

러셀의 감옥 문이 열렸다.

"러셀 샌본? 집에 가라."

조셉의 감방문도 열렸다.

"조셉 스몰? 너도 집에 가라."

그 다음은 그냥 지나쳤다.

그리고 그 다음이 나였다.

"앤디 맥냅? 맥냅. 자네도 집에 갈 거야."

그들은 우리에게 수갑을 채운 후 하나씩 감옥에서 꺼냈다. 우리는 그들의 인도를 받아 문을 지나 마당으로 나간 후, 정문에서 대기하고 있는 버스에 탔다. 나는 다른 감방에서 나와 이야기하던 포로들의 얼굴을 그때 처음 보았다. 조셉 스몰은 의외로 나이가 많았다. 40대 중반 정도로 부상을 잘 견뎌내고 있었다. 러셀 샌본은 눈과 손가락을 제외한 전신을 담요로 감싸고 있었다. 그의 감옥은 처벌실로 분리되어 있어 빛이 들어오지 않았다. 그의 목소리는 굵고 쩌렁쩌렁했으며 권위가 느껴졌으므로 나는 그가 큰 몸집을 가졌을 것이라고 생각했으나 실제로 그는 무척 말랐다.

그들은 버스에 탄 후 모두에게 눈가리개를 씌웠다. 우리는 23m 정도 전진한 후 정차했는데, 거기서 사우디인으로 짐작되는 포로 한 무리를 또 태운 것 같았다. 아직도 자동차 백미러를 보면 감옥이 보이는 위치인 것 같았다.

우리는 40분간 달렸다. 차가 멈추고 비행기 엔진 소리가 들렸다. 대단했다. 나는 우리가 곧 비행기를 탈 것이라고 생각했으나 사우디인들만 하차했다. 경비병들은 또 우리 이름을 호명하기 시작했다.

내 이름이 불리자 나는 앞으로 나갔고, 한 건물 안으로 끌려갔다. 메아리가 치는 것을 보니 단층 건물, 특히 격납고인 것 같았다. 우리는 거기서 수갑과 눈가리개를 한 채 오랫동안 있었다. 틸리 램프의 소리와 돌아다니는 병사들의 소리가 났다. 우리는 거기 오랫동안 있었다. 내 위가 울렁거리고 약한 마음이 들었다. 나는 앞으로 몸을 굽혔다. 그러자 내 코가 벽돌담에 닿았다.

갑자기 당황스러운 명령이 들려 나는 자세를 바르게 했다. 나는 저주스러운 무기의 금속성 장전음을 들었다.

나는 내 자신에게 "이제 곧 총살당할 것인가?" 하고 물었다. 나는 숨을 깊이 들이쉬고 총알을 기다렸다.

아무 일도 일어나지 않았다. 우리는 완벽한 침묵 속에 5분간 있었다. 모두가 숨을 죽이고 있었다.

벽을 보고 계속 있으니 배가 아파지기 시작했다. 결국 나는 무릎을 꿇으며 쓰러졌다.

"나 화장실에 가고 싶어요."

내가 소리치자마자 누군가가 내 팔을 잡고 나를 끌고 갔다. 나는 가자마자 설사를 했다. 나는 다시 대열로 복귀했다.

그들은 우리를 하나씩 작은 감방으로 데려갔다. 수갑이 제거되고 나는 다시 내 손을 만질 수 있었다. 거기에는 진짜 호화로운 담요 3장과 작은 창문이 있었다. 나는 밤새 5분마다 문을 두드려야 했다. 그때마다 경비병이 나타나 나를 변소로 데려가 똥을 싸는 동안 기다렸다. 왔다 갔다 하는 사이에 하룻밤이 다 지나갔다.

아침이 되자 우리는 계란, 잼빵, 뜨거운 블랙티의 아주 맛있는 아침식사를 지급받았다. 더욱 용기가 생겨났다. 나는 감방을 살펴보고 복도에 쌓인 낡은 군복, 운동화와 함께 놓인 노란 전쟁포로용 죄수복을 보았다. 저 죄수복이야말로 집에 가는 차표였다.

아침식사를 마치고 1시간 정도 지나 내 감방 문이 열렸다. 그리고 나는 복도를 건너 의자, 탁자, 거울, 면도칼이 있는 방으로 안내되었다.

그곳의 이발사가 나를 면도해 주었으나 기술이 서툴러 내 얼굴의 두드러기를 깎아 버렸다. 턱 위로 피가 흘렀다.

"내가 직접 하면 안 될까요?"

"안 돼. 너는 위험 인물이야."

내 셔츠에 묻은 피와 비누를 씻어내야 했으나 그들은 내게 씻을 시간도 주지 않았다.

나는 두 병사와 함께 감방으로 돌아갔고, 그들은 내게 옷을 벗으라고 명했다. 그들은 내게 노란 죄수복을 입혀 주었고 내 옷은 가져갔다. 나는 내 탈출용 지도와 나침반에 소리 없이 슬픈 이별을 고했다.

"자네 이름은?"

"'맥냅'이오."

"자네는 오늘 곧 집에 갈 거야."

그리고 다시 눈가리개가 씌워졌다.

모든 감옥 문이 한 번에 열렸다. 한 병사가 우리 이름을 확인하고 눈가리개를 벗긴 후, 줄을 세웠다. 누군가가 내 왼쪽에서 나타나 내 손을 열정적으로 잡았다. 그가 말했다.

"내 이름은 존 니콜이에요."

나는 그와 악수했다. 나는 그의 노란 상의 속에 영국공군용 녹색 폴로넥 티셔츠가 보이는 것을 주목했다.

"나는 제15비행대대 소속이오. 토네이도 조종사지요."

그는 정말 행복한 사람이었으나, 미국인들 같은 정신병자는 아니었다. 미국인들은 자신들이 벌써 미국 본토에 있는 양 행동했고, 경비병 몇 명이 그들을 제지했다. 그래도 나는 최후까지 긴장을 늦추지 않았다. 터널 끝까지 가야 빛이 나오는 법이다. 누가 또 틸리 램프를 들고 와 우리를 가둘지 알겠는가?

우리는 다시 눈가리개가 씌워져 악어 입 같은 어떤 입구로 들어갔다. 몇 미터 못 가 그들은 우리를 세웠고, 한 병사가 줄 앞뒤로 왔다 갔다 하면서 우리에게 여성용 향수를 뿌렸다. 나는 이를 갈았다. 드디어 향기롭게 살 수 있게 되었으나, 엉망으로 면도된 얼굴에 알코올이 닿으니 아팠다.

버스에 승차한 후 30분이 지나 눈가리개가 벗겨졌다. 버스에는 커튼이 쳐져 있었다. 그러나 커튼 틈새로 폭격당해 무너진 다리와 건물이 보였다. 그러나 그 속에서도 일상의 생활은 계속되고 있었다. 버스 안은 무척 행복했다. 조종사들은 서로 인사를 나누고 앞자리에 앉은 경비병들은 그냥 거기서 우리가 뭘 하든 내버려두었다.

정말 세계 최강의 허세였으나 나는 그냥 조용히 앉아 있었다.

우리는 노바 호텔로 들어갔다. 그곳은 병사들과 카메라맨, 적십자사 차량으로 북적거렸다. 나는 좀 더 편안함을 느끼기 시작했다.

휴게실에 있던 사람들은 이라크인처럼 생겼으나, 나중에 알고 보니 알제리인 같았다. 사담과 적십자사 간의 거래에 의해 적십자 의료진이 바그다드에 왔다. 알제리인들은 호텔에서 거주하면서 지역병원을 지원했다.

우리는 한 응접실로 인도되어 보고서 작성을 위해 국적별로 분류되었다. 그 호텔에는 난방도 없고 온수도 없고 승강기도 없었지만, 조명은 들어왔다. 그래서 적십자사는 자기들이 먹을 식량을 포함한 모든 필요한 것을 다 가져왔다.

그것이야말로 적십자사가 이라크에서 우리가 왔다는 것을 안 첫 순간이었다. 그때까지도 그들은 부정확한 명부를 보고 있었던 것이다. 그것은 제네바 협정 위반이었지만, 그동안 우리가 당한 것에 비하면 별 것 아니었다.

나는 딩거와 스탠을 찾느라 신경이 곤두서 있었다. 나는 한 여자에게 물었다.

"우리가 오기 전에도 석방된 포로들이 있나요?"

적십자 대원 중에는 20대 중반의 여성부터 50대 후반의 남성까지 여러 사람들이 다 있었다. 그들은 놀랍도록 용감하고 전문적이었다. 나도 그런 일은 할 수 없을 것 같았다.

"예, 그들은 요르단을 통해서 석방되었습니다."

"석방된 영국군 포로들의 이름을 알 수 있을까요?"

그 여자는 명부를 보고 딩거와 스탠의 이름을 찾아냈으나, 그 이상 내가 확인할 수 있는 다른 이름은 없었다.

그 여자는 우리가 마지막으로 석방된 포로라고 단언했다. 그렇다면 우리 정찰대에서 단 3명만이 석방되었는가? 그렇다면 내가 포로 신문 때 들은 부상당한 통신병 이야기는 거짓말이란 말인가? 나로 하여금 불게 하려고 허세를 부린 것이었다. 렉스는 딩거가 떠난 후 아마 죽었을 것이다.

조회가 끝나고, 우리는 적십자사의 표찰과 번호를 부여받았다. 한 유럽인이 3층으로 우리를 안내했다. 나는 비상탈출 계단이 막혀 있음을 발견했다. 중앙계단 외에는 나갈 길이 없었다.

우리에게 필요한 것은 3층에 다 있었다. 적십자사의 웨이터가 우리가 원하는 것은 뭐든 가져다주었다. 물론 그에게 물건이 있는 경우에 한해서. 우리는 설익은 삶은 달걀을 먹었다. 껍질을 열자마자 내용물이 빠져 나왔지만, 내가 먹어 본 달걀 중 제일 맛있었다. 크루아상과 초콜릿도 나왔다. 그러나 난 화장실에 가서 똥을 싸야 했다. 난 다시 빈 속에 맥주 한 병과 빵을 채워 넣었다. 우리는 둘러앉아 떠들었고, 나는 모든 사람들의 이야기를 들었다.

"그래, 맞아. 잘 되겠지."

나는 내가 듣고 있는 말을 믿을 수 없었다. 아무튼 우리는 빠져나왔고, 사람들은 제각각 이라크 이야기를 했다.

우리가 호텔에 2시간 동안 있다가 공항으로 옮겨진 것은 뭔가 이유가 있는 듯했다. 적십자 단원이 춥냐고 물어 보았다. 대답은 뻔했다.

"젠장, 엄청나게 춥네요."

2시간 후 그는 우리가 입을 점퍼를 가져왔는데, 누군가 시장에서 사온 것 같았다. 점퍼에 새겨진 무늬도 기묘하고 멋지고 따뜻했다.

적십자사 간부가 나와서 말했다.

"이 중에 앤디 맥냅이라는 분이 계십니까?"

"전데요."

"아래층에 당신을 뵙고 싶어 하는 분이 계십니다."

그는 나를 계단으로 데려갔고 내가 질문했다.

"우리는 오늘 오후 출발합니까?"

"날씨 때문에 확답을 못 합니다. 또 사우디에서 우리 비행기를 가져오지도 못했어요. 통신하기도 너무 어렵습니다. 이라크는 우리 독자의 위성통신망을 사용하지 못하게 합니다. 철저히 중계통신이어서 여기 앉아 기다릴 수밖에요. 끔찍한 상황이죠. 이라크인들은 우리 일을 하나도 안 도와줘요. 우리는 이라크 민간인 부상자를 도우러 알제리 의료진까지 데리고 왔다고 요. 그러나 이라크인들은 바그다드 병원의 민간인 환자들을 내쫓고, 전선 에서 돌아온 병사들을 침대에 눕히고 있어요. 그들이 아직도 군인들에게 우선권을 주고 있는 것은 불안해요.

그래서 당신들은 3층에 있는 겁니다. 위험하지 않기 때문에 알제리인들 은 1층에 있는 거고요. 2층에 적십자 대원들이 있고, 당신들이 제일 위에 있습니다. 그들이 당신들을 돌봐주어야 하기 때문이죠. 적십자 대원들은 당신들을 일종의 인질로 생각하며 힘을 얻습니다. 계단을 내려올 때면 저 나 다른 적십자 대원과 함께 내려와야 합니다.

3층에는 중상자가 없습니다. 승강기가 작동하지 않는 데다 계단을 통해 그들을 올려보내기도 힘들어요. 불행하게도 그들은 아래층에 있어야 합니 다. 이라크인들이 이곳을 공격하여 우리를 억류할지도 몰라요 우리가 적십 자라는 것이 유일한 방책입니다."

우리는 중앙 홀로 갔다. 나는 안내 데스크에 앉아서 수상한 눈초리로 주 위를 째려보는 두 아랍인에 주목했다.

"비밀 경찰이에요."

그가 주의를 주었다.

그들이 위협만 주지 않았다면, 그들의 커다란 셔츠와 하얀 양말, 뒤로 넘 긴 머리는 매우 우스꽝스러워 보였을 것이다.

적십자 대원이 계속 말했다.

"믿거나 말거나 저 친구들은 당신들을 보호하는 게 임무라는군요."

이해하기 힘들었다. 나는 병사들과 사복 차림의 두 사람을 보았다. 신체 표현으로 의사소통을 할 수는 있어도 오해나 분쟁의 소지도 많다. 50명의 장군들이 체제전복을 시도하다 사형당했다는 소문이 떠돌았다.

우리는 홀을 거닐었다. 적십자 단원이 주의를 주었다.

"이 방에 들어가려면 우선 여기서 기다리십시오. 밖으로 나가려면 우리 대원 1명이 동행해야 합니다."

여자 적십자 대원이 의자에 앉아 문을 가로막고 있었다. 그녀는 책을 읽고 있었고, 그녀의 발치에는 포도주병, 빵, 치즈 등이 놓여 있었다. 정말 믿을 수 없을 만큼 용감했다.

4~5명이 들것 위에 누워 있었다. 그중에는 조셉 스몰과 트로이 던롭도 있었다. 그리고 줄을 따라 계속 보니 마크도 있었다! 그는 웃었다.

"우리 대원 중 1명이라도 만날 수 있을까 해서 모든 대원의 이름을 다 말했습니다."

나는 그를 끌어안고 "다시 만나 너무나 반갑네." 하고 말하고 싶었지만, 말이 나오지 않았다. 대신 나는 그와 악수하며 물었다.

"그동안 어떻게 지냈나?"

그 말로 내 놀라움을 드러내기는 매우 어려웠다.

그는 아랍 전통 의상을 입고 있었다. 그의 몸은 피폐해져 있었고, 가혹한 구타로 인한 상처가 여기저기 나 있었다.

"마지막 전투 이후 우리는 서로 헤어졌는데, 저는 왼쪽으로 갔다가 사격을 당했습니다. 적들이 사방에 있더군요. 저는 작은 하수구에 숨었습니다. 그들은 계속 추적해서 내 앞 30cm 거리까지 쫓아왔는데, 그때 나는 끝까지 도망치려고 빠져나왔습니다. 그리고 나서 30분 후 나는 손전등 불빛들을 보았어요. 그들은 부채꼴을 지어 나를 찾아다니고 있었습니다. 그 불빛 때문에 저는 들키고 말았습니다. 적들은 엄청나게 많은 총을 쏴 댔죠. 나는 발과 팔꿈치 아래에 총을 맞았습니다. 보세요."

그가 옷을 걷어 올리자 탄이 그의 팔꿈치 아래를 스치고 지나간 것이 보였다. 그는 믿을 수 없을 만큼 행운아였다. 7.62mm탄은 1발로 사람 팔을 잘라 버릴 수도 있다. 그는 계속 말했다.

"발에 난 상처 때문에 나는 움직일 수 없었고, 그놈들은 나를 엄청나게 걷어찬 다음에 트럭에 태워 어떤 곳으로 데려갔습니다. 정말 무서웠어요. 내 발은 어쩔 수 없이 차 바닥에서 위아래로 덜렁거리고 있었고, 나는 떠나가라고 비명을 질렀죠. 그놈들은 그게 아주 재미있었나 봐요. 불알이 떨어져 나가도록 웃어 대더라고요."

마크는 피를 많이 흘렸고, 곧 죽을 것 같았다. 그는 발에 전혀 치료를 받지 못했다. 그저 붕대만 감은 채로 내버려두었다. 그는 수감기간 내내 옷이 모두 벗겨진 채 수갑이 채워지고, 침대에 눕혀져 있었다고 한다. 그는 우리와 비슷한 신문을 받았다. 다만 그의 방에서 신문받은 것이 차이점이었다.

"그놈들은 내 발을 뒤집어 까고, 내 발이 덜거덕대도록 다리를 흔들어 댔죠. 끔찍했습니다. 그들은 내 침대 근처 바닥에 내 옷을 쌓아 두었는데, 저는 매일 마스킹 테이프로 포장된 저의 금화를 내려다보았습니다. 그놈들은 제 억류기간의 절반이 지나도록 그걸 찾아내지도 못했죠. 저는 지금도 제 탈출용 지도와 나침반 등을 다 가지고 있어요."

그가 똥을 눌 때면 항상 두 사람이 도와주어야 했다. 마크는 그 두 사람에게 '헬스(건강)'와 '하이진(위생)'이라는 이름을 붙여 주었다. 그들은 매우 더럽고 인색한 늙은이들이었기 때문이다. 혼자 있을 때면 그는 물통에서 물을 떠서 상처를 닦았다. 총상 구멍은 사람의 살과 지저분한 것들로 막혀 스스로 나아가고 있었다. 그러나 그의 발은 호박만하게 부어올랐다.

"가끔씩 나는 똥을 누고 싶다고 했습니다. 그러면 그놈들은 내 엉덩이 밑에 요강을 놓고는 몇 시간 동안 그냥 놔뒀지요. 내 몸을 통제할 수 없었기 때문에 오줌은 사방팔방으로 다 날아갔고 요강 가장자리에 똥을 싸기도 했어요."

경비병들에게 몇 번 구타당하기도 했다. 그놈들은 들어와서 그의 발을 잡고 놀아 그를 고통스럽게 했다. 그러나 그는 나머지 우리 대원들처럼 계속 꾸며낸 이야기를 늘어놓았다. 신문 중 누군가가 그의 뉴질랜드 억양에 주목하여 그를 이스라엘에서 채용한 용병으로 몰아붙이기도 했다.

나는 그에게 딩거와 스탠은 우리와 떨어져 있고, 곧 영국에 갈 것이라고 말했다. 그리고 그에게 다른 사람들의 행적에 대해서 이야기해 주었다. 그 뒤 이야기를 하는 동안 그가 우리와 같은 교도소에 머물 수도 있었음을 알고 나는 큰 충격을 받았다.

적십자사 대원들이 노크를 하고 들어와 커피와 음식을 대접했다.

마크의 몸에서는 우리 모두가 그렇듯이 이가 들끓고 냄새가 났다. 그러나 그의 냄새는 뭔가 특별했고, 그는 괴저증세가 아닌가 하고 걱정했다. 우리는 앞으로 일어날 수 있는 가능한 사태에 대해서 이야기하고, 서로가 겪은 끔찍한 일을 이야기하면서, 서로 자기가 더 힘들었다고 이야기했다.

내가 마크에게 저 밖에 비밀경찰도 있다고 이야기하는 도중에 적십자 대원이 와서 귀국이 연기되었다고 말했다. 비행기 문제로 인해 우리는 내일까지 집에 갈 수 없었다. 비행기는 포로교환을 위해 사우디에 날아갔으나, 기상 문제로 내일 아침까지는 되돌아올 수 없다는 것이었다.

적십자 단원들은 긴장하여 입구와 복도에 보초를 배치하고 양초와 식량을 준비했다. 그들이 힘든 밤을 예상하고 있는 것은 분명했다.

마크와 나는 맥주를 마셨다. 나는 그의 옆에 드러누워 만약의 사태에 대비했으나, 그런 일은 없었다. 나는 계단을 올라가 음식과 초콜릿을 먹고 의자에 앉아 잤다. 적십자 대원들은 삼삼오오 모여 우리 가운데서 밤새 깨어 있었다.

나는 일찍 일어났다. 한 사람이 나타나 웃으며 집에 갈 시간이라고 했다. 마크와 나는 보안상 한 가지 문제가 있었다. SAS 대원은 어떠한 경우에도 언론에 얼굴을 공개해서는 안 되었다. 나는 일어서서 조종사들을 보고 나의 사정을 적십자사에 알렸다. 그들은 이렇게 대답했다.

"문제없어요. 버스가 호텔에 오는 동시에 들것에 누운 사람들을 위해 구급차들도 옵니다. 당신은 당신 친구와 함께 구급차를 타면 됩니다."

조종사들도 우리를 돕기 위해 머리까지 점퍼를 올려 덮고 카메라 세례를 피했다. 카메라 바로 앞에서 특수부대원들이 방송을 타게 됐다.

우리는 호송차량 대열에 탔다. 구급차 앞좌석에는 적십자 대원 2명이 탔다. 차가 달리면서 그중 1명이 이야기했다.

"자, 마음에 드신다면 바그다드 여행을 시켜 드리죠. 왼편을 보세요."

마치 여행안내원 같은 말투였다.

"저것은 정보부 건물입니다. 여러 건물의 복합체로 되어 있으나, 그중 하나만 부서졌죠. 정밀 폭격 덕택입니다. 그리고 오른쪽에 있는 것은…"

사담 후세인의 포스터와 무슬림의 초승달과 별 문양이 어디에나 다 있었다. 모든 곳이 다 부서져 있었으나, 정밀 폭격의 효과는 대단했다. 오직 군사 시설만이 의문의 여지없이 정확히 부서져 있었고, 그 바로 옆의 민간인 건물은 전혀 부서지지 않았다.

그는 자신이 본 이란 이라크 간 전쟁포로 교환에 대해서도 이야기했다. 20대에 포로가 된 사람들은 40을 바라보는 나이에야 석방되었고, 그동안 끔찍한 일들을 겪었다. 그들의 인생은 흘러갔고, 상처가 곪아터지도록 방

치된 끔찍한 경우도 보았다.

"이건 정말 성공적인 포로교환입니다. 자신들의 인력을 반환받고 싶어하는 군대의 힘 덕분인 것 같아요. 현 상황의 안정에는 여러 사람이 개입되어 있어요. 곧 쿠데타가 일어날지도 몰라요. 빨리 나갈수록 좋아요."

마크도 거들었다.

"동감합니다."

도로 표지판을 보니 우리는 바그다드 국제공항으로 가는 것 같았다. 갑자기 걱정이 들었다. 우리가 소로로 들어가 가다 서다를 반복했기 때문에 뭔가 행정착오가 생긴 것이 아닌가 싶었다. 게다가 비행기들은 1대도 보이지 않았다.

운전수가 말했다.

"여기서 하루 종일 죽치고 있어야 할 것 같군요. 이놈의 관료 제도는 제대로 돌아가지 않아요."

우리는 코너를 돌아 이라크군 포로로 가득 찬 버스 행렬을 보았다. 그들은 별로 행복해 보이지는 않았다. 주 터미널은 황폐했다. 우리는 거기서 비행기를 타기 전 탑승자 명단을 부를 때까지 2시간이나 앉아서 기다렸다.

걸을 수 있는 포로들은 스위스 항공 보잉 727기 2대에 탑승했다. 들것에 실린 사람들은 후방의 계단으로 끌어올려졌다. 나는 마크와 함께 탑승했으며, 스위스 항공 승무원들은 우리를 VIP로 대접했다. 타자마자 즉시 커피와 크림이 나왔다. 환상적인 맛이었다.

비행기가 활주로를 이륙하자마자 우리는 축구 경기의 관객들처럼 환호했다. 나는 마크를 보며 웃었다. 이제 정말 집에 가는 것이었다.

제13장

　미군 분견대장인 대령이 마이크 앞에 섰다. 그는 그가 이끄는 사람들이 카메라에 잘 보이게 하기 위해 자기들이 준비한 포로 복장만 입을 것을 주장했다. 우리들은 스웨터를 입어야 했다. 그리고 엄격한 계급 체계에 따라 사람들을 다루었다. 믿을 수가 없었다. 이라크 감옥에서 나온 지 5분도 되지 않아 또 그의 지휘하에 있어야 했다.

　마크와 나는 언론기자들이 해산할 때까지 비행기를 떠나서는 안 되었기 때문에 그의 말을 듣지 않았다. 우리가 빵과 커피를 먹고 있을 때 기장이 곧 F-15와 토네이도의 호위를 받을 것이라고 전했다.

　그가 말한 지 얼마 안 되어 미군 F-15 전투기 2대가 우리 측면에 붙었다. 그중 1대는 다른 비행기보다 좀 더 높이 날고 있었다. 그들은 우리 비행기 날개 위로 다가왔다. 미국인들이 일제히 일어서서 "요!"를 외쳤다. 한 F-15 조종사는 답례로 산소마스크를 벗고 날개를 흔들며 "나가자!"라는 신호를 보냈다. 그는 채프((chaff: 레이더를 교란시키는 금속 반사체)를 투하하며 뱅크(bank: 급선회)기동을 선보였다. 정말 멋진 쇼였다.

　조종사들은 곡예비행대대의 헬멧을 쓰고 있었다. 한 비행기는 선회하여 빅토리 롤(victory roll: 회전비행)을 선보이고, 다른 비행기 날개 위에 앉았다. 우리 오른쪽 날개 위에 두 F-15 전투기가 있었다.

이제는 영국 공군 토네이도의 차례였다. 그들은 조종사의 눈이 보일 정도로 가까이 왔다. 한 조종사가 산소마스크를 벗고 "꿀렸냐?"인 것이 분명한 말을 하는 것이 보였다. 그는 그러면서 손목을 돌렸다. 나와 악수했던 영국 공군 포로인 존 니콜은 앞으로 나가서 그들에게 통신기로 뭐라고 이야기했다. 그러자 그들도 미국인들처럼 채프를 투하하고 공중기동을 선보였으나, 내 생각에는 그들이 미국인들보다 좀 더 잘한 것 같았다.

우리 비행기의 기장이 말했다.

"저 조종사들은 저런 쇼를 보여 줄 수 있는 것은 자기들뿐이라고 생각하고 있습니다. 안전 벨트를 꼭 매어 주십시오."

그가 비행기를 몰면서 완벽한 정원을 그리며 비행했다. 다른 스위스 비행기도 우리와 같은 고도에서 비행하며 동심원을 그리며 가운데서 만났다.

우리가 사우디 영공에 진입하자 엄청난 함성이 울려 퍼지고 모든 전투기들이 강하하면서 채프를 뿌려 대고 맑은 하늘에 애프터버너(after bunner)를 점화했다.

우리는 리야드에 착륙하여 떠들썩한 환영행사를 받았다. 기자들이 모두 몰려 있었고, 최고급 장교들, 심지어는 노먼 슈워츠코프(Norman Schwarzkopf)도 거기 있었다. 마크와 나는 블라인드 너머로 그들을 엿보고서 영국 군인들 일부를 보았다. 조금만 기다리면 되었다. 사우디인들이 먼저 내려 완벽한 군복을 입은 미국인들 사이로 지나갔다. 후문이 열리고 들것에 실린 사람들이 내려져 구급차에 실렸다. 영국군들이 비행기에 탔다. 그중 1명이 말했다.

"우리는 당신들을 뒤에 있는 구급차에 태울 겁니다. 그러면 그대로 C-130기 속으로 들어가서 이륙하여 다른 공군기지에 내립니다. 그리고 거기서 VC-10에 탑승하여 키프러스로 날아가 그곳의 병원에 입원하게 됩니다."

우리는 C-130을 탔고, 나머지 영국인들도 같이 탔다. 우리는 20분간을 비행한 후 착륙했고, 거기서 키프러스로 가는 비행기를 탔다. 비행기의 내부는 의자들이 서로 마주보도록 말끔히 개조되어 있었다. 우리는 1인당 잡낭 하나씩을 지급받았는데, 그 속에는 워크맨, 예비 배터리, 면도 크림, 면도기, 팬티, 비누, 디지털/아날로그 겸용 시계 등이 들어 있었다.

영국 공군 아크로티리(Akrotiri) 기지에 내렸을 때는 어두웠다. 거기서 다시 영국군의 환영을 받았다. 거기서 포로 1명 당 스폰서 1명이 배속되었다. 나에게는 케니라는 나이 먹은 사람이 배속되었다. 그는 나를 보자마자 이렇게 말했다.

"당신이 아직도 살아있기 때문에 내가 이런 일을 하는 거예요. 난 9월까지 당신을 돌봐줄 거예요."

수많은 악수들이 이어지고 잔이 몇 순배 돌았다. 인솔 하사관은 머거(Mugger)라는 사람으로 SAS 대원 구조작전 전반을 담당하고 있었다. 원래 SAS 대원들은 자신들의 신분을 알아볼 만한 부착물을 전투복에 달지 않으나, 그는 자신의 권위를 높이기 위해 소매에 준위 계급장을 달고 리야드에서 활동하고 있었다.

그는 이렇게 말했다.

"여기 오래 머물러 주었으면 좋겠습니다. 왜냐하면 제가 여러분들을 구하기 위해 동분서주했기 때문입니다. 정말 엄청나게 대단했습니다."

우리는 버스에 타고 군 병원의 격리병동으로 갔다.

스탠의 큰 덩치가 어렴풋이 보이고, 그 뒤로 담배를 든 딩거의 모습이 보였다. 스탠은 간염을 앓고 있어서 별로 기분이 좋지는 않았으나, 딩거는 기분이 매우 좋아 보였다.

"저 질리와 통화했어요. 제가 계산했기 때문에 전화요금은 걱정마세요. 우리 친구들이 영국으로 통화할 수 있게 해 주었어요."

머거는 마을로 내려와 우리가 볼 비디오테이프를 구해 왔다. 그리고 B 중대 선임하사는 병원용 트롤리에 술을 실어 왔다. 우리는 병실을 몰래 빠져나가 영화를 보러 도서관으로 향했다.

영국 공군의 심리학자 겸 상담가인 고든 턴불(Gordon Turnbull)은 우리의 원기를 회복시키는 작업을 감독하기 위해 이곳에 왔다.

그는 도서관을 향하고 있던 머거에게 물어 보았다.

"거기에는 무슨 일입니까?"

"전우들을 위해 비디오를 상영하려고 합니다."

"저도 보면 안 될까요?"

턴불은 심장마비에 걸릴 뻔 했다. 그가 빌려온 영화들은 〈터미네이터〉, 〈스릴러 킬러〉, 〈엘름 가의 악몽〉 등이었기 때문이다. 그는 소리를 질러 댔다.

"이런 건 안 돼요! 그들은 부상병이란 말입니다."

"부상병이라고요? 그들은 뇌에도 손상을 입었기 때문에 별 문제 없습니다. 같이 와서 보세요."

턴불은 우리를 보고 씩씩대었다.

머거가 한마디 더 했다.

"걱정마세요. 영화가 시작되면 그들 모두 미쳐 날뛸 겁니다."

나는 마크가 목욕하는 것을 도와주었고, 그의 몸에서는 많은 때가 나왔다. 나는 또 우리의 특별 전화를 찾아다니기 시작했다.

무장 경비병이 나를 지하실로 인도한 후 내게 통신 장비를 가져다주었다. 접속은 완벽했다. 나는 질리와 직통으로 통화했다.

나는 질리에게 "사랑해"라고 수없이 말한 후 침대에 뛰어들었다. 베개를 베고 눕는 순간 나는 내가 8주일 하고도 3일 만에 제대로 된 침대에 눕는다는 것을 알았다.

그 후 2일 동안 우리는 엑스레이 및 각종 테스트를 받았고, 치과의사들이 나의 이를 진찰했다. 우리는 고든 턴불과 함께 몇 분씩 재활 훈련도 받았다. 불쌍한 고든, 그는 이것을 부상당한 친구들과 함께하는 크리스마스로 생각할 것이다. 물론 그는 자기 일을 능숙하게 해냈다. 그러나 대원들의 사기와 현 상황을 이용하려는 노력과는 거리가 멀었다. 우리 전우들은 마을에서 모였고, 적십자사는 우리에게 약간의 돈을 주었다. 우리는 그 돈이 다 사라지기 전에 그것으로 임무 기념품을 사고 싶었다.

적십자사에서는 우리에게 뭔가 특별히 필요한 것이 없냐고 물었고, 우리가 뭔가를 요구하면 마을로 내려가 사다 주었다.

나는 그중 50대 후반의 여자에게 물었다.

"왜 우리에게 직접 돈을 줘서 필요한 물건을 사게 하지 않죠?"

그녀는 미소 지었다.

"그걸 갖고 요상한 짓을 할 수도 있잖아요. 누굴 어린애로 아나요?"

그러나 그녀는 무척 상냥했다. 나는 청바지, 티셔츠, 비디오테이프, 그것들을 담을 옷가방을 샀다. 모두가 멋진 쇼핑을 했고 1시간도 안 되어 돈이 다 바닥났다. 그러자 케니는 신용카드에서 600파운드를 뽑아 주었다. 그는 우리가 돈을 갚는 데 시간이 오래 걸릴 것이란 걸 알고 있었다.

벨기에군도 이 전쟁에 참전하여 의료팀을 파견했는데, 그들은 큰 바베큐 파티를 열었고, 머거가 우리 모두를 거기 데려갔다. 그날 밤은 무척이나 행복했다.

다음 날 내가 간염에 걸렸다는 선고가 내려졌다. 똥을 먹은 것이 이유인 것 같았다. 다른 검진에서도 어깨뼈가 탈골되었고, 등 근육이 파열되었으며, 콩팥 조직이 파괴되었고, 넓적다리에 화상을 입었고, 양손의 기민성이 떨어졌음이 드러났다. 그러나 나는 영국으로 돌아갈 수 있어 기뻤다.

우리는 3월 10일에 짐을 챙겨 VC-10에 탑승했다. 불행히도 브라이즈 노튼까지 곧바로 가지는 않았다. 이 비행기는 군대의 22번 버스(여기저기 돌아가는 버스)나 다름없었다.

우리 비행기는 라르부르흐(Laarbruch)에 도착하여 많은 영국 공군 군인을 내려놓았다. 주독 영국 공군 사령관이 돌아온 병사들을 환영하는 동안 우리는 블라인드를 내리고 있었다. 의심의 여지없이 엄청난 귀환 축하행사였을 것이다. 식이 끝난 후 고급 장교가 차에 탔고, 그가 떠나고 우리도 떠나는 데는 약 1시간이 걸렸다. 그가 브뤼겐(Brüggen)으로 갈 때까지 우리는 라르브루흐에서 대기해야 했다. 우리가 착륙하자 그는 영국 공군 포로 제2진을 환영하고 있었고, 환영식이 처음부터 반복되었다. 우리는 먹을 것을 뒤지며 구시렁거렸다.

그 후 우리는 브라이즈 노튼으로 날아갔다. 비행기 엔진 소리가 작아지자 착륙하는 아구스타(Agusta) 109 헬기의 익숙한 엔진음이 들렸다. 그 헬기는 우리 비행기 바로 옆에 내렸다. 그 속에는 우리 중대장과 런던에서 일하는 마크의 누이가 타고 있었다. 신고식 후 우리는 헬기에 타고 헤리퍼드로 향했다.

기지는 황량했다. 2개 중대가 아직 걸프에 있었고, 다른 팀들도 이런저런 일을 하느라 모두 흩어져 있었다.

부관이 헬리포트에 나와 있었다.

"돌아온 것을 환영한다. 어서 사무실로 오게."

그는 샴페인을 터뜨렸다. 그는 잔에 샴페인을 부으면서 머거에게 말했다.

"이봐, 자네는 3일 후면 여기를 떠나야 해. 사우디에서 자네를 부르고 있거든."

"으악! 안 돼요!"

머거는 소리 지르며 완벽히 기가 죽었다. 그는 집에서 부인과 함께 지낼 날이 얼마 안 된다는 것을 알고 있었다.

나머지 우리들에게 부관은 매우 정중하게 말했다.

"이제 더 이상 큰일은 없다. 2일간 쉬도록 해라."

그는 나를 차에 태워 집으로 보내 주었다. 우리 집이 눈에 보이자 나는 내려 달라고 했다.

"여기서부터는 걸어가고 싶습니다. 제게는 훈련이 필요해요."

제14장

우리는 2일간 매우 호화로운 나날을 보냈다.

월요일 질리와 나는 마을을 산책했다. 나는 이전에 입던 옷을 입어보았으나, 맞지 않았다. 내 몸이 줄었기 때문이다. 우리는 그저 걸어다니기만 했을 뿐 특별히 한 것은 없었으나, 결국은 선탠을 하며 서로의 경험담을 늘어놓는 친구들과 마주치게 되었다.

화요일에는 캐시가 놀러왔고, 우리는 로빈훗 비디오를 보며 캉캉춤을 연습했다.

수요일 나는 업무로 복귀했다.

SAS에서는 어떤 일이 왜 벌어졌는지를 알고 싶어 했다. 장차의 작전을 위해 교훈을 얻어야 하기 때문이다. 우리 5명은 지도와 항공사진에 둘러싸인 채 앉아서 경보를 울린 시점부터 석방될 때까지의 이야기를 했다.

우리는 전사자의 가족들도 만나보았다. 스탠과 크리스는 빈스의 부인과 형제를 만나 무슨 일이 벌어졌는지 밝히고 그들을 위로했다. 나는 렉스의 아내를 만났다. 그녀도 매우 슬퍼했다. 그녀를 만난 것은 내게도 위로가 되었다. 나는 "잊어버려요."따위의 말을 하지 않았다.

3월 16일 우리는 애버도비(Aberdovey)로 갔다. 질리와 내가 처음 만난 장소였다. 그러나 그때와는 느낌이 달랐다. 우리는 특별히 상대를 만지고 끌어안지도 않았고, 어느 정도 긴장해 있었다. 우리는 여행을 마치고 보그너(Bognor)에 사는 보브의 어머니와 누이를 만나보러 갔다. 아들과 형제를 잃은 그들은 너무나 괴로워했다. 그들은 보브가 SAS 대원이라는 사실도 모르고 있었다. 런던에서 음식점을 운영하던 보브의 이혼한 아버지도 너무나 슬퍼하셨다.

귀환 후 보고에는 3주나 걸렸다. 우리는 장교 식당에서 고든 턴불을 만나 2시간 동안 이야기를 했다. 그는 우리의 스트레스 수준을 측정하기 위해 간단한 테스트를 행했는데, 10점 이상이라면 감정적 혼란 상태를 의미한다. 우리 모두 11점을 받았고 고든은 13점이었다.

우리는 우리 아내나 애인들이 우리가 겪은 것 때문에 더 힘들어 한다는 것을 알았다. 그들은 누구와도 나눌 수 없는 슬픔과 고통의 불확실성, 우리가 아마도 전사했을 거라는 소식을 듣고 받은 슬픔 때문에 괴로워했다. 그들이 텔레비전에서나마 우리를 본 것은 불과 며칠 전이었다. 고든 턴불은 그들에게도 외상후 스트레스 장애 증상의 특징에 대해 설명했다.

보고는 전 SAS 대원을 대상으로 이루어졌다. 우리는 잘 하기 위해 무수히 연습했다. 이것은 초청된 사람들만 올 수 있는 모임이었으나, 일어나 보니 앞에는 그야말로 인산인해였다. 모두가 다 있었다. 헬리콥터 승무원부터 탐색구조 담당관, 심지어는 약칭 DLB로 불리는 육군대장 피터 데 라 빌리에르(Peter de la Billière) 경까지 와 있었다. 그는 맨 앞줄에 육군 고급 지휘관들과 함께 앉아 있었다.

우리는 2시간 동안 이야기했다. 내가 먼저 작전계획, 비상사태 발생, 대원들의 이산에 대해 간단히 이야기한 후 각 사람이 각자의 이야기와 이 작전에서의 전훈을 이야기했다. 크리스가 맨 마지막 순서였다. 그의 이야기는 정말 기억할 만한 것이었다.

스탠이 늙은 염소지기와 함께 차량을 찾으러 나간 후 18:30시가 되어도 돌아오지 않으면 크리스가 스탠의 단독군장과 약간의 탄약을 남겨두고, 떠나기로 되어 있었다. 크리스는 망설이다가 결국 유프라테스를 향해 북쪽으로 나아갔다. 물이 떨어진 지 36시간이 지났다.

크리스가 전진을 시작한 지 15분이 지나자 그의 등 뒤에서 차량의 불빛이 보였다. 크리스는 스탠이 차를 가지고 집결하러 온 것으로 생각하고 뒤로 뛰어갔으나, 그렇지 않은 것을 알고 그의 가슴은 철렁했다.

크리스는 밤새 걸었다. 하늘이 맑아 야간투시에는 좋았으나 너무 추웠다. 04:30시경 그는 자기 아래로 흐르는 강을 발견했다. 관개지에 거주지들이 흩어져 있었고, 개 짖는 소리가 들렸다. 그는 물이 너무나도 필요했기에 곧장 강으로 내려갔다. 그 순간 그는 자기가 허리 깊이의 진흙탕에 빠진 것을 알았다. 그는 허둥지둥대었고, 오랜 시간이 지나서야 간신히 빠져나올 수 있었다. 그는 탈진한 상태로 주의깊게 물가로 포복전진했다. 그는 수통에 물을 채우고 마신 후, 다시 물을 채웠다. 물에는 다량의 진흙이 함유되어 있었다.

새벽이 밝아오려고 하고 있었다. 그는 숨기 좋은 와디를 찾아냈으나, 480m 거리에 그 와디 전체를 내려다볼 수 있는 작은 마을이 있었다. 그는 누워서 잠을 자려 했으나, 워낙 젖고 추운 탓에 벌벌 떨면서 1분마다 깨어 일어났다. 주체할 수 없을 만큼 몸이 떨려왔다. 그의 발을 보니 발톱이 모두 빠져나가고 없었다. 그리고 발 옆에 난 물집이 길게 벌어져 고름이 나고 있었다. 그나마도 100파운드짜리 산악용 군화가 아니었다면 더 심했을 뻔했다.

그는 해가 지자 다시 움직여 군사/민간 시설을 우회해 갔다. 거기에는 수백 명의 사람들이 있었고, 그 덕택에 그날 18:30시부터 다음 날 05:00시까지 그는 불과 10km를 전진했다.

크리스는 새로운 은거지로 이동하기 위해 180m나 되는 절벽을 올라갔다. 그는 바위 틈 속에 들어갔다. 거기서 반대편 둑의 마을을 보니 아이들이 뛰어다니고 검은 옷을 입은 여인, 몸을 씻고 고기를 잡는 사람들이 보였다.

그는 해가 지자마자 이동했으나, 곧 그의 우편에는 강, 좌편에는 도로가 있는 것을 알았다. 와디에서 나온 그는 길 위를 걸었다. 차 소리가 들릴 때마다 그는 도랑으로 몸을 숨겼다. 그는 스커드 미사일 수송차량 행렬이 굉음을 일으키며 지나갈 때마다 무서워했다. 그는 항상 시간과 위치를 기록해 가며 움직였다.

잠시 후 지나가는 또 다른 차량의 그 불빛에 도로 표지판이 보였다. 크리스는 그 표지판을 보자마자 놀라서 튀어나왔다. 그는 예측한 것보다도 국경에서 50km나 더 떨어져 있었다. 그것은 2일 이상 더 전진해야 한다는 것이었고, 그는 그로 인해 자주 실의에 빠졌다.

해가 뜨자 크리스는 적당한 은거지를 찾아내지 못하고 허둥거리기 시작했다. 그는 열심히 뛰어다닌 끝에 우연히 도로 밑의 큰 수로를 발견했다. 그의 귀에 재수 없는 익숙한 염소 방울 소리가 들리기 전까지는 그곳은 괜찮은 곳 같아 보였다.

한 무리의 염소들이 들판 반대편에서 소로로 접근하는 것이었다. 크리스는 늙은 염소지기가 보이기 전에 은거지에서 빠져나와서 2m짜리 제방을 기어올랐다. 염소지기 뒤에는 당나귀와 염소먹이, 개 2마리가 따라왔다. 개들은 크리스의 냄새를 맡고 뛰어다녔다. 그는 그 노인을 사살할 것인지, 아니면 도망쳐야 할 것인지를 몇 분의 1초 내에 정해야 했다. 그 개들은 크리스에게 방향을 제시했다. 위를 보지도 않고 재빠르게 뛰어간 것이었다. 나머지 동작은 일체의 망설임 없이 이루어졌다. 크리스는 믿을 수 없었다. 그는 염소 무리들과 침 뱉으면 닿는 거리에 있었다. 그는 개들이 염소 냄새나 그 노인의 더러운 옷에서 나는 냄새 때문에 따라오지 않았을 것이라고 추정할 뿐이었다.

그들은 해가 지기 전에 돌아갈 것이 확실했고, 크리스도 움직여야 했다. 크리스는 와디를 따라 포복전진하면서 차가 지나갈 때마다 자주 몸을 숙였다. 전진할수록 지형이 울창한 관개농지에서 와디 지형으로 바뀌었다. 작은 흙더미와 덤불들이 땅을 메우고 있었다. 그 사이로 나아가는 것은 힘들었다. 그는 8km를 전진한 후 큰 구덩이를 발견하고, 그 속에 누워서 하루 종일 보냈다.

크리스는 흙탕물을 마셔야 했고, 심한 탈수 증세를 보이고 있었다. 그러나 그는 자신이 유프라테스 강에서 멀어져야 한다는 것을 알고 있었다. 모든 집에 개가 1마리씩 있는 것 같았기 때문이다. 그는 오직 빨리 물을 얻기를 바라면서 전진하는 수밖에 없었다.

밤이 되자 그는 일어나 서쪽을 향해 수 시간을 걸었다. 한 번은 그의 앞에서 공습경보 사이렌이 울렸다. 야간투시경으로 보니 S-60 대공포 여러 문과 통신기 안테나, 정찰 중인 초병이 보였다. 그는 그 지역을 우회하여 하얀 바위 위로 흐르는 시냇물을 발견했다. 1초의 지체도 없이 그는 수통을 뽑아 채우고 다시 전진했다.

그는 갈수록 더 많은 적의 활동을 보았다. 자신이 검문소와 대공포대 사이의 교차로에 있다는 것을 알았다. 새벽이 밝아오고 있었고, 그는 도로 아래의 배수로에 숨었다. 그곳은 쓰레기장으로 사용된 것 같았고 냄새가 지독했다.

그의 발은 최악의 상태였으나, 어쩔 도리가 없었다. 그는 쓰레기더미 위에 누워서 수통의 물을 벌컥벌컥 마셨다.

그런데 그의 입술에 물이 닿는 순간 화상과 물집을 입었다. 너무 아파서 비명이 나올 뻔 했다. 아까 본 대공포대들은 무슨 화학 공장 같은 곳을 지키고 있는 것이 틀림없었고, 자신이 떠온 물은 그 공장에서 나온 폐수인 것 같았다. 크리스는 위기에 처했다. 타 들어가는 입술을 축일 수도 없었다. 수통의 물은 쓸모가 없었다. 짧은 순간 동안 그는 죽을 것 같다는 생각을 했다.

수로에 누워 있으면서도 그는 계속 총을 잡고 있었다. 그는 2일간이나 물을 마시지 못했고,, 이제는 입에도 치료를 받아야 할 판이었다. 그의 손에 난 상처들이 썩어 가고 있었고 발은 서 있기도 힘들 만큼 아팠다. 이제는 시간이 얼마 없음을 알았다.

그는 밤이 되자 신속히 일어섰다. 구름이 많이 끼고 어두웠다. 그만큼 검문소에 들키지 않고 빠져나갈 수 있다는 말이었다. 실제로 그는 감시의 사각지대를 발견하고, 비틀거리며 빠져나갔다. 발의 고통은 상상을 초월했다. 그는 다리를 절면서도 온 힘을 다해 1시간 동안 전진했다. 갑자기 하늘에 섬광이 보였다. 크리스는 순간 자신이 인계철선식 조명탄을 건드렸나 싶었다. 다음 순간 그는 쓰러지고 폭음이 들렸다. 어깨 너머를 보니 화학공장에 공중폭격이 가해지고 있는 것이었다.

그는 그래도 갈수록 국경에 가까워진다는 것을 알았고, 고지대에 서 있는 두 탑을 찾았다. 멀리 떨어진 곳에 마을이 하나 보였고 매우 밝았다. 그리고 얼마 안 있어 그는 철조망에 닿았다. 저 마을은 시리아 마을인가? 아니면 저 곳은 이라크 마을이고 저 철조망은 가짜 국경 표지일까?

차량정찰대가 빠르게 지나가는 것으로 보아 이곳이 국경인 것은 확실한 것 같았고, 그는 전진하기로 마음먹었다. 그는 철조망을 받치는 지주를 발견하고 타 넘기 시작했다. 그는 열심히 팔다리를 움직여 타 넘었다. 그는 한쪽에 앉아서 상황을 더 판단했다. 마을은 아무래도 시리아 마을이 아닌 것 같았으나, 어찌되었건 서쪽으로 나아가면 될 것 같았다.

이제 크리스에게 남은 선택지는 그것뿐이었다. 그는 탈수증에 비틀거리며 전진했다. 그의 입 속의 침은 다 말랐고, 혀는 입 안에 눌어붙었다. 발을 떼놓을 때마다 머릿속에서 정전기가 울리는 것 같은 딱딱 소리가 크게 났다. 그는 흰 섬광을 보았고 피해야 했다. 그는 땅에 엎드렸다. 그는 다시 움직이려 했으나, 다시 뭔가가 나타났을 때 그는 땅에 얼굴을 부딪쳐 피범벅이 되었다. 그는 가까운 와디로 비틀거리며 전진해 잠이 들었다.

그는 아침에 스탠이 나오라고 부르는 소리를 듣고 깨어났다. 모두가 한구석에 있었다. 그는 일어서서 스탠의 목소리가 들리는 곳으로 비틀거리며 나아갔다. 그는 흩어졌던 대원들을 다시 만나게 되어 행복했다. 와디를 빠져나온 순간 크리스는 자신이 환각증세에 빠졌음을 알았다. 그는 자신이 오랫동안 물을 마시지 못했음을 새삼 깨달았다. 그는 죽고 싶었다.

작은 마을이 있었다. 염소지기들의 마을인 것 같았다. 크리스는 여기가 아직 이라크라고 하더라도 가서 물을 얻어야겠다고 생각했다. 필요하다면 무력이라도 동원할 생각이었다.

한 여인이 음식을 익히고 있었고, 주위에서 아이들이 놀고 있었다. 그리고 좀 떨어진 곳에 염소를 몰고 다니는 사람이 보였다. 크리스가 물가로 다가가자 10대 후반 정도로 보이는 소년이 집 밖으로 나와서 그를 반겼다. 그 소년은 매우 우호적이었고, 크리스와 악수하며 미소 지었다.

크리스가 물었다.

"여기가 어디예요?"

그 소년은 그 말을 알아듣지 못했다. 그는 이상한 표정으로 크리스를 보다가 크리스의 지나온 뒤를 가리키며 소리쳤다.

"이라크! 이라크!"

크리스는 그것이 무슨 뜻인지 알아듣고, 그 소년과 다시 악수하며 소리쳤다.

"정말 고마워요!"

그는 집안으로 인도되어 큰 사발에 든 물을 받았다. 그는 물을 단숨에 마셔 버리고, 또 달라고 했다. 방 한구석에는 얼굴에 문신을 새긴 할머니가 아이들에게 먹을 것을 주다가 이빨 빠진 얼굴로 미소 지었다. 한방에서 식구들이 먹고 자고 가축들도 키웠다. 크리스는 파라핀 히터 옆으로 가서 몸을 녹였다. 밖에서 놀던 아이들이 들어와서 그들이 그린 그림을 보여 주었다. 그림의 내용은 하늘을 가득 메운 비행기들과 불타는 탱크였다.

여인이 들어와서 크리스에게 갓 구운 따뜻한 빵을 대접했다. 그는 빵을 만져 보았다. 그 빵은 그 가족들이 먹으려고 만들었던 것이 분명했다. 그는 빵 역시 한 입에 삼켜 버리고 배부름을 느꼈다. 그의 위는 형편없이 쪼그라들어 있었던 것이다. 소년이 크리스에게 뜨겁고 달콤한 차도 가져다주었다. 크리스는 평생 그토록 맛있는 차를 마셔 보지 못했다.

크리스는 경찰을 만나고 싶다고 이야기했다. 소년은 그 말을 알아들은 것 같았다. 그리고 곧 경찰서로 데려다주겠다고 했다. 크리스는 덜 위협적으로 보이기 위해 야전상의와 단독군장을 벗고 M-16 소총도 내려놓았다.

그는 총과 군장을 야전상의로 감싼 후 소년이 준비한 비료 부대에 넣었다. 그 가족은 미소 지었으며 소년이 비료푸대를 들었다. 크리스는 아픈 발 때문에 비틀거렸다. 어린아이들은 집이 보이지 않게 될 때까지 따라왔다.

1시간 정도 걸어가니 랜드크루저가 옆에서 나타났다. 그리고 운전사가 읍내까지 태워다 주겠다고 했다. 그들은 차 뒷좌석에 앉았으며, 운전사와 소년은 즐겁게 몇 마디를 나누었으나 그 외에는 별 말이 없었다. 시간이 갈수록 크리스는 운전사가 백밀러로 자신을 노려보고 있음을 알았다.

그 차가 읍내로 들어가자 차는 어느 집 앞에서 멈추었고, 운전사는 집안의 사람을 불렀다. 그러자 머리에서 발끝까지 검은 옷을 입은 30대 후반 정도의 아랍 사람이 나와서 운전사와 뭐라고 긴 이야기를 했다. 이야기가 끝나자 운전사는 크리스를 따라왔던 소년에게 차에서 내리라고 했다. 소년은 마지못해 내렸으며, 소년이 "잘 가요."라고 말하는 순간 그가 매우 걱정하고 있음을 알았다.

그들은 다시 달렸고, 운전사는 의외로 유창한 영어를 구사하며 전쟁 이야기를 시작했다. 그는 전쟁 때문에 심사가 뒤틀린 듯했다. 그는 이렇게 말했다.

"당신은 여기 있으면 안 돼. 이건 우리 전쟁이 아냐. 당장 이라크로 꺼져 버려. 백인 친구."

크리스는 그에게 보상금 보증서를 보여 주었다. 거기에는 아랍어로 이것을 가진 사람을 영국 대사관이나 다국적군에게 인도하면 보상금 5,000파운드를 받는다고 적혀 있었다. 그 사람은 그것을 보고 기분이 좋아져 웃으며, 그것을 자기 호주머니에 집어넣었다. 크리스는 그 보증서만 있어서는 쓸모가 없고 보증서 주인을 산 채로 데려와야 한다고 말했다. 그가 그 말 뜻을 알아듣자 그는 사악한 표정을 지었다.

그들은 어느 차고 앞에 멈춰 섰다. 한 아랍인이 정비받으러 온 차인 줄 알고 나와서 승객석을 보다가 크리스를 봤다. 그들은 그러자마자 안으로 튀어 들어갔다. 크리스는 여기서 죽을 것 같다는 생각이 들어 비료 푸대에서 총을 꺼냈다. 그러자 운전수도 총을 꺼내고 크리스는 그의 팔을 가격했다. 그 아랍인이 좌석에 굴러 머리를 크리스 쪽으로 향하는 순간 크리스는 차에서 튀어나와 문을 걷어차 그 사람의 목이 문틈에 끼이게 했다. 크리스는 정신없이 뛰었다. 아니, 비틀거리며 빠르게 달렸다.

그는 한 코너를 돌아 제복을 입고 AK-47을 든 남자를 보았다. 그 사람은 한 오두막을 경비하고 있었다.

크리스가 소리 질렀다.

"경찰인가요?"

"그렇소."

"난 영국 항공병입니다!"

그는 크리스를 한 건물 안으로 데리고 들어갔다. 그곳은 경찰서 건물 같았다. 경찰들은 가죽 재킷과 선글라스를 착용하고 불길한 느낌을 주며 돌아다녔다.

몇 분 후 랜드크루저 운전수가 목을 싸쥐고 영국을 욕하며 들어왔다. 크리스는 그의 주머니에서 보상금 보증서를 빼앗아 경찰에 보여 주었으나, 경찰은 그것을 보고 웃었다. 크리스는 뭔가 문제가 있나 싶었다. 크리스가 이 경찰서에서 어떻게 빠져나갈지 궁리하는 사이에 경찰들은 운전수에게 가더니 그의 머리를 강타했다. 다른 사람들도 뛰어와서 운전수를 건물 밖으로 끌어내었다.

크리스는 웃었다.

"멍청한 놈, 5,000파운드를 벌 수 있었는데."

그들은 크리스를 서장실로 인도하기 전에 몸수색을 했다. 고급 간부들조차 단 한마디의 영어도 할 줄 몰랐으나, 그들은 크리스에게 신상명세를 쓰게 했다. 크리스는 본명을 정확히 밝혔으나 신분은 항공구조대의 군의관이라고 밝혔다.

서장은 전화를 들었다. 그는 누군가에게 크리스가 적은 것을 한 글자씩 또박또박 알려주었다. 그리고 또 통화를 했는데, 크리스가 보기에는 내선 통화인 것 같았다. 아랍 전통 복장에 복면을 한 경찰관이 나와서 크리스에게 같이 가자고 했다. 그는 차에 태워졌고, 양 옆에 경찰관이 앉았다. 크리스는 그들의 포로가 된 느낌이었고, 어디로 가는지도 알 수 없었다. 다만 국경으로 되돌아갈 수도 있다는 생각이 들었다.

그들은 약 1시간 동안 사막 고속도로를 따라 달렸고, 길가에 주차된 두어 대의 벤츠 뒤에 섰다. 검은색 리무진 곁에 6명의 건장한 사내들이 선글라스를 끼고 있었고, 그들 중 1명은 손에 마카로프 권총을 들고 있었다.

크리스에게 눈가리개가 씌워지고, 길 위에 무릎을 꿇렸다. 그의 머리가 숙여졌고, 그는 이런 생각이 들었다. 빨리 해라! 왜 시간을 낭비하고 있냐! 그는 덫에 걸린 자신을 몇 번이나 저주했다.

몇 초가 지났지만, 아무 일이 없었다. 사내들은 모두 소리를 지르고 나서 그를 다시 차에 태웠다. 그들은 장난하고 있는 것이 틀림없었다. 그들은 2시간을 더 달렸다. 크리스는 화살표와 '바그다드'라고 적힌 도로표지판을 보았다.

한 사람이 말했다.

"그래, 우리는 바그다드로 가고 있다. 너는 전쟁 포로야. 우리는 이라크인이고."

해가 기울어가고 있었고, 해는 차 앞에 있었다. 크리스는 해가 동쪽으로 지는지 서쪽으로 지는지도 잊어먹을 만큼 정신이 없었다. 티네사이드(Tyneside)에서 보낸 어린 시절을 생각해 보니 해가 동쪽의 바닷가에서 떴으니까 지금 가는 곳은 틀림없이 서쪽이다.

다마스커스로 가는 도로표지판을 보니 그의 생각이 옳다는 것을 알 수 있었다. 그들이 도시 외곽에 들어섰을 때는 어두웠다. 사내들은 담배를 꺼내 넥타이에 문질렀다. 그들은 다른 차 뒤에 섰다. 그 차에서 한 사람이 나와서 크리스의 차에 들어와 크리스 옆자리에 앉았다. 그는 중년에 말쑥한 옷차림을 하고 있었고 유창한 영어를 구사했다.

"괜찮으십니까?"

"네, 덕분예요."

"좋습니다. 걱정마십시오. 오래 걸리지는 않을 것입니다."

차에 타고 있던 사람들이 이 사람이 오자 긴장하는 모습을 보니 크리스는 안심되었다. 그들이 어느 단지에 도착하자마자 그들은 냉큼 튀어나와서 이 사람을 위해 문을 열어 주는 것이었다. 크리스는 자기 발로 나오려 했으나 무릎을 꿇고 말았다. 그의 발은 너무 아파서 걸을 수 없었다. 그 사람은 크리스의 손을 잡고 건물 안으로 부축하여 인도했다.

그는 큰 사무실로 인도되어 해군용 블레이저 코트, 줄무늬 셔츠, 넥타이를 착용한 사람의 영접을 받았다. 그가 크리스와 악수하며 뭐라고 떠들자 통역관이 통역해 주었다.

"어서 오십시오."

그 사무실은 완벽히 영국 국방부식으로 꾸며져 있었다. 해러즈 제품의 티크 가구와 금도금된 AK-47 소총이 있었다. 그는 이곳이 비밀경찰 본부라고 설명했다.

대장은 통역관을 통해 크리스에게 목욕하고 싶냐고 물어보았다. 크리스가 그렇다고 대답하자 그는 객실 문 안으로 인도되었다. 거기에는 목욕실과 운동기구도 있었다. 그 사람은 면도기에 새 칼날을 끼우고 비누와 샴푸를 가져다주었다.

크리스는 젊은 친구 한 명이 줄자로 그의 몸 치수를 재고 있는 동안 입고 있던 옷을 벗었다. 그는 크리스의 가슴둘레 등 몸의 중요한 치수를 재었다. 크리스는 이게 관 치수를 재는 것이 아니라 옷 치수를 재는 것이기를 바랐다.

크리스가 목욕탕에 들어가자마자 물은 금세 새까매졌다. 그래서 그는 물을 버리고, 또 다시 채웠다. 다른 사람이 와서 크리스에게 커피를 대접했다. 정말 맛있었고 크리스는 안락감을 느끼기 시작했다. 이들이 자기를 죽이려 한다면 이렇게 맛있는 커피를 줄 이유는 없을 테니까.

통역관이 와서 몇 가지 질문을 했고, 크리스는 사전에 꾸며 두었던 자신의 이력을 늘어놓았다. 그 사람은 의심스럽다는 눈빛을 보냈으나, 특별히 걸고 넘어지는 부분은 없었다. 크리스는 욕실에서 나와서 거울을 보았다. 그는 엄청나게 살이 빠진 자기 모습을 믿을 수 없었다. 그의 팔은 손목 굵기로 쪼그라들어 있었다. 사람들이 깨끗한 옷을 전해 주었다. 흰 셔츠, 넥타이, 양말, 구두, 피스 드 레지스탕스(Pièce de résistance)의 줄무늬 양복을 걸치니 정말 환상적인 느낌이었다. 양복은 그가 목욕하던 불과 30분 전에 만들어진 것 같았다. 그러나 바지는 너무 컸다. 그러자 대장은 부하들을 줄자로 마구 때렸고, 크리스에게 바지를 벗으라고 손짓한 후 바지를 들고 나갔다.

의사가 들어왔다. 그는 크리스의 발에 약을 바르고 붕대를 감았다. 일이 끝날 무렵 부하가 새 바지를 들고 왔다. 그 바지는 완벽히 잘 맞았다.

대장은 크리스에게 음식을 들겠느냐고 권한 후 그를 만찬실로 데려갔다. 스테이크, 케밥, 야채, 과일, 갓 구운 빵으로 상다리가 휠 정도였다. 크리스는 물 1리터를 마신 후 스테이크를 먹었으나 몇 입 먹지도 못했다.

대장은 아주 맛있게 먹어 대었으며, 크리스에게 하룻밤 동안 여기 머물라고 권했다. 크리스는 이렇게 답했다.

"죄송합니다만, 저는 빨리 영국 대사관에 가봐야 합니다."

대장은 크게 실망한 듯이 보였으나 대사관에 전화를 걸어 사람을 보내 크리스를 데려가라고 했다. 그는 크리스를 하룻밤 동안 재울 준비도 이미 해 놓았던 것 같았다.

영국 대사관에서 차를 보내오자 크리스는 대장에게 몸을 굽혀 인사했다. 대장은 손수 크리스의 지저분한 장비를 차에 실어 주고, 크리스에게 우정의 표시로 악수를 했다.

대사관에서는 하이 위콤(High Wycombe)의 통합사령부와 리야드에 메시지를 보냈으며, 크리스가 다음 날 저녁 비행기로 시리아를 떠날 수 있도록 비행기 편을 준비해 주었다. 그것은 브라보 투 제로 팀이 목표지에 투입된 이후 처음으로 전해진 그들의 소식이었다.

크리스는 8일간 도피 및 탈출 활동을 하면서 290km 이상을 걸었다. 그동안 그는 빈스, 스탠과 나눠 먹은 비스켓 두 봉지 이외에는 아무것도 먹지도 마시지도 못했다. 그는 살이 엄청나게 빠졌다. 그는 자기 살을 깎아먹으며 살아남은 셈이었다.

크리스가 제대로 걷는 데까지 2주일이 걸렸으며, 손가락과 발가락에 감각이 회복되는 데 6주나 걸렸다. 그가 물을 퍼서 마셨다가 입을 덴 곳은 우라늄 정제 공장이었다. 그는 혈액 장애 몇 가지가 걸렸으며, 더러운 물을 마셔 간에도 이상이 생겼으나, 빨리 임무로 복귀할 수 있었다. 이것이야말로 SAS에서 제일 기념비적인 도피 및 탈출 작전 중 하나였으며, 내 생각으로는 1942년 데이비드 스털링(David Stirling)의 SAS 창단 멤버 잭 실리토(Jack Sillitoe)가 북아프리카 사막을 빠져나온 전설적인 여행보다도 더 위대한 것 같았다.

그 지역에는 우리 예상을 뛰어넘는 수의 병력이 있었다. 나중에서야 우리는 우리가 갔던 곳이 대규모 병력 주둔지였음을 알았다. 국경과 우리의 첫 번째 은거지 사이에는 2개의 이라크군 기갑사단이 있었던 것이다. 그것도 모자라 애들을 포함한 그 지역의 모든 사람들은 우리를 찾아내라는 명령을 받고 있었다. 아이들도 학교를 하루 쉬고, 우리를 찾아 다녔다. 또한 우리는 높은 전과를 올렸다. 정보 자료에 의하면 우리는 이라크군 250명을 사상시켰다.

전방작전기지에서는 1월 23일 우리의 상황 보고를 들었으나 음질은 극히 안 좋았으며, 현지시각 24일 16:00시 - 문제가 발생했던 시각 - 에 또 다른 불분명한 메시지가 수신되었다. 그 후 그들은 희미한 전술 비콘 통신을 수신하고, 우리가 문제에 빠진 것을 알았다. 그리고 크리스가 1월 31일 시리아에서 발견되기까지 아무 소식이 없었다.

통신 두절과 부정확한 통신으로 인해 우리를 구하러 구조대가 2번이나 출동했다. 1월 26일에 첫 번째 구조대가 출동했으나, 치누크 조종사가 극히 아팠던 관계로 국경을 넘자마자 귀환해야 했다. 결국 우리와도 만날 수 없었던 셈이다. 1월 27일 이번에는 영미 합동으로 두 번째 구조대가 출동했으나, 약한 전술 비콘이 발신된 곳으로 잘못 날아갔다. 그들은 남쪽으로 갔으나 아무 성과도 없었다. 미국 정보기관에서는 시리아 국경에 이스라

군의 공격이 임박했다는 보고를 했기 때문에 우리가 남쪽으로 갔을 것이라는 생각을 했던 것이다.

정찰용 통신기에 어떤 문제가 있었던 것일까? 아무 문제도 없었다. 세상 어디로 가든 주파수만 맞으면 통신할 수 있다. 심지어 전리층 대기가 극히 불안정해도 문제없다. 재수 없게도 우리에게 틀린 주파수가 전달되었기 때문이었던 것이다. 이것은 절대 다시 생겨서는 안 되는 인재(人災)였다.

그리고 왜 조기경보기는 우리와 통화하지 못했는가? 이유야 어찌되었건 우리는 조기경보기와의 통화권 320km 밖에 있었다. 명령체계를 거치면서 뭔가 착오가 생긴 것이었고, 이 또한 다시는 일어나서는 안 될 것이었다. 우리와 통신한 미군 조종사가 보고를 올렸으나, 이 보고는 전방작전기지의 아군에게 3일간이나 도착하지 못했다.

그래도 하나 제대로 된 것이 있다면 내가 헬기 집결지 대신 시리아로 가기로 한 것이었다. 문자 그대로 일이 꼬인 것은 꼬인 것이다. 그러나 그 이상 어떤 다른 의미가 있는 것인가? 충분히 대처 가능한 위기인가, 아니면 절대절명의 위기인가? 또한 접촉 가능한 곳에서 벌어진 위기인가? 그렇지 않은 곳에서 벌어진 위기인가? 이렇게 부족한 정보로 인해 우리 연대장은 제대로 판단을 내리지 못했지만, 그는 어쨌거나 집결지점으로 헬기를 보내야 할지 말지를 결정해야 했고, 그는 결국 헬기를 보내지 않았다. 다른 중대원들이 소리치며 그를 괴롭게 했지만 말이다. 헬기에 타고 갈 11명에게 어떤 일이 생길 줄 알고 보낸단 말인가? 나는 결정권자가 아닌 것이 기뻤다. 우리를 신문한 자들로부터 알아냈다시피, 우리가 탄 헬기가 착륙했던 시점부터 문제는 이미 생겼다. 그래서 집결지점으로 헬기를 보내지 않은 것이었다. 우리가 문제 상황에서 유일하게 할 수 있었던 것은 아군 제트기를 만났을 때 그들과 통화하고 그들을 S-60 포대로 안내한 것이었다. 그리고 질서 정연하게 퇴출한 것이었다.

 그 이후로 몇 주간 우리는 모두에게 브리핑을 하고, 이런저런 일들을 했다. 우리는 SAS연대장 브라말(Bramall) 경 대령에게 1시간 동안 브리핑을 하고, 그에게서 점심을 대접받았다. 그는 미친 사람처럼 내 몸을 두드렸다.

 슈워츠코프 장군도 수행원들과 함께 들어왔다. 우리는 2시간 동안 그와 함께 있었다. 그는 이렇게 말했다.

 "그간 일어난 일들에 대해서 진심으로 유감스럽게 생각하네. 내가 무슨 일이 벌어졌는지 알았다면 그렇게 되지는 않았을 텐데."

 우리는 그와 함께 멋진 만찬을 즐겼고, 그는 우리가 리야드의 브리핑 실에서 쓰던 비단으로 된 탈출용 지도에 정중히 서명했다.

 우리는 B중대에 마지막 브리핑을 했다. 대부분의 대원들이 영국에 귀환해 다음 작전을 준비하거나 새 작전을 위해 떠났다. 그러나 8월에 우리는 함께 모여 우리 작전의 자체 평가에 들어갔다. SAS는 적 전선 후방에서 실질적인 전과를 거두었다. 전쟁 개전 9일 후인 1월 26일부터 SAS가 할당받은 수백km^2의 이라크 서부지역에서는 단 1발의 스커드 미사일도 발사되지 않았다.

 머거도 그런 작전에 투입되었다. 그가 속한 반 개 중대 인원은 1월 20일 이후 이라크군 후방에서 작전 중이었다. 2월 6일 그는 스커드 미사일 발사에 극히 중요한 역할을 하고 있는 통신설비 파괴를 지시받았다.

 계획은 2월 7일 밤에 목표 1.6km 이내로 접근하여 근접표적정찰을 실시하고 명령을 수령한 후 공격한다는 것이었다. 발견된 표적은 2.4m짜리 콘크리트 외벽과 1.8m짜리 울타리로 보호받고 있었다. 그리고 좌우에 사람이 있는 벙커가 있었다. 4명 1조로 2팀이 선발되어 벙커에 대전차 미사일 공격을 가하고, 아군 차량에서 화력지원을 가할 것이었다. 8명이 180m 가량의 평지를 가로질러 목표로 향했다. 검문소가 연합군의 폭격으로 파괴되었으므로 차단기를 찾을 수 없었다. 머거는 통신용 철탑을 폭파하라는 명령을 받았다. 그는 부하들과 함께 폭탄을 장치하고, 시간을 1분 후로 맞추어 놓았다. 그러나 퇴각하자마자 적의 사격이 빗발치는 것이었다.

폭파대는 목표 주위를 엄호했다. 폭파되려면 시간이 얼마 남지 않았다. 머거는 시간이 흐르면서 한 대원이 이렇게 소리쳤다고 한다.

"타이머! 우리는 엄호가 필요합니다."

머거도 쇳덩이가 굴러 떨어지는 것 같은 목소리로 소리 질렀다.

"1분 내로 그 빌어먹을 엄호를 받게 될 거다!"

그가 말하자마자 랜드로버에 탑승한 화력지원팀이 목표를 발견했고, 적의 저항은 잠잠해졌다. 머거 팀 대원들은 일어나 달렸다. 그들은 차에서 다른 대원들과 다시 만났고, 적들을 물리치면서 성공적으로 전진했다. 그 순간 폭탄이 터지면서 눈부신 섬광과 충격파가 밀려왔다. 철탑이 무너졌다.

차량과 장비에 많은 적탄이 명중했으나, 사상자는 없었다. 그러나 그 다음 날 머거 대원들만 힘들었던 것은 아니라는 걸 알았다. 두 대원의 야전 상의에 총알자국이 나 있었다.

또 다른 경우 어느 정찰대 지휘관은 평탄하고 황량한 목표지역에 도착하자마자 작전을 취소시켰다. 그는 이런 곳에서는 도저히 싸울 수 없다고 생각하고, 헬기를 불러 대원들을 태우고 후퇴했다. 그는 자신에게 과연 이것이 옳은 일인가를 자문해 보았다고 한다. 나는 개인적으로 그것이 전쟁에서 가장 용감한 행동이라고 생각하며, 나 또한 그러한 것을 본받고 싶다.

이라크군은 빈스 필립스(Vince Phillips)의 시신을 발견해 적십자사에 송환했으며, 적십자사는 그 시신을 영국으로 보내왔다. 보브 콘시글리오(Bob Consiglio)와 스티븐 렉스 레인(Steven Legs Lane)의 시신 역시 비행기 편으로 도착했다.

공식 부고장에 따르면, 렉스는 '충실한 지도력'을 보여 주어 훈장이 추서되었다. 그는 전투, 도피 및 탈출 과정에서 그 지도력을 유감없이 발휘했다. 렉스는 우리가 차량 납치에 적합한 위치를 찾기를 바랐으며, 우리가 세운 것이 구식 미국제 택시가 아니라 완전무장한 병력을 가득 태운 트럭 2대였을지라도 차량 납치를 할 수 있게 했다. 또한 그가 생전에 한 마지막 일은 차가운 400m 폭의 유프라테스 강을 딩거가 먼저 건너게 한 것이었다. 그것이야말로 진정한 지도력이었다.

보브 역시 훈장이 추서되었다. 자의건 타의건 간에 그는 용감히 전진하여 싸워 이기려 했다. 그는 엄청난 적의 사격을 받았음에도 견제사격을 가했으며, 그로 인해 우리가 도망칠 수 있었다는 것은 의심의 여지가 없었다. 그는 머리에 탄을 맞았으며 그 탄은 배로 뚫고 나와 그의 단독군장에 달려 있던 백린수류탄을 폭파시켰다. 그는 즉사했다.

전통에 따라 우리는 사자(死者)경매를 실시했다. 죽은 이들의 장비는 최고가에 팔려나갔고, 수익금은 전사자 가족이나 SAS 기금에 주어졌다. 이것은 절대 잔인한 짓이 아니라 단지 SAS의 전통이다. 사람들이 상처입고 죽는 것이 싫다면 즐겁게 살아야 한다. 우리가 출동한 직후 한 대원이 산에서 굴러 떨어져 죽은 적도 있었고, 3시간 만에 그의 시신이 헬기에 실려 기지로 돌아왔다. 그러자 다른 대원이 죽은 대원의 장비를 모두 벗겨 냈다. 그는 이렇게 말했다.

"이 친구에겐 이 물건들이 더 이상 필요 없어. 그렇잖은가?"

그의 말은 맞았다. 누가 말 한마디 하기도 전에 그는 죽은 사람의 야전 상의를 포함한 모든 물건을 다 챙겨갔다. 우리가 헤리퍼드 기지에 복귀했을 때 그 장비들은 경매에 붙여졌다. 그런 것은 충분히 용인되었다. 그렇다고 슬퍼하지 말라는 것은 아니다. 누군가의 죽음은 미리 걱정한다고 막을 수 있는 것이 아니다. 그리고 어찌됐건 죽은 사람도 생전에는 똑같이 다른 사람의 사자경매에 참여했다.

보브는 항상 로커에 커다란 솜브레로(Sombrero: 멕시코식 중절모)를 넣고 다녔다. 전형적인 여행 기념품이었고, 나는 보브가 그런 물건들을 사려고 돈 쓰는 것이 못마땅했다. 그러나 경매에서 나는 100퀴드나 주고 그 모자를 사왔다. 나는 그 물건을 오랫동안 집안에 보관했고, 나중에 그의 묘비에 그와 렉스가 추서받은 훈장과 함께 걸어 주었다.

헤리퍼드에서의 합동장례식 때 약간의 문제가 생겼다.

렉스는 화장되었고, 빈스와 보브는 SAS 묘지에 묻혔다. 그 후 클럽에서 카레와 술을 곁들인 뒤풀이가 있었다. 그때 빈스의 남자 친척들이 나를 좀 피곤하게 했다. 그들은 빈스 같은 강한 사람이 고작 저체온증 따위로 죽을 수 있다는 것을 이해할 수 없었던 것이다. 나는 아무리 강하고 건강한 사람이라도 저체온증이 일어나면 손 쓸 방법이 없음을 설명했다. 정말 귀신은 여러 가지 방법으로 여러 사람들을 잡아가는 것 같았다. 나는 빈스의 친척들이 진실을 받아들이기를 바랐다.

다음 주에 영국 항공에서 걸프전 참전용사에게 주는 '1인 가격 2인 탑승권'을 받았다. 질리와 나는 캘리포니아로 캠핑을 갔다. 정말 환상적인 휴가였으며, 내 뒤에 두고 온 것을 많이 잊게 해 주었다.

14일 후 나는 다시 일하기 시작했다. 마크는 원대복귀했으나, 임무를 받으려면 6개월이나 더 기다려야 했다. 크리스는 SAS 훈련교관과정을 받으러 갔다. 딩거는 이미 해외에서의 1년간의 파견근무를 하러 갔고, 스탠도 2개월 이내로 떠날 것이었다. 나도 의사들이 내 손과 이를 완벽히 고치면 따라갈 것이었다.

에필로그

나는 돌아온 후로 난방비를 엄청나게 많이 썼다. 아주 따뜻하고 좋다. 지금은 비가 오고 있고, 나는 방 안에서 큰 컵에 차를 담아 마시며 창가에 앉아 산에서 죽은 불쌍한 동료들을 생각하고 있다.

나의 스트레스 테스트 점수가 말해 주듯 나는 무슨 일이 생겼다고 감정적인 동요를 보이지는 않는다. 악몽도 꾸지 않는다. 우리는 어른들이고, 게임의 법칙을 알고 있다. 우리 모두는 죽기 직전까지 갔다. 물론 그런 일은 없어야 하지만, 가끔씩은 직업상의 상해도 있기 마련이다.

이상하게 들릴지는 모르지만, 나는 이라크에서의 경험이 좋다. 그러나 다시 하기는 싫다. 그래도 그런 일이 있어서 기쁘다.

몇 가지 것들은 영원히 나를 따라다닐 것이다.

열쇠의 쩔그렁 소리.

빗장 열리는 소리.

금속판의 덜거덕 소리.

동물적인 증오.

돼지고기 냄새.

나는 법적으로 골치 아픈 문제를 해결하기 위해 육군에 입대했을 뿐 22

년간의 복무기간을 다 채울 생각은 없었다. 나는 매우 운이 좋았다. 나는 전 세계를 돌아다니며 힘들지만 매우 재미있는 일을 해 보았다. 이제는 뭔가 다른 일을 해 볼 때도 되었다. 나는 33세이지만 17세로 되돌아간 느낌이다. 그동안 군복무로 너무 바빴기 때문이다. 이제 나는 평소에 하고 싶던 일을 하며 살고 싶다.

감옥에서 우리는 이런 농담을 했었다.

"최소한 그들이 우리를 임신시키지는 않겠지."

그리고 나는 그보다 더 심한 일은 없다는 것을 알았다. 과거에 나를 괴롭히던 일들은 이제 나를 덜 괴롭히게 되었다. 자동차 고장이나 밝은 색 카펫 위에 적포도주를 흘린 것, 세탁기가 넘쳐흐르는 것, 비싼 물건을 잃어버린 것 등의 일들 말이다. 이제 나의 한계는 훨씬 넓어진 것을 알았다. 나는 더욱 긍정적이 되었고, 자신을 믿게 되었다. 나는 이제 무언가 대단한 것을 얻기 위해 난리치지 않는다. 그보다는 일상의 간단한 일들이 더욱 가치 있다. 시내에 차를 타고 가는 것보다는 공원을 걸어가는 것이 더 좋다.

항상 SAS의 일이 우선권을 가졌다. 그러나 이제는 만약 캐시의 학교에서 운동회가 열린다면 거기 가서 응원해 줄 수도 있다.

바그다드에서의 생활 동안, 그리고 돌아온 후로 나는 항상 옳든 그르든 내가 결정을 하고 그것을 실현시키려 했다. 결론적으로 내가 잘할 수도, 잘못할 수도, 혹은 애매한 경우가 될 수도 있다. 그러나 종국에는 누구나 스스로 결정을 내려야 한다. 문제가 생겼을 때 스스로 상황을 판단해 결정할 수 있지만, 죽으면 아무것도 못 한다. 숨는 것보다 국경으로 가는 것이 나았을까? 답은 '그렇다'이다. 이라크군에게 항복한 것이 과연 옳은 것인가? 이것 역시 답은 '그렇다'이다. 나는 내가 한 일이 전술적, 정신적으로 항상 옳다는 것을 알고 있다.

전쟁에서 선과 악의 문제는 내게 아무 걱정이 되지 않는다. 나는 군인이다. 군인이기에 봉급을 받는다. 군인은 아주 멋진 직업이다. 나는 그 일을 하면서 기쁨을 느꼈다.

그리고 나를 고문했던 사람들. 만약 내가 내일 그들을 거리에서 본다면, 어디로 끌고 가서 죽여 버리고 싶다.

SAS 용어사전

203 : 40mm 유탄발사기가 부착된 M16 소총

2 i/c : 부지휘관

66 : 1회용 경량 대전차 로켓발사기

AAA 혹은 트리플 A : 대공화기

APC : 장갑병력수송차

AWACS : 공중조기경보통제기

beasting : 구타를 의미하는 영국육군 속어

bergen : 영국군용 전투 배낭

berm : 전차호

Big Four : 제네바 협약에 의거하여 포로가 되었을 경우 적에게 제공해야 하는 4가지
　　　　　 정보 – 군번, 계급, 성명, 생년월일.

bone : 바보

brew : 찻잔

bucksee : 자유시간, 임무 없음, 잉여물자

bulk up : 구토하다

"have a cabby at" 등의 문장에 나오는 cabby : 무기를 사격하라.

chinstrap, be on your : 매우 기진맥진하여 "더 이상 못가겠어요. 숨이 턱에 찼어요."

claymore : 지역방어용으로 쓰이는 대인지뢰

COP : 근접정찰소대

CT : 반(反)테러

cuds : 시골

cyalume stick : 쥐어짜면 작동되는 라이트 스틱

DF : 무선방향탐지

Dinkie : 걸프전에서 첫 번째로 쓰였던 단차축 랜드로버

DOP : 강하 지점

DPM : 위장전투복

E&E : 도피 및 탈출

ERV : 비상 집결

FOB : 전방작전기지

FRV : 최종집결

fuddle or kefuddle : 누군가와 함께 차를 마시거나 회의하기

gob off : 말하기

GPMG : 다목적 기관총

green slime : 정보부대원

hard routine : 다음과 같은 상황들을 포함하는 야전수칙 – 단독군장 착용, 집총, 화
염, 연기 발생금지, 필요 없는 모든 장비 철저 수납

HE : 고성능 폭탄

Head Shed : 권위 있는 개인의 별칭, 말라야에서 SAS의 모든 지휘관을 이런 식으로
부르기 시작한 후 전통이 되었다.

hexamine(hexy) : 작은 고체연료블록

ID : 신분, 신분 증명(서)

Jane's : 군사백과사전《제인연감》

jundie : 이라크 군인

laager : 장갑차량으로 이루어진 은거지

launched : 주먹으로 얻어맞은

LSV : 버기카처럼 생긴 경량 타격차량

LUP : 은거지

MSR : 주보급로

NBC : 핵, 생물학, 화학(전투)

net : 라디오 방송망

NVA : 야시수단

NVG : 야시경

OC : 지휘관

OP : 지휘소

OPSEC : 작전보안

PE : 플라스틱 폭탄

pear-shape : 기분이 언짢아짐

pinkie(110) : 장차축 랜드로버

Regiment : SAS

remf : 후방주둔 개새끼

rupert : 장교의 별칭, 경멸적인 뜻으로만 쓰이는 것은 아님.

RV : 집결지점

scaley : 통신병

scaley kit : 통신장비

Sit Rep : 상황보고

SOP : 예규

spook : 정보부대원

squaddy : 병사

stag : 초병(임무)

stand/stood to : 정위치에서의 전투준비

Syrette : 자동식 일회용 주사기

S-60 : 57mm 대공포

tab : 무거운 짐을 지고 가야 하는 장거리 도보행군

TACBE : 전술 비콘

TEL : 이동식 직립발사기

VCP : 차량검문소

터키

키프러스

리마솔

레바논

시리아

베이루트

다마스커스

이스라엘

텔 아비브

예루살렘

암만

이집트

요르단

사우

〈이라크와 인접한 국가〉

이란

모술●

●키르쿠크

세부 지도

●바그다드

이라크

바스라

아

쿠웨이트

●쿠웨이트

킬로미터
0   100   200   300   400   500

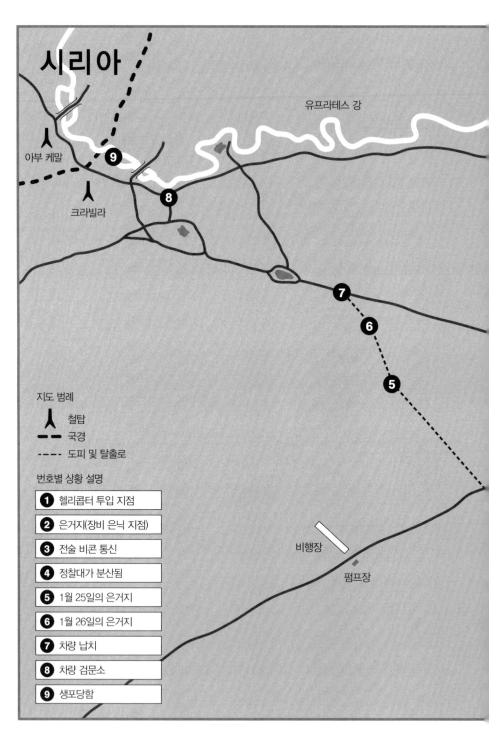

〈브라보 투 제로 팀의 이동경로〉

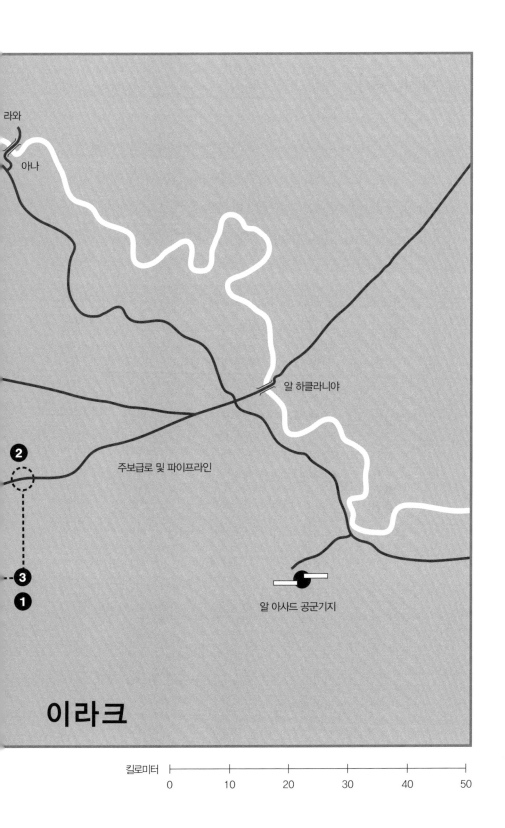

라와

아나

알 히클라니야

②
주보급로 및 파이프라인

③
①

알 아사드 공군기지

이라크

킬로미터

0   10   20   30   40   50

역자 후기

지난 1941년 창설된 영국 육군의 특수부대 SAS(Special Air Service)는 제2차 세계대전, 말레이 분쟁, 포클랜드 전쟁, 걸프 전쟁, 가깝게는 이라크 전쟁과 아프가니스탄 전쟁에도 참전해 용명을 떨쳤다. 그러나 그들의 활동 내용은 물론 대원들의 신분마저 보안이라는 이름으로 철저히 비밀에 부쳐져 왔다. 1993년에 발간된 본서 《브라보 투 제로》는 그러한 SAS의 활동 내용을, 그것도 전직 SAS 대원의 입을 통해 발표해 낸 최초의 서적이다. 이 책은 영국 현지에서 초베스트셀러가 되었으며, 1999년 영화화(톰 클레그 감독, 숀 빈 주연)도 되었다. 이 영화를 본 전인범 전 특전사 사령관이 특전사에도 고문 저항 훈련을 부활시킨 것은 유명한 일이다. 하지만 그 원작은 무려 20년 넘게 국내에 제대로 소개된 적이 없다. 그러한 현실이 때늦은 감을 넘어 심각하게까지 여겨진다.

이 책의 첫 번째 인기 포인트는 SAS의 선발 과정 및 훈련 내용, 그리고 걸프 전쟁 당시 이라크 스커드 미사일 파괴 작전이다. 그러나 두 번째 인기 포인트는 극한 상황에서의 생존법이다. 혹독한 자연 환경과 적의 가혹한 고문에 처해서도 끝까지 전의를 잃지 않고 살아남았으며, 게다가 부대의 기밀을 누설하지 않은 SAS 대원들의 능력은 분명 대단한 것이다. 그러한 능력을 보유한 대원들을 양성하는 방법이 알수록 궁금할 따름이다.

역자가 이 책을 처음 알게 된 것은 지난 2000년의 일이었다. 김선한 기자가 쓴 특수전 관련 서적《X-세계의 특수부대, 비밀전사들》에 이 책이 언급된 것이었다. 과연 어떤 책이기에 그런 선풍적인 반응을 얻었을지 궁금해서 원서를 사서 습작삼아 번역에 도전하게 되었고, 지금 보시는 것이 그 결과물이다. 그리고 번역을 끝냈을 때의 느낌은 "역시나!"였다. 이것이 정말 일반인들이 전혀 알 수 없는 프로들의 세계구나 싶었다.

앤디 맥냅은 이 책을 통해 SAS의 기밀을 누설한 죄로 전역 후 SAS 전우회에서 제명되는 불이익을 겪었다고 한다. 그것을 감수하고서도 그가 이 책을 쓴 주된 동기는 높은 임무 난이도에 비해 형편없이 부족한 지원, 그리고 그로 인해 동료들이 산화한 데 대한 울분이었다고 한다. 우리보다 군인에 대한 복지가 더욱 높은 영국의 특수부대원들도 그렇게 생각할진대 과연 우리 군의 특수부대는 어떤 현실에 있는지 돌아보지 않을 수 없다.

브라보 투 제로 팀의 작전에 대해서는 의외로 많은 책이 나와 있다. 유일하게 시리아까지 탈출에 성공한 대원인 크리스 라이언(본명 콜린 암스트롱)은《The One That Got Away》라는 이름의 책으로 자신의 탈출기를 펴냈다. 그리고 당시 SAS의 연대 주임원사였던 피터 래트클리프도《Eye of the Storm》이라는 책을 냈다. 전 SAS 대원인 마이클 애셔도《The Real Bravo Two Zero》라는 책을 냈다. 브라보 투 제로 팀의 또 다른 생존자인 마크(본명 마이크 코번)도《Soldier Five》라는 책을 통해 이 작전을 다루고 있다.

이들 책에서 주장하는 당시 상황에 대한 진실은 제각각이다. 브라보 투 제로 팀의 작전에 무척이나 관심 있는 한 사람으로서, 이러한 다양한 책들도 언젠가는 모두 한국어로 소개되어 나오기를 바란다. 또한 군 제대 이후 저술가로서 큰 성공을 거둔 앤디 맥냅의 여러 픽션과 논픽션 역시 국내에 더욱 활발하게 소개되기를 바란다.

아울러 부족한 역자를 믿고 사랑해 주는 가족들, 힘든 출판 여건하에서도 책의 출간을 결정하고 졸고를 기다려 준 책미래 대표님, 졸역의 감수를 봐 준 우리나라의 SAS인, 특전사 김창모 대위께 진심으로 감사를 표한다.

2015년 10월
역자 이동훈

브라보 투 제로

발행일 | 1판 1쇄 2015년 12월 20일

지은이 | 앤디 맥냅
옮긴이 | 이동훈
감　수 | 김창모
주　간 | 정재승
교　정 | 한복전
디자인 | 배경태
펴낸이 | 배규호
펴낸곳 | 책미래

출판등록 | 제2010-000289호
주　소 | 서울시 마포구 공덕동 463 현대하이엘 1728호
전　화 | 02-3471-8080
팩　스 | 02-6353-2383
이메일 | liveblue@hanmail.net

 ISBN 979-11-85134-29-1 03900

국립중앙도서관 출판시도서목록(CIP)

브라보 투 제로 / 지은이: 앤디 맥냅 ; 옮긴이: 이동훈 ; 감
수: 김창모. — 서울 : 책미래, 2015
　　p. ;　　cm

원표제: Bravo two zero
표제관련정보: 걸프전쟁에서 싸운 영국 특수부대 정찰대의
　처절한 참전 실화!
원저자명: Andy McNab
영어 원작을 한국어로 번역
ISBN 979-11-85134-29-1 03900 : ₩18000

걸프 전쟁[—戰爭]
전쟁[戰爭]
특수 부대[特殊部隊]

918.4-KDC6
956.70442-DDC23　　　　　　CIP2015033721